JN189171

堀内俊洋
Toshihiro Horiuchi

産業組織研究

日本経済再生の指針

早稲田大学出版部

まえがき

　本書は，筆者がこれまで 40 年近くに渡って取り組んできた経済研究の成果を一冊の書物に編纂するために，成果の中から主なものを重点的に選択しここに取りまとめたものである。すでに単著の書物として出版した書物に盛り込まれた論文は，重複を避けるためにここには含めていない。また共著の論文も含めていない。このように限定しても収録論文の分野は多岐にわたり，今日的にも，日本経済の活路を見出すためのキーを提示してくれるものと考える。そのことは言い換えると，本書の内容が，日本経済の現状打開への方向性を示し，日本企業・政策の潜在力を認識させることになると思うものである。

　筆者の専門分野である産業組織論という学術的な観点から本書の特徴を挙げると，この多様な内容は，産業組織の根底にある思想がいわゆる「競争と協調」のミックスであることから，必然的にもたらされたものであるといえる。それは，これまでの研究において，英語の Competition と Cooperation の頭文字「C＋C」という基本スタンスをキープし，時々の多様なテーマを取り上げ分析した結果であるともいえるのである。

　この C＋C という切り口は重要なアイデアであると考える。経済社会は，競争一点張りでもなく，協調一点張りでもない。企業が置かれている状況は，競争が避けられないことは言うまでもないが，その一方で競争と併存するように，協調行動を常にどこかで追求している。その兼ね合いこそが実は現実経済においては重要であり，そこを戦略的かあるいは偶然の作用であるかは別として結果的に大きな失敗をすると，産業の衰退，そして個別企業の低迷がもたらされるのである。一国の政策当局の政策マネジメントも然りであると考える。

　繰り返しになる部分もあるが，本書はこのような問題意識から，これまで長年にわたって取り組んできた諸テーマを，企業行動，産業組織，そして政策，の 3 つの側面から分析した結果から重要なものに限って，改めて一冊の単行本の形に編集したものである。それは，現在の日本経済が置かれている企業環境，政策課題の解決に対して示唆を与え，一国全体として，また個別産業レベルや

企業レベルでの活性化に繋がる道筋を示すものであると改めて筆者はみなすものである。

　本書の多面的な内容の位置付けについて，個別内容の紹介に触れる前に一括的に総括しておこう。経済学とは，決して専門家が知的興味を持つ理論やテーマを論文に向いているという理由で取り上げてはならず，現実との深い関わりがなければならない。本書に収録した論文のテーマは，産業と政策，企業行動，地域研究，土地政策，中小企業の活力，ベンチャー企業行動・政策，メインバンク行動に関連する銀行の競争力の本質，さらには個別産業のケーススタディなど，まさに多岐に渡っている。それらを集計的に編纂すると経済全体が浮かび上がって来るとさえ言えるだろう。繰り返しになるが，収録された論文の他にも筆者の多数の関連成果があるが，ここでは，まだ単著として未発表の成果物から主要なものを抜粋したものであることを改めて繰り返しておく。

　さて，筆者の現在の研究分野は産業組織論であることは述べたが，その産業組織論という分野は，いわゆる金融論，財政論，国際経済学，その他種々の経済学の分野に比べると，重要であるにもかかわらず，誤った認識をされがちな典型的分野であることを指摘しておこう。産業組織論とは，個々の産業トータルとしての成果，つまり資源配分の適否の要因を探り，その政策的対処法を企画することを目標とする分野である。そして，上述した「競争と協調」の兼ね合いがその成果を左右する枠組みと考えるのである。

　ところで，本書の一部の章にはこのような内容以外のテーマも含まれているように思われるかもしれない。しかし，いずれも企業行動や競争政策に密接に関連するものである。したがって，産業組織論は，このように多彩なテーマを包摂出来るのである。換言すれば，経済循環の主要エンジンである産業・企業行動はすべて産業組織論の分析対象，つまり経済の供給活動は産業組織論の分析対象となるのである。企業・産業の潜在力を産業組織論の枠組みから把握することによって全体の経済が分かるとも言える。言い換えると，供給サイドの在り方が今後もきわめて大切であり続けると推察できる今日，産業組織論の問題意識を確認していくことによってこそ活路を見いだせるというわけである。

　本書では，全体として，「日本の強固な産業競争力基盤」を指摘していくが，歴史的あるいは総体的な観点からは論じていない。この点をここで指摘する意

図は，実はその産業競争力基盤は，経済力だけではなく，システム力でなければならないという点にあるために，このまえがきにおいてその概要を述べておこう。わが国はそのような総合的な基盤をこれからは戦略的に磨いていかなければならないのである。

　経済力，政治力，さらには一国の自律的な防衛力も，このシステム力を左右し，それらのどの一つでも大きく欠くと，全体としてあるいはシステムとしての力は著しく殺がれるのである。このシステム力の一部が欠けると，競争の土俵，ゲームのルールが相手に一方的に有利になる方向に作り変えられてしまうからである。日本経済，日本企業が目指していくべき変化は，この問題意識あるいは方向性にかかっているというのが筆者の見解である。それはまた言い換えると。そのような政治力や防衛力さらには経済力の間のバランスでもあり，整合性でもあり，競争的解決と協調的解決の兼ね合いでもあると考える。この総体的な議論を本書の各章の概要説明の後でもう一度触れることにする。

　産業組織論とは繰り返しになるが理論的に言えば，企業間の競争と協調のバランスを最も重視するものであった。そのC＋Cという発想は，このように場面を変えても応用できる普遍的なアイデアなのである。いま少しこのことを敷衍しておこう。現実の経済，産業・経済社会は，競争だけでは成り立っていなく，企業間の協調，政策当局と企業間の協調，銀行と一般企業間の協調，さらには企業セクターと消費セクターの暗黙的な協調，そのような協調のあり方によっても左右されているのである。そしてこの競争と協調の兼ね合い状況が，時期と共に常に継続かあるいは変化かという決定を迫られているのである。

　現在，日本経済は，低成長と低インフレという困難な局面から抜け出していないが，現実的な立場に立つと，すべからく現象とは継続と変化，つまりここでも英語の頭文字で略すとまたC＋Cである。継続（Continuity）する部分を持ちながら，常に変化（Change）しているのである。「競争と協調」，そして「継続と変化」といういわば二つのC＋Cが，マトリックス的に重点を変化させながら進行しているのが，現実の企業・産業社会であり，産業組織論の考察対象なのである。本書の内容を総括的に述べると，この2つのC＋Cを切り口に種々のテーマを分析したものであるといえる。

　本書の内容を若干，構成面から概観しておこう。形式的にいえば，前半は日

本語論文，後半が英語論文である。それぞれの論文の内容は，各論文のイントロダクションが過不足なく述べているので，個別の紹介はここでは限定的にとどめることとする。むしろ，それら各章・各論文がどのように関係し，全体として本書のタイトルにいかに繋がっているかを解説する。

　日本語のパートも英語のパートもそれぞれ日本の企業，産業組織，政策の特徴を各論的に論じた内容である。個別の産業ケーススタディもあるが，多様な経済活動・企業行動が分析されるべき対象として，日本社会には存在していることを主張しておきたい。これらは今後の日本の経済社会を展望する上で重要であると思われるものである。

　第1章の産業調整は1970年代，80年代の日本経済の調整力の原動力であった。日本企業，政策当局は，この構造問題を，まさに競争と協調の兼ね合いのマネジメントに成功したことによって諸外国に先駆けて解決してきたのである。第1章はその競争と協調の実態的枠組みを実証的に詳細に解明している。今日，この経験を踏まえた企業群は，合成繊維の技術力を基盤に多角的・国際的に発展している。それらは今日における日本の力の目に見える例示である。

　第2章も関連する繊維産業の行動分析であり，地域問題とも密接に関連する。繊維産業は，継続と変化という二番目の切り口からみると，伝統的産業ゆえに歴史的制度の影響が大きい産業である。変化が限られている実態を，第1章と対象が一部重複するが，この章では中小企業と地域に視点を絞って論じている。本章は現在の繊維産業にはもちろん触れてはいないが，伝統的な繊維産業もIT技術の導入によって，テキスタイル部門とアパレル部門との協調が戦略的に進められ，この伝統的産業も「競争と協調」の戦略的見直しによって，伝統的特性を打破し，発展的な活路を切り開らいていくだろう。

　第3章も「競争と協調」を基本的テーマとするものであるが，この合理化カルテルという経済合理的な発想が，企業間提携のいわば古典的なアイデアであり，産業の効率性を高めうる機能を有していることを合成染料という品揃えが競争力を左右する産業を実例に挙げながら詳述している。日本のアイデアが詰まった政策枠組みの議論であり，今日ますます進展する差別化行動の標準をめぐる企業間提携，アウトソーシングなどの差別化戦略の実務とも関連するテーマである。このように日本の企業社会には，競争と協調をバランスよくかつ機

動的にマネージしてきたのである。この能力は，企業間提携や緩やかな連携のように形を変えて引き継がれている。

　第4章も競争と協調をバックグランドテーマとしているが，その対象は，伝統的な産業ではなく，先端的な産業である半導体産業の研究開発活動についてである。半導体産業では，本章で分析する研究開発組合を通じた競争と協調の取組を，政策当局と民間産業，そして民間企業間の戦略的な協調によって実現させたのである。半導体の先進国であるアメリカにキャッチアップするという成果を実現させた。1970年代当時のこの先端的かつ基盤的な産業における幼稚産業体質から脱皮出来たのである。その後の日本の半導体企業・産業の盛衰は，きわめて大きなアップダウンを経験した。日本の競争と協調というスタイルをいま少し国際的な戦略枠組みに合致させ，国家としてのシステム力という視点を持ち続けていればストーリーは大きく変っていたと思われる。実際は，その認識に至るまでのタイムラグが大きかったために，現在の半導体産業はかつての栄光は失っている。しかし，エレクトロニクス産業における協同組合による研究開発のこの成功例は，圧倒的な注目を内外で集めたために，この競争と協調という枠組みによる基礎的な研究開発は，その後今日まで形態を変えてはいるが，重要なアイデアとして継続的に実践されている。

　第5章は，研究開発を巡るこのようなより包括的な側面を分析したものである。研究開発は，言うまでもなく新規参入のための重要な企業行動である。参入コストを軽減させ，かつ効率的に参入効果を高めるためには，ここでも企業間の提携，つまり協調が重要なキーとなる。本章はそれを日本全体として実態的に1970年以降について実証したものである。

　第6章から8章は，筆者の周辺で観察してきたここ10年間の小さな地域エリアにおける経済変貌を取り上げている。地域社会とは，顔の見える関係で成り立っているために様々な連帯感情が渦巻くとともに激しい競争もある。競争と協調の縮図でもあると考えられる。第6章は，パン産業という身近な産業における参入問題と競争体質の現状を，エリアを限定したうえで分析したものである。パン産業は決してハイテク産業ではないが，差別化戦略が重要となる産業である。小さなエリアで行動する企業（商店）と全国エリアで差別化戦略を展開する大企業とが混在し，かつ伝統的な産業である。生活スタイルの変化と

共にこの伝統的な産業も常に変化していることが示される。このようにケーススタディの対象としては意義深いものである。

第7章は，これも地域問題を意識したケーススタディである。第6章と同様に，筆者がローカル情報に相対的に容易にアクセスできる東京近郊の神奈川県鎌倉市の一地域における，コンビニ参入競争とコンビニチェーン間の提携の状況を分析したものである。このコンビニ参入あるいは撤退という現象は，コンビニの今後のITビジネス展開，および過疎地域における一種のインフラ施設としての存在意義を暗示している。本章はコンビニを巡る競争と協調の今後の兼ね合いを占うものとして一地域の例から分析したものである。

第8章は，地域の基盤や我々の生活基盤である土地という経済資源，それを巡る制度のあり方が日本社会を変質させ，またそのあり方を取り違えると変更が容易ではないことを論じたものである。土地という資源は，まさに競争と協調の兼ね合いの対象そのものである。その政策マネジメントに失敗すると，その弊害は大きい。それについて産業組織論という切り口から最初に問題提起として，ミニマムな土地サイズ規制という政策の提言を行ったものである。一部地域では本論文の趣旨を取り入れた規制が既に行われているが，同様な目的意識から取り組んだものの，利害関係者の権利調整に失敗している事例がほとんどである。その問題提起ののち，土地所有権から土地使用権への移行というさらに抜本的な提言をしている。それによる経済全体への影響は波及効果が大きいため，マクロ的な側面と産業組織論の両面から詳細に分析している。継続と変化を前提に，本章で指摘するこの問題に長期的に取り組んでいくことになるだろう。

第9章は，企業の新しい挑戦，参入を以上までの分析とはまったく別の視点から論じたものである。国際的なビジネス展開，国際市場への参入は，国内における新規ビジネスの参入と同様な戦略ももちろん必要だが，同時に情報不足，協調相手の限定のために，国際活動には固有の協調戦略が課題とならなければならない。グローバル化のためには，国際的な企業行動方針，行動規範が決め手になり，そのためにはそれを体得して，効果に繋がる競争と協調の戦略がなければならない。第9章はそれを筆者の現地取材に基づき，実態の紹介と内容分析を試みたものである。今日的には，このような国際的な行動指針をもたら

す活動は様々なルートやレベルを通じて多面的に行われていると思われる。

　本書後半の英語論文も，以上の日本語論文と同様に，日本の産業組織，企業行動の特性を，競争と協調の両面から論じたものである。内容は2つに分けることが出来る。前半の4つの章は企業行動で，後半の3つの章は銀行行動についてである。

　前半の企業行動も多岐にわたり，中小企業の活力，企業の自発的な共同情報行動，ベンチャー企業論，国際的部品調達，などである。後半の銀行の行動分析は，これまで筆者が発表してきたメインバンク論の基礎理論が中心である。

　第10章は，英語パートの前半の最初である。日本経済が絶好調に向かって突き進んでいたバブル期直前の1980年代最後の時期における，中堅・中小企業の海外直接投資を取り上げている。この時期，中堅・中小企業も，取引関係のある大企業を追いかけるようにアメリカ・アジアを中心に積極的に直接投資を展開しつつあった。まさに，大企業との協調がトリガーとなったものであるが，同時に中小企業間の競争意識も大きなドライブ要因となり，中堅・中小企業は柔軟な経営力を発揮した。日本経済社会における大企業と中堅・中小企業が両輪となって経済環境の変化に機敏に適応していたのである。その潜在力は，もちろん今日まで引き継がれているはずである。

　第11章は，オプトエレクトロニクス産業，いわゆる光産業における協調行為を考察したものである。第4章で議論した半導体の光産業版といえるものである。既にこの1980年代後半の時点では，半導体の協同組合方式による協調行動の効果は広く知れ渡り，多くの産業，テーマに取り入れられていた。光産業はその後のレーザーや各種のハイテク電子機器の発展に繋がる重要な活動であった。協調行動に加わった企業は半導体時代に比べて何十倍以上となり，この組合方式は一種のブームを形成しつつあったといえる。もちろん内外企業無差別の方針が採用されたが，協調行動の意義は持続された。

　第12章は日本におけるベンチャー企業の発展，新規ビジネスの勃興を2000年代直前の時点で振り返ったものである。ベンチャー企業，ベンチャー政策，ベンチャーマネジメントについて筆者は，これまで多くの結果を発表してきた。第12章はその内の代表的な英語による結果である。今日に比べるとベンチャー企業の存在感は一桁低い限られたものであったが，一部はその後の隆盛を暗

示させる経営力を持っていた。しかし，当時はまだ政策枠組みは未整備で，人々もまだまだ大手企業に目を向け，また大手銀行も同様であった。そのような時代の中で本章はベンチャー企業社会のあるべき姿を展望したものである。

第13章は非金融分野を取り扱った最後の章である。第10章と同様に中小企業の国際的な展開についての実証分析である。この章も海外直接投資に関連はするが，日系中小企業が海外の企業との取引関係を通じて国際的な部品購入ネットワークを構築している実態を分析したものである。そのような取引関係，つまり協調関係が現地企業に対する技術支援にまで発展していることを明らかにしている。いわば，日本の中小企業とアジアを中心とした現地企業との協調行動そのものである。そして言うまでもないが，日系企業間もまた現地企業間も，協調の一方でお互いに競争意識を持っていたはずである。

第14章は，銀行の本質的な競争力の根源を考察した理論的分析である。企業でもそうだが銀行でも，部門的には主要ビジネスとその他のビジネスの2つに大別できる。主要ビジネスが機動的に展開されることがすべての企業行動のベースでなければならない。メインバンク行動とはその主要ビジネスの一つの発露であり，一般企業ではマザー工場でもあり，国際化のエンジンでもある。そのようなエンジン機能が，企業組織の内部に蓄積されてこそ，企業の競争力の梃子となるのである。第14章の分析では，そのような機能存在をグロップ（glop）と称している。企業の内部組織に蓄積されている競争力の根源，いわば多角化や新規ビジネスにおける経営の梃子となる力である。IT時代の銀行経営も根本的にはこのグロップという人間的な発想を重視していくことが求められなければならないだろう。

日本企業・銀行にはまだそのような専門家集団であるグロップという経営資源が多面的に存在しているのである。課題は，そのような経営資源をシステムとしてグローバルに発揮させていくことである。一部の企業はすでに実践しているようであるが，潜在力のあるすべての企業がそのグロップをグローバルな協調行動に推し進めることが肝要である。

第15章は，わが国銀行の特色と言われて久しいメインバンク機能の実証研究成果である。ここではそれを，中小企業の立場から考察している。メインバンク機能と言えば，大概は大企業と大銀行の関係を議論するが，ここではそれ

を中小企業に対する銀行貸出から分析している。1980年代後半における中小企業貸出市場の競争場面を詳述したものである。資金需要が低迷している今日の中小企業貸出市場は，分析したこの当時とは大きく違っていることは言うまでもない。しかし，貸出市場が，競争と協調の兼ね合いを抜きにしては成り立たないという点では，マクロの資金需給環境が違っていても，原理的には全く同様である。

第16章は，本書の最終章であり，中小企業を念頭に置いた貸出市場政策である信用保証協会という，競争と協調そのものを組織的に実践している実態を分析している。古くて新しいテーマと言えるが，視野を世界的に広げるとその組織の存在意義あるいは政策意義は十分に大きいだろう。中小規模企業に対する貸出市場において，政策当局と民間部門，民間金融機関との協調行動は，貸出市場の効率性を向上させるはずである。この協調行動はさらに貸出市場に関連する様々なプレーヤーの参画を促す仕組みに発展している。現在でもこのような信用保証機能は存在し，関係者間の利害分担を調整させる各種仕組みも取りいれられている。

このまえがきの最後に，第4章で論じた半導体における協調と競争の共存のその後をいま一度発展的あるいは前述した総体的な観点からみておきたい。1990年代初めに世界トップに立った日本の半導体メーカーは，日米半導体摩擦というアメリカからの外圧に対して，相手と同じ土俵で立ち向かうことを避けてしまった。現実的に言えば避けざるを得なく，いわば妥協によってその摩擦を解消しようとした。グロップを活かそうとしなく，あるいは活かそうにも容易ではなかったのかもしれない。いわば小手先の対応で妥協したのである。まさに日本社会のシステム不全のシンボルであり，結果的に長期的にその経済力・技術力を殺がれたといえるのである。

今後もこのような場面が続くと，いかに日本企業の潜在的な競争基盤が強固であるとしても，日本という経済・社会は国際競争の現実では相対的に弱化するかもしれない。しかし，希望的観測と批判されるかもしれないが，変化は現在も進行している。

つまり，本書全体で主張するように日本企業の柔軟性は損なわれてはいなく，むしろ新たな分野で調整能力を発揮させる場面に活路を模索している過程にあ

ると言えるのである。継続させるプラスの面を強化すれば，困難から抜け出せる力は持っているのである。

　最後に重ねて指摘しておくが，本書で編集の対象外とした共著論文，そして未収録の単著論文も，筆者が重要と思うテーマを取り上げたものだが，ここでは筆者の退職記念の一冊という趣旨から多くを割愛した。これまでの多くの共同研究者，また知的交流を築いてきた多くの研究者，先輩・後輩にここで改めて謝意を表するものである。とりわけ，筆者が経済学の学問分野にチャレンジ参入した際，ある出会いから始まった森嶋通夫と熊谷尚夫の両先生から受けた個人的な助言や支援は，筆者の中で常に大きな存在感を持つものであった。最後にこのことを記し，今は亡き両先生に深甚なる謝意を表し，本書の取りまとめを終えることとする。

　　　　　2018 年 12 月

　　　　　　　　　　　　　　　　　　　　　　　　　　堀内 俊洋

目　　次

まえがき　　i

1　合繊産業における設備処理と共同行為 ───────── 1
　1　は じ め に ……………………………………………… 1
　2　目的と対策 ……………………………………………… 2
　3　環　　　境 ……………………………………………… 7
　4　処 理 計 画 ……………………………………………… 10
　5　進　　　展 ……………………………………………… 15
　6　評　　　価 ……………………………………………… 27
　7　お わ り に ……………………………………………… 31

2　合繊長繊維織物不況 ───────────────── 45
　1　は じ め に ……………………………………………… 45
　2　合繊産業の調整と賃織委託 …………………………… 46
　3　合繊長繊維織物産業組織 ……………………………… 51
　4　不 況 対 策 ……………………………………………… 57
　5　お わ り に ……………………………………………… 60

3　合理化カルテルの理論と合成染料産業の実際 ─────── 65
　1　は じ め に ……………………………………………… 65
　2　制度と適用分野 ………………………………………… 66
　3　生産提携と「合理化カルテル」……………………… 69
　4　ケース・スタディ ……………………………………… 76

5　おわりに ……………………………………………… 89

4　エレクトロニクス産業の飛躍をもたらした政府支援の
　　共同研究 ───────────────── 95

1　成果あげた超 LSI 技術組合 ……………………… 95

2　米国の反発とそれへの対応 ……………………… 96

3　共同研究の利点と問題点 ………………………… 101

4　効率化と貿易摩擦解消の均衡 …………………… 106

5　日本における民間部門の研究開発戦略と市場参入の
　　相互関係 ───────────────── 109

1　はじめに ………………………………………… 109

2　R&D 変化の概観 ………………………………… 112

3　R&D 多角化戦略の概観 ………………………… 123

4　R&D 市場参入の概観 …………………………… 130

5　R&D 支出行動の変化と不変の共存 …………… 135

6　多角化戦略の詳細 ……………………………… 139

7　参入の詳細 ……………………………………… 147

8　多角化戦略と参入競争のモデル的再考察 …… 162

9　おわりに ………………………………………… 165

6　パン産業の最近の構造についての一考察 ──── 173

1　はじめに ………………………………………… 173

2　パンとは，パン産業とは ……………………… 175

3　2種類に大別されるパン ……………………… 178

4　日本のパン産業の歴史的拡大 ………………… 180

5　量的成長を終えて ……………………………… 184

   6 パン生産の技術的側面 ……………………………… 188

   7 パン産業の協調 ……………………………………… 191

   8 パン産業のガリバー ………………………………… 193

   9 お わ り に ……………………………………………… 197

7　東京郊外の北鎌倉におけるコンビニの動きから

**　社会的な問題を考える ――――――――――――――― 203**

   1 は じ め に ……………………………………………… 203

   2 北鎌倉という地域 …………………………………… 204

   3 コンビニの立地と進出 ……………………………… 209

   4 コンビニ現象から地域社会の姿を考察 …………… 215

   5 結論と将来的な考察 ………………………………… 219

8　土地制度の根本的改革による日本経済の活性化と

**　生活大国化 ―――――――――――――――――――― 223**

   1 は じ め に ……………………………………………… 223

   2 土地市場と固定資産税制の概観 …………………… 224

   3 問題の再確認と改革の方向性 ……………………… 226

   4 永久債の発行による土地呪縛の解消 ……………… 227

   5 家計行動の変化 ……………………………………… 230

   6 諸個人の住環境と生活水準 ………………………… 240

   7 金融機関の行動 ……………………………………… 242

   8 企業の行動 …………………………………………… 243

   9 予想される金融市場取引 …………………………… 246

  10 政策当局の責任と権限 ……………………………… 250

  11 お わ り に ……………………………………………… 251

9 「コー円卓会議・企業行動の指針」にみる共生と

日本的経営 ———————————————————— 257

  1 は じ め に ……………………………………………… 257

  2 The Caux Round Table での「企業の行動指針」作成の

    位置づけ ……………………………………………… 258

  3 企業行動の一般原則 ……………………………… 262

  4 ステークホルダーに関する実際的ルール ……………………… 271

  5 お わ り に ……………………………………………… 277

10 The Flexibility of Japan's Small and Medium-Sized Firms

and Their Foreign Direct Investment ———————— 287

  1 Introduction ……………………………………… 287

  2 The Flexible Nature of Japan's S-M Firms …………………… 288

  3 From the Start to the Expansion of Foreign Direct Investment …… 298

  4 Impact on the U.S. Economy and Policy Discussion …………… 311

  5 Conclusions ……………………………………… 319

11 Structure and Information Sharing Function of Business

Associations ———————————————————— 325

  1 Introduction ……………………………………… 325

  2 Industrial Organization ………………………… 327

  3 The Organization of the OITDA and Its Activity …………… 333

  4 Discussion and Policy Implications ……………… 341

  5 Conclusions ……………………………………… 344

12 An Overview of Japanese Venture Firms and the Analysis of Information Activities ————————— 351

1 Introduction ·· 351
2 Economic Definition of VFs ···························· 353
3 Theretical Discussion of the Desired Policy for VFs ·········· 358
4 Reality of Japanese VFs ······························· 363
5 Joint Business of Venture Firms ························· 368
6 Concluding Remarks ·································· 373

13 Parts Purchasing of Japanese Firms in Foreign Countries ————————— 379

1 Introduction ·· 379
2 An Overview on the Local Parts Trade ·················· 380
3 Technological Considerations ·························· 383
4 Test of Technology Hypothesis ························· 386
5 Technology Assistance ······························· 388
6 Concluding Remarks ·································· 393

14 A Management Model of Japanese Mainbank Relationships ————————— 397

1 Introduction ·· 397
2 Mainbank and Management Structure ·················· 398
3 Model of the Bank ·································· 399
4 Bank's Optimal Organization ························· 402
5 Empirical Facts ······································ 407
6 Conclusion ··· 410

15 Main-Bank Competition and the Loan Market ———— 413

1 The Microeconomic Aspect of Competition ·························· 414

2 The Loan Strategies of Financial Institutions ···················· 421

3 Management Strategies ·· 426

4 An Overview of the Reorganization ······························ 431

**16 Japanese Public Policy for Cooperative Supply of Credit
Guarantee to Small Firms** ——————————————— 441

1 Introduction ··· 441

2 History and Organization ······································ 442

3 Performance of Activity ·· 453

4 Policy Evaluation ·· 464

5 Summary ·· 469

初 出 一 覧···475

1 合繊産業における設備処理と共同行為

1 はじめに

　一般にすべての企業の将来期待が合理的であれば，企業（産業）の予期せぬ長期的衰退はそもそもあり得ない[1]。だが多くの経験が示すように，国際競争力の低下などに伴って予期せぬ長期的衰退が発生している。そのため企業（産業）レベルではこの状況にいかに対応していくかが重要な経営課題となる。同時に政策レベルでは民間の調整にどのような手段でどこまで支援するかが政策問題となる。民間は政策形成過程に影響を及ぼすことが出来なくはないが，事後的には政策内容を与件として以上のような予期せぬ衰退に調整していかなければならない。

　本章はわが国における合繊産業の近年の調整過程と政策内容を整理・評価し上述の調整問題を分析したものである。過去の急成長に比べると，わが国を含め先進諸国の合繊産業は 1970 年代に入ると途上国や中進国の設備増強と世界的繊維需要の低迷のために大きく成長力が低下した。日本では過去 1951 年に東レがデュポンからナイロンの製造技術を導入して以来十数年にわたって企業の参入があいつぎ，一時期の生産量伸び率（対前年，以下同じ）は 20% を超えた。しかし石油ショック以降 70 年代後半には過剰能力が問題となるまでに衰退した。

　過剰能力は欧米先進諸国にも共通した現象であったが，両者官民のその後の対応には差異がみられた。欧米，たとえばアメリカでは多国間繊維取極（MFA）に基づく 2 国間協定を用いた貿易介入の下で自主的な設備調整が進んだ[2]。これに対して日本では原則自由貿易の下で政府支援の設備調整が進展し

た。つまり，特定不況産業安定臨時措置法（以下，特安法と略記）の下で合繊4品種（ナイロン・フィラメント，アクリル・ステープル，ポリエステル・フィラメント，ポリエステル・ステープル，以下それぞれNF，AS，PF，PSと略記）の設備処理が78年から83年まで続いたのである。

企業の調整が続く中で，民間からは83年4月『わが国合繊産業の競争力と将来ビジョン』が発表された[3]。そして通商産業省からは84年6月『先進国型産業をめざして——新しい時代の繊維産業ビジョン』が発表された[4]。これら官民それぞれの行動から考えると，設備処理が合繊産業ひいては繊維産業の調整の重要な1つの戦略と位置づけられていたことになるだろう。本章はこの設備処理に焦点を合わせ，その具体化の背景から進展までの事実整理と，処理計画および指示カルテルという設備処理政策枠組の評価検討を目的とする。

次節ではまず設備処理の必要性を資源配分の最適化から考察する。その後，合繊産業の産業組織に伴う現実的問題点とそれに対する望ましい企業および政策の対応のあり方を理論的に論じる。

第3節は合繊産業の設備処理問題の背景を検討する。77年以降の提携・再編構想の推移につれて処理問題の論点が明確になり，それと前後して政策枠組が決定された。

第4節は設備処理計画の内容を示す。計画の作成過程，主要な論点および計画の中身とりわけ企業別処理分担ルールを述べる。

第5節は処理計画の進展を論じる。計画の達成状況，稼働率と集中度への影響および企業別処理を検討し，最後に処理分担ルールの浸透を統計的に検証する。

第6節では資源の効率的配分から処理計画と共同行為という政策枠組の有効性を評価する。

最後の第7節では結びとして以上を要約しあわせて残された課題を指摘する。

2　目的と対策

設備処理の必要性を簡単なモデルで論じる。その後，合繊産業における企業間格差という現実の下でいま少し具体的に設備処理の問題点を検討し，過剰設

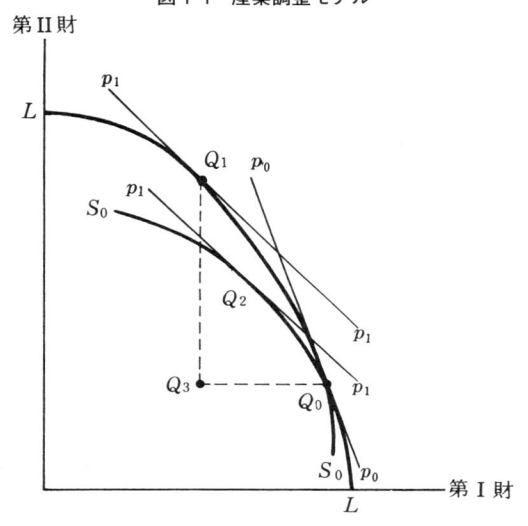

図 1-1　産業調整モデル

備への望ましい対応を考える[5]。

1　目　的

　設備処理は産業調整の文脈からとらえることができる[6]。2生産物の貿易モデルにおいて国際価格を所与とする小国が恒久的な価格変化に調整していく場合を想定しよう（図1-1参照）。相対価格が p_0 から p_1 に変化すると，生産点は長には期的 Q_0 から Q_1 に移動する。これに伴って資源配分も変化する。しかし資源の部門間移動が不可能な場合には国際価格が変化しても生産点は依然 Q_0 である。生産要素の移動性が不完全であれば，生産点は短期の生産フロンティア上の Q_2 となる。いずれの場合も資源配分および経済厚生からみて最適な状態ではない。

　設備処理の目的は，このような状況に対して生産要素の一つで，ある資本設備を縮小部門（第 I 財）から拡大部門（第 II 財）に再配分し，経済全体の資源配分を効率化することである[7]。設備処理に伴う sunk cost や処理量をめぐる企業間対立の問題を除けば，第 I 財の生産量の長期的減少（$Q_0 Q_3$）によって決まる過剰な資本設備は何ら政策介入がなくてもいずれは処理される。つまり，

同質的な企業が第Ⅰ財部門の不振を循環的不況局面としてではなく長期的な衰退過程と位置づけ，一方で成長分野を確実に予想できるならば，過剰設備は処理され最適な資源配分は達成される。その場合 sunk cost がなくても資源配分の調整にはコストが伴うために，価格変化への対応は動学的となり，競争力のない設備から順次処理されていくことは言うまでもないだろう。

以上のような理想的な状況に比べて，設備処理の sunk cost や企業間の利害対立および将来の不確実性が存在する現実においては，企業（産業）の設備処理に対して政策介入が必要となる場合もある。政策手段は 2 つに大別でき，1 つは企業の調整コストへの金銭的援助である。政策コスト負担に伴う所得再分配の問題を除くと，この政策は調整期間と時間選好率いかんによって経済厚生を高めることができる。sunk cost が存在する場合にはこの政策の必要性は上昇するだろう。

第 2 の政策手段はこのような助成を伴わない非金銭的手段である。産業全体の設備処理の規模，時期，企業分担について合意を形成し，あわせて不確実性の軽減を意図したカルテル政策である。企業間競争が設備処理の進展を妨げ過剰能力を温存させると，共倒れの危険もあるから，カルテル行為によって処理をいわば強制するわけである[8]。この点はわが国の合繊産業のように異質的な寡占企業から構成される場合にしばしば主張される。

2 問 題 点

合繊産業の現状を想定して，カルテル行為が sunk cost，企業間の利害対立および不確実性の問題を解決し，効率的な資源配分を達成できるか否かを検討しよう。

まずこれらの問題が全くない場合の最適な処理を (d^*, D^*) とする。d^* は第 i 成分 d_i^* が第 i 企業の処理分担となる処理量ベクトルを示し，D^* が d_i^* の合計を示す。(d^*, D^*) を決定するためにはすべての企業の工場単位さらには生産ラインあたりのコスト情報が必要である。カルテル行為を実施したとしてもすべてのコスト情報の公開を強制することは不可能であるから，しばしば設備能力，生産量などを基準にした処理 (d'^*, D'^*) が合意される。一般に企業の設備処理意思が低いため $D' < D^*$ となると考えられるが，ある企業については

$d'^*_j > d^*_j$ となることがある。

　したがって事前に合意された処理が何らかの強制力によって実行されたとしても，産業レベルでの処理が不充分であることは言うまでもないが，それに加えてある企業については不必要な設備処理が行なわれたことになる。だが，強制を強化しても，現実的にはこのような企業はカルテルに加わっても設備処理を少なくする。他の企業もそれにつれて処理を少なくするから，産業全体で D^* からの乖離が当初の D^* より大きくなる。一方，強制が伴わない場合には，一般に目標は実行されないだろう。このように強制力の中身を変えても，多くの場合，当初の効率的な設備処理は実行できないのである。

　ここで (d^*, D^*) を決める際に残存設備量を確保するための権利売買が企業間で，許可されれば，権利価格を通じて企業間のコスト格差（したがってsunk cost 格差も含む）や戦略的相違による処理分担問題の一部は解決できる。たとえば $d'^*_j > d^*_j$ となるような企業 j は処理量を少なくし，反対に $d'^*_k < d^*_k$ となる企業は処理を増やすこともできる。だが，このようなシステムを設けても歪みが残り，処理は目標段階においても明らかに (d^*, D^*) と異なってくる。いずれにしても，合繊の設備処理ではこの方法は採用されなかった。

　以上の議論は単に処理対象設備の生産効率のみに注目し，コスト公開に制約があることを除くとコミュニケーション不足に伴う他企業の行動等に不確実性がない状況を想定している。このような通信的不確実性があったとすれば，それはカルテル行為を通じた企業間の情報交換によって低下しうるだろうか。企業間の情報交換においては有益な情報は表面化せず企業内にとどまるため，成長分野に関する情報が外部化し実質的に増加することは少ないだろう。また，政策当局が民間に比べて少ない情報しか持っていない現状では，政策主導のカルテル行為が企業に実質的に新たな情報をもたらすとは考えられない。したがって，カルテル行為によって (d^*, D^*) により近い処理が進められることはこの限りではないだろう。

　このようにカルテル行為は最適な処理を目標にすることすらできないが，企業に処理のきっかけを与えることによって通信的不確実性を減少させ，それをテコにした設備処理の有効な手段としてしばしば利用される。しかし，設備を実際に処理する際にフリー・チョイスが与えられないならば資源配分は歪めら

れるだろう。一方，もしフリー・チョイスが与えられるならば，目標は実現しないだろう。その分だけ (d^*, D^*) からの乖離は大きくなる。したがって現実にはフリー・チョイスは狭められ，その分だけ処理のネット・ベネフィットは低下する。ネット・ベネフィットの大きさはケースバイ・ケースであるが，国際競争が処理の理由であれば，資源配分の歪みによるコストだけが残り，通信的不確実性の減少によるベネフィットがほとんど考えられないためにネットでロスが発生するだろう。言い換えれば，自国のある企業にとって同じく自国の他の企業の設備処理行動が仮に全く予想できなくても，海外の企業との競争がある限り競争力のない設備を処理すれば，新たに利用可能な資源を獲得できるのである[9]。

　以上のことは sunk cost の程度いかんにかかわらず成立する。カルテル行為そのものが sunk cost を減少させることが出来ないことから明らかである。だが現実にこのコストが大きく，成長分野からの純収益予想が低められるために設備処理が進まないのであれば，必要な措置は設備処理補助金でなければならない。設備処理の実施後に転用可能な資源が補助金相当だけ低いコストで入手できるために，成長分野への参入コストが低くなるからである。

　このようにカルテルの有効性が疑問視されるにもかかわらず，合繊産業のように多くの衰退産業でカルテルが少なくとも形式的には採用された。転換能力の高い企業といえどもカルテルへの不参加を表明すれば何らかの政策サイドからの負のリアクションがあることを恐れるために，カルテルに加わるかもしれない。相対的に転換能力の低い企業は他の企業から譲歩を引き出すためにカルテルに加わる。このような利害の調整はそもそも資源配分を高めるものではないために，企業の私的合理性を前提にすれば，カルテルが結成されたとしても，事後的にはカルテルの内容が骨抜きにされる可能性が高い。合繊産業がそれにもかかわらずカルテルを要望した背景には過去の経験が大きくかかわっていたと考えられる。しかし国際競争条件が変化すると，過去に機能していた方法がいつまでも望ましいということはあり得ないだろう。

3　望ましい対応

今日のように多くの産業が国際経済の影響を大きく受ける時には，合繊産業

のような産業における設備処理問題の大半は企業の私的な調整によって解決可能である。企業が産業の現状を長期衰退の途上とみなすならば，転換コストの相対的に低い先発企業は積極的に成長部門に進出するだろう。コストの高い後発企業も成長分野に進出するが，一方では既存設備の技術改良などによる合理化一般を目ざす。結果的に企業の自主的判断の下で産業全体の設備処理が進まなかったとすれば，その産業は衰退産業ではないと考えなければならない。

次に企業の調整をいま少し詳しくみよう。企業が成長分野への転換と同時に従来分野の拡充を並行させる理由は，余剰となった労働力の一部については，従来分野の競争力強化を通じて吸収しようとするからである。既存分野の再生を進める理由は他にも考えられる。第1に，既存分野の予期せぬ発展に対して危険分散をはかる。これは経済全体の資源配分を効率的にする。あと1つは，シェア低下を避けるという理由である。

次に企業の以上のような転換は，合繊企業のように絶えず株式市場の評価を受けている場合には促進されるだろう。したがって，政策当局が設備処理問題に非金銭的に介入しなければならない必然性はほとんど存在しない。

仮に政策介入が必要になるとすれば，それは調整コストへの助成である。転換コストが大きく，設備処理が進まない間に倒産と大量の失業が発生し，資源配分が短期的に大きく悪化する恐れがある場合には，企業の転換コストを助成し企業の自主的・合理的行動に金銭的誘因を与えなければならない。カルテル行為のような非金銭的誘因はこの場合も不要である。つまり，具体的な金銭的誘因を与えないで，企業に設備処理のきっかけを与えるだけで処理を強制したとすれば，それは企業行動にとって制約となる。資源配分は政策介入のない場合の処理後の結果よりも非効率的となり，場合によっては設備処理以前よりも悪化することにもなる。

3 環　　境

合繊産業の設備処理が具体化するまでの環境を整理する。第1に1977年以降の提携・再編構想を概観する。第2に設備処理の現実的論点を述べる。最後に政策環境を要約する。

1 提携・再編構想

合繊産業における企業格差は従来も再編構想につながる傾向があった。石油ショック以降の収益悪化格差も再編構想をもたらした[10]。この時にはすべての企業あるいは品種を対象にした構想があった。その典型例が大屋構想と呼ばれた4グループ化構想であった（77年12月）。しかし多くのものは特定の企業および品種を介して進んだ。企業では収益悪化の大きかった企業，複数の合繊企業の共同出資企業，非繊維化率の高い企業が中心となった。品種では低成長が予想されていたASが主に対象にされた[11]。結果的に以上の経緯を経て実現したものはASに関する2つの共同販売会社の設立のみで，あった。

その1つは，77年5月に発表された東洋紡績（日本エクスランを通じてAS第3位の先発企業）と三菱レイヨン（AS第1位の後発企業）のAS共販会社ダイヤファイバーズの設立構想である[12]。あと1つは，77年後半に具体化した同じくASに関する共販会社である。旭化成（当時AS第2位の後発企業，83年時点では三菱レイヨンをわずかに上回り設備シェア・トップ）と鐘紡（AS最下位の後々発企業）の提携による日本合成繊維の設立構想である[13]。77年当時，前者のグループのAS設備シェアは41.5%，後者は28.5%，合計70%に達した。

2 前 提 条 件

提携構想が議論される過程で設備処理の具体化に向けていくつかの論点が明らかになった。

第1に企業は提携よりむしろ自主的行動を望んでいたことが一連の構想の推移から観察された。広範な提携構想は単に政府助成や金融機関の優遇金利の適用を意図したものに過ぎなかった。

第2に，合繊産業においては技術進歩によって既存設備の能力増が絶えず予想されたため，設備処理においても技術進歩の扱い方いかんが重要となった。能力増の存在は過去にも「過少公称」として問題になった。77年4月の不況カルテル結成は企業の公称能力が現実を大きく下回っていたために実現しなかった。同年9月には能力の実態が公表され，この段階で過剰能力が大幅であることが明らかになった[14]。そして，設備処理においても能力増の想定が重要な検討項目でなければならなくなったのである。

第3に，企業は設備廃棄を進める意図をほとんど持っていなかった。合繊企業の設備廃棄に関するアンケート調査（78年1月実施）によると，設備廃棄の意思を表明したのは東レと東洋紡績の2社のみで，それもNFに限られていた[15]。また，合繊4品種の残存簿価（77年3月末）が業界全体で1,166億円（含む建物・付帯設備）に達することも明らかになった。

残存簿価と設備の効率性を対比すると，新鋭設備を持つ後発企業ほど簿価が相対的に高くなるのに対して，老朽設備を持つ先発企業ほど低くなる。後発企業ほど廃棄損が単位能力あたりでみると大きくなる傾向があり，設備廃棄に対する調整力が相対的に低い。一方，先発企業は調整力が高いが，設備廃棄にほとんど関心を持っていなかった。

第4に，企業の自主性を尊重した実行性のある設備処理方法が考えられた。それと前後して政府支援が金銭的誘因のほとんどないものであることが判明していた[16]。合繊産業では，わずかな技術的処置によって設備簿価をほとんど減じることなく稼働を一時的に停止させる設備休止法の採用が検討された。したがってsunk costの問題はさしあたって回避されたのである。

3 政策対応

前節で検討したように設備処理に対して必要な政策があるとすれば，それは非金銭的手段ではなく，金銭的手段でなければならなかったが，設備処理の政策立法となった特安法の政策手段は実質的には非金銭的手段のみであった。

特安法の骨子は，① 過剰設備処理をこの法律に沿って進める場合，業界は一定割合以上の企業の共同で通商産業省に申請し，大臣の認可を経て同法の政令指定を受けなければならない，② 指定が得られると，業界は設備処理計画（安定基本計画）を作成し，産業構造審議会の承認の下で設備処理（廃棄または休止）を実行する，③ 政策当局は，個々の企業の独自な設備処理では計画達成が見込めず，さらに設備の新増設禁止が守られないと判断すれば，業界の申請を経て設備処理の指示カルテルを発動することができる，④ 設備処理に対する金融的助成として企業は特定不況産業信用基金による債務保証を受けることができる——という4点である。

企業にとって唯一の金銭的誘因とみられるものは④の債務保証のみである。

特定不況産業に属する事業者は，安定基本計画に基づいて設備を処理する場合，その設備に設定されていた担保権の解除のための資金借入に際して債務保証を受けることができる。基金の保証は，設備処理に関連すれば他の場合にも適用できる。この場合も基金は貸付機関に保証を与える一方で，金融機関や親会社などに保証額の3分の2については別途保証を求める[17]。このようにこの措置の金銭的助成は限られていたのである。

他の3つの手段はいずれも調整のための非金銭的手段である。前節で検討したように，これらの手段は効率的な設備処理を実現できないにもかかわらず，実際には設備処理の制度的枠組を固定することとなった。

4 処 理 計 画

本節では第1に計画の作成主体と期間を概略する。第2に作成時の重要論点を述べ，最後に計画処理量を検討する。

1 主体と期間

設備処理計画の最終的承認主体は産業構造審議会・繊維工業審議会総合部会であったが，実質的作成主体は化学繊維工業協調懇談会下部組織の企画小委員会であった。東邦レーヨンを除く合繊企業が1978年5月合繊4品種の特安法に基づく政令指定の申請後，企画小委員会が6月から9月にかけて通算12回開催された[18]。

企画小委員会には通商産業省の代表者も加わってはいたが，中心メンバーは合繊企業の代表者であった。委員会では合繊の需給見通しから計画内容まで広範かっ具体的に論じられた。企業の利害が調整され，業界の設備処理原案が作成された。企画小委員会の検討と並行して繊維工業審議会総合部会下部組織の合成繊維小委員会が通算3回にわたって企画小委員会の決定事項を審査した[19]。

このような関係を通じて，業界案が繊維工業審議会総合部会でいわば事後的に承認された。この段階で設備処理の共同行為に関する指示カルテルの適用も業界の要望に沿って承認された。

合繊産業の設備処理計画の特徴は，計画が 1 次と 2 次にわけられたことである。第 1 次計画の目標時期は 79 年 1 月 23 日であった。第 2 次計画も第 1 次と同様の過程を経て作成されたが，内容は以下各所でふれるように大きく異なっていた。

2　論　　点

　第 1 は合繊産業の需給見通しである。合繊産業の現状が単なる循環的不況局面にあるのかあるいは長期衰退途上にあるのかの判断が需給見通しを左右する。輸出入比率は円レートとナフサ価格の想定に大きく左右されるが，輸出についてはさらに企業の海外マーケティング力の差によってもその比率が異なるため，企業間の意見調整が必要であった。

　第 2 は計画の目標年度である。計画作成当時は日本の合繊産業が長期衰退途上にあるとは断定できなかったため，計画期間が分割されたり，さらには処理方法にも工夫がなされた。国際競争力の将来が短期的には円レートの予測難のため，また長期的には技術改良の進行などのため不透明であった[20]。

　第 3 は設備処理の対象外品目を認めたことである。4 品種の中でも用途が限定されたり専門企業が存在しているなどの場合にはその品目は処理対象からはずされた[21]。

　第 4 は設備の処理方法についてである。特安法では処理方法は廃棄または休止でなければならない。合繊産業の第 1 次計画ではほとんど設備休止を採用することになった。休止の場合には紡糸機の主要構成部品を 79 年 1 月 23 日までに撤去，格納し 80 年度末までこれを持続する。森山（1978）によると設備の除却損はわずかであった。設備休止は sunk cost の存在と不確実な将来に対する現実策であった。第 2 次では廃棄でなければならなかったが，他用途への転用も廃棄とみなされた[22]。

　第 5 は設備の新増設制限についてである。設備の新増設制限は安定基本計画と共同行為の指示の不可欠な要件である。法律上は設備の更新と改良は制限対象外である（第 3 条第 2 項第 2 号）。処理対象の紡糸機の技術改良とその前後工程の改造は制限されないが，改良の具体的中身が問題になった。計画では紡糸機のギヤポンプ回転数の向上や紡糸速度の上昇が改良とみなされた。さらに同

一品種内の転換も改良とは別途に新増設禁止の対象外となった。

　以上の論点に比べると，次の論点である企業別の処理分担の調整については企業間の利害対立は大きく，そのために計画決定と同時に共同行為の指示が要求された。後発企業は設備休止によって除却損の問題を回避したものの先発企業に比べて有利な措置（処理量の定量控除）を求めたが，結果は業界の目標処理量を一定の基準によってすべての企業に公平に分割することとなった。すなわち，以下で述べるような基準を用いて稼働率が相対的に高い企業は設備能力シェアに比べて相対的に少ない処理を実施することになったのである[23]。

　ここで，企業が合意した設備処理の分担方法を具体的に表示しておこう。いま，第 i 企業の対象品種の設備量を x_i，生産量を y_i，産業全体のそれらを X，Y とする。産業全体の目標処理率を $100\theta\%$ とすると，目標処理量 D^* は θX となる。D^* のうち設備シェアに基づく部分を D_1^*，相対的稼働率に基づく部分を D_2^*，一方これらの第 i 企業の分担量をそれぞれ d_{i1}^*，d_{i2}^* とする。いま，一般的な場合として D_1^* の割合を $100a\%$ であるとすれば，d_{i1}^* は明らかに

$$d_{i1}^* = u_i a D^* \qquad (1)$$

となる。ただし，u_i は第 i 企業の設備シェアである。

　一方の d_{i2}^* については，企業の相対的稼働率 m_i から一般に

$$d_{i2}^* = f(m_i - 1)(1-a)D^* \qquad (2)$$

と表わされる。ただし m_i は

$$m_i = \left(\frac{y_i}{x_i} \Big/ \frac{Y}{X} \right) \qquad (3)$$

とする。関数 f は

$$f(0) = b > 0, \quad f'(0) = c < 0 \qquad (4)$$

でなければならない。一般に m_i は 1 に近い値であるから

$$d_{i2}^* = \{b + c(m_i - 1)\}(1-a)D^* \qquad (5)$$

と近似できる。

ここで d_{i2}^* をすべての企業にわたって集計すると $(1-a)D^*$ であるから,

$$\sum_i \{b+c(m_i-1)\} \equiv 1 \qquad (6)$$

が常に成立していなければならない。言い換えれば,相対的稼働率に基づく部分を決める b と c については (6) 式を満たしていなければならないのである。企業数を N とすると,

$$c=\frac{Nb-1}{N-\sum m_i} \qquad (7)$$

という関係が成立していなければならない。

以上から,第 i 企業の設備処理量 d_i^* は

$$d_i^* = \left[au_i+(1-a)\left\{b+\frac{Nb-1}{N-\sum m_i}(m_i-1)\right\}\right]\theta X \qquad (8)$$

となる。合繊産業では $a=1/2$ となる場合が採用された。したがって,計画段階における第 i 企業の設備処理分担比率 $d_i^*/D^*=v_i^*$ は

$$v_i^* = \frac{1}{2}\left[u_i+\frac{Nb-1}{N-M}m_i+\frac{1-bM}{N-M}\right] \qquad (9)$$

となる[24]。ここで M は

$$M=\sum m_i \qquad (10)$$

を示す。

3　計画処理量

処理計画は表1-1に要約されている。第1次計画では基準年度(78年度)対比で4品種それぞれ目標年度(80年度)までに 19.5, 17.0, 10.5, 17.0% の設備処理(大半が休止)が計画された。需要については PF と PS を除くと減少が想定された。供給については各品種ともおよそ1%強の能力増が想定された。計画どおりに処理が進むと各品種とも稼働率は 95% 近くになる。

第2次計画の作成時点では過剰設備率は基準年度(78〜80年度)対比で4品種それぞれ 7.0, 10.7, 15.2, 7.1% であった。NF と PS では目標稼働率がおよそ達成された。AS と PF では処理は充分に進展しなかった。

表 1-1　品種別設備処理計画

品種／計画時点／計画項目	ナイロン・フィラメント 第1次計画[1] 基準年度 1978	第1次計画[1] 目標年度 1980	第2次計画[2] 基準年度 1978〜1980	第2次計画[2] 目標年度 1983	アクリル・ステープル 第1次計画 基準年度 1978	第1次計画 目標年度 1980	第2次計画 基準年度 1978〜1980	第2次計画 目標年度 1983
需 給 合 計[3]	299.6	297.3	302.3	301.4	384.0	381.0	380.1	365.2
内 需	217.6	218.8	229.5	246.2	209.3	238.0	219.9	235.6
輸 出	82.0	78.5	72.8	55.2	174.7	143.0	160.2	129.6
生 産	288.6	283.0	286.5	284.6	351.0	351.3	334.1	325.2
輸 入	11.0	14.3	13.0	16.8	33.0	29.7	45.2	40.0
国内生産能力	366.7	372.6	308.0	314.1	430.5	444.8	374.3	381.8
過剰生産能力	78.1	89.6	21.5	29.5	79.5	93.5	40.2	56.5
過 剰 率	21.3	24.1	7.0	9.4	18.5	21.0	10.7	14.8
設備処理計画量	—	71.5	—	4.4	—	73.2	—	18.3
余 裕 率	1.8	4.9	5.6	8.0	1.5	4.5	5.8	10.0
処 理 率[4]	19.5	19.2	1.4	1.4	17.0	16.5	4.9	4.8
設備処理済率[5]	—	—	—	18.5	—	—	—	15.1

品種／計画時点／計画項目	ポリエステル・フィラメント 第1次計画 基準年度 1978	第1次計画 目標年度 1980	第2次計画 基準年度 1978〜1980	第2次計画 目標年度 1983	ポリエステル・ステープル 第1次計画 基準年度 1978	第1次計画 目標年度 1980	第2次計画 基準年度 1978〜1980	第2次計画 目標年度 1983
需 給 合 計[3]	336.1	351.4	310.5	330.9	353.6	356.5	350.6	349.3
内 需	211.8	238.3	184.4	217.7	183.0	206.0	215.2	248.0
輸 出	124.3	113.1	126.1	113.2	170.6	150.5	135.4	101.3
生 産	304.5	309.7	283.8	298.3	323.6	322.0	316.5	308.9
輸 入	31.6	41.7	26.9	32.6	30.0	34.5	32.6	40.4
国内生産能力	349.8	362.4	334.5	341.1	397.5	410.7	340.8	347.7
過剰生産能力	45.3	52.7	50.7	42.8	73.9	88.7	24.3	38.7
過 剰 率	13.0	14.5	15.2	12.6	18.6	21.6	7.1	11.1
設備処理計画量	—	36.8	—	8.9	—	67.6	—	10.8
余 裕 率	2.5	4.3	12.5	10.0	1.6	5.1	3.9	8.0
処 理 率[4]	10.5	10.2	2.7	2.6	17.0	16.5	3.2	3.1
設備処理済率[5]	—	—	9.8	—	—	—	16.5	—

（資料）森山「合成繊維工業の安定基本計画について」『化繊月報』第31巻，1978年11月。森山「合繊4品種安定基本計画改訂延長について」『化繊月報』第33巻，1981年4月。

（注）① 1978年度は実績予測。1980年度は能力増（1978年度比1％強）を前提。
　　② 基準年度は3年間の平均値。1980年度は実績予測。1983年度までの能力増（基準年度比2％強）を前提。
　　③ 需給の不一致は在庫変化による。
　　④ 基準年度の処理率は計画値。
　　⑤ 第1次処理済量／1978年度生産能力。森山（1981）を参照。
　　⑥ 単位は1,000トン／年および％。

第 2 次計画では PF 以外の需要はすべて減少するとみられた。能力増については 4 品種とも 2 % と考えられた。目標年度（83 年度）における設備の「余裕率」（＝適正過剰能力／設備処理前の生産能力）はそれぞれ 8.0，10.0，10.0，8.0 と想定された。目標が実現すれば，83 目標年度における稼働率は 4 品種それぞれ 92，86，90，92 % となる。

　貿易の想定には次のような特徴がある。輸出は 2 度の計画でも基準年度対比で減少が予測された。第 2 次計画作成時点では PF を除いて実際に減少した。輸入は AS 以外の 3 品種では 2 度の計画でも増加が想定された。AS については 2 度とも減少とみられた。第 2 次計画時点における実績では 78 年度対比で PF 以外は増加した。

　第 1 次計画とその後の実績は NF と PS については第 2 次計画にストレートに反映され，輸出の減少と輸入の増加の継続が想定された。AS については当初の輸入減少予想が実現しなかったにもかかわらず，第 2 次計画でも輸入減少が想定された。PF については輸出減少予想が実績では増加になったにもかかわらず，第 2 次計画でも輸出減少が想定された。輸入については増加予想が実現しなかったが，第 2 次計画でも増加予想が想定された。

　このように貿易の計画については 4 品種の中でも需要の低成長が予想される AS と高成長が予想される PF の 2 品種と，残る 2 品種の間には特徴的差異が存在していたのである。

5　進　　展

　以下ではまず産業レベルでの処理計画の達成状況をみる。第 2 に設備処理の影響を稼働率と集中度から検討する。第 3 に企業ごとに設備処理の進展を概観し，最後に処理分担ルール（前節の（9）式）の統計的検定から共同行為の進展を分析する。

1　達 成 状 況

　処理計画の進捗状況は表 1-2 に要約される。第 1 次計画では 4 品種とも高い達成率であったが，廃棄割合では AS と PF が相対的に低かった。第 2 次でも

表 1-2　設備処理計画の達成状況

計画内容等	品種 単位	ナイロン・フィラメント	アクリル・ステープル	ポリエステル・フィラメント	ポリエステル・ステープル	4品種合計
設備処理前能力 （1978年8月31日現在） A	1,000トン/年	366.7	430.5	349.8	397.5	1,544.5
第1次計画における計画処理量（廃棄または休止） B	1,000トン/年	71.5	73.2	36.8	67.6	249.1
1981年3月末までの設備処理量 C	1,000トン/年	69.9	68.6	36.1	67.4	242.0
同上の廃棄の割合 D＝C／A	％	59.1	19.8	37.7	69.1	47.6
第2次計画における計画処理量（廃棄） E	1,000トン/年	74.3	84.9	44.9	78.4	282.5
1983年3月末までの設備処理量（廃棄） F	1,000トン/年	72.9	88.5	36.6	71.4	269.4
当初計画以来の技術改良による能力増 G	1,000トン/年	11.2	10.2	20.9	10.8	53.1
1983年3月末設備能力 H	1,000トン/年	305.0	352.2	334.1	336.9	1,328.2
当初計画以来の設備処理計画比率 I＝E／A	％	20.3	19.7	12.8	19.7	18.3
同設備能力増比率 J＝G／A	％	3.1	2.4	6.0	2.7	3.4
処理計画達成度 K＝F／E	％	98.1	104.2	81.5	91.1	95.4

（資料）　通商産業省生活産業局『産業構造審議会繊維総合部会合繊関係資料』1983年7月。

ASとPFは他の2品種と異なった特徴がみられた。ASの高い達成率は需要の低成長と低い競争力が主な原因である。反対にPFの低い達成率は高成長と高い競争力を反映したものであろう。

　計画期間内の技術改良に基づく能力増加率は2.4〜6.0％の範囲であった。低成長予測のASの能力増加率が最も低く，他方の高成長予測のPFでは最高の6.0％にも達した。この大きさは処理計画比率12.8％のおよそ2分の1の水準である。4品種合計の能力増加率3.4％は計画段階の3％強とほぼ一致した。

この能力増があっても設備処理のために処理対象品目の設備能力は計画期間内に純減した（78年8月末能力対比で減少率は4.5〜18.2%）。能力増が小さかったASの純減率が最も大きく，逆に能力増が大きかったPFは処理率が小さかったことも加わって純減率が最小となった。

　なお，以上と並行して処理対象外品目の設備が新増設（含む技術改良）されていたために，全設備能力はPFについては83年3月末時点で78年8月末能力を上回った。対象外品目の比重の上昇はNFが2.7→4.2%，ASが6.1→7.3%，PFが7.7→15.3%であった[25]。

2 影 響

　PFの全設備能力は純増したが，他の3品種は大きく純減（15%以上）したため，表1-3のように稼働率は著しく上昇した。PFの生産は比較的に堅調ではあったが，能力純増のため稼働率は低下した。ASの改善は設備処理が進んだため大きかった。

　稼働率の推移をいま少し詳しく検討しよう。第1次処理によって稼働率は90%以上もの高率となったが，処理が休止によっているため，この稼働率は適正水準を大きく上回っていると考えられる。なぜなら休止設備はごくわずかな追加費用を投じれば再稼働しうるからである。79年から80年にかけて主として技術改良によって能力増があり，さらに生産の減少がその後81年まで続いたため，第2次計画作成時点の81年の稼働率は79年に比べて低下した。

　第2次処理（廃棄）ではPFがほとんど進まなかったため，82年の稼働率は低下した。設備処理の進んだASの稼働率は上昇した。NFとPSの稼働率変化は両品種の変化のほぼ中間的大きさであった。

　このように78年以降の稼働率推移は一様でなく，生産量の変化があったものの，設備処理および設備能力推移にみられたと同様の品種間格差を表わしている。

　次にハーフィンダール指数の変化（図1-2）から設備処理が集中度に及ぼした影響を概観してみよう。指数変化があるものの品種間の順位が変動するほどではなかった。指数変化の推移をまず76年から77年にかけて検討しよう。この間の変化の大半は過少公称能力に依るものである。個々の企業の過少公称比

表 1-3　品種別生産能力，生産量，稼働率

品種 ＼ 暦年 / 生産等		1978	1979	1980	1981	1982
ナイロン・フィラメント	生産能力	1,027.6（100.0）	818.3（79.6）	871.2（84.8）	873.4（85.0）	865.4（84.2）
	生産量	292,805（100.0）	296,354（101.2）	300,420（102.6）	281,685（96.2）	264,406（90.3）
	稼働率	78.2（100.0）	99.4（127.1）	94.6（121.0）	88.5（113.2）	83.8（107.2）
アクリル・ステープル	生産能力	1,255.5（100.0）	1,073.8（85.5）	1,101.7（87.7）	1,095.3（87.2）	1,041.0（82.9）
	生産量	370,559（100.0）	354,992（95.8）	350,176（94.5）	347,813（93.9）	344,286（92.9）
	稼働率	82.1（100.0）	92.0（112.0）	88.5（107.8）	88.4（107.7）	92.0（112.1）
ポリエステル・フィラメント	生産能力	1,038.6（100.0）	915.2（88.1）	1,002.5（96.5）	1,027.3（98.9）	1,045.9（100.7）
	生産量	318,121（100.0）	313,684（98.6）	305,021（95.9）	310,019（97.5）	313,561（98.6）
	稼働率	84.0（100.0）	94.0（111.9）	83.5（99.4）	82.8（98.6）	82.2（97.9）
ポリエステル・ステープル	生産能力	1,089.0（100.0）	904.2（83.0）	933.8（85.7）	932.9（85.7）	925.0（84.9）
	生産量	318,849（100.0）	318,319（99.8）	320,108（100.4）	320,744（100.6）	313,858（98.4）
	稼働率	81.6（100.0）	98.1（120.2）	95.6（117.2）	95.8（117.4）	94.6（115.9）

（資料）　日本化学繊維協会『化繊ハンドブック』各年号。
　　　　通商産業省『繊維統計年報』各年号。
（注）　①　生産能力（単位：日産トン），生産量（年産トン）は『化繊ハンドブック』ベース。
　　　　②　1978 年稼働率（単位：%）は『繊維統計年報』ベースで，月間平均生産量／月末平均設備量で算定。それ以降は期末
　　　　　　統計から求めた稼動率指数と 1978 年稼働率から算出。
　　　　③　（　）内の数値は 1978 年対比の百分率。ただし稼働率については生産量指数／生産能力指数で算定。

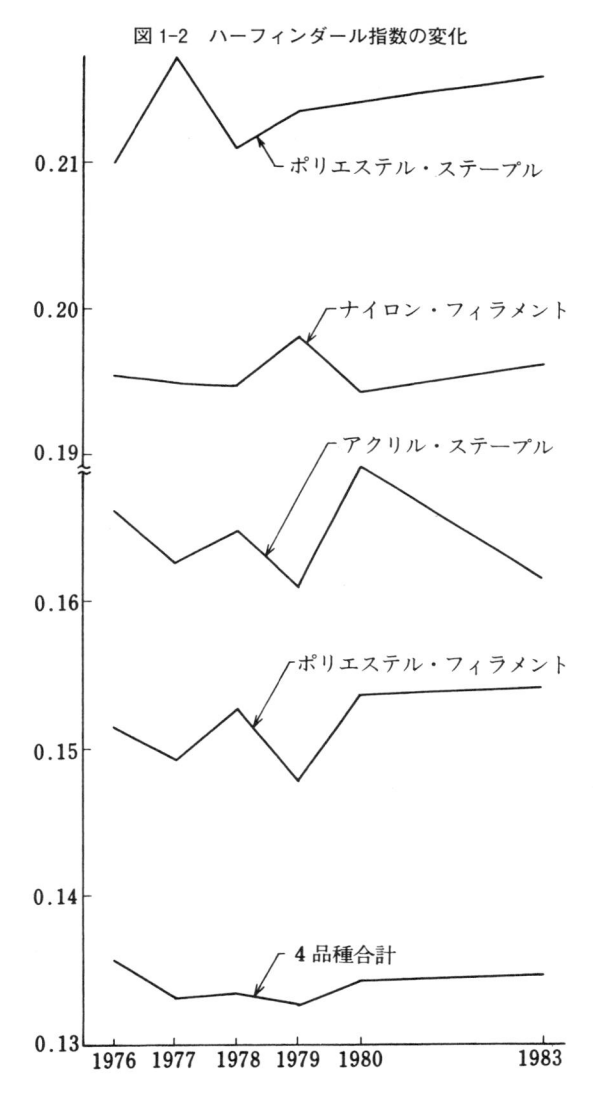

図 1-2 ハーフィンダール指数の変化

ポリエステル・ステープル

ナイロン・フィラメント

アクリル・ステープル

ポリエステル・フィラメント

4品種合計

（資料） 日本化学繊維協会『化繊ハンドブック』各年号。

（注）
① 調査時点は次のとおり。1976年10月30日，1977年9月30日，1978年8月31日，1979年9月30日，1980年11月1日，1983年6月30日。
② 東レのナイロン・フィラメントにはトーレ・モノフィラメントの設備を含む（1976年時点で4.8トン／日）。
③ 旭化成のポリエステル・フィラメントは1977年時点では子会社ソルーナに売却されたが表には含めている。
④ 東邦レーヨンは東邦ベスロンの設備を示す。
⑤ ユニチカには日本エステルのポリエステル・フィラメントおよびステープルの設備を含む。
⑥ 日本エクスランのアクリル・ステープルの設備は東洋紡績に含まれる。
⑦ 鐘紡のアクリル・ステープルの1978年までの設備はカネボウアクリルの設備を示す。1979年以降については鐘紡の全品種は子会社カネボウ合繊の設備を示す。

率に差異があったことが明らかである。PS では設備シェアの高い企業ほど過少公称比率が高かったが，他の 3 品種では逆に設備シェアの低い企業ほどこの比率が高かった。

77 年から 78 年にかけた変化は前年の変化をほぼ打ち消すものであった。NF を除く 3 品種ではわずかの間に設備シェアの分布がほぼ 76 年水準にもどった。そして第 1 次計画はこの時点で作成された。

78 年から 79 年にかけた変化は第 1 次処理の影響を示している。AS と PF の指数は低下した。AS では低成長下であるのに対し PF では高成長下であるという違いはあるが，いずれも企業間競争が上昇した。NF と PS では指数は上昇した。設備シェアが相対的に高い企業ほど処理比率が低かったのである。

79 年から 80 年にかけた変化は技術改良と対象外品目設備の新増設による。PS の場合は指数は前年と同様に上昇し，競争が技術改良のために若干高まったが，他の 3 品種の指数は前年とは逆に変化した。両者の要因の分離はデータ制約のため不可能であるが，これら品種での指数変化が示すように，設備シェアからみると競争状況が 1 年おきに強くなったり弱くなったりしている。この傾向は AS と PF で顕著に表われている。

第 2 次処理が行なわれた 80 年以降 83 年までの変化をみると，指数はほぼ一定かあるいは傾向変化を示している。PF の場合には対象外品目も含めて各企業の設備変化率が平均的にみてほぼ同率であった。これに対して AS の指数は 80 年以降，設備シェアの高い企業を中心に処理が進んだため，83 年にかけて 79 年の水準まで低下した。

3　企業の調整

産業レベルで，はこれまで述べてきたように処理計画は 90％以上達成されたが，個々の企業レベルで，みると設備処理の進展はまちまちであった。この点を企業ごとの設備シェア，設備変化率，処理分担シェアおよび累積経常利益からみると図 1-3 のようになる[26]。

設備変化率（4 品種合計）と累積利益の間には，クラレと旭化成を除くと累積利益の大きい企業ほど設備処理率が相対的に低くなるという関係がある[27]。クラレの場合は累積利益も処理率もともに他の企業に比べて相対的に低かった。

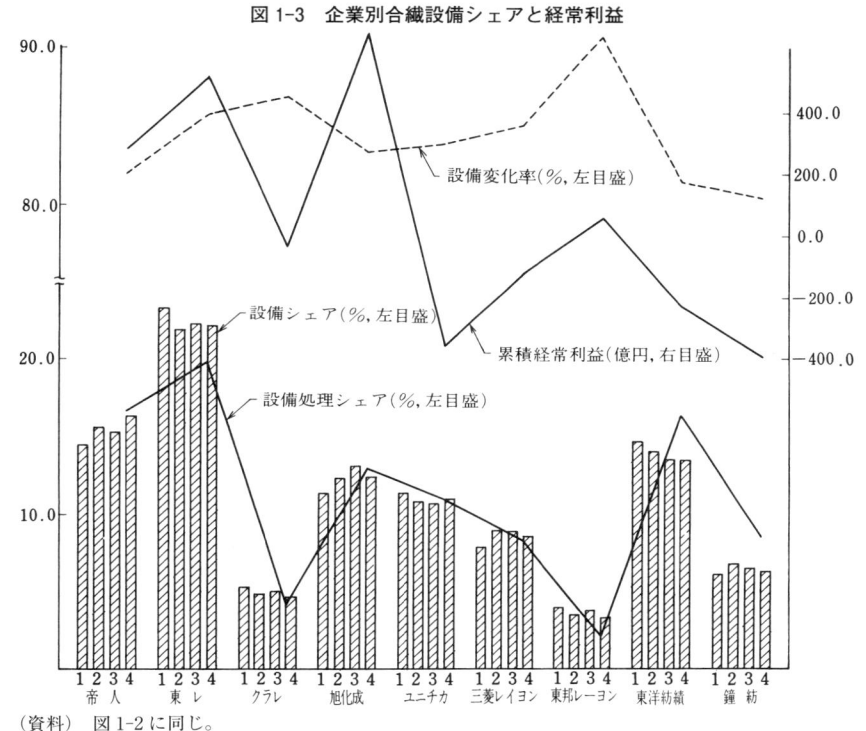

図1-3　企業別合繊設備シェアと経常利益

設備変化率(％, 左目盛)

設備シェア(％, 左目盛)

累積経常利益(億円, 右目盛)

設備処理シェア(％, 左目盛)

帝人　東レ　クラレ　旭化成　ユニチカ　三菱レイヨン　東邦レーヨン　東洋紡績　鐘紡

(資料)　図1-2に同じ。

(注)　① 設備変化率は1979年設備の対前年比率を示す。

　　　② 累積経常利益は注表1の数値を示す。

　　　③ 設備シェアは1976, 78, 83年のシェアを示す。

　　　④ 設備処理シェアは1978年設備マイナス1979年設備の企業シェアを示す。

一方の旭化成の場合は累積利益も処理率もともに高かった。

　次に処理シェアと設備シェアの関係をみると，9社の中で前者が後者を上回る企業は帝人，旭化成，東洋紡績，鐘紡の4社である。この中で鐘紡のみが処理対象外品目の設備を保有しないから，高い処理シェアは低い稼働率を反映している。低稼働の東洋紡績は鐘紡とは異なり対象外品目の設備を保有するから，乖離幅はその分だけさらに拡大するだろう[28]。帝人と旭化成は高稼働率で処理対象外品目の設備を保有するにもかかわらず，上述のような結果となった。以上の4社と両比率がほぼ同一のユニチカを除く残る4社では，処理シェアが

設備シェアを下回った。この中で東レを除く3社は処理対象外品目の設備を保有しなくさらに稼働率は相対的に高くはなかった。処理シェアの設備シェアからの乖離が最も大きかった企業は，処理計画に加わらなかった東邦レーヨンである。

　企業の調整を非繊維化率の進展からみると図1-4のようになる。企業の調整はもちろんこれ以外に既存の繊維分野の合理化とこれらと並行した従業員の再配置と絶体数の削減が伴っている。東邦レーヨンを除く8社の中で帝人とユニチカは当面繊維部門を強化させた。両社は第1次処理後83年までの間に技術改良と対象外品目の新増設によって第1次処理分をかなり補い，83年の設備シェアは78年シェアを上回った。そして77年から82年度にかけて非繊維化率を低下させた[29]。この両社に対して東レや旭化成などの6社は同じ期間に非繊維化率を大きく上昇させた。6社の中でクラレと三菱レイヨンについては他の4社と異なり，非繊維化を進めると同時に合繊設備については83年設備を79年よりさらに減少させた。この両社と比べると東レや旭化成などは非繊維化と同時に合繊設備の拡充にも取り組んだ。

4　共同行為

　前項では企業間比較を4品種合計の面からみたが，以下ではさらに品種間比較も含めて検討する。具体的にはすべての企業が合意した処理分担ルールが実際にどこまで採用されていたかを統計的に分析するが，まず処理シェアが設備シェアと相対的稼働率とどのような関係にあるかを図1-5，-6からみよう[30]。処理シェアは図1-3と同様に78年8月末能力マイナス79年9月末能力から品種ごとに算定したシェアである[31]。設備シェアは処理対象外品目も含む全設備能力から算出されている[32]。相対的稼働率の一部は付録2に示す方法で，推定されている。図1-5で明白なことは，企業・品種を総合的にみると処理シェアが設備シェアにほぼ等しいが，処理シェアと相対的稼働率の間には稼働率が相対的に高いと，処理シェアが低くなる傾向が表われている点である。

　この後者の関係をいま少し直截的に図解したのが図1-6である。処理ルールが完全に採用されていれば，処理シェアマイナス設備シェアと相対的稼働率との相関係数は-1でなければならないが，図1-6をみると実際には両者の関係

図 1-4　企業別設備と非繊維化率の推移

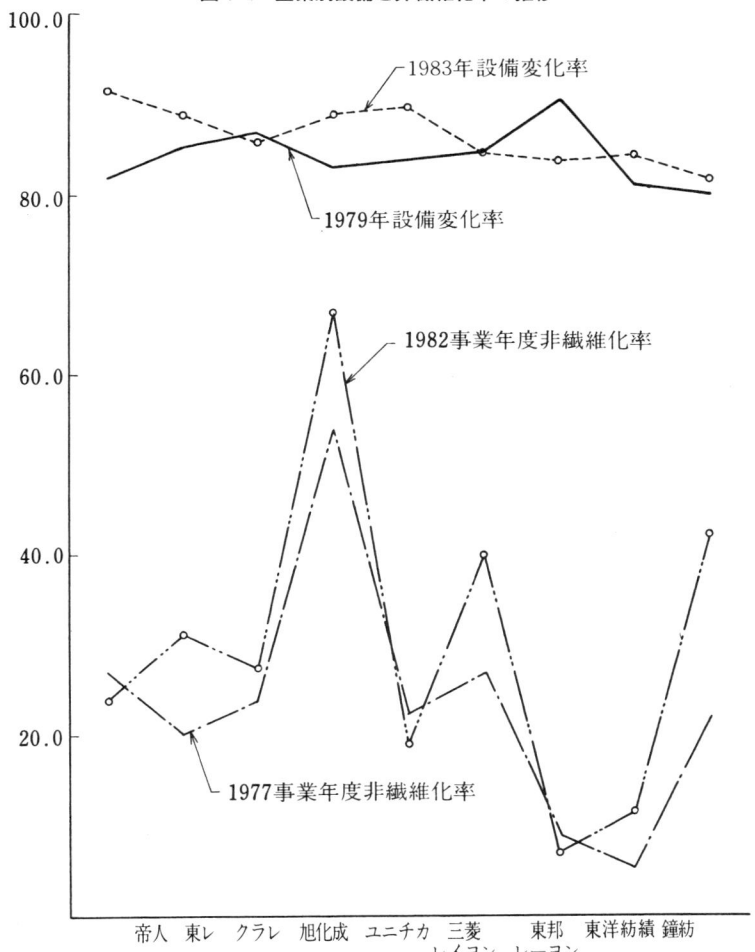

（資料）　図 1-2 に同じ。非繊維化率は『有価証券報告書』から計算。
（注）　①　1979 年設備変化率は図 1-3 と同じ。
　　　　②　1983 年同上は 1983 年設備／ 1978 年設備を示す（％）。

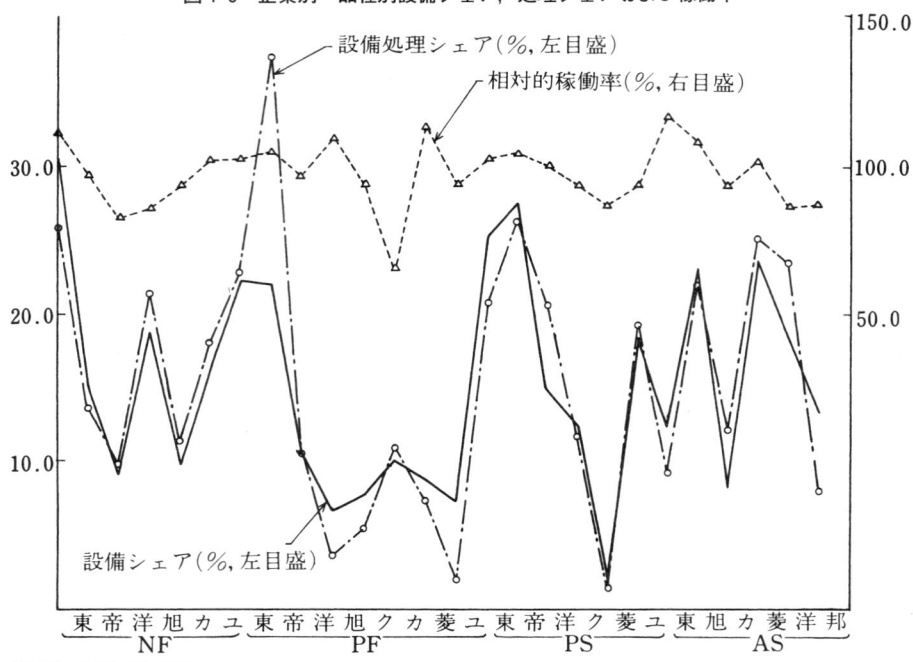

図 1-5　企業別・品種別設備シェア，処理シェアおよび稼働率

設備処理シェア(%, 左目盛)

相対的稼働率(%, 右目盛)

設備シェア(%, 左目盛)

東帝洋旭カユ　東帝洋旭クカ菱ユ　東帝洋ク菱ユ　東旭カ菱洋邦
　　NF　　　　　　　PF　　　　　　　PS　　　　　　AS

（資料）　図 1-2 に同じ。

（注）　①　相対的稼働率は付録 1 のデータ源と付録 2 に示す方法によって推計。
　　　　②　設備処理シェアは図 1-3 と同じ。
　　　　③　設備シェアは図 1-2 と同じ。
　　　　④　企業分類は図 1-2 と同じ。
　　　　⑤　記号の意味は次のとおりである。
　　　NF：ナイロン・フィラメント，PF：ポリエステル・フィラメント，PS：ポリエステル・ステープル，
　　　AS：アクリル・ステープル，東：東レ，帝：帝人，洋：東洋紡績，旭：旭化成，カ：鐘紡，ユ：ユ
　　　ニチカ，ク：クラレ，菱：三菱レイヨン，邦：東邦レーヨン

は一部の品種・企業では明らかに負の相関を示しているものの，全体としては
その関係はかなり弱いものに過ぎない。

　　いま i 企業 j 品種の処理シェアを v_{ij} とすると，第 3 節の (8) 式から

$$v_{ij} = au_{ij} + (1-a) \left\{ \frac{N_j b_j - 1}{N_j - M_j} m_{ij} + \frac{1 - b_j M_j}{N_j - M_j} \right\} \qquad (11)$$

となる。右辺の添字 j を付した変数はそれぞれ j 品種のものであることを示す。
N_j 等は品種間で異なるが，これらを定数と近似すると，

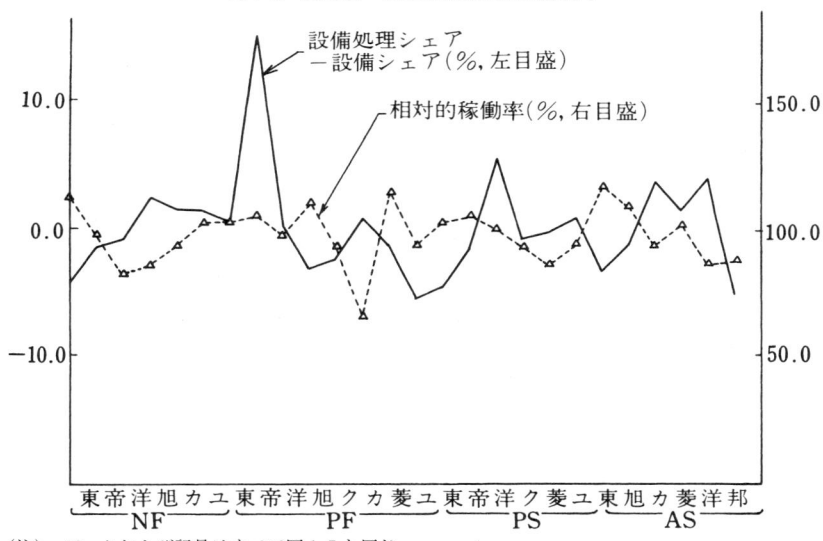

図1-6　企業別・品種別設備処理と稼働率

設備処理シェア
－設備シェア（％, 左目盛）

相対的稼働率（％, 右目盛）

東帝洋旭カユ　東帝洋旭クカ菱ユ　東帝洋ク菱ユ　東旭カ菱洋邦
　　NF　　　　　PF　　　　　PS　　　　AS

（注）　データおよび記号はすべて図1-5と同じ。
（資料）　図1-2に同じ。

$$v_{ij} = c_0 + c_1 u_{ij} + c_2 m_{ij} \qquad (12)$$

と表わすことができる[33]。ここで c_1, c_2 は

$$c_1 > 0, \quad c_2 < 0 \qquad (13)$$

の符号条件を満足しなければならない。

　東邦レーヨンを除く25のサンプル数で（12）式をOLSで推計すると

$$v = 7.188 + 1.114u - 8.939m \qquad (14)$$
$$\quad (0.99) \quad (9.42) \quad (-1.14)$$
$$(\bar{R}^2 = 0.7945, \quad DW = 1.771)$$

となる[34]。東邦レーヨンを加えた26のサンプル数では

$$v = 5.158 + 1.114u - 7.083m \qquad (15)$$
$$\quad (0.71) \quad (9.20) \quad (-0.89)$$
$$(\bar{R}^2 = 0.7827, \ DW = 1.793)$$

となり，両式とも符号条件を満足しているが，相対的稼働率 m の t 値はあまり高くない。両式を比較すると，共同行為の実施企業のみをサンプルにした（14）式の統計的精度がそうでない（15）式より高い。しかしこの（14）式は対象外品目の影響によって歪められているため，ダミー変数によってこれを除外すると次式のようになる。

$$v = 6.952 + 1.110u - 8.718m + 0.8502d_1 + 1.515d_2 \qquad (16)$$
$$(0.88) \quad (8.80) \quad (-1.02) \quad (0.19) \quad (0.35)$$
$$(\bar{R}_2 = 0.7758, \ DW = 1.775)$$

$$v = 8.572 + 1.020u - 9.404m + 0.0974d_3 + 15.05d_4 - 1.779d_5 \qquad (17)$$
$$(1.61) \quad (11.11) \quad (-1.60) \quad (0.03) \quad (5.02) \quad (-0.56)$$
$$(\bar{R}_2 = 0.8991, \ DW = 1.280)$$

$$v = 8.016 + 1.007u - 8.821m + 1.826d_1 + 2.269d_2 + 0.3572d_3 + 15.29d_4$$
$$(1.41) \quad (10.36) \quad (-1.39) \quad (0.58) \quad (0.75) \quad (0.11) \quad (4.93)$$
$$\quad - 1.775d_5 \qquad (18)$$
$$\quad (-0.54)$$
$$(\bar{R}_2 = 0.8927, \ DW = 1.303)$$

ここで d_1 は旭化成の NF，d_2 はユニチカの NF，d_3 は東レの PF，d_4 は帝人の PF，d_5 は旭化成の PF で 1 となり他はゼロのダミー変数である[35]。（16），（17）式はそれぞれ NF と PF の対象外品目の歪みを除いたものを示す。（18）式は両者の歪みをともに除いたものである。対象外品目の比重は NF より PF の方が大きいが，上の 3 式の結果はこのことと整合的である。以下では（18）式を用いて共同行為の実質的機能について検討しよう。

推計パラメーター c_1 から a の値を推定するとほぼ 1 に等しくなる。a は全処理量に占める設備シェア割当分の率であるから，0 と 1 の間でなければならない。当初は 2 分の 1 と合意されたが，事後的には 1 にきわめて近くなった。推

計結果は符号条件を満足するものの，a の値が1に近かったことから，現実の処理分担は，稼働率が相対的に高い企業・品種の処理分担を設備シェアに比べて少なくするようになったものの，全企業・全品種を総合的にみると，処理シェアが対象品目の設備シェアにほぼ等しくなる方式であったことが明らかである。

　（18）式で誤差率15%以上となるのは，過大推計のクラレ PF，鐘紡 PF，ユニチカ PF，東レ PS，三菱レイヨン PS，過小推計の東洋紡績の PS と AS，鐘紡 AS の合計8サンプルである。全サンプル数25に対する8であるから，前述の方式が平均的には浸透していたが，同時に個々の企業の独自な行動も無視できなかったことになる。過大推計は，ある企業がある品種の処理を産業の平均以下に処理することによって設備シェアの上昇をはかったことを示すものである。同時に，平均的には（18）式の方式がほぼ浸透していたことからその企業はそれ以外の他の品種については逆にこの方式で決まる以上に処理を進めたとみられる。この企業はこの過大推計品種については競争力がある，あるいは競争力をつけていくべきであると独自に判断していたと考えられるだろう。

　ダミー変数の符号も上述と同様に企業の独自性を反映している。ダミー変数が1となるサンプルでは推計に用いた設備シェアが当初合意ルールで想定した設備シェアよりも大きくなるため，ダミー変数の符号は負であると予想されるが，旭化成 PF の d_5 の係数を除くと他はすべて正である。つまり処理対象外品目によって処理分担が軽減されるにもかかわらず，実際には設備シェア以上に処理したことになるのである。とりわけ帝人 PF についてはこのことが有意に表われている。帝人は PF の先発企業であるが，設備改良を中心に競争力向上をめざしたのであろう。実際，設備能力が78年から79年にかけて急減（対前年比20.1%）したにもかかわらず，80年にはほほとんど78年水準にまでもどっているのである。

6　評　　価

　設備処理を資源配分の効率性から評価するが，まずその前提として貿易および技術改良と設備処理の関係をみる。次いで計画内容の個々の項目を検討し，

最後に設備処理と政策手段を総合的に評価する。

1 貿易と技術改良

合繊企業は自由貿易の下で競争力のない定番品設備を中心に処理し，競争力のある差別化品設備の比重を高めた[36]。この転換は内外の分業を促進しこの面からは明らかに資源配分を効率化させたと考えられる[37]。このことは輸出入計画と実績との対比から明らかであろう。PF については輸入増と輸出減が計画されたが，処理の進行とともに実績は逆転した。そして，この間に PF の差別化は他の 3 品種に比べて大きく進展し，重量比で 78 年の 21％から 80 年の 33％に上昇した[38]。企業は自由貿易の下で技術改良と差別化を並行させることによって設備処理のメリットを追求したのである。

図 1-1 を拡張した図 1-7 から差別化品が仮に存在しないとしても，企業の調整が技術改良の下でいかに容易となるかは明らかであろう。国際価格が p_0 から p_1 に変化すると，技術条件が不変な限り第 I 財（合成繊維）の生産は Q_0 から Q_1 に縮小する。しかし第 I 財部門で技術改良が生じると，生産は Q_0 から Q_2 に拡大し，第 I 財部門の調整が円滑となるのである。第 I 財部門の技術改良と並行して第 II 財部門でも技術改良が進むと，生産点は Q_3 となる。第 I 財生産量が当初の Q_0 点に比べて減少するか否かは多くの要因に依存し確定的でなく，個々の企業の条件次第である。合繊産業では従来分野の技術改良と非繊維分野への進出が並行したが，企業によって重点は異なっていた。これらのことは，設備処理が企業の独自な経営判断の下で進行したことを示唆すると思われる。

なお，企業の以上のような転換は自由貿易の維持によって強化されざるを得なかったことを改めて指摘しておこう。一般に一国の設備処理は自由貿易の下ではその効果が海外の競争的生産者に外部経済をもたらすが，技術改良（差別化を含む）によってその一部を取り戻すことができる。企業はそのために技術改良プラス差別化に積極的に取り組むのである。

2 事前的評価

計画内容は資源配分の効率化に反しない概ね評価できるものであったが，こ

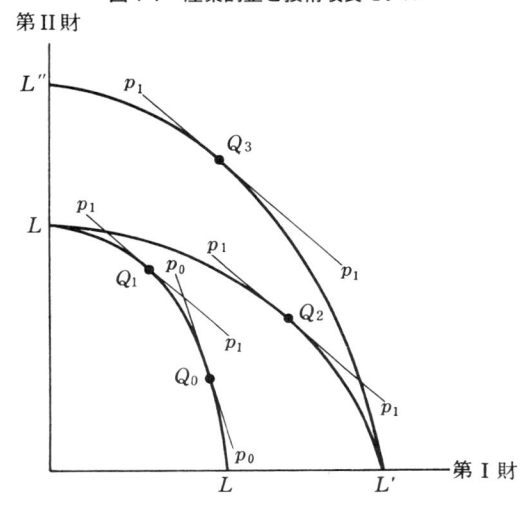

図1-7　産業調整と技術改良モデル

れは計画が民間主導で作成されたことによると思われる。まず目標期間が前半と後半に分割され，それに合わせて処理方法が工夫されたことは企業のリスク分散の機会を拡げ，資源配分の効率化に則したものであった。技術改良を処理対象外としたことは前項で検討したように確かに大いに評価すべき点ではあるが，品種間格差を全く無視したことは処理効果に歪みをもたらし，すでに計画段階で品種間の計画達成率格差の発生を予想させていたのである。輸出入予測についてはASとPFで無理な計画内容となったが，企業間の合意形成には貢献した[39]。処理対象外品目の想定は資源配分の面からは評価を特定できないが，輸出入予測の特徴と同様に合意形成を容易にした[40]。処理分担ルールは一定の条件下で生産コストの高い設備の処理を促進させるものであったため，企業が原則として同意せざるを得ない特徴を持っていた。処理ルールと合わせてカルテル行為が採用されたが，すでに第2節で検討したように資源配分を効率化させるものではないのである。なお，第2次計画ではルールが明示されずカルテルも採用されなかった理由は次項で検討するが，企業間合意を得るという単なる便宜的評価すらすでにこの時点で疑問視されるようになったと考えられるだろう[41]。

以上のように計画内容は事前的には評価を留保しなければならない点を若干含んでいたのである。

3　事後的総合評価

　総合評価の対象はカルテル行為とその下で進展した第1次処理である。第2次処理は第1次処理が量的にほぼ実行されたことを企業が観測したうえで実施された微調整に過ぎなかったからである。同じ理由からカルテル行為も採用されなかった[42]。

　まず処理ルールの統計的検証結果は，①当初ルールは原則として尊重されたに過ぎなかったこと，②事後的ルールは処理シェアが設備シェアに等しい単純ルールにほぼ等しかったこと，③しかしそれにもかかわらず事後的な設備処理は個々の企業の独自な判断を大きく受けていたこと，の3点に要約できる。そもそも設備シェアや稼働率に基づくルールは現実的には効率的な設備処理を実現できないものであったから，事後的処理ルールが計画から乖離したことは逆説的ではあるが評価できる。

　個々の乖離の一方で全体では計画処理量は100％近く実現した。その理由は，計画処理量が民間レベルで決定されたからであろう。つまり，企業はほぼ実現可能と思われる処理計画しか組まないと考えられるからである[43]。しかしながら，処理シェアが設備シェアにしばられるなど実際の設備処理は政策枠組（カルテル行為）と計画内容に部分的には左右されざるを得なかったのである。

　政策枠組は効率的な資源配分の有効策ではなかったと考えられる。しかしながら設備処理にきっかけを与えたことは企業レベルで評価される場合がある。政策枠組は単に設備処理にきっかけを与えるだけに過ぎず，政策本来の目的もそこにあり，企業は政策枠組の実質的中身を無視できるのであれば，このような評価も成り立つだろう。すなわち計画作成のために投じた費用はきっかけを得るためのコストであり，計画内容が確定すれば企業はそれを無視する形で独自の設備処理を進めても産業全体の設備処理はほぼ実現するというわけである。だがこれまで企業別・品種別にみてきたように，企業の無視は完全ではあり得ず，フリー・チョイスはせばめられていたのである。したがって上述の評価は事後的には適切ではないとみなすべきである。

7 おわりに

　合繊企業は過去の発展過程で人的資本を豊富に蓄積した。70 年代後半以降の設備処理と転換はこの人材によって支えられたと考えられる。特安法の政策枠組は企業が設備処理の事前的合意を得るのに寄与した面も無視できなくはないが，国際競争の潜在的圧力の下でそのメリットは限られていた。日本の政策枠組に対する海外の高い評価は企業の高い転換能力に向けられるべきである。

　合繊産業は装置産業であり企業の技術水準が似かよっているため，合繊分野のみならず転換先の成長分野でもいわゆる「過当競争」がしばしば問題にされる。すなわち，高い転換能力が実際には有効に発揮されない恐れがあるというわけである。しかしこの恐れが仮にあったとしても，今日では外国企業との競争や非居住者の株式保有等によってその弊害は弱められるだろう。そのために国内企業間のこのような過当競争を前提にした政策枠組に依存しなければならない機会は減少する。さらに内外直接投資の増加は共同行為型の政策枠組の構築すらも困難にするだろう。

　本論ではこれらの国際経済的な諸問題には立ち入らず，今後の検討課題とした。また，分析対象期間の限定から過去の発展過程の育成政策の再評価および今日の新展開の具体的解明という課題が残ることとなった。いずれの課題も内外に関心を与える重要なものと思う。

【付記】　本章は第 22 回逗子コンファレンス発表論文「貿易と調整援助」（小宮隆太郎他編『日本の産業政策』第 13 章，関口末夫教授と共著）をケース・スタディとして発展させたものである。コンファレンス参加各位からは多くの知的刺激を受けた。関口教授には本章でも有益な示唆を得た。日本化学繊維協会の遠藤一之氏（業務部主任部員）からは資料入手で協力を得た。東京経済研究センター発表（昭和 59 年 12 月 7 日）の折には南部鶴彦，大塚啓二郎，後藤晃各教授はじめ出席者から貴重な指摘を受けた。本誌レフェリーからは具体的かつ発展的な数多くのコメントを得た。資料の収集・計算に際しては水谷久美子，松川恵子さん（日本経済研究センター応用研究部）の助力を得た。各位にはこの場を借りて謝意を表したい。なお，言うまでもないが，残り得る誤りは筆者の責に帰することを断っておく。

●注

1) Mussa（1982）を参照。

2) 協定国からの1980年の輸入量の割合は合繊製品では81.8％，綿製品では91.7％にも達した。海外繊維産業事情調査団（1982）pp.331〜332を参照。

3) 83年5月からは特定産業構造改善臨時措置法の下で85年6月末までの合繊4品種設備の新増設禁止とビスコース短繊維の設備処理が計画・進行中である。

4) 民間のビジョンは世界の年間合繊需要量を80年の1,061万トン（繊維全体の35.2％）から87的1,330万トン（同38.6％）92年1,550万トン（同41.3％）と予測する。通商産業省のビジョンは繊維産業をアパレル部門からとらえ，今後の製品の短サイクル・小ロット化（いわゆる多品種少量化）に対応していくために技術革新の必要性を強調する。

5) 合繊産業組織等については植草・南部（1973）を参照。なお注表1，2は合繊企業主要9社の収益状況と企業内容を対比したものである。

6) 産業調整の全般的検討については関口・堀内（1984）を参照。理論文献としては最近ではLapan（1976），Mussa（1982），Neary（1982）が代表的である。いずれも本章と同じく2部門モデルを採用している。

7) 生産調整のためには設備処理に加えて労働力の調整が必要である。合繊企業は第1次石油ショック以降80年前後まで主に退職者の補充抑制によって対応してきた。76年度末から78年度末までの雇用調整は各企業とも大規模であったが，多くは子会社出向によって吸収され，残りには当局の雇用対策が実施されていた。このことはNeary（1982）の想定がわが国では妥当しないことを示すものと考えられる。Nearyは1つの生産要素（たとえば労働）価格に硬直性が存在すれば，別の生産要素（したがって通常のケースでは資本）の移動が失業増大をもたらす恐れがあるために，次善の策として資本の再配分の減速の必要性を主張した。しかし合繊産業ではこのような必要性は上述の事実から認められないだろう。したがって本章では設備処理（資本の再配分）が望ましい対応となるとみなすのである。

8) 伊藤他（1984）およびSpence（1976）を参照。

9) だが，自国の企業が海外企業を何らかの手段，たとえば自国企業が出資者として経営をコントロールし，国際戦略の下で貿易に実質的に介入できるならば，国内企業間で合意を得，フリー・ライダーを排除できるメリットは大きくなるだろう。

10) 1977年以降から設備処理に至るまでの経緯については以下の注表3に示されている。

11) 化学工業需要予測手法研究会（1981）および長尾（1984）によると，90年までの平均伸び率はASで−1％と想定され，4品種の中で唯一マイナス成長である。

12) 共販会社の設立の最終的意図が生産部門の統合にあるため，共販会社は両社工場に生産指示の権利が与えられている。なお，設立にあたっては主力銀行の意思が反映されたこと，および東洋紡績の生産子会社日本エクスランの原料価格が

事業年度＼企業名	帝 人	東 レ	クラレ	旭化成	ユニチカ	三　菱レイヨン	東　邦レーヨン	7 社合計
75	3,510 29	3,743 △ 59	1,729 △ 23	4,578 △ 223	2,698 △ 88	1,893 △ 24	604	18,755 415
76	3,495 38	4,190 59	1,753 △ 18	4,734 88	2,454 △ 101	1,950 △ 27	646 3	19,222 41
77	3,461 △ 39	4,075 △ 9	1,652 △ 53	4,413 74	1,843 △ 88	1,783 △ 92	629 △ 20	17,855 △ 227
78	3,371 110	4,038 193	1,653 17	4,247 198	1,811 25	1,467 32	632 31	17,219 607
79	4,033 141	4,810 320	1,905 48	5,419 314	1,962 25	1,691 55	697 31	20,518 935
5 年間累計	17,870 279	20,856 504	8,692 △ 33	23,391 651	10,768 △ 362	8,784 △ 120	3,208 21	93,569 941

事業年度＼企業名	東洋紡績	鐘 紡	綿紡 8 社合計
75	2,803 △ 229	4,160 △ 183	11,948 △ 575
76	2,380 △ 98	4,320 △ 57	12,348 △ 98
77	2,118 △ 97	3,602 △ 146	11,254 △ 248
78	2,149 103	2,647 △ 36	10,601 334
79	2,476 90	2,488 21	11,505 367
5 年間累計	11,926 △ 231	17,217 △ 401	57,656 △ 220

（資料）　日本化学繊維協会『化繊ハンドブック』各年号。
（注）①　単位は億円。上段が売上高。下段が経常利益を示す。△は損失を示す。
　　　②　東洋紡績と鐘紡の事業年度は前年 5 月から翌年 4 月末まで，残る 7 社は通常の会計年度と一致する。

　　　設立後に低下したことといった興味深い事実があった。日本経済新聞社（1979）を参照。

13)　提携契約は第三者の加入制限の禁止と契約解除条項を含むなど設立以前から実質的機能が問題視されていた。鐘紡と旭化成の間では後に設備処理量が融通されたが，その程度もごくわずかであったと思われる。

14)　過少公称の実態は広範囲で大規模であった。とくに NF を除く 3 品種では過少幅が後の設備処理幅を上回る規模であった。76 年当時の設備能力対比の過少率は NFI0％，AS32％，PF43％，PS32％と試算できる（企業別・年時別の設備能力から推定，データ源は図 1-2 を参照）。

15)　日本経済新聞社（1979）を参照。この結果と関連するが，一部の企業は特安法による政策介入に反対していた。

経営内容項目＼企業名	帝　人	東　レ	クラレ	旭 化 成	ユニチカ	三　菱レイヨン	東　邦レーヨン
品種構成と生産開始年							
NF	1963	1952	—	1964	1955	—	—
AS	—	1964	—	1959	—	1959	1964
PF	1958	1958	1968	1969	1968	1969	—
PS	1958	1958	1964	—	1964	1967	—
1978年設備シェア（％）　4品種合計	15.6	21.8	4.9	12.2	10.7	8.8	3.5
NF	15.1	30.2	—	18.9	16.6	—	—
AS	—	11.6	—	21.8	—	22.2	12.4
PF	22.2	22.4	7.7	6.7	9.5	8.7	—
PS	27.6	25.3	1.5	—	18.4	1.6	—
主要原料供給企業（1978年9月現在）　NF	宇部興産日本ラクタム	自　社	—	宇部興産日本ラクタム	宇部興産三菱化成	—	—
AS	—	三菱化成東洋ケミックス昭和電工	—	自　社	—	三菱化成日東化学	三菱化成昭和電工
PF，PS	子会社（帝人ハーキュレス）	自　社三井石油化学クラレ油化	子会社（クラレ油化）	三菱化成三井石油化学	三菱化成松山石油化学	三菱化成水島アロマ	—
主要生産子会社	—	トーレ・モノフィラメント（NF）	—	—	日本エステル（PF，PS）	ソルーナ（PF）	東邦ベスロン（AS）
主要取引銀行	三　和富　士	三　井第一勧業	日本興業富　士	住　友第一勧業	三　和日本興業	三　菱第一勧業	富　士三　菱
銀行大株主	三　和富　士	三　井三　和	日本興業富　士	住　友第一勧業	三　和東　海	三　菱第一勧業	富　士三　菱

（資料）　日本化学繊維協会『化繊ハンドブック』各年号。大蔵省印刷局『有価証券報告書』。
（注）①　鐘紡の（　）年は日本エステルのPSを含める場合を示す。
　　　②　品種構成および設備シェアは子会社を含めたものであるが，試験設備は除いている。
　　　③　主要取引銀行と銀行大株主は，信託銀行を除いた主なものを示す。

経営内容項目 \ 企業名	東洋紡績	鐘　紡
品種構成と生産開始年		
N F	1964	1963
A S	1958	1971
P F	1964	1969
P S	1964	（1964）
1978年設備シェア（％）　4品種合計	14.0	6.8
N F	9.0	9.7
A S	18.2	7.7
P F	12.8	10.0
P S	14.9	―
主要原料供給企業（1978年9月現在）		
N F	宇部興産 日本ラクタム	三菱化成
A S	住友化学	三菱化成
P F，P S	三菱化成 水島アロマ	松山石油化学
主要生産子会社	日本エクスラン（AS） 東洋紡ペットコード（PF）	カネボウアクリル（AS）
主要取引銀行	第一勧業 三　菱	三　井 富　士
銀行大株主	第一勧業 三　菱	三　井 富　士

時　　期	当事社（者）	検討（交渉）内容等
1976 年　秋	旭化成，日本エクスラン	旭化成が東洋紡績系の日本エクスランに提携を申し込むが，不成功。
1977. 4〜5	全　社	不況カルテルの結成が検討されたが，各社の公称設備能力が実際の能力と大きくかけ離れていることが明らかになり，不成功。
1977. 5	日本化学繊維協会	当時の協会長（旭化成社長）は不況カルテルの断念を決めた合繊社長会の席で共販会社の構想を発表（一部は後に実現）。
1977. 5	東洋紡績，三菱レーヨン	1976年秋の旭化成と日本エクスランの提携構想に対応して，両社がアクリル共販会社の設立を発表。両社の提携は一部1972年5月から始まっていたが，この共販会社設立発表後，三菱レイヨンの子会社ソルーナへの東洋紡績の資本参加，東洋紡績と三菱瓦斯化学のポリエステル原料メーカー水島アロマへの三菱レイヨンの資本参加が行われ，提携は強化された。
1977. 7	旭化成，鐘紡，東レ	旭化成の指導の下で3社のアクリル繊維の共販会社構想が発表されたが，東レと他の2社との対立が表面化し，不成功。
1977. 8〜9	鐘　紡	商社段階での過剰な商品備蓄が表面化するとともに，経営悪化の深刻化が判明。
1977. 9. 14	日本化学繊維協会	化繊協調懇談会の場で各社の実際の設備能力が明らかにされた。
1977. 9〜12	旭化成，鐘紡	アクリル繊維の共販会社設立が具体化する。交渉のネックは，鐘紡がユニチカ，三菱化成工業とともに設立したポリエステル（フィラメント，ステープル）専業メーカー日本エステルの扱いであった。三菱化成工業はカネボウアクリルの共同出資者である。日本エステルについてはその後，変化はなかった。
1977. 9. 22	各社と通商産業省	合繊4品目の勧告操短を発表（当初10月1日からの3カ月間だったが，その後翌年3月まで延長）。通商産業省は同時に過剰設備の廃棄の必要性を強調した。
1977. 9. 29	東洋紡績，三菱レイヨン	アクリル繊維の共販会社ダイヤファイバーズの設立を公正取引委員会に届出る（11月1日から営業開始）。
1977. 12	通商産業省	構造不況業界を救済するための特別立法の制定を準備。
1977. 12. 16	合繊各社（含む，東邦レーヨン）	帝人大屋社長が4グループ化構想を発表（不成功）。東洋紡績と三菱レイヨン，旭化成と鐘紡，帝人とユニチカ，東レとクラレの4グループ化。
1978. 1	ユニチカ，帝人	ユニチカは旭化成と鐘紡の共販会社に参加する可能性を検討していたため，帝人を含めた4社連合構想を提案（不成功）。
1978. 1	通商産業省	合繊企業に対する設備廃棄の意思を調査。東レ，東洋紡績の2社のみがナイロン・フィラメントを一部廃棄と回答。
1978. 2	通商産業省	特安法の国会提出。
1978. 2. 7	旭化成，鐘紡	共販会社，日本合成繊維の設立合意を発表。
1978. 2. 15	ユニチカ，帝人	合繊の生産提携構想（不成功）。帝人はユニチカ子会社日本エステルの分割を提案するが，鐘紡，三菱化成工業および日本エステル主力銀行の日本興業銀行は反対。同銀行は，日本エステルを中心にユニチカ，鐘紡，クラレを結集して日本エステルを強化する新日本エステル構想を提案。
1978. 4	合繊各社	不況カルテルの実施（1979年3月末まで）。
1978. 5	通商産業省	特安法の成立。

（資料）　森山昌英「合成繊維工業の安定基本計画について」『化繊月報』第31巻，1978年11月。日本経済新聞社編『繊維産業・残るのは誰か』同左，1979年。

16) 78年2月に通商産業省が特安法を国会に提出する以前から，この法律が金銭的助成を提供する余地のほとんどないことが業界ではすでに明らかになっていた。

17) 基金の保証実績は保証可能額を大きく下回った。合繊工業においては後述の第2次処理において若干利用されたのみであった。関口・堀内（1984）を参照。

18) 計画作成と実際の処理推移は以下の注表4に示されている。

19) たとえば7月26日の第2回会議では企画小委員会の83年度までの需給見通しが，9月14日の第3回では処理計画がそれぞれ審査された。第3回では業界団体の日本化学繊維協会の『合成繊維工業の構造改善についての基本的考え方』が承認された。

20) 森山（1978）を参照。

21) NFではナイロン・モノフィラメントとスパンボンド，ASではモダアクリル，PFではタイヤコードとスパンボンドが対象外とされた。これらの設備能力はごく一部しか公表されていない。東レ・モノフィラメントはナイロン・モノフィラメントのみを生産（78年当時日産4.8トン），ユニチカと旭化成もほぼ同規模生産する。NFスパンボンドは旭化成のみが，モダアクリルは鐘淵化学（同日産76トン）のみがそれぞれ生産する。東洋紡ペットコードはタイヤコード専門企業（同日産26.3トン）である。タイヤコードは他にも帝人，東レ，ユニチカ，旭化成が生産する。PFスパンボンドは旭化成とユニチカが生産する。

22) いずれも通商産業省の原局の担当者が計画の進行を個々の工場ごとに現地で確認した。

23) 稼働率は自社の生産効率に加え下流部門の織物・染色の系列企業の生産性にも左右される。一般に先発企業ほど糸段階の生産効率は相対的に低くなる可能性があるが，このようなマーケティング・コストをも含めたコストが逆に低くなるために，稼働率は高くなる。後発企業はこの逆であるが，稼働率の高い企業ほど処理を少なくするこのルールに原則として合意せざるを得なかったと思われる。

24) 以上の定式化は個々の企業の主体的な行動にまで立ち入ったものではない。aは個々の企業の d_1^* と d_2^* の集計量（供給量）が目標として与えられた処理量（需要量）に一致するように決定されなければならない。事前の段階では1/2に合意されたと考えられるが，本章はこの間の経緯やメカニズムにまでふれていない。

　なお，森山（1978）によると，処理ルールは「結論的には設備比率を2分の1，生産量比率を2分の1とすることで合意をみた」のであるが，ここでいう生産量比率の部分とは，生産量が生産効率や販売力などの格差によって設備シェアに比して高くなる企業の処理量が少なくなるように分担されたと考えられる。つまり具体的には本文で定式化されたルールが業界合意ルール（詳細は不明）にほぼ近いものとなるのである。

25) 表1-2のデータと通商産業省『繊維統計年報』の同一時点のデータから対象外品目の年産能力（千トン単位）を試算すると，78年8月末時点でNF8.6，AS26.4，PF29.3，83年3月末時点でNF13.5，AS28.0，PF60.2となる。3品種の中でPFの能力増加が最大であるが，主にタイヤコードによるものと思われる。

注表4　設備処理の計画過程と進展

時　期	当事社（者）	検討（交渉）内容等
1978. 5. 31	東邦レーヨンを除く合繊企業	合繊4品種について特安法の政令指定を通商産業省に申し出る。
1978. 6 下旬～9 中旬	企画小委員会（化学繊維工業協調懇談会の下部組織）	合繊各社の副社長，専務クラスと通商産業省の代表で構成され，設備処理の基本計画原案を検討したうえで作成した（計12回開催）。
1978. 7. 4	通商産業省	合成繊維の政令指定の公示。
1978. 7. 6	合成繊維小委員会（繊維工業審議会総合部会の下部組織）	委員長稲葉秀三（当時，通商産業省の外郭団体である産業研究所理事長），業界代表委員9名，中立委員9名からなる委員会の初会合。4品種の安定基本計画の審議が始まった。
1978. 7. 26	同　　上	業界（企画小委員会）が作成した昭和58年度までの中長期の合成繊維の需給見通しを検討。（需給見通しは化学繊維協調懇談会の専門委員会で原案が作成され，企画小委員会で審議・決定された。）
1978. 9. 14	同　　上	設備処理の当初目標年度である昭和55年度までの需給見通しと設備処理計画量が確定。同時に日本化学繊維協会の名の下で『合成繊維工業の構造改善についての基本的考え方』が発表されている。
1978. 10. 17	繊維工業審議会総合部会	小委員会レベルで作成された設備処理計画と設備処理の協同行為の指示が承認される。
1978. 10. 23	通商産業省	通産大臣の名の下で設備処理計画と共同行為の指示が告示される。
1978. 11. 1	東邦レーヨンを除く合繊企業	企業は設備処理の共同行為の実施を届出る。
1979. 1. 22	同　　上	当初の設備処理の目標時期。
1979. 3.	〃	1978年3月から実施されていた不況カルテルの終了。
1979. 6.	旭化成，鐘紡	両社は設備凍結枠の相互融通で合意。旭化成はナイロン・フィラメントの設備処理を拡大する一方，鐘紡はアクリル・ステープル処理を拡大する。
1980. 10.	合成繊維企業の社長会	1983年6月までの計画延長と設備処理の完全実施が確認される。
1980. 10. 15～1981. 2. 10	合成繊維小委員会	4回にわたって安定基本計画の延長問題が審議される。
1980. 12. 12	日本化学繊維協会	同左の名の下で『合成繊維工業の構造改善と将来ビジョン』が発表される。
1981. 2. 27	繊維工業審議会総合部会	安定基本計画の改訂延長が承認され，1983年6月末まで継続して計画に沿った過剰設備の処理が進められることになる。
1981. 3. 13	通商産業省	安定基本計画の改訂計画の告示。
1981. 3 末	東邦レーヨンを除く合繊企業	当初計画の終了目標時期。あわせて共同行為の期間も終了。
1983. 6 末	同　　上	設備処理計画の終了。

（資料）　森山昌英「合成繊維工業の安定基本計画について」『化繊月報』第31巻，1978年11月。「合繊4品種の安定基本計画の改訂延長について」『化繊月報』第33巻，1981年4月。

26) 　設備変化率は79年9月末能力/78年8月末能力を示す。累積利益は1975事業年度から5年間の合計を示す。処理分担シェアは78年能力マイナス79年能力の4品種合計での企業別シェアを示す。設備能力には処理対象外品目も含むが，4品種合計で83年当時7.1％の割合を占めていたに過ぎない。累積利益に79事業年度を含めた理由は，79年9月時点では当期の利益水準はほぼ確実に予想できたと考えられるからである。

27) 　比率と利益という絶対額の直接比較は後者が合繊産業の利益に占める各企業の割合に比例するために矛盾は生じないと思われる。

28) 　東洋紡績は生産子会社東洋紡ペットコードのタイヤコード設備を保有している。

29) 　帝人は非繊維部門の強化より当面は設備更新と技術改良によって合繊部門の合理化を進めたと考えられる。非繊維化は子会社を含めた企業グループでも対応できるからである。近年では帝人の非繊維化も合繊部門の調整一段落のために進展しているようである。

30) 　品種別・企業別の稼働率は付録2の方法で推計した。

31) 　この間に対象外品目の新増設および対象設備の技術改良はあったとしても処理量（ほとんど休止量）に比べて無視しうると考えている。

32) 　処理対象外品目の生産能力は注25）を参照。公表の能力は除いてある。

33) 　N_j についてはPF8，他の3品種についてはすべて6である。

34) 　かっこ内の数値はt値を示す。

35) 　たとえば東洋紡ペットコードなどの対象外品目の公表能力はすでに該当企業から除いてある。

36) 　通商産業省（1983），日本化学繊維協会（1983年11月）によると差別化品の比重上昇が明らかである。また前者の資料によると品種ごとの収益性もそれとともに注表5のように上昇傾向を示している。

37) 　台湾，韓国は量産型の普及品設備の新増設を計画中である。また日本企業が海外（たとえば中国）と提携した現地生産の拡充も考えられている。

38) 　通商産業省（1983）を参照。合繊の技術進歩の現状については青山（1984）および庵原（1984）を参照。

39) 　ASの計画は輸入を意図的に低く抑え過剰能力を少なく想定している。PFの計画は輸入を高くし同時に輸出を低く抑え過剰能力を大きく想定している。ASは経営不振企業のために設備処理の難行が予想された。PFは相対的に成長品種ゆえに低い達成率が予想された。これらのことがASとPFの輸出入計画に反映されたと思われる。

40) 　対象外品目の主なものはPFタイヤコードであり，専門企業を除くと主要生産企業は帝人であったから，対象外品目の設定は帝人の意図を表わしたものと思われる。処理計画が合意されるためには，帝人のこの意図を実現させなければならなかったかもしれないが，実際の設備処理は当初の姿とはかなり異なっていた。

41) 　森山（1978）によると，企業別処理量が「複雑な算式によっているため共同

品種	項目	事業年度	1978	1979	1980	1981	1982 （実績見込み）
4品種合計	売　上　高		5,805	6,543	7,048	6,928	6,496
	経　常　利　益		△ 60	3	△ 15	68	△ 44
	売上高経常利益率		△ 1.0	0	△ 0.2	1.0	△ 0.7
ナイロン・ フィラメン ト	売　上　高		1,695	2,108	2,286	2,137	1,953
	経　常　利　益		7	35	13	△ 6	△ 6
	売上高経常利益率		0.4	1.7	0.6	△ 0.3	△ 0.3
アクリル・ ステープル	売　上　高		1,339	1,398	1,534	1,476	1,482
	経　常　利　益		△ 47	△ 36	△ 19	△ 24	△ 4
	売上高経常利益率		△ 3.5	△ 2.6	△ 1.2	△ 1.6	△ 0.3
ポリエステ ル・フィラ メント	売　上　高		1,796	1,926	1,997	2,055	1,886
	経　常　利　益		31	39	19	109	△ 3
	売上高経常利益率		1.7	2.0	1.0	5.3	△ 0.2
ポリエステ ル・ステー プル	売　上　高		975	1,111	1,231	1,260	1,175
	経　常　利　益		△ 51	△ 35	△ 28	△ 11	△ 31
	売上高経常利益率		△ 5.2	△ 3.2	△ 2.3	△ 0.9	△ 2.6

（資料）　表1-2に同じ。
（注）① 売上高と経常利益の単位は億円，利益率は％。
　　　② △は損失を示す。
　　　③ 事業年度は注表1を参照。

行為なくしてはその実効が担保できなかった」とみなされた。しかし現実にはこのルールが守られなかった。第2次計画においても業界は共同行為を要望したが，第1次実績のルール無視を経験し共同行為のメリット低下を見せつけられたことが1つの理由となってカルテル結成が強く求められることもないままに採用されないことになった。これ以外にも後述の理由が考えられる。

42)　繊維工業審議会部会において第2次計画のカルテル行為に反対意見が出たと言われる。森山（1978）を参照。

43)　合繊産業の設備処理においては，一定の負担金を払って処理量を操作させる残存者負担方式が採用されなかったこと，処理量そのものの相互融通がきわめて例外的にしか実施されなかったこと，および設備処理の不履行に対するペナルティがなかったこと，といった3点から考えると，このような判断となるだろう。さらに一歩進んで，計画内容はそもそも企業が法律とはかかわりなく実施しなければならないとみなしていた処理（つまり休止）量を集計したものに過ぎないとも考えられる。情報不足のためにいずれの判断も留保すべきだが，上述の3点と高い達成率から結果的には本文のような見方にならざるを得ない。第4節の d_i^* と D^* の決定メカニズムをここでの視点から検討することは興味深い問題だろう。

付録 1　データ源

(1)　企業別生産量は原則として公表されていないが，矢野経済研究所『日本マーケットシェア事典 '80』で NF と AS について特定年のみ発表されている。産業合計については通商産業省『繊維統計年報』（資料①）と日本化学繊維協会『化繊ハンドブック』（同②）に公表されている。

(2)　生産能力については資料②は特定調査時点ごとの各年の企業別データを公表している。資料①は産業全体の生産能力のみである。

(3)　この他に，生産量および能力のいずれについても各社の『有価証券報告書』はデータを発表しているが，定義や分類が企業によってはまちまちである。

(4)　いずれにしても，本章で用いたデータのソースは資料①，②および『有価証券報告書』の各年号である。

付録 2　ポリエステル繊維の企業別稼働率

(1)　データ源は 1977 年度の各社の『有価証券報告書』と資料①と②である。

(2)　東レ，帝人，クラレはポリエステル繊維を 2 品種生産するが，『有価証券報告書』はポリエステル繊維全体の稼働率しか公表していない。これと同時期のフィラメントとステープルの産業の稼働率 86.3％および 87.0％と企業の設備能力から一定の方法を用いて 3 社の品種別稼働率を推定する。産業の稼働率（77 年 4 月〜83 年 3 月末）は表 1-3 と同様に算出している。

(3)　企業のポリエステル全体の稼働率を a，PF の設備量と生産量を x_F，y_F，同じく PS で x_S，y_S とすると，PF の設備比率 w_F を用い

$$a = w_F \cdot (y_F/x_F) + (1 - w_F) \cdot (y_S/x_S)$$

となる。企業の特殊な個別要因や w_F によって稼働率は異なるが，

$$(y_S/x_S) / (y_F/x_F)$$

の比率は産業全体の比率 87.0/86.3 に等しいとみなし，企業別・品種別稼働率を次のように近似する。

$$y_F/x_F = a / \{w_F + (1 - w_F) \cdot (87.0/86.3)\}$$
$$y_S/x_S = (y_F/x_F) \cdot (87.0/86.3)$$

(4)　PS については東洋紡績と三菱レイヨンが稼働率を公表しているため，日本エステルの稼働率は産業の稼働率が 87.0％となるよう残差として求める。

(5)　PF については東レ，帝人，クラレはすでに算出されている。日本エステルは (3) の PS 稼働率に 87.0/86.3 を乗じてこれら 3 社と同様に算定する。鐘紡，東洋紡績，旭化成は PF の稼働率を公表しているため，三菱レイヨンの稼働率は (4) と同様に残差として求める。この場合，残差には三菱レイヨン以外に東洋紡ペットコードとユニチカも含まれるため，設備は三菱レイヨンの 84.8 トン／日に両社の能力を加えた 127.4 トン／日である。なお，両社の設備はすべて処理対象外であ

るため全体から除いてある。

(6)　以上の推定稼働率の対象期間は 77 年 4 月から 78 年 3 月末までの 1 年間と考えられる。これに対して NF と AS の稼働率は 78 年公表生産量から求めた暦年値である。このため両者の対象期間は異なっているわけだが，設備処理分担ルールを検証する場合には企業の相対的稼働率しか用いないから，この相違の影響は小さいと考えられる。

(7)　NF と AS の相対的稼働率も原則として以上と同様である。

【参考文献】

青山波男「ナイロン工業の復活」『化繊月報』第 37 巻，1984 年 7，8 月。

庵原耕一「高速紡糸繊維開発の現状と将来」『化繊月報』第 37 巻，1984 年 6 月。

伊藤元重他「産業政策の理論的基礎」小宮隆太郎他編『日本の産業政策』東京大学出版会，1984 年。

植草益・南部鶴彦「合成繊維」熊谷尚夫編『日本の産業組織 II』中央公論社，1973 年。

海外繊維産業事情調査団・通商産業省編『海外繊維産業事情調査団報告書』通商産業調査会，1982 年。

化学工業需要予測手法開発研究会編『化学製品の需要構造』1981 年。

関口末夫・堀内俊洋「貿易と調整援助政策」小宮隆太郎他編『日本の産業政策』東京大学出版会，1984 年。

通商産業省他編『今後の繊維産業のあり方について』セーユウ興業，1983 年。

通商産業省編『合成繊維関係資料』1983 年 7 月。

―――『先進国産業をめざして――新しい時代の繊維産業ビジョン』東洋法規出版，1984 年。

―――『特定産業構造改善臨時措置法の施行状況』1984 年 7 月。

長尾俊彦「産業連関分析からみた化学工業と化合繊・同原料の需給展望」『化繊月報』第 37 巻，1984 年 6 月。

日本化学繊維協会『合成繊維工業の構造改善についての基本的考え方』1978 年 9 月。

―――『合成繊維工業の構造改善と将来ビジョン』1980 年 12 月。

―――『わが国合繊産業の国際競争力と将来ビジョン』1983 年 4 月。

―――「オイルショック後 10 年と化繊工業」『化繊月報』第 36 巻，1983 年 11 月。

日本経済新聞社編『繊維産業・残るのは誰か』日本経済新聞社，1979 年。

森山昌英「合成繊維工業の安定基本計画について」『化繊月報』第 31 巻，1978 年 11 月。

―――「合繊 4 品種の安定基本計画改訂延長について」『化繊月報』第 33 巻，1981 年 4 月。

Lapan, H. E., "International Trade, Factor Market Distortions, and the Optimal Dynamic Subsidy," *American Economic Review*, Vol. 66, June 1976.

Mussa, M., "Government Policy and the Adjustment Process," in Bhagwati, J. (ed.) *Import Competition and Response,* Chicago: The Univ. of Chicago Press, 1982.

Neary, J. P., "Intersectoral Capital Mobility, Wage Stickiness, and the Case for Adjustment Assistance," in *ibid*.

Spence, M., "Product Selection, Fixed Costs, and Monopolistic Competition," *Review of Economic Studies,* Vol. 43, June 1976.

2 合繊長繊維織物不況

1 はじめに

　繊維産業の上流から下流の各加工段階には大企業と多数の中小企業が存在し，複雑な流通網で結ばれている。そのためしばしば「この特徴の理解を欠いては繊維産業の構造調整を論ずることはできない」といわれる[1]。1984年の北陸ポリエステル長繊維織物不況の背景や対応策もこの視点に立って初めて理解可能となるものだろう。

　ジェット不況あるいは差別化不況ともよばれる今回の不況は川上の合繊企業の経営方針と密接な関連を持つことは明らかである。本章の目的は，産地が85年初から合繊企業などの支援の下で進めている不況対策の内容や不況の背景を以上の視点から検討し，テキスタイル産業の今後を展望することである。

　川上の合繊企業は石油ショック以降10年以上も調整を進めてきた。需要の低迷と原燃料コストの上昇が合繊企業に設備の合理化，生産調整さらに雇用調整を強いた。だが，78年前後からは設備の過剰感が高まり，政策問題に発展した。結果的に，企業はほぼ自主的に近い形で大幅な設備縮小を実施した[2]。今日，合繊企業の長期戦略は，重合・紡糸技術の周辺応用領域を中心に非繊維分野の拡大である。もう1つの対応は，既存の合繊分野の重点的・差別的競争力強化である。このことは，ポリエステル長繊維の設備縮小がほとんど進まなかった点に端的に表われた。合繊企業は，ポリエステル長繊維の競争力強化が可能と判断したのである。

　合繊企業の対応は，上流と中流の依存関係から当然，系列下の織物企業の投資活動などを通じて産地に反映される[3]。次節では，まず合繊産業の調整を概

観し，次いでそのことが中流の織物企業にどのような影響を及ぼすことになったかを検討する。

第3節では，長繊維織物不況の背景を産地の産業組織と共同行為の観点から分析する。84年の不況は，一部とはいえ業界の人々には予見されていたと言われる[4]。産地企業はそれにもかかわらず，何故，過剰織機が問題にされるまで革新織機ＷＪＬ（Water Jet Loom）を早期大量導入したのだろうか。本節の主な問題意識はこの点にある。

第4節では，84年末に具体化した不況対策の内容，進展および問題点を論じる。今回の対策は76年に福井県で実施された方式とほぼ同一であることが注目される。

第5節では，今回の不況の背景・対策という一連の経過の分析を踏まえてテキスタイル産業の将来のあるべき姿を展望する[5]。

2 合繊産業の調整と賃織委託

糸段階を中心に合繊産業の生産調整を石油ショック以降について概観しよう（図2-1を参照）。この間，投入原材料コスト上昇の一方で最終消費の低迷と被服費支出割合の低下のため，エネルギー生産性と労働生産性の向上努力が続けられた。重油消費量が顕著に減少し，近年では生産量が増加しても重油消費量が減少するまでに消費節約が進んでいる。1973年を100とすると，83年は47.7の水準まで低下した。単位生産量当たりでみると減少率はさらに拡大する。重油消費量の節約とならんで図2-1で明白なことは，雇用調整が大幅に進展した点である。このように，石油ショック以降，合繊産業の産業調整は激しかった[6]。

しかし2度の石油ショック後の対応をみると，前半は生産が大きく低下し，後半は従業員数が大幅に減少した。従業員数の減少と前後して，設備の過剰問題が表面化した。過剰設備は需要と供給能力（含む技術改良効果）の予想から決まるが，78年前後は円レートの増価などのために競争力が不透明で需要予測は困難であった。供給能力については，技術改良による既存設備の能力増のために確定難であった。このように，いずれも将来の想定はもとより当面の景

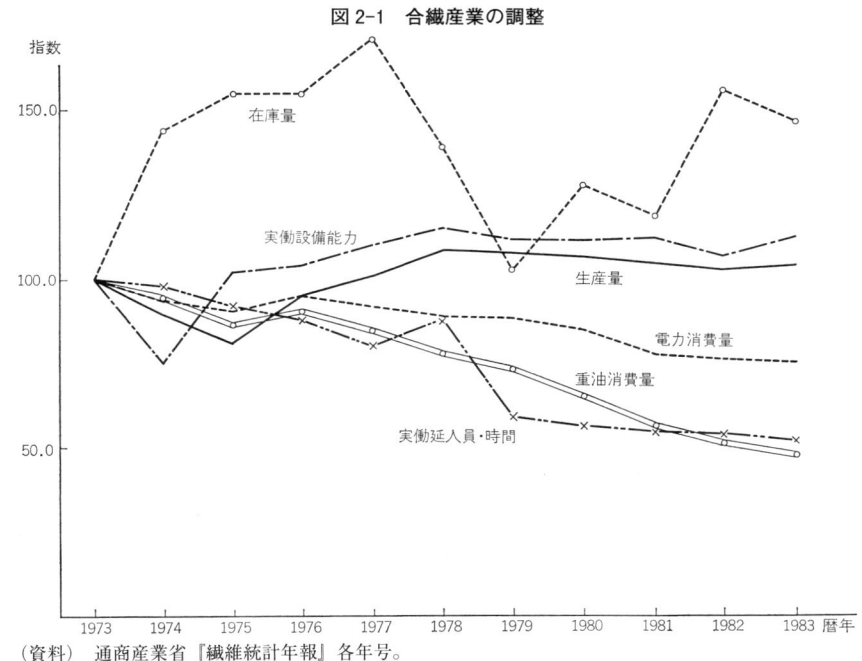

図 2-1　合繊産業の調整

指数

在庫量

実働設備能力

生産量

電力消費量

重油消費量

実働延人員・時間

1973　1974　1975　1976　1977　1978　1979　1980　1981　1982　1983 暦年

（資料）　通商産業省『繊維統計年報』各年号。
（注）　生産，在庫，実働設備能力は合成繊維の長短合計の指数を示す。

況すらも不確定であった。だが，現実の需要の伸びは低く，設備過剰感が強かったため，78年から79年にかけて設備処理が実施された[7]。設備の減少率はナイロン長繊維の18.4％を最高にアクリル短繊維とポリエステル短繊維は10％台に達したが，最低はポリエステル長繊維の6％であった（表2-1を参照）[8]。

　設備処理とあわせて新増設が禁止されていたが，表2-1のように4品種とも79年以降若干が増加している。増加は主に技術改良の結果である。しかし78年に比べると83年能力はポリエステル長繊維以外は純減である。

　ポリエステル長繊維の設備能力の純増は設備処理計画の例外規定のためもあるが，多くは技術改良効果によるものと思われる。産業レベルでは78年能力に対し8.3％の増加となった。企業ごとにみても，ほぼすべての企業がポリエステル長繊維設備を重点的に拡充・差別化していった事実が浮かび上がってくる[9]。すなわち，各企業ともポリエステル長繊維差別化織物によって輸出競争

表 2-1　合成繊維の設備能力（単位：トン／日）

繊維／稼働／暦年末	長 繊 維 合 計		短 繊 維 合 計		ナイロン長繊維	アクリル短繊維	ポリエステル長繊維	ポリエステル短繊維
	A	B	A	B	A	A	A	A
1 9 7 3	1,701.6	1,523.4	2,103.1	1,847.4	911.4	908.8	626.4	760.0
1 9 7 4	1,717.4	1,145.4	2,153.2	1,393.9	910.9	923.9	626.5	760.0
1 9 7 5	1,742.1	1,564.4	2,152.2	1,864.1	910.9	923.6	651.4	760.0
1 9 7 6	1,807.6	1,557.2	2,210.1	1,939.6	910.9	967.4	720.2	774.4
1 9 7 7	2,215.1	1,695.4	2,677.0	2,046.5	1,026.1	1,220.3	1,003.4	986.9
1 9 7 8	2,240.1	1,750.1	2,804.5	2,124.8	1,028.3	1,242.9	1,038.6	1,091.8
1 9 7 9	1,982.0	1,743.0	2,451.1	2,037.7	838.9	1,074.3	976.6	907.0
1 9 8 0	2,076.9	1,701.7	2,510.1	2,057.4	872.0	1,102.1	1,032.7	936.6
1 9 8 1	2,101.3	1,735.0	2,518.0	2,034.2	872.9	1,099.2	1,056.8	935.7
1 9 8 2	2,113.3	1,621.4	2,452.5	1,989.1	870.5	1,041.5	1,076.9	927.8
1 9 8 3	2,168.7	1,728.5	2,520.3	2,060.2	878.1	1,079.9	1,124.9	957.4

（資料）　通商産業省『繊維統計年報』各年号。
（注）　A は公称の設備能力，B は実働の能力を示す。

力を確立しうる，あるいはそうすべきであると判断したわけである。

　わが国の化繊輸出は 78 年の 7,789 億円から 83 年の 11,180 億円まで増加したが，長繊維の比重は糸で 11.7 から 12.4％に，織物で 32.1 から 37.9％にまで上昇した（図 2-2 を参照）。そして，化繊長繊維織物の大半はポリエステルで占められているのである[10]。

　糸換算の合繊輸出を形態別にみていくと，糸や二次製品の競争力の相対的低下が明白である（図 2-3 を参照）。糸は主に原燃料コストの上昇が，そして二次製品は労働コストの上昇が低下理由である。これらに対して両者の中間形態の織物は相対的に競争力を上昇させている。その結果，設備処理が本格化した 79 年以降，織物輸出が顕著に回復した。

　織物輸出の好調は明らかにポリエステル長繊維によって支えられていた。これは，糸段階の差別化と織物段階の生産効率化の相乗効果によって可能となった。したがって，糸段階の競争力は差別化織物を通じて依然として高いのである[11]。そして，言うまでもないが，糸の差別化は合繊企業によって進められたのである。

　一方，織物企業は差別化原糸の織物加工に取り組んだ。すなわち，次節で述べるように，革新織機 WJL を導入し，生産性の向上と品質の安定をはかったのである[12]。だが，産地の織物企業と合繊企業を対比すると，明らかに前者はリスクの影響を大きく被るのに対して合繊企業の影響は次の理由で相対的に

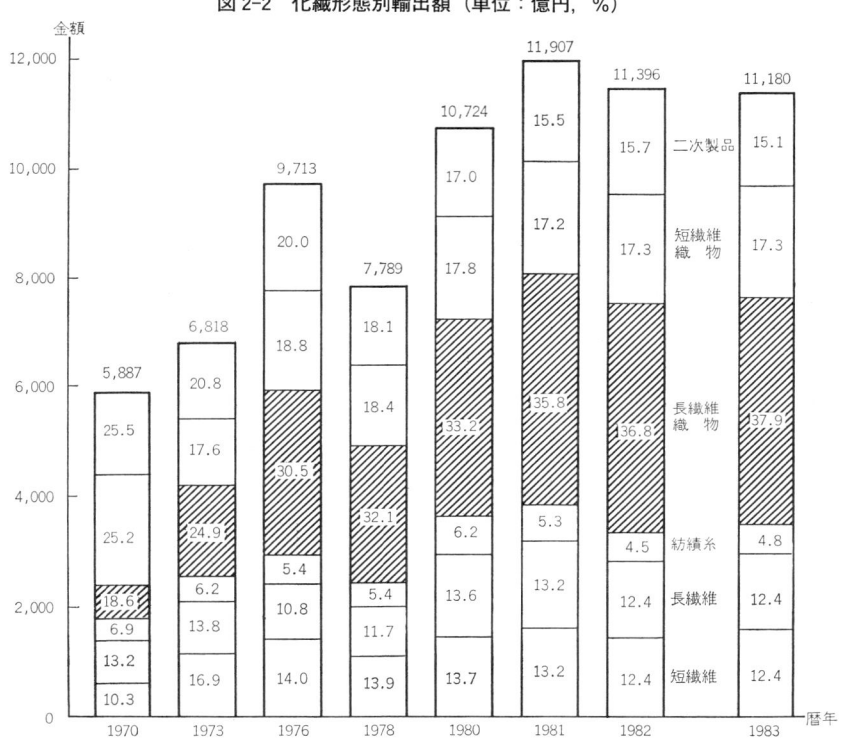

図 2-2 化繊形態別輸出額（単位：億円，%）

（資料）　大蔵省『日本貿易月報』各年号。
（注）　棒グラフ中の数字は構成比（%）。

小さくなる。

　合繊企業はポリエステル長繊維を主力に差別化を進めているが，依然として他の品種や非繊維分野にリスク分散が可能である。これに対して織物企業はリスク分散は元々限られているにもかかわらず，WJL 化によって一層その範囲を狭めることとなった。織物企業はこのことを知った上で WJL 導入を進めた。この点は次節で検討するが，ここではその前に，合繊企業と織物企業の関係を賃織状況からみておこう[13]。

　図 2-4，-5 は品種別賃織割合と委託者構成の長期推移を示したものである。合繊分野では初期に合繊企業の委託が多かったが，普及とともに加工技術の定

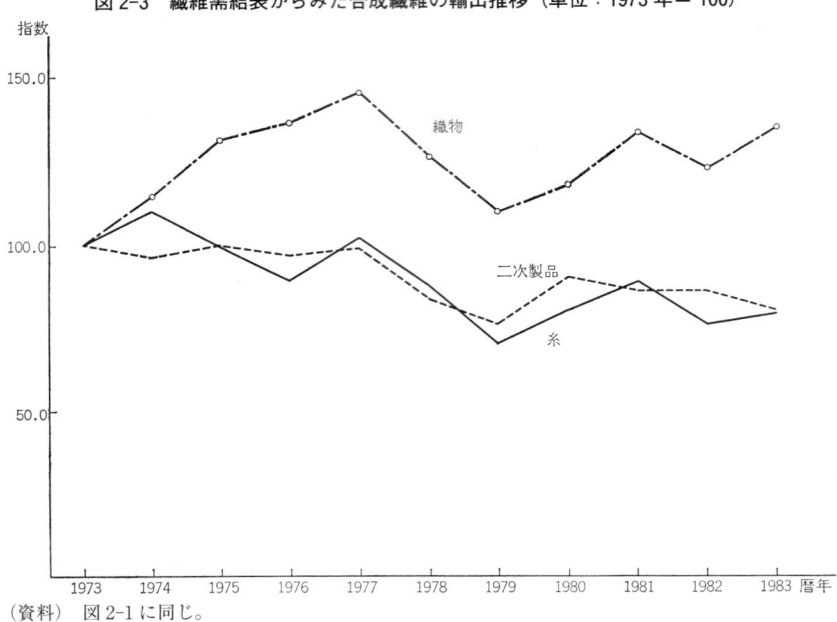

図 2-3 　繊維需給表からみた合成繊維の輸出推移 （単位：1973 年＝ 100）

（資料） 　図 2-1 に同じ。

着のために急速に低下し，今日では委託の大半が商社・産地問屋経由である。
83 年でみると合繊織物合計の 68％が賃織で，紡績・化繊会社の比重は 20％に
過ぎず，69％は商社・産地問屋系列である。しかし，この後者の中には合繊企
業が実質的にリスクを負担するものが多く含まれていると言われる。すなわち，
合繊企業からこれら商社に糸が売られ，形式的には商社が産地企業に生産委託
をするが，織物の企画・引き取りに伴うリスクを負担するのは合繊企業である
場合が多く含まれているのである。これらを加えると，原糸メーカー系列の賃
織割合は過半数にも達している。この系列の織物がチョップ品と称されている
ものである。

　このように，すでに製品の評価が定着した段階でも，合繊企業と織物企業は
賃織を通じて密接な生産関係を維持しているのである。わが国の特殊な賃織形
態は果たして今回のような不況の発生や対応策とどのような関連を持っている
だろうか。また，テキスタイル産業の資源配分を効率的にしうるだろうか。

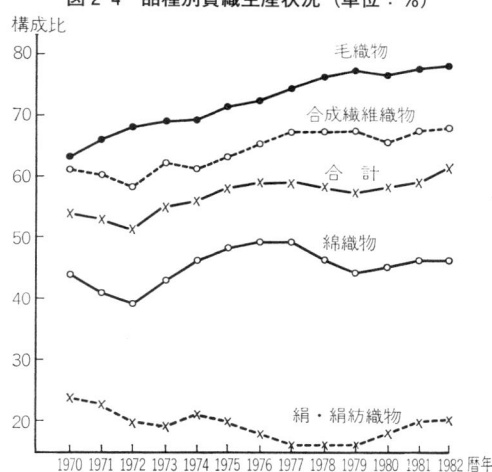

図 2-4 品種別賃織生産状況 (単位：%)

(資料) 通商産業省『繊維統計年報』各年号。
(出所) 通商産業省編『先進国型産業をめざして——新しい
時代の繊維産業ビジョン』東洋法規出版, 1984 年

3 合繊長繊維織物産業組織

今回の不況との関連から合繊長繊維織物産業の産業組織を概観し, 産地企業が WJL の早期導入に至った誘因を検討しよう。

織物企業の規模は表 2-2 のように小さく, 織機台数 50 台以下の企業が 90% 近くを占めている。期間は異なるが, 福井・石川両県で近年の変化をみると, 各企業層とも活動を縮小させ, 地域における繊維産業の比重低下につながった[14]。しかしその中で, 小規模企業は比較的調整能力が高く, 構成比を高めている。もっとも, それにもかかわらず, 1983 年の『合繊長繊維織物産地ビジョン』も指摘するように, 採算悪化, 後継者難などのために企業も織機台数も減少しているのである。

ビジョンは, このような企業の一方で, 生産性の低い FSL (Fly Shuttle Loom) を廃棄し代りに生産性の高い WJL を導入することによって台数は減少するが生産能力は維持・拡大させている企業も存在することを指摘している。

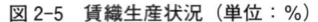

図 2-5　賃織生産状況（単位：%）

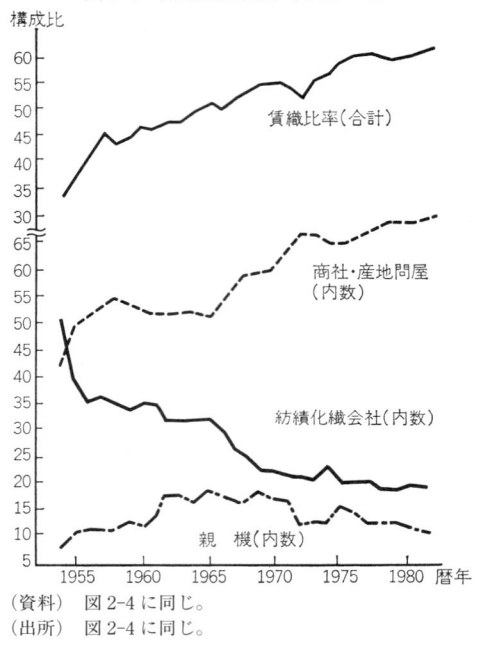

（資料）　図 2-4 に同じ。
（出所）　図 2-4 に同じ。

企業は導入に際しては，設備登録制下の新増設制限を回避するため，このように既存設備を一定台数だけ廃棄するか，あるいは相当数の登録権を同業者などから入手しなければならない。このコストは当然，導入コストに含まれることからも一定水準以上の資金力のある企業でなければ WJL 化は進められないだろう。このような企業の多くは図 2-6 の合繊原糸メーカー系列下にあると言われる。

　北陸産地の垂直連繋は 4 つの型に分類され，その典型が図 2-6 の原糸メーカー系列で，産地織物生産の過半数を占めている[15]。この系列で生産される織物はチョップ品とよばれ，原糸メーカーが自己の商品企画とリスク負担によって委託・購入される。「原糸メーカーの原糸製造技術，合理化原糸，差別化原糸開発力と機業場，染工場の織物製造技術，新商品開発力とが相乗的効果を高めながら原糸，糸加工，準備，製織，染色仕上加工と一貫したトータル技術に

表 2-2 機業場規模分布と変化

織機台数分布	福井県				石川県			
	1974年 末		1981年 末		1977年1月		1982年1月	
	軒 数	台 数	軒 数	台 数	軒 数	台 数	軒 数	台 数
1〜 20	2,039	23,671	1,699	19,581	2,622	32,535	2,166	28,430
21〜 30	397	10,149	313	7,921	397	9,941	381	9,802
31〜 50	293	11,359	258	10,035	222	8,525	198	7,665
51〜100	233	15,745	155	10,727	105	7,124	86	5,830
101〜200	100	13,416	76	10,277	39	5,511	30	4,216
201〜500	30	8,432	25	7,757 }		22 }	8,734 }	24 }	8,624
500以 上	8	6,453	8	5,267				
合　計	3,100	89,225	2,534	71,565	3,407	72,370	2,885	64,567

（出所）　合繊長繊維物産地ビジョン小委員会編『合繊長繊維織物産地ビジョン──世界に冠たる北陸産地の確立を目指して』日本化学繊維協会。

（注）　軒数とは個人事業主と法人企業の合計を示す。

基づく商品づくりに特徴があり，定番品の品質の優秀性と安定性，差別化品の水準の高さにおいて世界をリードしている」ものである[16]。

　北陸産地織物の輸出競争力はこの生産系列で支えられている。他の系列織物はこれとの相対的関係によって評価されている。織物企業は原糸メーカー系列に入ることによって高い賃織加工費を獲得できるが，そのためには WJL の導入によって生産技術の質的・量的向上を進めていかなければならなかった。WJL は数年前までは生産技術が安定しておらず，定番品専用であった。近年は高生産性に汎用性を加え，多様な差別化織物も生産可能である[17]。

　表 2-3 は 82 年末の福井・石川両県の織機台数の構成比を示す。革新織機が 15.2% を占め，その多くが WJL である。生産能力でみた比重は表 2-3 よりさらに高くなる。WJL 設置の増加テンポは，福井県を例にとると，81 年が 1,359 台，16.2%（対前年末比，以下同様），82 年が 534 台，5.5%，83 年が 1,365 台，13.3%，84 年見通しが 1,550 台，13.3% となる。石川・富山も含めると 84 年末 WJL 台数見通しは 23,282 台，2 年間に 5,196 台も増加することになる。ビジョンの想定（83 年 4 月当時）では今後 10 年間に WJL が約 1 万台増加し，一方で FSL が休止中の 2 万台を含め 12 万台から約 5 万台減少するとみられていた。10 年間の増加見通しの約 50% がわずか 2 年で達成されたのである。WJL の能力が FSL を大きく上回るために，このような急激な投資は供給能力を短期に大きく高めることは明らかである[18]。

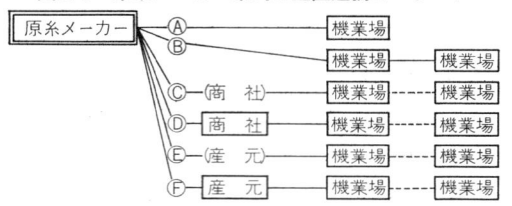

図 2-6　原糸メーカー系列の垂直連携のパターン

（出所）　表 2-2 に同じ。
（注）　①　（　）は形式的な経由。
　　　　②　□□□は商品開発または生産割当を行なっている。

　供給能力増加の規模は表 2-4 のように推定される。前提は WJL の 1 万台増加と生産効率の約 50％上昇および FSL の約 5 万台減少である。全生産能力増は 66 万疋，約 20％の増加率である。この想定は産地の代表者と合繊メーカーの第一線経験者の共同になるもので，おそらく 10 年間の織物需要増加および合繊原糸供給の計画に符合しているものと思われる[19]。

　産地の織物企業は，10 年間に 1 万台導入が需給予測と整合的であることを知りながらも，WJL の早期導入を実行した。その理由はどこにあるだろうか[20]。

　第 1 の理由は，合繊企業のポリエステル長繊維重視の中で織物企業が原糸メーカー系列に入るためには生産効率を高め差別化品に対応してしていかなければならないが，それには WJL 導入以外に具体的手段がないことである。第 2 の理由は，仮にこのような導入が過剰能力問題を招いたとしても，その影響は一時的にしか過ぎないとの期待があったことである[21]。第 3 は，一時的と思われるその期間においても，合繊企業を中心とした生産委託者の支援がほぼ確実に予想できたことである。第 4 に，WJL の導入コストが，仮に不況期の低稼働の影響を含めて総合的に考えても負担可能な水準であったかもしれないということも理由として考えておく必要があるだろう。

　この場合，小規模な家族労働者中心の企業家にとっては産地の雇用機会が導入コストや収益見込みと比較されるだろう。中規模以上の企業家にとっては事業転換の可能性が重要となる。だが，雇用機会や事業転換という所得確保の問題に加えて，WJL の導入コストで考えておかねばならないのは設備登録という制度的要因である。

表 2-3　北陸山地における織機の構成（1982 年末，単位：台）

	福 井	石 川	計	構成比（%）
企業数（軒）	2,494	2,800	5,294	
普 通 織 機	50,171	45,375	95,546	71.1
自 動 織 機	8,755	9,714	18,469	13.7
革 新 織 機	12,157	8,326	20,483	15.2
W　J　L	10,300	6,967	17,267	(12.8)
A　J　L	541	207	748	(0.6)
レ　ピ　ア	1,195	1,116	2,311	(1.7)
グリッパー	110	36	146	(0.1)
そ　の　他	11	0	11	(0)
合　　　　　計	71,083	63,415	134,498	100

（出所）　表 2-2 に同じ。
（注）　①　1984 年に発表された両県の産地ビジョンによると，1982 年末の石川は 7,016 台であった。1983 年末には福井で 11,665 台，石川で 8,136 台，84 年見通しは福井で 13,215 台，石川・富山合計で 10,067 台，総計 23,282 台とみられている。
　　　　② 　表 2-2 と同じ資料によると，1982 年 8 月末における韓国の WJL 設置台数は 7,238 台であった。

　近年，設備登録の問題点が指摘されながらも依然として存続している[22]。設備登録制の下で W JL を新たに導入するためには一定基準に基づいて登録台数を廃棄または購入によって確保しなければならない。この割当台数は原則として旧式織機と WJL の能力比から決められるが，当初はその換算比率は能力比を下回る傾向がある。さらに，織機の能力上昇があっても換算比率は直ちには改訂されない。この状況では，企業は WJL の早期導入によって割当台数を節約し，結果的に登録総台数を増加させることができるのである。登録権が銀行借入の担保となっている現実では，権利台数の増加は資金調達力を高める。また，従来のように設備廃棄への補助金があれば，その場合の恩恵も大きくなる。設備登録制は以上のような経緯を通じて WJL の早期導入を推進するメカニズムをビルト・インしていたのではないだろうか[23]。
　いずれにしても，このような WJL 導入のために，織物市況と加工賃は 83

表 2-4 織機と生産数量の現状と将来予測

織機	現　　状					10　年　以　内				
	台　数	疋　数（万疋／月）				台　数	疋　数（万疋／月）			
		総数	定番	差別化	絹		総数	定番	差別化	絹
ＷＪＬ（ＡＪＬ）	18,000台	169	129	40		28,000台	290	187	103	
レ　ピ　ア	2,300	9		9		2,300	9		9	
Ｆ　　Ｓ　　Ｌ	94,000	141	40	95	6	29,000	48		48 [2)]	
						6,000	6			6
						21,500	32		32 [3)]	
計	114,300 [1)]	319	169	144	6	86,800	385	187	192	6

（出所）　表 2-2 に同じ。

（注）①　ＷＪＬ の能力前提：定番品向けと差別化品向けごとに回転スピードを 1982 年頃の水準と 10 年後の水準の 2 種類を想定。定番品向けは 400,600R PM，差別化品向けは 380,550 R PM とする。

　　　②　1）この他に FSL 休止 2 万台がある。2）WJL で生産不能。3）その他差別化品。

年後半から大きく悪化した（図 2-7 を参照）。ポリエステル長繊維糸の相場もほとんど同一歩調で低下した。また，ポリエステル長繊維糸，織物の在庫は増加した（図 2-8 を参照）。

　原糸在庫と原糸価格の関係は近年大きく変化した[24]。81 年以降，両者の逆相関関係は明白である。さらに少し遅れて 81 年後半から織物在庫と原糸在庫の間には正の相関関係がみられるようになった。この動きには WJL 導入が大きく関係していることが明らかである。

　80 年頃からクレープ・ジョーゼットの輸出増大期待が高まり，原糸メーカーは供給能力を増強させた。そのため当初は原糸在庫に増加圧力が加わった。少し遅れて織物段階で WJL によって供給力が増大したために織物在庫が増加した。しかし長繊維織物輸出の好調によって 82 年中頃から 83 年末にかけて織物在庫は減少した。輸出品が差別化品中心であったため，糸在庫は織物ほどには低下しておらず，そのために糸価格の低下も一時は止まった。しかし 83 年末以降，織物生産力の上昇と輸出の低迷によって織物在庫が急増した。原糸メーカーの生産調整が進まなかったため糸在庫も急増し，原糸価格は低下した[25]。

　このように，原糸在庫，織物在庫，糸価格の 81 年以降の動きは，合繊メー

図 2-7　ポリエステル・ポンジー織物価格・織工費・75D 相場の推移
　　　　（単位：円 /Y，円 / 疋，円 /kg）

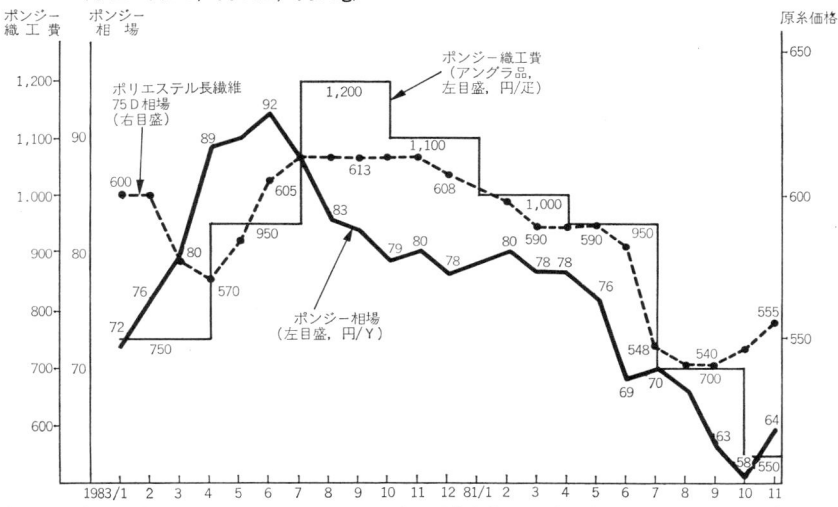

（出所）　鈴木純「ポリエステルフィラメントの内需動向」『化繊月報』第 38 巻第 1 号，1985 年 1 月。
（資料）　通商産業省『繊維統計月報』各月号。『日本経済新聞』。
（注）　①　ポンジー織物価格と織工費は福井県繊維協会の内部資料による。
　　　　②　ポリエステル長繊維相場は『日本経済新聞』による。

カーのポリエステル長繊維重点化・差別化および織物企業の WJ L 化による供給能力増強と輸出拡大テンポの予想外の低下から説明しうるのである。したがって，今回の不況の回復は，合繊企業と織物企業の設備調整がない限り輸出次第ということになるだろう[26]。

4　不 況 対 策

　市況の悪化とともに合繊企業は 1984 年後半から減産に取り組んだ。9 月からは主要 8 社が共同マーケティングとして「プリント振興キャンペーン」を実施している。また日本ポリエステル委員会（JPFC）を共同マーケティング組織として設立した。このように合繊企業の側で生産・販売の対策をとっている。
　一方，産地企業の側では，構造改善組合が組合員企業に 20% 近い減産を呼びかけ，さらに合繊メーカーなどの協力の下で不況対策の検討を行ってきた。

図 2-8　ポリエステル長繊維における原糸在庫・織物
在庫と原糸価格の相互関係
（単位：円 /kg，百万 m²，千トン）

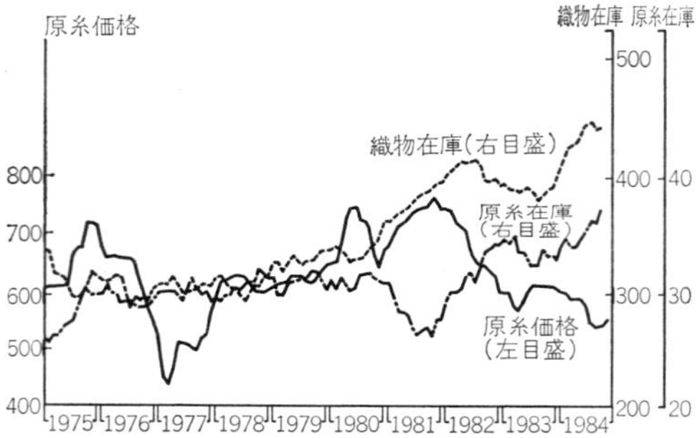

（出所）　吉岡政幸「わが国繊維業界の 1984 年の回顧と
1985 年への展望」『化繊月報』第 38 巻，1985 年 1 月。
（資料）　通商産業省『繊維統計月報』各月号。『日本経済
新聞』。
（注）　在庫は紡績・化繊メーカー，織物，染色加工，ア
パレルおよび流通を含めた総在庫を示す。

84 年 1 月末，北陸 3 県織物構造改善組合の下部機関「北陸 3 県特定織物共同
販売事業策定委員会」が不況対策のために設けられた。そして 12 月 19 日，不
況対策が構造改善組合から発表された。85 年 1〜6 月にかけて，織物の種類や
企業を特定化しないで織物を企業から買い上げ，それを一時凍結することとな
った。3 県合計で約 300 万疋，200 億円の買い上げが見込まれている。しかし
ながら，この買い上げは実質的には，北陸産地企業に生産委託する企業の協力
によって可能となっていると言うべきだろう。構造改善組合は，これら委託企
業に対する産地企業代表の交渉者に位置づけられるのである。

　織物買い上げのメカニズムについてみてみよう。組合は一定の条件を満たせ
ば組合員企業からの買い上げ依頼に応じる。買い上げ資金は金融機関から融資
される。この融資を円滑に実施するために，買い上げに際しては，合繊メーカ
ーや商社などの実質的委託者の買い戻し保証が必要な条件となった。ただし，
買い戻し価格は，買い上げ価格に金利コストを上乗せしたものである。

　買い上げ価格には基準があるが，実際の価格は，織物の組織（打ち込み本
数），織工賃，銘柄（糸の素材に対応）によって変化する。買い上げ織物は，凍
結期間の消費流行変化による影響を小さくするために，普及品が中心であ

る[27]。このようにして決定された買い上げ額には合繊原糸の評価分も含まれている。そのため，たとえば生産委託者が合繊メーカーであれば，買い上げ額のうち糸価格相当は合繊メーカーに支払われ，残りが賃加工費相当として織物企業に支払われる。

在庫凍結対象の織物は染色加工業者の工場や営業倉庫などに一定期間保管される。染色加工業者などは，買い上げ織物の一時保管を証明するために，買い上げに際して織物の預り証を構造改善組合に発行する。在庫に必要な倉庫費などの直接コストは生産委託者の負担になることが多い[28]。

今回の不況対策は76年1～6月に実施された福井県組合の方式とほとんど同一である。当時は3割自主操短実施企業を対象とし，6カ月に48万4,000疋を買い上げた[29]。買い上げ額の予定は90億円であったが，実績は42.9億円にとどまった。買い上げ織物の74％は原糸メーカー系列品であった。買い上げ後，市況は対米・中近東向け輸出増大につれて回復し，織物価格と賃加工費は20％以上も上昇した。そのため，買い戻し時に損失は生じなかった。

今回の買い上げ規模は，1月が42万疋，27億円，2月が43万疋，28億円，3月（予約ベース）が36万疋，22億円である。生産委託者構成は，前回と同じく合繊メーカーが大半を占め，総合商社をはじめとした県外商社や産元商社がこれに次ぐ。合繊メーカー委託のチョップ品は産地の50％前後を占めているが，買い上げ織物の中での比重は前回の不況対策の実績と同じく，これを上回っているのである[30]。チョップ品生産の織物企業は他に比べて賃加工費ですでに有利な条件を享受しているが，買い上げにおいても優遇されているのだろうか。ともかく，買い上げの不可決な条件が生産委託者の買い戻し保証であったことを考えると，合繊メーカーは他の委託者に比べて積極的に買い上げ保証を産地の系列企業に与えたことは確かである。

不況対策の特徴・問題点を考えてみよう。最も大きい問題点は，今回の不況対策が前回と同様に成功するか否かである。北陸産地織物は差別化品によって世界的な価格決定力を持っているため，限られた在庫の一時凍結でも短期の市況に影響を及ぼすことはできる。しかしながら長期的には少なくとも供給能力を需要水準に見合う水準にしない限り効果は望めないだろう。だが，この場合でも，韓国のWJL導入や台湾のポリエステル設備増強によって効果は薄めら

れる。今回の不況対策は一時的効果に終わる可能性が高い。

　一時的効果だけであれば，企業の特徴や条件に応じた自主的調整によっても達成不可能ではない。したがって，問題とすべきことは，なぜ産地と委託企業が共同で今回のような不況対策を実施することになったか，そして，この場合，なぜ合繊メーカーは他の委託者に比べて積極的に支援しているかという2点であろう。

　前者の問題の背景には中小企業団体法に基づく設備登録制がある。中小企業団体法は織物工業組合の準拠法であり，合繊メーカーなどの委託者と中小企業との交渉力格差の調整手段の役目も果たしている。工業組合つまりは設備登録制度と構造改善組合が賃織生産方式下で並存すると，すでに述べたように，WJL早期導入がビルト・インされる。その結果生じるリスクに対しては委託者に救済策が要求され，団体法によって守られた交渉力も与って今回の不況対策として結実するものと思われる[31]。

　合繊メーカーはこの環境の下でなぜ支援を積極化せざるを得ないのだろうか。メーカーからみれば，系列の織物企業を多数かかえておくことは，不況期の支援が避けられないならば大きな負担となる。しかし差別化織物の生産は今日では北陸産地を除いては考えられない。糸段階の設備増強・差別化を進めたメーカーは，産地織物企業の技術改良，すなわち，WJL導入をいわば期待し，それを通じた織物の競争力維持・拡大に努めてきたのである。不況対策への積極的支援の姿勢を明らかにすることによって，合繊メーカーは系列織物企業のWJL化の進展に保険料を払っていると考えられる。このように合繊メーカーは，テキスタイル産業の実質的担い手としてすでに機能していることを，不況時には鮮明にせざるを得ないと思われる。

5　おわりに

　繊維産業をテキスタイル産業とアパレル産業に大別しよう。上流のテキスタイル産業は量産化を推進してきたが，需要側のアパレル産業の要求は常に非量産化の方向にある。テキスタイル産業からみると，この要求は，量産化一辺倒に若干の修正を迫り，最適な生産システムの構築につながってきた。わが国の

テキスタイル産業は，糸段階の差別化と織物段階の WJL 化によって近年まで
この要求にうまく対応してきたと思われていた。

　しかし，テキスタイル産業がわが国では，大企業合繊糸メーカーと中小企業
織物メーカーによって分担され，賃織という特殊な生産方式によって両者が結
ばれているため，しばしば今回の不況問題などの現象をもたらしてきた。この
ためこれまでも，部門特定的な繊維産業政策や中小企業対策が実施されてきた。
なかでも，中小企業団体法に基づく設備登録制は長期にわたって継続しそれな
りの効果をかつてはあげてきた。しかし，この制度は今日では産地の WJL 早
期大量導入のような過剰反応を引き起こす弊害がめだっている。合繊メーカー
は，その結果として生じる不況に対してはある程度の支援をせざるを得ない。

　この対応も一時的効果はあるが，むしろ，合繊メーカーは，日常的な生産依
存関係の下で積極的にリスクを負い，織物企業に長期的保険を提供することに
よって大きな効果を獲得できるだろう。つまり，テキスタイル産業の実質的担
い手である合繊メーカーが，不況時に特別な対応を示すよりも，より明示的な
リスク分担・保険契約を不況時に具体的に実行することによって，テキスタイ
ル産業の資源配分は長期には，効率化されると思われる。

●注
1)　山澤（1984）p.348 より。
2)　堀内（1985）を参照。
3)　『合繊長繊維織物産地ビジョン』が作成された経緯にはこの点が明確に反映さ
　　れている。
4)　吉岡（1985）pp.12〜16 を参照。
5)　産業研究所・日本経済研究センター編『日米産業比較に関する調査研究報告
　　書』（1984）第 3 章 pp.90〜98 を参照。
6)　日本化学繊維協会資料「オイルショック後 10 年と化繊工業」『化繊月報』第
　　36 巻. 1983 年 11 月，を参照。
7)　堀内（1985）を参照。
8)　設備減少の大半は休止によった。
9)　ハーフィンダール指数を設備能力で，算出すると企業の対応が似かよってい
　　たことが明白である。
10)　1983 年で化繊長繊維織物 1,352 百万 m^2 のうち 90.6％の 1,225 百万 m^2，金額で
　　3,712 億円のうち 93.7％の 3,478 億をポリエステルで占めていた。
11)　差別化の定義は一意的でないが，業界分類では生産量ベースでポリエステル

長繊維は 78 年の 21％から 82 年に 49％まで上昇した。日本化学繊維協会資料（1983）p.65 より。

12)　WJL は水流を使用した 100％合繊専用織機で，浸水性の綿混紡織物は生産できない。

13)　賃加工は繊維産業の川中，川下段階でとくにみられるわが国特殊な生産委託方式である。通商産業省編『先進国型産業をめざして』(1984) によると，「賃加工生産形態は受託企業の委託企業への過度の依存を生み，経営の自主性を失わせるとともに，受託企業の販売力や商品企画力の向上を妨げ，恒常的な低収益性を強い，その結果，成長を著しく阻害しているという問題点が指摘されてきた (p.53)。」しかし今日では賃加工形態は川上，川中の相互依存の下で一種の利害調整の結果であるとの意見が増えている。向上に続けて，「賃加工形態は，川上にとっては，原糸の供給先を安定的に確保し，また需要拡大を可能とし，その結果，スケールメリットを追求できるという利点があるとともに，系列下の織屋に対する資金の援助や技術指導・経営指導により，高品質・高付加価値の織物の生産を可能にし」，他方，「機屋にとっても商品開発，販売等を原糸メーカーや産元商社に委ねるとともに，リスクが回避され，専ら生産に特化し，技術力の向上に専念し相対的な経営の安定化を図りうるというメリットがある (p.54)」と位置づけているのである。

14)　通商産業省『工業統計表』によると，75 年から 80 年にかけて出荷レベルでの繊維産業の比重は，石川で 31.2 から 27.4％に，福井で 40.5 から 36.2％にそれぞれ減少している。

15)　他に商社系列，産元系列，機業場系列がある。『合繊長繊維織物産地ビジョン』を参照。なお，図 2-4，-5 にと示された紡績・化繊会社の委託比率とは図 2-6 の A および B に相当する部分のみを表わしたものであり，実質的な原糸系列の比重を大きく下回っている。

16)　同ビジョン p.8 より。

17)　82 年頃 WJL 生産品種の約 80％は定番品であった。同ビジョンは 10 年以内に差別化品の割合は 35％以上に増大するとみている。

18)　82 年当時で長繊維織物の 55％強が革新織機で生産されていた（同ビジョン p.15 より）。これから，台数 15％の革新織機の能力を実績ベースで試算すると，FSL 対比で 4 倍近くなる。

19)　合繊メーカートップ企業の東レからは 3 名，他にクラレ，旭化成，ユニチカからは 1 名の合計 6 名が産地ビジョン小委員会のメンバーになった。福井と石川両県の構造改善工業組合からは 2 名ずつ，福井県繊維協会からは 1 名の合計 5 名が産地の代表メンバーであった。

20)　ただし，個々の企業の需要見通しも業界の見通しとあまり変わらないと考える。

21)　実際，北陸長繊維織物不況は今回を含め 4 回あったが，過去はいずれも回復に向かった。

22) 公正取引委員会事務局編『独占禁止政策の主要課題—独占禁止懇話会資料集 VI』（1979），pp.115〜129，および植松（1983）を参照。

23) 通商産業省編『同上』（1984），pp.124〜128 を参照。「設備登録制はもはやその今日的意義を認めることは難しく早急に延長を停止すべきであるという意見が専門委員会では支配的であった」と述べられている。

24) 吉岡（1985）を参照。

25) もっとも，合繊企業は 84 年 7〜9 月から一部減産，10〜12 月からは 20％減産中のため，84 年後半から原糸価格は少し上向いた。

26) 合繊長繊維織物の 83 年の主要輸出仕向地の構成は，サウジアラビア 15.7％，アラブ首長国連邦 15.2％，アメリカ 13.1％であった。

27) 特定ユーザー向け特注織物は繊維ファッションの変化によって販売リスクを受けやすいからである。

28) ただし，織物の通常流通では生産委託者の指図書に従って織物が織物企業から染色加工業者に配送され，織物在庫コストは染色加工業者によって負担されている。

29) 今回は企業は限定されていない。

30) 一般にチョップ品は，織物企業と合繊メーカーの長期安定的な契約下で生産され，市況変動の影響を受けにくい状況にある。これに比べると商社系列は市況に敏感であり，したがって織工費の変動も大きいといわれる（図—7 のアングラ品とは非チョップ品のことである）。

31) 日本の繊維産業の制度が需要・供給リスクの下で効率的資源配分を達成しているだろうか。本文もこの点から検討されるべき問題である。これに対する答のいかんにかかわらず，最終的な負担者は消費者であるため，制度の必要な改革は常に自由貿易下で進めていくことが理想的である。

【参考文献】

植松勲「中小企業カルテルの運用状況と問題点」『公正取引』No. 398，1983 年 12 月。

合繊長繊維織物産地ビジョン小委員会『合繊長繊維織物産地ビジョン』1983 年 4 月。

公正取引委員会事務局編『独占禁止政策の主要課題——独占禁止懇話会資料集 IV』大蔵省印刷局，1979 年。

産業研究所・日本経済研究センター編『日米産業比較に関する調査研究報告書』1984 年 3 月。

通商産業省・繊維工業審議会・産業構造審議会編『今後の繊維産業のあり方について』セーユウ興業，1983 年。

通商産業省生活産業局編『先進国型産業をめざして——新しい時代の繊維産業ビジョン』東洋法規出版，1984 年。

日本化学繊維協会編「オイルショック後 10 年と化繊工業」『化繊月報』第 36 巻，

1983 年 11 月。

堀内俊洋「合繊産業の設備処理と共同行為」『日本経済研究』No. 14，1985 年 3 月。

山澤逸平「繊維産業」小宮隆太郎・鈴村興太郎・奥野正寛編『日本の産業政策』東京大学出版会，1984 年。

吉岡政幸「わが国繊維業界の 84 年の回顧と 85 年への展望」『化繊月報』第 38 巻，1985 年 1 月。

3 合理化カルテルの理論と 合成染料産業の実際

1 はじめに

　わが国の主なカルテル制度の中で，一時的不況には「不況カルテル」が，長期的な過剰設備問題には「指示カルテル」が割当てられている。いずれも経済学的に必ずしも正当化されるとはいい難い[1]。これらに対して，「合理化カルテル」は短期的あるいは長期的問題のいずれにも限定されてはいないが，その目的が共同行為を通じた生産の規模の経済の獲得にあり，両カルテルに比べて経済的合理性が高いといわれる。「不況カルテル」や「指示カルテル」に比べて「合理化カルテル」の合理性がその名のとおりクローズ・アップされる所以がここにある。馬場（1984）も指摘するように，両カルテルがその実質的な輸入制限的運用のためにしばしば海外で批判されるのに対し，「合理化カルテル」についてはこのような批判はそれほど聞かれないのである。

　「合理化カルテル」の本来の経済的機能にとっては，この状況は当然かもしれない。だが現実はこのような状況ばかりでなく，それを逸脱した目的を意図している場合も無視できない。1961 年以来頻繁に「合理化カルテル」を実施してきた合成染料産業がその例といえる。「不況カルテル」と「合理化カルテル」は異なる目的を持つべきであるにもかかわらず，実際には「合理化カルテル」の直前に「不況カルテル」が実施されていたように，両カルテルが何らかの目的を共有していたと思わざるをえない。つまり，「合理化カルテル」が規模の経済を追求する制度とはいうものの，生産や価格の制限のための制度として悪用されていた可能性が高いのである。

　本章では，「合理化カルテル」が本来いかなる望ましい資源配分効果をもつ

かをまず明らかにし，その上で現実の運用が過去どのような展開を示し，今日の自由貿易下のわが国においてこの制度がどのように位置づけられるかを分析する。前半の理論的分析は簡単な生産モデルを用いて費用関数が生産物の多品種化にどのように影響されるかを考察する。カルテルによる共同生産問題は2企業・2生産物の産業で検討する。「合理化カルテル」の効果とカルテルによらない企業の私的な生産提携の効果とを一般的に比較する。これらの分析はいずれも，後半の実証分析でとりあげる合成染料産業の特徴を踏まえている。実証分析の対象時期は2つに大別され，前期の1970年代以前はわが国が貿易の自由化過程にあり，後期の1980年以降はわが国企業の競争力が向上し自由化がほぼ完了した時期と思われる。後期のカルテルに比べると前期のカルテルは，Auquire-Caves（1979）やCaves（1985）の理論的分析が示すように，外国の寡占企業のレントを自国にとりもどすための共同行為とみなしうる。

　本章は5節からなり，次の第2節では「合理化カルテル」の制度と対象業種分野を概観する。第3節では，当該産業の費用構造における「合理化カルテル」のコスト軽減効果を理論的に考察する。第4節で合成染料産業の「合理化カルテル」をケースに本来的なこの効果を検証する。最後の第5節で「合理化カルテル」を評価する。

2　制度と適用分野

　日本の通称「独占禁止法」は第24条4で「企業合理化のための共同行為」を一般的なカルテル禁止の例外措置として1953年に認めた。その時，同時に「不況カルテル」も認めている。以下，法律の条文そのままでなく経済的内容に則してカルテル認可の条件，共同行為の内容，実施産業の分野を要約する。

1　制度の概要
(1)　認可の条件
　「不況カルテル」のように具体的に表示されていない。企業が，技術の向上，品質の改善，原価の引下げなどの合理化を進めるために特に必要がある場合，以下に述べる内容の共同行為が認められる（独占禁止法第24条の4第1項，傍

点は筆者）。

(2)　共同行為の内容

数量制限（生産，販売，設備）や価格制限など企業の中核的な活動を制限するものではなく，次のような特定活動に限定した共同行為が公正取引委員会（以下「公取委」と略記する）の認可によって認められる。a）技術もしくは生産品種の制限，b）原材料もしくは製品の保管や運送のための施設の共同利用，c）くずもしくは廃棄物の共同利用や共同購入，が共同行為の主な内容である[2]。「合理化カルテル」の共同行為の内容は，「中小企業協同組合法」（1949年制定，以下「組合法」と略記する）にもとづく中小企業の共同行為あるいは「中小企業団体の組織に関する法律」（1957年制定，以下「団体法」と略記する）にもとづく中小企業の合理化のための共同行為を，大企業にも適用したものと考えられる[3]。

(3)　認可に際しての限定条件

共同行為は，a）需要者の利益を害するおそれがないこと，b）一般消費者および関連事業者の利益を不当に害するおそれがないこと，c）不当に差別的でないこと，d）共同行為の参加・退出が不当に制限されていないこと，e）とくに生産品種の制限の場合には制限内容が不当に特定の企業に集中しないこととされている。

(4)　認可に対する異議申し立ての方法

当該産業の主務大臣と「公取委」の関係などは，「不況カルテル」に準じて実施される。

以上の要約は経済学的にすべて了解できるわけではなく，「不況カルテル」と同様の曖昧な点を多く含んでいる。しかしここでは，法律によってうたわれている抽象的な制度問題にこれ以上立ち入ることはしない[4]。むしろ具体的なケースやカルテル実施分野の概観などからカルテルの実際をみていくことにしよう。

2　適用分野の概観

「合理化カルテル」の認可件数は，高度成長や貿易・投資の自由化とともに図 3-1 のように推移し，1963～65 年にピークの 14 件に達した。1965 年度末の

図 3-1　「合理化カルテル」と「不況カルテル」の件数推移

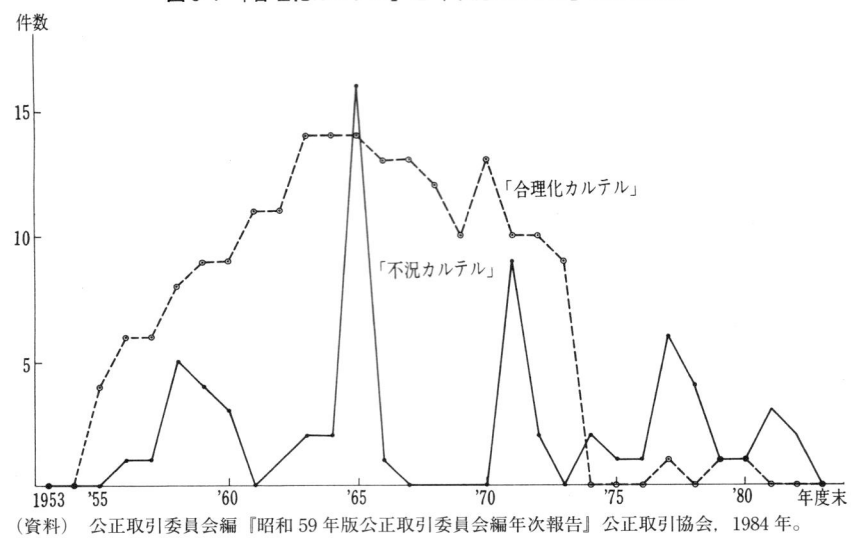

（資料）　公正取引委員会編『昭和 59 年版公正取引委員会編年次報告』公正取引協会，1984 年。

認可カルテルはすべて前年度からの継続であり，9件が生産品種の制限，残る
5件は鉄くずの購入における共同行為である。

　鉄くず購入の共同行為は 1955 年 3 月，主な高炉と平炉メーカー 18 社が価格
高騰の鉄くず購入を円滑にするために実施した。これが通称 A カルテルとよ
ばれるものである。「公取委」の資料（1958）や中泉（1960, 1962）によるとそ
の後，1956 年 9 月には特殊鋼メーカー 13 社と関西地区の電炉メーカー 17 社
がそれぞれ A カルテルと同じ目的のカルテル（通称 B, C カルテル）を実施し
た。1958 年 8 月からは東日本の電炉メーカー 18 社の D カルテル，同年 9 月か
らは東海地区の電炉メーカー 14 社の E カルテルが実施され，いずれも 1974
年まで長期にわたって継続された。国内の鉄くずの購入価格の決定，輸入鉄く
ずの最高価格の設定，購入数量の企業への割当，購入方法（輸入国，輸入相手，
企業別割当）の決定，等々がカルテルの下で実施された[5]。実施に際しては 5
つのカルテル間で条件が調整された。

　一方の生産品種を制限する「合理化カルテル」9件のうち6件までが川上の
繊維産業であった[6]。残る3件は，マーガリンおよびショートニング（旭電化

ほか17社），自動車タイヤ（東洋ゴムほか5社），合成染料（日本化薬ほか5社）における生産品種の制限である。合成染料産業の合理化カルテルは長期間にわたり，1980年以降は「合理化カルテル」の唯一のケースである。上述の鉄くずの機能が今日では「輸入組合」によって実施されているため，「合理化カルテル」の制限内容の大半は品種制限である。そして，最近の認可実績では，「合理化カルテル」といえば合成染料産業が代表的とされているのである。

3 生産提携と「合理化カルテル」

　企業の費用構造に「合理化カルテル」がどのような影響を及ぼすかを検討する。染料産業を第4節でケース・スタディするために，同産業を念頭において論じる。共同行為でなく企業が私的に実施する生産・販売提携の効果と「合理化カルテル」の効果を比較する。「合理化カルテル」一般と本節の論点との関連は最後に言及する。

1 費用構造
　染料市場の特徴を概観しておく。染料は古くから国際貿易の対象であった。主な生産国はヨーロッパの先進諸国で，企業数はわずかである。染料市場はこのように典型的な国際的寡占市場である。わが国の企業規模はこれら企業に比べはるかに小さく，また技術力も低く，1970年以前にあってはヨーロッパの有力企業と対等な技術・生産提携を結べる状態ではなかったといわれる。
　一方の染料需要は，大半が染色産業の中間投入となり，成長率は相対的に低かった。低成長の中で染料企業が競争すると，需要家のファッション・ニーズの多様化とともに染料品種数は増大する傾向があった。繊維工業構造改善事業協会（1968）や流通経済研究所（1979）が述べるように，染色においては，複数の染料が同時に使用され，異なる品種・色調の染料に対する需要は互いに補完的であった。染料企業は染料のこの消費特性を競争力強化につなげていくが，economies of scope を追求するあまり生産品種数が過大になる傾向を常に内在していたのである。そして，この場合，企業の生産規模が品種の増加ほどに拡大しないことが多く，結果的に，全体の生産効率は低下した。仕入販売が制約

されている状況では，染料企業は染色企業との緊密な顧客関係を維持しておくために，需要家の染色企業に対して，いわば供給責任とでもよべる形で低収益品種についても生産を継続する傾向があった[7]。

　いま企業は生産能力一定のままで需要変動に対して稼働率の調整で十分に応えられるものとしよう。この場合，生産品種数が増加すると，上述の需要特性のために，販売量，したがって仕入販売や在庫変動を考えないならば，企業の生産量も増加するという関係がある。そこで，企業の生産量 Y は短期的には生産品種数 N のみに依存するとみなしてもさしつかえないだろう。

　この状況で企業の生産費用 C と最適な生産品種数 N^* はどのように決まるだろうか。まず生産費用については，品種間の生産技術の差異などの影響はあるが，第1次近似としては生産量と生産品種によって決まり，生産量が生産品種数によって左右されるために，次式のように生産品種数に依存する。

$$\frac{dC}{dN} = \frac{\partial C}{\partial Y}\frac{dY}{dN} + \frac{\partial C}{\partial N} \qquad (1)$$

同様に平均費用の変化も次のように示される。

$$\frac{dAC}{dN} = \frac{C}{Y}(\frac{1}{C}\frac{dC}{dN} - \frac{1}{Y}\frac{dY}{dN}) \qquad (2)$$

品種数の少ない範囲で品種数が増加しても，それによる直接的な費用増加は小さく，むしろ品種数増加による生産量の増加をつうじた間接的効果のために，平均費用は逆に減少するだろう。品種数がさらに増加していくと，直接的影響による費用増加が顕著となり，生産量増加をつうじた間接的効果が直接的影響に対して相対的に小さくなるために，平均費用は上昇すると考えられる。したがって，企業の平均費用（対生産量）および限界費用（対品種数）は品種数と図3-2のような関係になるとみられる。

　図3-2で添字 J を付したものがわが国の企業の当該変数であることを示し，添字 E を付したものが圧倒的に規模の大きいヨーロッパの企業のものである。両者の規模格差のために，費用の相対的な大小関係は図3-2のようになる。市場価格 p は，寡占企業であるヨーロッパの企業にとっての限界収入が限界費用

図 3-2　染料生産の費用構造

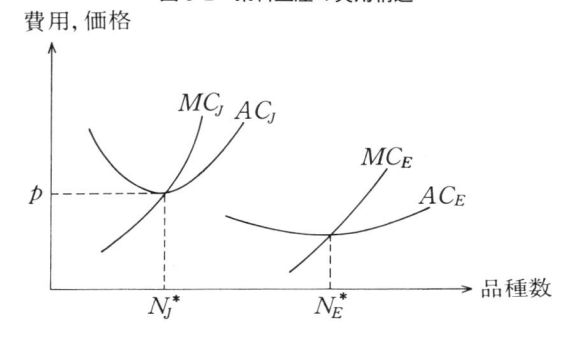

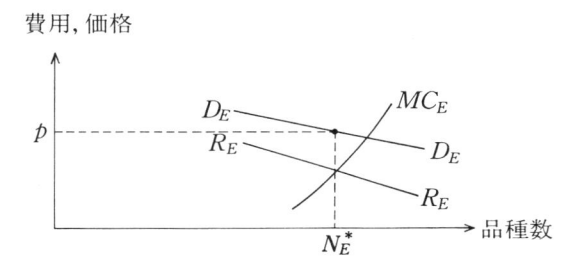

と一致するように決定される。いま寡占企業とわが国企業のような相対的小企業との競争状況を考えると，p を所与として行動するわが国企業の最適な生産点，すなわち，生産品種数は N_j^* となる。

2　生産提携

　内外企業の費用格差の下でわが国企業は生産効率を改善するために大別して2つの戦略によって対応すると考えられる。いずれも何らかの企業間の共同によって生産品種を減少させ，生産性の上昇を意図するものだが，第1の戦略は海外の有力企業との生産提携で，それによる輸入販売の確保と生産効率の上昇を意図するものであった。しかし，わが国企業の技術力や交渉力が低かったため，生産提携条件はわが国企業をほとんど利することがないものになる可能性が高かった。もちろん，海外の有力企業が長期的な立場からわが国の特定企業を系列下に置いた上で，その企業に有利な条件を提示することも考えられた。

だが，1960年代のわが国では，このような資本提携まで含めた内外の生産提携に対し政策当局は大きく介入したために，結果的にこの第1の戦略は1960年代にあっては実質的にはほとんど実施されなかった。この時代の生産提携は，特定品種の技術導入を中心とした限界的な性格のもので，わが国企業の導入コストは高かったといわれる。いずれにしても，この戦略が企業の自主性を尊重していることから判断すると，以下の「合理化カルテル」より資源配分への悪影響は少ないと考えられる。しかしこの戦略が実行されるためには，わが国企業の競争力が全体として上昇し，政策当局の方針が変化する1970年代に入るまで待たなければならなかった。

これに対して第2の戦略は，わが国企業が互いに生産品種の分業によって生産効率を高め，同時に仕入販売を円滑に進めうるような制度的な対応であった。政策当局は独占禁止法の適用除外の1つとして，企業のこのような対応を支援した。この対応がいわば制度化された「合理化カルテル」である。企業の提携に際しては，対象品種や生産分業企業の選定および仕入価格や分業方法の決定など，企業の利害が正面からぶつかり合う項目を具体化させておく必要があった。生産分業がすべての企業の生産効率を全般的に高めるものであったが，これらの提携項目の調整に対しては，次節で改めて実例を示すように政策当局は積極的に介入していたのである。

しかし，その前に2企業・2品種の染料産業を想定し，企業間の利害調整と提携効果を考えてみよう。i企業のj品種の生産量をy_{ij} $(i=1, 2 ; j=1, 2)$，j品種の市場価格をp_jとする。いま，i企業j品種の売上高利潤率をa_{ij}とすると，利潤π_{ij}は

$$\pi_{ij} = a_{ij}\, y_{ij}\, p_j \qquad (3)$$

となる。ここで，i企業のj品種生産のための投下資本額と売上高とが比例関係にあり，その依存度が品種や企業によって異ならないとすると，企業間の競争を通じて投下資本あたりの利潤率が均等化する結果，売上高利潤率a_{ij}も均等化するとみなしうる。そこで，このa_{ij}を利潤率aとする。

いま，この利潤率aの下で両企業がともに2品種を生産している状態から，企業1が品種1に生産集中し，企業2が品種2に生産集中することで合意がえ

られたとしよう。生産集中の前後で両品種の供給量および市場価格は変化しないものとする。生産集中後の両企業の生産量 y_i は

$$y_i = y_{1i} + y_{2i}, \quad i = 1, 2 \qquad (4)$$

となる。集中以前の生産量を上回る部分は市場価格で相手企業に引き渡されるとする。このような生産分業（品種融通）による両企業の利潤の増加は一定の条件の下で同額となり，両企業の利潤調整が容易になることが示される。

　集中以前の両企業の利潤は

$$\pi_i = a(p_1 y_{i1} + p_2 y_{i2}), \quad i = 1, 2 \qquad (5)$$

である。集中後の利潤 π_i' は，両品種の生産集中後の新しい利潤率を a_j' とすると，

$$\pi_i' = a_j' \, p_j y_i$$
$$= a_j' \, p_j (y_{1i} + y_{2i}), \, i = j \qquad (6)$$

となる。ここで生産融通による規模の経済のために，利潤率 a_j' は a より大きくなり，両企業の利潤はともに増加すると一般に考えられる。両企業の利潤の増加の差は次のようになる。

$$\pi_1' - \pi_1 - (\pi_2' - \pi_2)$$
$$= a_1' p_1 (y_{11} + y_{21}) - a_2' p_2 (y_{12} + y_{22})$$
$$- a \left\{ (p_1 y_{11} + p_2 y_{12}) - (p_1 y_{21} + p_2 y_{22}) \right\} \qquad (7)$$

したがって，利潤の増加が一致する１つの十分条件は，生産集中以前の両企業の生産額，両品種の新しい利潤率および価格がすべて一致する場合である。

　このように企業の規模格差が小さく，品種の収益・価格格差が小さい場合には，2 企業・2 品種の場合には双方の利害調整は容易である。しかしながら，現実には規模格差が大きく，品種の収益性や価格も異なることが一般であるから，利害の調整が提携のネックとなることは十分に考えられる[8]。

3　「合理化カルテル」による共同行為

　費用構造から考えて品種融通が明らかに互いの利益であるにもかかわらず，品種の価格や収益の格差が大きいと現実には品種融通はあまり進まない。一般にどの企業も市場規模が大きく，収益の高い品種の生産を継続しようとする。市場規模が小さく，低収益の品種は生産を停止しようとする。したがってすべての企業がこのような行動をすると，市場規模の小さい低収益の品種は何も生産されなくなるというのがカルテル当事者の意見である。だがこのような品種でも，需要が根強ければ価格が上昇し，染料企業の正常利潤が確保されるために，生産がなくなることはありえないだろう。すなわち，大口ユーザーの染色企業にとってこの小規模品種が多数の染料の中で量的にはわずかであるが不可欠なものであれば，この品種は骨董品的価値を有し，価格は上昇するはずなのである。

　しかし，輸入競争や似かよった色の染料需要の強い代替のために価格があまり上昇しないならば，この品種の正常利潤が確保される可能性は低い。この状況を市場にゆだねておくと，確かにカルテル当事者が説明するように，この小規模・低収益品種の生産は中止されることになる。

　小規模・低収益品種の生産を市場メカニズムにゆだねないで，多くの企業の分担によってこの品種の生産を維持し，企業の負担を軽減しようというのが「合理化カルテル」の目的である。もちろん，このような小規模・低収益品種といえども，「合理化カルテル」によらずとも市場にゆだねておくことによって，企業の私的な生産提携が進むことも可能である。しかし，もともと市場規模が小さいため，一部の企業の生産集約では規模の経済による生産コスト低減効果は小さくなる。加えて，私的な提携によるわずかな利益を追求するあまり，同様な品種でも生産を継続している企業に比べて競争上不利な立場に立つことをこれらの提携企業は余儀なくされる。つまり，ユーザーの需要は，利益の少ない品種といえども生産を継続している企業に長期的にはシフトしていくと考えられるのである。このように，利益がわずかで，多くの場合には将来の大きな損失につながるような状況では企業の私的な生産提携は十分に進まない可能性が高いのである。そのために，上述したように，企業は小規模・低収益の生産効率の改善を「合理化カルテル」に求めたのである。

カルテル内の企業の利害調整は独占禁止法の適用を除外され，その上で政策当局の積極的な介入の下で進められた。生産分担がこのように制度的に決定され，しかもカルテル参加に対する企業の誘因があったために，カルテルの長期化が当初から予想されていた。しかし，「合理化カルテル」がいわば合法的に長期化する過程で，生産効率の改善という本来の目的とは別の新たな共同行為，たとえば価格制限や生産制限などに発展する危険性は十分にあったと考えられる。

　この新たな共同行為の苗床としての「合理化カルテル」の問題点は次節で具体例を示すことにして，ここで「合理化カルテル」が経済的に正当化できるとすれば，次のような点に求められることを要約的に示しておこう。「合理化カルテル」は，内外企業の競争力や規模の格差が大きい産業において，国内の生産者間および生産者と需要者間の利害調整を円滑にしうる制度で，双方に利益をもたらし生産者の競争力向上に貢献しうるものである。その結果，「合理化カルテル」は輸入代替を促進しうる手段の1つとも考えられるが，輸入代替そのものが「合理化カルテル」一般の目的でないことは次の指摘から明らかである。

　以上では合成染料を念頭に議論を展開してきたが，ここで最後にその他の産業での適用例と本節の分析との関連性にふれておこう。いま，前節で要約した適用分野を整理すると，その内の鉄くず購入のための合理化カルテルの目的は「輸入組合」のそれにほぼ等しく，今日ではこの種の目的のためには「輸入組合」が独占禁止法の適用除外として実施されている。そのため，この種の適用分野はなくなり，「合理化カルテル」の適用業種のほとんどは多品種少量生産の産業群である。異なる点は，それぞれの貿易構造であるが，その差にかかわらず，これまで論じてきた合成染料の合理化カルテルの分析がこれらの産業に適用しうると考えられる。貿易構造の差が「合理化カルテル」におよぼす典型的な相違点は，輸入競争産業においては輸入代替が大きな関心事であったのに対し，他の産業ではそのようなことがあてはまらない点である。

4 ケース・スタディ

　「合理化カルテル」の歴史にしばしば登場し，多くの関心を呼んだ合成染料のケースを実証分析する。第1に染料産業の市場構造と合理化カルテルの歴史を概観する。第2に1972年以前の合理化カルテルの内容を示す。第3に1980年以降の合理化カルテルの背景にふれる。第4にこのカルテルの内容と問題点，第5にその効果をそれぞれ検討する。

1　市場構造とカルテルの概観

　わが国の染料企業は約100社で，上位の大手5社（住友化学，日本化薬，三菱化成，三井東圧化学，保土ケ谷化学）は生産量で66%，生産額で79%を占めている（1979年，表3-1を参照）。流通システム開発センター（1983）によると，5社はいずれも染料の他に多くの化学製品を生産する大企業で，売上高で染料部門の比重は1979年時点で6.3%に過ぎない。個々には生産する染料分野や比重が異なるが，染料部門に限ると規模格差は小さく，むしろヨーロッパ企業との対比では同一特性の企業群に属するとみなしうる。

　大企業の主な生産分野は染料原料の基礎中間体と量産品種である。これに対して，中小企業は特定の中間体や得意分野の染料に特化する傾向が強く，染料部門の比重は高い[9]。このように，大企業と中小企業は染料市場で直接競争することは少なく，むしろ分業関係にあるといえる。前述の流通システム開発センター（1983）によれば，大企業と中小企業は原料中間体や染料の生産委託および資本参加によって密接な関係にある。生産分野の分業に加え両者はこのような密接な関係にあるために，染料産業の共同行為は大企業が合意しさえすれば，市場全体に対して効果を発揮しうることは注目される。

　ここで費用構造との関連で最も問題となる品種数にふれておこう。シーエムシー編『ファインケミカル年鑑』（1981）によると，1979年時点の調査（対象は中小企業41社，大企業5社）では，大企業の全品種数は2,258，中小企業のそれは2,716であった。1品種あたりの平均販売額はそれぞれ4900万円と1200万円であった。中小企業は大企業との全体的な規模格差とともに1品種

表 3-1　合成染料生産の大手 5 社と中小企業の分業 (1979 暦年)

(生産量トン，金額 100 万円)

	生　産　量			生　産　金　額		
	大手5社	中小企業	合　計	大手5社	中小企業	合　計
直　接　染　料	3,901	502	4,403	8,941	773	9,714
酸　性　染　料	1,443	1,398	2,841	4,895	3,503	8,398
カチオン染料	2,480	568	3,048	7,067	1,423	8,490
塩基性染料 (除カチオン)	1,090	853	1,943	1,904	1,198	3,102
媒染・酸媒染料	1,370	512	1,882	2,580	960	3,540
硫　化　染　料	2,795	1,570	4,365	1,915	1,439	3,354
建　染　染　料	2,418	11	2,429	12,271	50	12,321
アゾイック染料	695	3,683	4,378	1,478	4,791	6,269
分　散　染　料	11,338	3,766	15,104	42,155	8,032	50,187
蛍　光　染　料	5,726	3,100	8,826	6,170	2,593	8,763
反　応　性　染　料	4,886	—	4,886	18,096	—	18,096
有機溶剤溶解染料	267	3,506	3,773	910	4,422	5,332
そ　の　他　染　料	168	118	286	409	202	611
合　　　計	38,577	19,587	58,164	108,791	29,386	138,177
（構成比%）	(66.3)	(33.7)	(100)	(78.7)	(21.3)	(100)

(資料)　化成品工業協会資料より作成。

(出所)　化学工業日報社編『化学工業年鑑 55 年版』化学工業日報社，1980 年。

(注)　大手 5 社は表 3-2 の第 8 次合理化カルテルの参加企業である。

の平均販売額も低い。大企業は量産品を生産し，中小企業に比べて 1 企業あたりの平均販売額ではるかに上回っているが，ヨーロッパの大企業に比べるといずれの点でも劣っていることは鎌倉（1980）やシーエムシー編『世界のファインケミカル年鑑』（1981）が指摘している。

　わが国大企業の国際競争力を高め，内外企業の規模格差を縮小させるために，合成染料産業では「合理化カルテル」が表 3-2 のように頻繁に実施された。前期カルテルは 1961 年から 72 年まで断続的に実施された一連のカルテル（第 1 次から 7 次）である。後期カルテルは 1980 年から 82 年まで 2 年間継続されたカルテル（第 8 次と 9 次）である。両カルテルには相違点と共通点があり，いずれも前節の理論的検討との比較から興味深い論点を含んでいる。詳細に分析する前にこの論点との関連で重要な相違点と共通点を概観しておこう。

　両カルテルの重要な相違点はその背景にみられる。過去に比べてわが国企業

表 3-2　合成染料の合理化カルテルの推移

項目 順	期間		参 加 企 業	対 象 品 種	備 考
	始 期	終 期			
第1次	1961. 8. 1	1964. 1.31	三井化学，三菱化成，住友化学，日本化薬，保土ヶ谷化学，田岡染料製造	直接染料28，酸性染料3，塩基性染料2，硫化染料1，ナフトール染料4，合計38	うち18品目は35年7月1日から1年間の不況カルテルの対象でもあった。6社の市場シェア（全品種）は80%。第1次の延長。しかし生産委託販売の規定は削除された点のみ異なる。当時の生産品種数は約1,000であった。
第2次	1964. 2. 1	1965. 1.31	同　　上	同　　上	
第3次	1965. 2. 1	1966. 1.31	同　　上	2次の継続20品目	
第4次	1966. 3. 1	1967. 8.31	同　　上	3次の継続17品目（直接染料14，硫化染料1，冷薬染料2）	
第5次	1967. 9. 1	1969.1.30	三井化学，三菱化成，住友化学，日本化薬，保土ヶ谷化学，大東化工，旭染料，三洋色素，昭和化工	4次の継続4品目と新規21品目（直接染料2，硫化染料4，酸性染料5，分散染料5，アゾイック染料9）	
第6次	1969. 4.26	1965.11.30	三井東圧化学，住友化学，山田化学	クローム染料6品目	
第7次	1970. 7.21	1972. 1.20	三井東圧化学，三菱化成，住友化学，日本化薬，保土ヶ谷化学	第5次と第6次の継続8品目	
	1980. 1.10	1981. 1. 9	同　　上	分散染料26，カチオン染料29，合計55品目	対象品種ごとに生産担当者を決め，同時に委託販売を認める。53.8.5〜54.3.31まで同一5社が不況カルテル（2回延長）下で生産制限。
第9次	1981. 1.10	1982. 1. 9	同　　上	分散染料17（うち第8次継続8），カチオン染料10（同8）	

（資料）　公正取引委員会編『公正取引委員会年次報告』各年号，公正取引協会。

の競争力が向上し，1980年代にはわが国大企業とヨーロッパ大企業の生産提携が対等な条件で実施されている点である[10]。過去の合理化カルテルは輸入代替に成功したわけであるが，この環境変化はわが国大企業の多角化や高い技術力およびマクロ経済の成長によってもたらされた。いずれにしても，後期には，すでにわが国大企業とヨーロッパ大企業の合弁企業がわが国で染料を生産し，これら合弁企業と従来からのカルテル参加企業の利害調整が対立した。合弁企業はカルテルに加わらなかったため，カルテルの生産分担の規模が小さくなった。結果的に効果が限定され，カルテル実施期間も短期に終ったのである。この他にも，染料需要の変化から，各時期の成長品種と衰退品種が異なるため，融通品種の対象が徐々に変化していったことはいうまでもない。

相違点はカルテルの維持にとって本質的に重要なものであったが，カルテルの利害調整の実際や運営の方法はほぼ共通していた。たとえば，生産を集中する品種（制限品種）を協定品目と称していることなどは運営の共通性を端的に表わしている。共通点で重要なことは，前期カルテルと後期カルテルの直前にいずれも短期間ではあるが不況カルテルが実施され，生産量の制限が実施された点である。後期カルテルのケースでこのことの経済的意味を検討している。

カルテルの詳細な分析に移る前に，合成染料の合理化カルテルの適格条件に関する「公取委」の代表的見解を鎌倉（1980）に沿って引用しておこう。「公取委」は生産集中のユーザーへのマイナス効果はないと判断していた。その理由は4つに大別される。第1の理由は，生産が1社に集中しでも，生産停止企業はその品種の在庫をしばらくの間は保有し，ユーザーの微妙な製品の品質要求に答えている点である。ユーザーはこの間に十分に調整可能で，在庫がなくなった後には当然，生産を分担した企業の供給する品種を利用する。この場合，この品種には融通を受けた企業の商標が付されるために，ユーザーからみれば表面的にはカルテルの前後でほとんど変化がないのである。第2の理由は，ユーザーは染料の使用時に若干の追加コストを払いさえすれば，複数品種の配合によって従来品種とほとんど同じ品質（色あい等）を実現することができる点である。第3の理由は，仮にアウトサイダーや輸入がなくても，生産集中品種と競合する代替品種が多数存在することである。第4は，輸入競争とアウトサイダーの国内生産者との競争があることである。

いずれの見解も染料産業の市場構造の特徴に由来し，合理化カルテルを正当化するものばかりである。厳密な検証は困難だが，ユーザーが合理化カルテルの相次ぐ適用に重大な異議をとなえなかったということから，上述の理由が実際的であったことが推測できる。ただし，これは合理化カルテル本来の目的との関連からの判断であり，副次的な生産制限や価格制限がなかったということにはならない点は注意しなければならない。

2　前期カルテル

1961 年 8 月 1 日に「公取委」が認可した第 1 次カルテルを例に合理化カルテルの運営方法と生産集中の大きさをみる。その後のカルテルも原則ほぼ同様であった。

認可申請は業界団体の化成品工業協会によって実施された。協会は申請に際して「染料の生産品種の制限に係る共同行為の協定骨子」を作成している。それによると，共同行為の実施は認可の 2 カ月後からであった。実施当初の 3 カ月間は生産停止品種の在庫調整の期間であった。この間に，対ユーザー向けの準備と生産集中計画の浸透が推進されたのである。生産集中が実際に開始されたのは，認可後 5 カ月以上経過した 1962 年初であった。

生産集中の対象企業と対象品種は表 3-2 に示される。参加企業は 6 社，集中品種は 38 品種であった。集中生産の目的は生産コストの低下であった。生産停止企業が生産継続企業から融通を受ける場合，品質上のトラブルを避けるために，規格の統一と品質検査が実施された。検査は化成品工業協会によって実施されたが，輸出向けは対象外であった。協会は品質検査を合格したものには独自の証紙を発行した。

第 1 次カルテルの生産集中の規模はその後のカルテルに比べて大きかった。参加企業計の延品種でみると，生産停止件数が 178 件，生産集中件数が 50 件に達した[11]。カルテル以前の 6 社の該当品種の延件数（228 件）に対する生産停止件数の割合は 78％以上になった。これを「合理化率」とよぶと，企業別には 80％以上が 4 社にのぼった。住友化学と三菱化成の「合理化率」は相対的に低かったが，60％台であった。住友化学は資本系列下の田岡染料の生産停止を大幅に実施したように，この時期においても参加企業の利害調整が決して

簡単ではなかったことが推測できる。

　この点に関しては，通商産業省の原局の官僚が主にとりまとめた化学工業問題分析研究会編（1970）の資料が参考にできる。合成染料の生産集中や企業の利害調整に政策当局が大きく介入していたことが示されている。当局の介入方針は第4次カルテルの実施中（1966年12月）に軽工業生産技術審議会染料部会の検討結果として明らかにされた。生産集中方式の原則として次の5点が指摘された。

　第1に，生産集中品種の選定にあたっては生産者の数，生産量，輸入量，公害許容量など複数の基準を併用する。ある品種が多数の生産者によって生産されていても，市場全体の総生産量が十分に大きければ生産集中誘因は相対的に弱い。また，輸入比率が高い場合も生産集中誘因は低い。だが，生産量等の基準では集中の合理化効果が大きいとみられても，生産集中が特定地域の公害問題を悪化させる場合には生産集中の対象外となる。このように生産集中品種は多くの基準から決定されなければならないことが強調された。

　第2に，以上の複数の基準の下である品種が生産集中の対象となった場合，生産は特定の1企業に集中させ，他の企業は原則として生産を停止する1品種1企業方式をとる。

　第3に，生産集中品種と企業が決まった場合，染料に加えてその原料である中間体生産でも同様な生産集中を実施することが望ましいと考えられた。

　第4に，生産集中品種の融通は当該企業の交渉によるべきものであるが，政策当局あるいは上述の審議会の同意を得る必要がある。

　第5に，企業は生産集中と並行して設備の近代化，大型化，専用化に取り組むべきである。

　第4次カルテルまでの利害調整の経験が以上のような審議会のガイドラインに結実した。このガイドラインは，政策当局の意図を主に表わしていたが，企業はこのガイドラインを利害調整のための政策枠組として用いることによって，調整を円滑に進めようとしたとも考えられる。

　前期カルテルは第4次以降さらに1972年1月まで続いた。一連のカルテルの規模は概略表3-2のとおりである。上述の資料（1970）によると，第1次から第6次までのカルテルの下で実施された生産集中の規模は後期カルテルの規

模よりはるかに大きかった。つまり，この間の集中生産の対象品種は65品種（内訳は第1次の38品種，第5次の追加21品種，第6次の6品種）で，全染料に対して数量で28%（12,194トン），金額で15%（57億8600万円）に達したのである。65品種の中には第1次以来7年以上も生産集中を実施してきたものも含まれている。

3　後期カルテルの背景

　前期カルテルの時も同様であったが，合理化カルテルの直前には不況カルテルが実施されていた（表3-2を参照）。1978年8月5日の第1次にはじまり，第2次（78年11月1日〜79年1月31日），第3次（79年2月1日〜79年3月31日）まで連続8カ月近く不況カルテルの期間があった。その後，不況カルテルに代って合理化カルテルが検討され，9カ月後の1980年1月に後期合理化カルテルに移行したのである。両カルテルの参加企業はともに5社で同一メンバーである（表3-2）。共同行為の対象も同じくカチオン染料と分散染料である[12]。このように，時期，メンバー，対象のいずれをとっても，2つのカルテルの特徴は類似しているのである。したがって，2つのカルテルの意図あるいはその背景にある問題意識にも共通性が存在するとみなすべきである。

　染料産業の1970年代後半の問題を「公取委」の1979年の年次報告から要約しておこう。1976年後半には染料の最大のユーザーである染色産業で大きな需要変化が起った。それまで好調だった捺染ブームが去り，また衣料需要が薄物化と淡色化の傾向に変わった。染料需要は低迷し，メーカー在庫は1976年8月以降増加した。カチオン染料は689トン（在庫率1.5カ月）から1978年3月の1,477トン（同4.3カ月）に増加した。分散染料の在庫は3,745トン（同3.4カ月）から横ばいで推移した。市況は1976年から低落していた。とくに分散染料（ブラック・リキッド）の低下は激しく，1978年5月の水準（650〜700円/kg）は1970年代初期の約1/2の水準になった。カルテル参加大企業の合成繊維用染料の販売価格は78年3月時点で平均生産費を下回っていた。一方，シーエムシー編（1980）によると，5社の染料部門全体の年間損益は1978年で120億円強の赤字であった。

　この状況で不況カルテルによる生産制限が実施された。第1次不況カルテル

では期間中（1978年8月5日〜78年10月31日）の国内向け生産量がカチオン染料468トン，分散染料1,802トンに制限された。企業への割当比率は1975年から77年までの3年間の国内販売シェアを基準に決められた。不況カルテルの目的は市況の回復にあった。しかしわが国は染料の世界市場では小国であるから，輸入が規制されていないかぎり生産制限による市況への効果は少なく，単に供給先がわが国企業から海外企業にシフトするだけである。業界でも一部は不況カルテルの市況効果を疑問視していたといわれる。結果的には効果が小さかったために不況カルテルは短期に終った。そして，後期合理化カルテルに移行したのである。

4　後期カルテルの内容と問題点

　国際価格が所与の下で赤字を解消するためにはコストを低下させるしかなく，そのための現実的手段が合理化カルテルであることはすでに前節で十分に検討した。この意味で不況カルテルから合理化カルテルへの移行は避けられないものであった。だが，合理化カルテル期間中に値上げの強行がみられたように，不況カルテルの市況回復目的が合理化カルテルに引き継がれていた。この値上げ措置は合理化カルテルの目的逸脱行為であることはいうまでもない。

　しかし，参加者の利害調整が進み，生産集中の規模が大きければ，このような誤った措置の実施にもかかわらず，結果的には企業の合理化さらには赤字解消は進むはずである。

　まず規模からみていこう。第8次カルテルの生産集中の規模は表3-3に概略されている。カルテルの強さを表わす指標は多面的だが，たとえば表3-3から次のように試算することができる。分散染料の場合，国内生産量に対し参加者の比重は88.2%（同カチオン染料85.4%）に達していた。カルテル対象品種の輸入比率は17.9%（同カチオン染料12.8%）であった[13]。カルテルの対象は分散染料のすべてではなく，参加企業の生産量の24.6%（同カチオン染料36.4%），品種数の9.3%（同カチオン染料16.3%）に過ぎなかった。さらに，この対象品種の中で実際に企業間で生産分担された割合は24.7%（同カチオン染料24.1%）であったから，分担実績は国内生産量対比では5.4%（同カチオン染料7.5%）に過ぎなかったのである。国内生産量ばかりでなく輸入量も加えた総合計

表 3-3　1980 年の合理化カルテルの対象範囲

項目 ＼ 種属	分 散 染 料	カチオン染料
参 加 者 生 産 量	11,027 (281)	3,041 (178)
非 参 加 者 〃	1,479	518
合　　　　計	12,506	3,559
輸 入 品 数 量	2,718	524
総　合　計	15,224	4,083
合 理 化 対 象 数 量	2,711 (26)	1,106 (29)
内, 集 中 生 産 数 量	670	266
総合計に対し集中生産量の占める割合	4.4％	6.5％

(注)　①　1978 年度数量で算出。
　　　②　かっこ内は品種数を示す。
(資料)　日本染色協会内部資料。

でみると，実績割合は表 3-3 のようにさらに低く 4.4％となる。

　だが以上の生産集中の程度は前期カルテルの実績に比べて決して低いとはいえない。集中前後の生産者数の減少からも同様な見方ができる。1 社に集中したケースが分散染料で 13 件（同カチオン染料 21 件），2 社集中が 7 件（同 6 件），3 社集中が 5 件（同 2 件）であった。1 社集中は件数ベースで 52％（同 72％）にも達していたのである。

　しかし生産集中の内容を詳しくみると，利害対立の跡がうかがえる。表 3-4 は企業別・品種別に生産継続と生産受委託の分布を示したものである。提携の組み合わせは表 3-4 の(1)〜(4)によって 4 ケースを考えることができる。生産は継続するが，他からの生産依頼を受け付けないケースがかなりの数である。このことは，一方で，生産停止品種の多くが，他企業に生産を委託しなければならないほどのものでなかったことでもある。

　生産継続か生産委託のいずれかによって販売を確保した場合（表 3-4 の(1)，(2)，(4)の合計）の割合をみると，分散染料では企業によって差が大きい。最高 96％（三井東圧化学）から最低 50％（住友化学），平均 74％であった。カチオン染料ではこれに比べると 60〜80％の範囲におさまった。

　分散染料の生産集中では 4 社の利害が十分に調整しきれなかったことが予想される。生産の受委託を示す表 3-5 でこの点を確認しよう。合理化カルテルという参加者全体の共同行為という形をとっているが，生産の受委託関係はむし

表 3-4　1980 年の品種合理化（延品種数）

企業名	生産継続 (1)		生産継続 (2)		生産停止 (3)		生産停止 (4)	
	分散	カチオン	分散	カチオン	分散	カチオン	分散	カチオン
住 友 化 学	1	3	8	6	4	9	13	11
日 本 化 薬	6	4	4	5	12	10	4	10
三 菱 化 成	0	1	14	10	3	12	9	6
三井東圧化学	11	—	0	—	14	—	1	—
保土ヶ谷化学	—	2	—	8	—	14	—	5
合　　計	18	10	26	29	33	45	27	33

（注）　分担 B の分類で，(1)は生産を継続するが生産の受託はしない場合，(2)は受託をする場合を示す。(3)は生産を停止し同時に他企業に生産の委託をしない場合，(4)は委託をする場合を示す。

（資料）　表 3-3 に同じ。

表 3-5　1980 年の生産受委託（延品種数）

受託企業＼委託企業	住友化学		日本化薬		三菱化成		三井東圧化学		保土ヶ谷化学		合　計	
	分散	カチオン	分散	カチオン	分散	カチオン	分散	カチオン	分散	カチオン	分散	カチオン
住友化学			2	3	6	3	0	—	—	4	8	10
日本化薬	0	0			3	4	1	—	—	1	4	5
三菱化成	13	5	2	5			0	—	—	0	15	10
三井東圧化学	0	—	0	—	0	—			0	—		
保土ヶ谷化学	—	6	—	2	—	0	—	—			—	8
合　計	13	11	4	10	9	7	1			5		

（資料）　表 3-3 に同じ。

ろ特定企業間の提携関係に近い。三井東圧化学は分散染料についてのみカルテルに参加しているが，生産の受託は全くなく，一方，委託についてはわずか日本化薬に 1 品種を委託しているのみである。三井東圧化学は実質的にはカルテルに参加しなかったといえる。また，日本化薬の受委託も少なく，自主的な生産停止と継続が大半であった。分散染料の合理化カルテルは結果的には，住友化学が三菱化成に生産委託をするという提携に終始した。

　1980 年の第 8 次カルテルにおいては，以上のように参加者の利害が調整しきれず，さらに目的と手段が不整合的であったために，当初からカルテルの運

営と実効性が懸念されていたと思われる。カルテルが全体的なバランスを欠いていたために，法律の適用を厳密に考えると，カルテルの限定条件 e）に抵触するおそれさえありうる。参加者は第 8 次に引き続き第 9 次カルテルも実施の方針で臨み，短くとも 5 年間ぐらいのカルテルを想定していたといわれるが，運営上多くの問題もあったため結局は短期間に終止した。

　わが国の染料企業はすでに 1980 年にはカルテルになじまなくなっていたのである。企業は染料部門の競争力強化と多角化を通じてヨーロッパの主要企業と対等な条件で提携を進めることができた。理論的検討でふれたように，外国企業との対等な提携が可能となれば，その方が少なくとも企業にとっては合理化カルテルより望ましく，さらに資源配分にとっても歪みが少ないのである。1980 年時点では，三井バーディッシュ（三井東圧化学と西独の BASF 社の折半出資）と化成ヘキスト（三菱化成と西独のヘキスト社の合弁）という主要な合弁企業が存在していたのである。表 3-5 の生産受委託の関係でも合弁企業の存在の影響が明らかである[14]。

　生産集中の効果が当初から懸念されていたにもかかわらず，第 8 次カルテルが実施された背景には，当初からコスト引下げ以外に市況回復という目的があったことが考えられる。この目的は，わが国の企業の成長にもかかわらず，依然として染料生産で小国であるかぎり実現できないことは明らかであった。しかし，カルテル認可から 6 カ月経過した 1980 年 7 月 20 日のメーカー出荷分から，分散染料とカチオン染料の平均 13％の値上げがユーザーに通告された[15]。住友化学に始まった値上げの通告は短期間に他のカルテル参加者にも波及した。結果的には，後にみるようにこれによって市場価格はほとんど変化しなかった。

　その後，第 8 次に引き続いて第 9 次カルテルが 1 年間実施された。対象品種が一部変更され，若干規模が縮小する形で同じメンバーによって進められた。第 9 次の計画段階，つまり，第 8 次の進行中には，合弁企業の 1 つである三井バーディッシュの参加が推進された。さらに住友化学と三菱化成以外の企業の受委託を増やすことが考えられたが，いずれも実現しなかった。第 8 次の経験から考えると，これらの調整ができなかったことは本来の効果が期待薄に終ることを意味していた。それにもかかわらず実施されたのは，市況回復の意図があったと思われるのである。

5 後期カルテルの効果

後期カルテルは以上のように問題含みであった。ここでは，カルテルの前後期間における生産，在庫，貿易，消費および価格の推移から後期カルテルの意図や影響を追跡してみよう[16]。

第1の関心である輸入比率はこの期間にどのような傾向をたどっただろうか。まず，不況カルテルを実施していた1978，79年の輸入比率が高くなっていることが注目される。79年から80年にかけて大きく低下し，その後，合理化カルテル以降は大きな変化はない。染料の最大のユーザーである染色産業の染料消費における輸入比率をみると，傾向は同じだが，変動は全体に比べて小さい。染色企業と特定の染料企業（あるいは流通企業）との関係が密接であったことがこの背景にあると考えられる。後者の輸入比率の推移で興味深い点は，不況カルテル期間の後半から合理化カルテル期間の前半にかけて上昇している点である。合理化カルテルの前半に，値上げを意図した出荷制限が実施されていたとみられる。

第2に，出荷に占める輸出比率は，園内向け出荷制限を反映して不況カルテルと合理化カルテルの期間に上昇した。1980〜81年には38.7〜41.8%に達した。輸出比率が染色産業の染料消費に占める輸入比率とほぼ同じ傾向で推移したこ

表 3-6　分散染料の生産・貿易・消費（トン，%）

項　目 ＼ 暦　年	1978	1979	1980	1981	1982	1983
出　　荷	13,220 (24.4)	14,467 (25.1)	13,075 (26.0)	14,288 (28.7)	15,033 (28.1)	15,265 (28.0)
輸　　出	4,539 (25.0)	5,120 (27.9)	5,061 (30.9)	5,970 (38.8)	5,441 (34.1)	5,765 (32.7)
輸　　入	2,718 (25.0)	4,047 (26.5)	2,363 (22.5)	2,674 (23.9)	2,955 (22.5)	2,615 (21.3)
輸 入 比 率	31.3	42.3	29.5	32.1	30.8	27.5
染 料 消 費	8,450 (45.5)	9,007 (48.3)	9,073 (50.4)	9,327 (50.7)	8,774 (50.0)	9,412 (52.8)
うち輸入比率	22.0	26.7	30.0	28.5	26.6	24.9

（資料）　出荷，通商産業省『化学工業統計年報』各年号。輸出，輸入；
同『日本貿易年報』各月号。染料消費；同『繊維統計年報』各
年号。全体を通じて化成品工業協会・日本染料輸出組合『日本
の合成染料の現況』1984 年。
（注）　かっこ内は各項目ごとに分散染料の比重を示したものである。

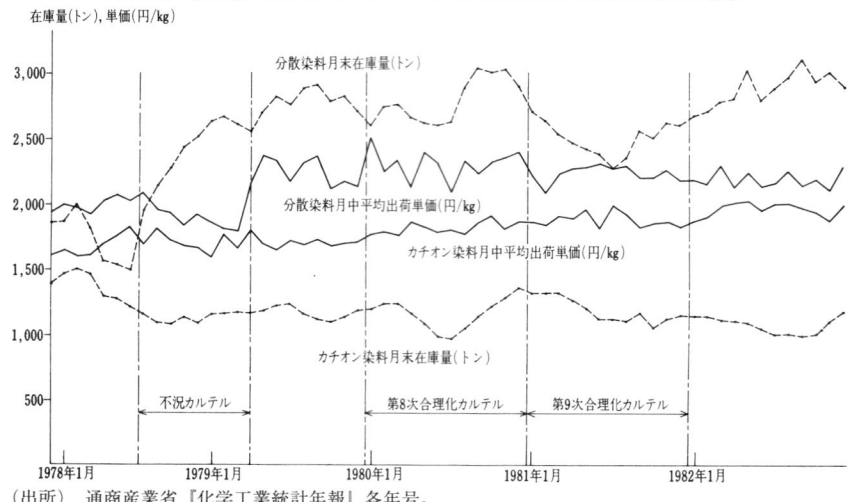

図 3-3　分散染料とカチオン染料の平均出荷単価と生産者在庫量の推移

在庫量(トン),単価(円/kg)

分散染料月末在庫量(トン)

3,000

2,500

分散染料月中平均出荷単価(円/kg)

2,000

カチオン染料月中平均出荷単価(円/kg)

1,500

1,000

カチオン染料月末在庫量(トン)

500

不況カルテル　　第8次合理化カルテル　　第9次合理化カルテル

1978年1月　　1979年1月　　1980年1月　　1981年1月　　1982年1月

（出所）　通商産業省『化学工業統計年報』各年号。

とは興味深い。ともかく，輸出拡大にも市場の制約があるため，国内向け出荷を制限していると，次にみるように，いずれ在庫負担が大きくなるのは当然の結果である。

　第3に，在庫の推移をみると，分散染料にはこの影響が明白に表われている（図 3-3）。在庫は不況カルテルの実施直前から急増し，カルテル期間中ほぼ一貫して増加した[17]。国内市況の悪化に対して出荷を制限していたことが明らかである。しかし，市況はほとんど回復しなかった。

　不況カルテルの終了後から合理化カルテルの開始までの約9カ月間は，在庫，価格とも横ばいで推移した。在庫を減少させるためには市況の悪化を受け入れなければならないが，それもできなかった。このように在庫と市況いずれの問題にもきめ手を欠いている間に合理化カルテルが具体化していったのである。しかし，合理化カルテルによってこの問題を打開するためには，参加者の利害調整と生産集中が十分に機能しなければならなかったが，実際の内容はこれとは大きく乖離していたことはすでに述べたとおりである。むしろ，合理化カルテルは問題の根本的解決ではなく，単なる市況回復を意図していたのである。

　しかし，第4に，合理化カルテルの期間を中心に価格およびそれとの関連で

在庫の推移をみると，このような意図がほとんど実現しなかったことが明らかである。メーカーの値上げ意図にもかかわらず，価格はわずかな変動があるものの上昇した形跡はみられない。ただ，値上げ意図を反映して在庫は1980年中頃から急増した。1981年になると，染料需要の回復と輸出増加のために，在庫は減少した。この間，価格は安定的であった。価格の急落と在庫の急増という最悪の可能性が遠のいたため，もともとコスト低下効果の期待できなかったことも加わって，後期合理化カルテルは当初の意図に反して短期に終った。カルテル終了後，分散染料の在庫が急増したが，企業の利害対立の下では効果的なカルテルが不可能であるため，従来のように共同行為に頼ることはなくなったのである。

5 おわりに

　制度，理論，実証の諸検討を要約し，「合理化カルテル」の評価を試みよう。「合理化カルテル」の機能を経済的に正当化するとすれば，それは生産集中によって当該産業の生産コストを低下させ，需要家には品質の安定と量的確保をもたらし，一国の経済的便益を高めるものである。つまり「合理化カルテル」は合成染料産業のように多品種少量生産の産業で，市場に生産をゆだねておくと行き過ぎた品揃え競争と採算の悪化が生じるときには，経済的に正当化しうるのである。共同行為の対象品種は多くの場合，需要家との暗黙の長期的取引関係が重視されるあまり生産者が容易に生産を縮小できない小規模・低収益の品種に集中する傾向がある。この場合でも外国企業との合弁形態など企業の私的な提携が進みうれば，カルテルよりむしろ私的な提携が選択されている。今日の経済環境ではこの対応が望ましいのである。

　本章では以上の点を合成染料産業をケースに実証した。合成染料産業では1960年代の前期カルテルでは望ましい機能が働いたが，1980年代の後期カルテルでは企業の生産分担が十分に調整できず，一方で私的な提携が優先されたために本来の機能は働かなかった。いずれもわが国の少数の大企業がカルテルを形成したが，後期には海外企業との合弁企業がアウトサイダーとなっていた。「合理化カルテル」は最近の合成染料産業のように企業の利害調整が困難にな

ると，私的な生産提携に代替される傾向がある。しかし，需要家に抵抗の大きい「不況カルテル」にかえて，需要家および政策当局が受け入れやすい「合理化カルテル」を形成し，本来の目的を逸脱した価格引上げを意図する場合が明らかに生じているのである。

このように問題点はあるが，わが国の貿易構造の変化の中で歴史的に評価すると，合成染料産業の「合理化カルテル」は過去においては輸入代替手段の1つとみなされていたと思われる。世界市場で高いシェアを占めるヨーロッパの寡占企業に対抗しうる自国企業の育成が，カルテルを認めてきた政策当局の意図であった。もちろん，輸入代替が「合理化カルテル」のすべての目的ではないことは，輸出産業の典型例であった繊維産業のカルテル実績からも明らかだが，輸入競争産業の場合には政策当局は輸入代替を強く意図していたのである。そして，結果的に輸入代替が進展し，1980年代にはカルテルの必要性は低下した。

今日では「合理化カルテル」の経済的評価が低下しているのは確かである。企業の私的な生産提携が活発化し，「合理化カルテル」という制度的対応はほとんど姿を消している。だが，堀内（1981, 1985b）が分析するように，生産分野ではなく研究開発分野においてその本来の経済的主旨がいかされ，「技術研究組合」という制度にいわば形をかえて改めて注目されているのである。たとえば本章でとりあげた合成染料産業においても，1980年代には合理化カルテルの終了後，技術研究組合の下で分散染料の共同研究開発が合理化カルテルと同一メンバー企業によって実施されているのである。これとは別に経済学の世界においても Dasgupta-Stiglitz（1980）や Ordover-Willig（1985）のように，研究開発の効率性から共同行為のあり方を再評価する試みもなされているのである。

最後に，本章でふれなかった点を指摘しておこう。まず「合理化カルテル」が正当化される背景として在庫の問題と設備投資の問題もある。一般に品種の増加につれて，生産効率と在庫負担は仕入販売がない場合にはトレード・オフの関係にある。生産品種の選択や「合理化カルテル」の生産分担の決定に際しては在庫コストも重要となる。さらに仕入販売が可能となったり，あるいは設備投資の産業内調整などが検討に上ってくると，新たな分析視点も必要となる

だろう。一定の限定された枠組の下で生産効率と品種数の関連から「合理化カルテル」を分析した本章の問題設定はその主旨については原則としてこれらの場合にも適用可能なものと思われる。

【付記】資料入手で下松忠義（化成品工業協会染料部長，1985年3月当時），早川義男（日本染色協会常務理事，同），倉田哲夫（同業務部次長，同），鍋田英彦（流通経済研究所主任研究員，同）の各氏から協力を得た。また，レフェリーからは有意義なコメントをいただいた。ここに記して謝意を表する。ただし，本章の意見に関する部分は筆者の個人的見解を示したものである。そして，言うまでもないが，本章に依然として残りうる誤りも含めて，いずれも筆者が責任を負うべきものである。

●注

1) 不況カルテルについては関口（1985）を，指示カルテルについては堀内（1985a）を参照。
2) 技術もしくは生産品種の制限は，企業が生産品種や使用技術を分担しあうことを意味している。詳しくは第4節のケース・スタディを参照。
3) 両者の目的は同じだが，制度や共同行為の運営は大きく異なっている。中小企業の場合には共同行為のために特別の組織（協同組合や商工組合）が設立され，活動も長期化する。大企業の場合にはこのような組織はない。
4) 詳しくは金沢（1979），関口（1985）を参照。
5) 当初のAカルテルは1953年12月に申請されていた。内容は，前年の1952年に制定された「輸出入組合法」に基づく「輸入組合」のそれに似ていたが，鉄くずカルテルはすべて「合理化カルテル」として扱われたことは注目される。
6) 内訳は，① 綿とビスコース・スフの混紡糸の生産品種の制限（大和紡績など147社，目的:品質検査と品質表示による粗悪品の追放と品質向上），② 同じく麻糸（東洋繊維など11社，目的:検査基準と番手制限による品質向上とコスト低下），③ 同じく綿糸および綿とレーヨンとの混紡糸（倉敷紡績など138社，目的:同上），④ 同じく純スパンレーヨン糸（帝人など56社，目的:同上），⑤ 同じくポリノジック綿（帝人など9社，目的:同上），⑥ 同じく梳毛糸（日本羊毛紡績会の会員13社，目的:同上），の6件である。
7) 染料企業と染色企業の取引関係がRosen（1985）の展望論文で論じられた暗黙の契約理論によってどの程度まで説明しうるかは1つの問題である。本章では具体的な立証に立ち入らないで，本文のような判断をさしあたりとっているが，輸入競争があるために，この両者の関係は強固ではないだろう。したがって染料企業は逆にこのような行動をとらざるをえないと考えられる。クリーム・スキミング的行動は染料企業にはおよそ縁のないものである。一方，この長期の顧客関係

を持ち出さずとも，染料企業の費用構造および生産構造を，複数の生産物を生産する企業の生産理論から説明していくことも可能である。しかし，Laitinen（1980）の展開した Theil の消費選択理論の生産への応用モデルを具体的に染料企業の実状に適用することは至難である。このように理論モデルは豊富でエレガントであるが，使用性は低い。ただし，この点はデータの入手可能性に大きく依存しているととは言うまでもない。

8) 一般に n 企業 m 品種の市場における企業間の提携を分析するためには複雑なゲーム理論を展開しなければならない。現実の利害調整は正にこの想定に対応しているかもしれないが，「合理化カルテル」という制度的手段あるいは政策当局の介入なくしては利害調整が容易でないことが，以下の第 4 節で示されるように，ゲームは安定的とはいえず，理論の厳格な適用はあまり有益ではないことを示していると思われる。

9) 中小企業は染料の配合や迅速な販売などで特色を出している。また，技術力も特定分野で高い。戦後の主要上市品種には中小企業のものが多く含まれている。

10) わが国の化学産業の戦後の成長は産業研究所・日本経済研究センター（1984）に詳しい。これらの成長を支えた企業はいずれも染料の代表的生産者でもあり，各社の社史（1976 年の日本化薬，1981 年の三菱化成）にもこの間の様子が詳しく述べられている。両企業とも染料部門の比重低下について染料に関する記述は年を追うごとに減少している。

11) 上述の協定骨子を参照。ここに示す件数は延数であり，たとえばある品種を 5 社が生産する状況から，4 社が生産を停止し，1 社に集中したとすれば，停止件数を 4 とみなし，これらを全品種について集計したものが本文の 178 件である。

12) 合成染料の分類では化学構造と染色特性の 2 つの基準が併用されている。後者は染料種属として表 3-1 にも示すように 10 種以上に分類される。カチオン染料と分散染料はこの代表例である。カチオン染料はアクリル繊維用の耐光性のある染料である。分散染料はポリエステル繊維用が主な用途である。「合理化カルテル」は小規模・低収益品種をしばしば対象にするが，この 2 つの種属は上述の説明や表 3-1 にみられるように決して小規模・低収益ではない。しかし，それぞれの種属の中にはさらに格差があることに注意しなければならない。

13) 染料全体の輸入比率は化成品工業協会・日本染料輸出組合（1984）によると 20.6％である。資料は違うが，表 3-1 では染料の全生産量に占める大手 5 社の比重は 66.3％（1979 年）である。

14) 三井東圧化学は分散染料の生産を三井バーディッシュ染料にすべて委託している（1981 年『ファインケミカル年鑑』）。BASF の東南アジア向け輸出分の生産もする。三井東圧化学の生産能力 13,800 トン/年に対し合弁企業のそれは 4,000 トン/年である。

15) 化学工業日報 1980 年 6 月 27 日付を参照。住友化学が分散，カチオン，塩基性の各染料をそれぞれ 13〜14，12〜13，12〜13％値上げすることを打ち出した。翌月 25 日の同紙によると，その他大手もほぼ同率の値上げにふみきった。なお，

後述するように，合成染料産業では従来のカルテル参加企業が 1981 年 7 月に技術研究組合を結成し，分散染料の技術開発を実施しているが，その間の 1982 年にも価格引上げが打ち出されている（同紙 1 月 29 日，2 月 26 日）。

16) ラフな検証にならざるをえない主な理由はデータの制約にある。たとえば分散染料についても，全体の生産，消費，在庫，価格はわかっても，合理化カルテル対象の必要データは入手できない。しかし価格は，同一種属内ではほぼ並行的に変化するとみられる。

17) 不況カルテルに入る前の十分な準備がこの在庫推移から推測できる。大口染料需要者の染色企業，両者の調停者の政策当局のいずれもこのことを承知しているはずである。

【参考文献】

公正取引委員会調整課「鉄くずの購入に係る共同行為の認可」『公正取引』No.98，1958 年。

公正取引委員会編『公正取引委員会年次報告』各年号，大蔵省印刷局（1981 年以降は公正取引協会）。

化学工業問題分析研究会編『化学工業——現状分析と展望』化学工業日報社，1970 年。

化成品工業協会・日本染料輸出組合『日本の合成染料工業の現況』1984 年 4 月。

金沢良雄『独占禁止法の構造と運用』有斐閣，1979 年。

鎌倉守男「合成繊維用染料の合理化カルテルの認可について」『公正取引』第 353 号，1980 年 3 月。

産業研究所・日本経済研究センター編『日米産業比較に関する調査研究報告書』1984 年 3 月。

シーエムシー編『世界のファインケミカル年鑑』各年号，同左。

——『ファインケミカル年鑑』各年号，同左。

関口末夫「不況カルテルの経済分析」『大阪大学社会経済研究所ディスカッション・ペーパー』No.132，1985 年 5 月。

繊維工業構造改善事業協会『圏内染色整理業事情調査結果報告書』1968 年 3 月。

中泉照男「鉄くずの合理化カルテルについて」『公正取引』No.110，1960 年。

——「鉄くずの合理化カルテルについて」同，No.145，1962 年。

日本化薬株式会社編『日本化薬のあゆみ——この 10 年を中心にして』日刊工業新聞社，1976 年。

馬場正雄「日本の産業政策: 総括コメント 1」小宮隆太郎・奥野正寛・鈴村興太郎編『日本の産業政策』東京大学出版会，1984 年。

堀内俊洋「エレクトロニクス産業の飛躍をもたらした政府支援の共同研究」『週刊東洋経済近経シリーズ』No.58，1981 年 10 月。

——「合繊産業における設備処理と共同行為」『日本経済研究』No.14，1985 年 3 月。

─────「技術研究組合の経済分析」未発表論文，1985 年 b。

三菱化成工業株式会社編『三菱化成社史』同左，1981 年。

流通経済研究所『繊維流通における染色工業の将来ビジョンに関する調査研究報告書』1979 年 6 月。

流通システム開発センター『合成染料流通近代化の方向』1983 年 3 月。

Auquire, A. A., and R. E. Caves. "Monopolistic Export Industries, Trade Taxes, and Optimal Competition Policy," *Economic Journal*, vol. 89, Sept 1979.

Caves, R. E., "Industrial Policy and Trade Policy : A Framework," *The 15th Pacific Trade and Development Conference*, Aug 1985.

Dasgupta, P., and J. Stiglitz, "Uncertainty, Industrial Structure, and the Speed of R & D," *Bell Journal of Economics*, vol. 11, Spring 1980.

Laitinen, K., *A Theory of the Multiproduct Firm*, North-Holland; Amsterdam, 1980.

Ordover, J. A., and R. D. Willig, "Antitrust for High-Technology Industries: Assessing Research Joint Ventures and Mergers," *Journal of Law and Economics*, vol. 28, May 1985.

Rosen, S., "Implict Contracts: A Survey," *NBER Working Paper*, No. 1635, June 1985.

4 エレクトロニクス産業の飛躍を もたらした政府支援の共同研究

1 成果あげた超 LSI 技術組合

　石油価格の大幅上昇は日本の交易条件の悪化をもたらす。日本経済が第 2 次石油危機のショックからほぼ立ち直った 1981 年初以来，今度はアメリカの高金利によって円安が生じ，それによって交易条件が悪化するという事態が生じている。だがここでは，より基礎的な産業構造の変化による交易条件の変化に注目したい。

　すなわち，企業の製品開発力あるいは技術開発力が企業の競争力ひいては輸出に大きな影響を及ぼしている。このような研究開発は政府の振興策をはじめ制度の影響を大きく受ける。とくにエレトロニクス産業では，コンピュータあるいは超 LSI の開発が端的に示すように，これらの傾向が顕著である。本章では，同産業における研究開発制度の最近の特徴をふりかえり，その問題点を指摘することにする。

活発だった政府の支援

　エレクトロニクス産業のような高度技術産業では，政府の研究開発政策が企業の研究開発活動に大きな影響を及ぼす。OECD 科学技術政策委員会の報告書（Technical Change and Economic Policy，以下 OECD レポートと略称する）もこの点を強調する（同翻訳書 p.9[1]）。ところで日本では従来から，政府によるエレクトロニクス産業の振興，とりわけ研究開発支援は活発であった[2]。最近でも内外の注目を集めた超 LSI 技術研究組合が政府の支援を受けて超 LSI の研究開発に成功した。

同組合は日本の大手コンピュータ・メーカーなど7社の参加により1976年3月に設立された。超LSIに代表される集積回路の開発は，エレクトロニクス産業はじめ他の諸産業の技術進歩の基礎をなすとみられているだけに，超LSIを開発した同組合は外国でも注目されている。しかし，組合制度による研究開発の成果を経済的に分析した例は少ない。本章ではこのための1つの準備として，まず組合制度の概要を説明し，次いで同制度にみられる問題点を経済的視点から検討し，最後に今後の研究開発に際して組合制度を採用する場合に留意すべき諸点を展望することにしよう。

　次節ではまず組合という制度の内容と同組合に対する種々の対応を説明する。対応の第1は，高度技術開発に対する政府支援が1つの非関税障壁であると非難するアメリカ政府の対応である。第2はOECDレポートのような対応である。すなわち，アメリカのように非難をする前に，組合制度に長所があればそれを生かしていこうとする対応である。第3は，TI（Texas Instruments）やIBMのように日本の超LSI製造能力を大いに活用しようという対応である。第4は，日本のコンピュータ・メーカーのように外国からの批判を避ける方策を講じたうえで大いに協同研究に取り組もうとする対応である。第5は，日本政府のように国際協調を目標に掲げて，先端技術開発での日米欧の官民協同を推進しようとする対応である。以上の対応は，同組合が大きな成果をあげたから生じたものとみられる。

　しかし，組合のような制度での協同研究にも，成果の面等で重大な問題がある。それは組合という制度自体の問題と，貿易摩擦解消を目的とする内国民待遇というルールの問題に大別できる。前者は研究開発の最適規模の問題と，公共財の費用負担におけるフリー・ライダーに関連する組合の管理・運営上の問題の2つに分類できる。

　以上のような問題点を論じた後に最後に，今後の研究開発にあたって留意すべき諸点を展望する。

2　米国の反発とそれへの対応

　超LSI技術研究組合は鉱工業技術研究組合法に基づいて設立された認可法

人である[3]。同法は鉱工業の生産技術の向上を図るために 1961 年に制定され，それに関連する試験研究を協同して行なうに必要な組織について定めるものである[4]。同法の制定当時は，鉱工業技術の振興のためには協同体制による試験研究が最適であると認識されていたわけである。同法と同組合の内容を説明し，同組合による成果が確定した後の内外からの対応について述べる。さらにこれらの対応には，後に論じる問題点があることを指摘する。

300 億円の政府補助金

技術研究組合は組合員全体の協同利益の追求が目的であって，特定組合員のみの利益追求が目的ではない。組合の事業は，① 組合員のために試験研究を実施し，その成果を管理する，② 組合員に対する技術指導を行なう，③ 試験研究のための施設を組合員に提供する，④ 以上の各々に付帯する事業，の 4 種からなる。組合における各組員の権利・義務は平等でなければならない。

このように設立目的，当該事業および運営方針等は法律によって制限されているが，組合の発起はあくまでも組合員の自発的意志による。この原則があるために，組合の作成する定款によって加入者を制限することが可能になる。つまり，組合員独自の研究活動あるいは企業活動の遂行に際して，組合の研究成果を利用しうる者のみを組合員の対象とすることができる。

組合設立の重要な認可条件は，組合員の資格と研究成果に関連している。組合員は組合事業を行なうに必要な経理的基礎と技術的能力を有することが要求される。さらに組合の試験研究が組合員の協同によって，効率的に実施しうるものでなければならない。以上の 2 点は組合のような制度の経済的効率性の問題と密接に関連する。設立申請に際しては，以上の 2 点について組合の主務大臣（例えば超 LSI 技術研究組合の場合には通商産業大臣）に詳細な説明書を提出しなければならない。

設立が認可されると，各種の税制上の優遇措置が適用される。例えば組合員である個人または法人が組合から賦課された経費を納付すると，その納付金は組合員独自の事業の損金に算入される。また，組合が事業を実施するうえで重要な機械設備を取得するために組合員に課した賦課金を特別償却し，損金に算入することが可能な場合もある。以上のような措置に加えて，政府から補助金

が交付されることもあるが，場合によってそれは研究開発成果による収益によって返還されることもある[5]。

　超 LSI 技術研究組合の研究開発に際して，参加 7 社のほか工業技術院電子技術総合研究所および日本電信電話公社が協力した。政府からはほぼ 4 年間にわたって 300 億円の補助金が交付された。これを含めた総額約 700 億円の資金を用いて，超 LSI の研究開発を成功させた[6]。

　補助金を含めた総資金の使用実態についての情報は全く公表されていない。組合運営に携わった関係者の後日談が随所で述べられているに過ぎず，組合運営についてもこれらの資料からその一端を紹介できるのみである[7]。例えば従来の組合とは異なる方式として，同組合には組合直轄の共同研究所が設置された。これはそもそも所轄官庁である通商産業省の構想であったと聞く。

　さらに，当初この構想は組合員の賛成を得られなかった。しかし，結果的には通商産業省の意見が優先され，補助金も交付された。ところが，共同研究所の設置によって組合の管理・運営に伴う問題が生じることとなった。もっとも，通産省は逆に組合の管理・運営を誘導することが可能になったという面もある。共同研究所の存在と通産省の誘導によって，元来は競争者である企業の協同研究が成功したとされている。

米国は「官民一体」と非難

　超 LSI 技術研究組合が鉱工業技術研究組合法に基づいて認可された際には，組合の試験研究が組合員の協同によって効率的に実施しうるものであると判断されていた。これには疑問があるが，組合運営の具体的内容はほとんど公表されていないから，他の代替方式による成果および費用との比較を含めて上記の疑問に具体的データを用いて答えるわけにはいかない。ところが，結果的には同組合の研究成果が大きかったために内外で組合制度が注目された。

　その後も種々の対応がみられた。まず最初に貿易摩擦問題と関連する欧米諸国とりわけアメリカからの批判に触れよう。そもそも超 LSI 技術研究組合は，コンピュータ業界の世界的寡占企業 IBM に対抗するために設立されたことは明白であろう。ところが設立当初はこの組合が非関税障壁の一種であるという非難は少なかった。さらに，IBM の子会社である日本 IBM はこの組合に参加

する誘因を強くは持てなかったとみられる。しかし，超 LSI 開発の成功後組合に対するアメリカの評価は変化し，日本は先端技術分野で官民一体の研究開発に取り組んでいるという非難の声があがってきた。

日米間の半導体貿易摩擦がクローズ・アップされる以前に，日米賢人グループは最終報告書でこのような官民一体という批判に応えるために1つのルールを提示した[8]。すなわち，「国内産業振興政策上の外資系企業の差別待遇は，2国間および国際的な摩擦を引き起こす主要因になるとの認識の下で，両国における外資系企業は国内企業と同等の処遇を受けるべきである」というルールである[9]。このルールは内国民待遇（Equal National Treatment）とよばれ，官民一体という批判に応える1つの一般的なルールである。しかし，この方法にも問題がある。

第2の対応は OECD レポートに代表されるもので，官民協力による研究開発制度の長所は大いに活用していこうとするものである[10]。すなわち，官民協調による先進諸国間の摩擦の発生は当然回避されるべきではあるが，研究開発における政府の役割を積極的に認めようとする。例えば「規制，価格，雇用，競争，貿易等に関する政府の政策および財政金融政策は研究開発活動に大きな影響を及ぼす」と述べる[11]。

今後もとくにコンピュータはじめ先端技術分野では各国政府の積極的な支援が予想される。国際的な経済摩擦が高まる危険性はあるが，それには内国民待遇というルールによって原則的には備えうる。しかし，政府の役割あるいは組合等による協同研究については，既に指摘したような問題がある。

第3は，アメリカの半導体メーカーである TI のように，日本の研究開発能力および超 LSI 等の製造能力を活用するために，日本を半導体の生産拠点にしようとする対応である。例えば 64 キロビット RAM の大量生産が計画されている[12]。日本の立場からみればこれは相互投資として位置づけることができる。この傾向が続けば，組合員の対象として外資系企業を含めるか否かといった問題がさらに具体的な課題となってくる。日本は，内国民待遇というルールの採用を積極的に検討せざるをえなくなるだろう。

必要な内国民待遇ルールの確立

　第4の対応は日本のコンピュータ・メーカーからであって，日本は官民一体で高度技術産業を育成しているという批判に応えようとするものである。本年8月に日本のコンピュータ・メーカーはじめ11社によって設立された財団法人「新機能素子研究開発協会」が1つの具体的結果である[13]。外国企業の参加要請を財団の自主的な判断によって検討するというが，財団と政府との関係いかんによって自主性も制限されてくるだろう。協同研究の経済的成果に疑問が残るものの，半導体あるいはコンピュータ等での基礎研究においては，内国民待遇というルールの採用が考慮されつつあるといえる。

　第5は通商産業省の対応である。その基本的な政策テーマは，いかにして貿易摩擦を避け，国際協調を維持しながら日本のコンピュータ技術を発展させていくかである。具体的課題として，① 重点研究分野の決定，② 官・学・民の役割分担の決定，③ 積極的な国際協調の維持をあげる[14]。コンピュータに代表されるエレクトロニクス産業は重要な研究テーマを持っている。また，日本経済が，今後も経済成長を持続するためには，エレクトロニクス産業は重要な部門であることも，広く認められている。しかし，欧米諸国にとっても同じことがいえ，さらに基礎研究における政府の役割の重要性も強調されている。

　自由貿易が各国の技術開発競争によって著しくゆがめられないためには，内国民待遇というルールの採用が先進諸国では益々必要となる。通産省も欧米主要国政府に対し官民合同による先端技術の協同開発を提案する際に，「必要に応じて日本の官民合同開発に欧米企業の参加を認める」と述べざるをえなくなっている[15]。協同研究による経済的成果の問題のほかに，この場合には参加資格の決定という問題がある。

　以上に指摘した組合等による協同研究の問題点は，つぎのように要約できる。1つは協同制度の経済的効率性についてである。これはさらに研究開発の最適規模の問題と公共財の費用負担におけるフリー・ライダーに似た現象に関連する問題に大別できる。もう1つは，協同研究の構成員の制限に関連する問題であって，内国民待遇という一般的ルールの採用にも限界があることに関連する。またこれらの3つの問題は相互に関連しあっている。次に以上の点を経済学的な視点から検討してみよう。

3 共同研究の利点と問題点

まず最適規模の問題に触れよう。従来から，産業の寡占化が技術革新の誘因であり，完全競争は研究開発にとって弊害であるとみなされていた[16]。具体的なモデルに即したとの問題の分析例は少なかったが，ダスグプタおよびスティグリッツの分析によれば，市場構造と技術革新はともに内生的に決まるものであって，前者が後者の誘因であるという認識は誤りであることが示された[17]。

最適規模とは

さて，組合のような1つの協同組織を考え，公共性に運営されているとする。この組織が生産する財の単位生産費を C，生産量を Q とする。Q の消費から得られる消費者余剰 $u(Q)$ は $u'(Q)>0$, $u''(Q)<0$ を満足している。所得効果を無視して，市場の需要関数を

$$P = P(Q) = u'(Q)$$

と仮定する。Q の消費から得られる社会的純余剰の最大値を $V(c)$ とする。つまり

$$V(c) = \max_{Q} \{u(Q) - cQ\}$$

である。単位生産費は生産量によらないと仮定している。いま研究開発は単位生産費の減少を意図するもので，研究開発支出が x のときの単位生産量をの $C(x)$ とし，$C(x)<0$ とする。この組織は x を制御変数として次の短期的な問題を解く。

$$\max_{x \geqq 0} \{V[c(x)] - x\}$$

ここでは x は課税によって調達される。いま右式の解が存在し，$x>0$ を満足

すると仮定する。最適条件はつぎのようになる。

$$-c'(x)Q=1$$

つまり，研究開発支出の社会的限界純余剰と研究開発支出の限界費用とが一致する。

仮に $u(Q)$ 等をつぎのように特定化する。

$$P(Q)=\sigma Q^{-\varepsilon} \quad (\sigma,\ \varepsilon>0)$$
$$u(Q)=\sigma Q^{1-\varepsilon}\diagup(1-\varepsilon)$$
$$c(x)=\beta x^{-a} \quad (a,\ \beta>0)$$

この場合には $^1\diagup\varepsilon$ が需要の価格弾力性，$^1\diagup a$ が単位生産費の研究開発支出弾力性，σ が市場規模の大きさを示すパラメータ，β が研究開発のための技術費用の高さを示すパラメータである。$V[c(x)]$ は次式のようになる。

$$V[c(x)]=\frac{\varepsilon}{1-\varepsilon}\frac{\sigma^{1/\varepsilon}}{\beta^{(1-\varepsilon)/\varepsilon}}\,x^{a(1-\varepsilon)/\varepsilon}$$

したがって，もし $\varepsilon>a(1-\varepsilon)$ であれば $V[c(x)]$ は凹関数となり，$\varepsilon>a(1-\varepsilon)$ であれば凸関数となる。$V[c(x)]$ が凹関数となれば最適解は存在するが，凸関数となればここでのモデルに関する限り，研究開発支出に関して規模の経済性がある。したがってより一般的な体系で研究開発支出の最適化が図られることになる。

一般的には協同による規模の経済性には限界がある。そこで簡単な場合として $V[c(x)]$ は凹関数であると仮定すると，最適な研究開発支出 x_s と生産量 Q_s はつぎのようになる。

$$x_s=(\sigma a^{\varepsilon}\beta^{\varepsilon-1})^{1/|\varepsilon-a(1-\varepsilon)|}$$
$$Q_s=(a\beta)^{-1}$$
$$(\sigma a^{\varepsilon}\beta^{\varepsilon-1})^{(1-a)/|\varepsilon-a(1-\varepsilon)|}$$

したがって市場規模が大きいほど，最適な研究開発支出および生産量は大きくなる。また，技術費用が高いほど，最適な生産量は低くなる。一方この場合

でも最適な研究開発支出は，需要が弾力的（$\varepsilon<1$）であれば低くなるが，非弾力的（$\varepsilon>1$）であれば高くなる。

エレクトロニクス産業製品に対する需要が増大し，さらに弾力的になっても，OECD レポートが指摘するように（同翻訳書 p.149），半導体製造プロセスで利用される機器の技術的な複雑さとコストの上昇により技術費用が上昇してくると，最適な生産量および研究開発支出は必ずしも増大するとはいえなくなる。

組合のように公共的に運営される制度での経済的成果を参入可能な下で複数企業が存在する競争的な制度での成果と比較すると，一定の条件の下では各企業の最適な研究開発支出は xs より小さくなる[18]。つまり，社会的純余剰は組合などの制度においてより大きくなる。

代表的企業を想定し，競争均衡の下での最適な企業数を n^*，各企業の最適な研究開発支出を x^* とする。$x^*<x_s$ となり，単位生産費の低下は組合のような公共的制度の場合より小さくなる。しかるに産業全体研究開発支出 n^*x^* を x_s と比べると，$(n^*)^{a(\varepsilon-1)} \gtrless (1+a)$ に応じて $n^*x^* \gtrless x_s$ となる。もし需要が十分に非弾力的であれば（ε が十分に大きければ），$n^*x^*>x_s$ となり，各企業の重複的な研究開発支出によって社会的損失が生じていることになる。

一方，単位生産費がほとんど一定となる $a\to\infty$ の場合を考えると，x^*, x_s ともにゼロに近づく。また n^* は無限に大きくなるが，n^*x^* もゼロに近づくために，この場合には重複投資による純余剰の損失は無限に小さくなる。したがって社会的純余剰の大きさで比較すると，競争均衡制度は組合のような制度と同等であるとみなせる。しかし一般には，競争均衡制度では社会的純余剰の損失が生じている。

フリー・ライダー現象

以上のような協同のメリットに対し，われわれはデメリットも指摘することができる。それは，公共財の費用負担におけるフリー・ライダーに似た現象が生じるからである。この原因は，超 LSI 技術研究組合の組合員のように各々は組合を離れた環境では競争者であるという点にある。組合は組合員全体の協同利益を追求し，各々が平等にその成果を享受できるために，組合の運営ルールを決定する交渉においてもある具体な協同研究の過程においても，各組合員

は各々の負担をできる限り実質的に小さくしようとする。

　いま公共財のリンダール均衡的な供給を考えると，参加者数が増加するにつれてフリー・ライダーの問題，すなわち，個別誘因不適合性（incentive incompatibility）の問題の解決は深刻になる。しかし技術研究組合のような場合には参加者数は少ないために，運営ルールの決定は容易かにみえる。例えば権利が平等であるから，負担も平等にするというルールが採用されることになる。

　各組合員の企業規模および研究開発能力等に大差がなければ，研究開発成果による各組合員の限界的な予想利益と組合への支出による限界的な費用が，各組合員を通じて近似的に等しいとみなしうるから，平等負担という運営ルールにも経済的意味があるだろう。超LSI技術研究組合の関係者は，組合が大きな成果をあげた主な理由として，各組合員の企業規模および研究開発能力がほぼ拮抗していた点を指摘した。これなどは，運営ルールが経済的合理性にかなっておれば，成果は大きくなるということを端的に示すものである。

　ところが，超LSI技術研究組合のように，権利・義務の平等を運営ルールとすると，参加しうる企業の範囲は限られてくる。例えばもし特定の企業の規模あるいは研究開発能力が他に比べて高い場合には，その企業がこの組合に参加する誘因は低くなるだろう。このような企業でも参加しうる可能性を残しておくためには，費用負担に関する運営ルールが，各々の予想利益と研究開発能力の差を反映していることが望ましい。この場合には，各組合員の予想利益と研究開発能力は一定の公開規準で評価されなければならない。その上で，各組合員の負担割合は当事者間の交渉によって決められるべきである。このようにすれば，組合の運営ルールの交渉に際して，特定組合員だけが有利になったり，あるいは不利になったりすることを避けられよう。

　しかし，各組合員は自らの不利を招くことはルール決定交渉に際して申告しない可能性がある。さらに，具体的に組合が運営されていく過程でもフリー・ライダー的現象が生じる可能性が大いにある。したがって，競争企業の協同研究をいかに管理・運営していくかという問題を解決しない限り，協同によるメリットは減殺されていく。超LSI技術研究組合では，この問題が通商産業省はじめ所轄政府機関の組合運営への介入によって解決されたといわれているが，

そのために管理・運営費用は増加したと思われる[19]。

内国民待遇の問題点

つぎに，貿易摩擦を解消するための内国民待遇というルールの問題点を検討しよう。このルールについては日米経済関係グループの報告書につぎのように述べている。すなわち，「外資系企業も税制上の優遇措置，補助金，融資，保証，研究開発計画，調達契約，その他の政府による国内企業に対する直接的・間接的な助成に平等に参入することが許されるべきである」という主張である[20]。

しかし，このルールの採用は組合の管理・運営費用の最小化目的と矛盾する。例えばこのルールの採用を徹底するとしよう。外資系企業が国内企業に比べて企業規模や研究開発能力等について大差があったとしても，外資系企業の条件に合った参加の可能性が残されていなければならない。外資系企業の参加は組合の管理・運営費用を増加させる。逆に組合の管理・運営費用を最小化しようとすると，このルールの採用は実質的に無視されることになる。しかしこの場合には，貿易摩擦の問題が生じてくる。

社会的純余剰の極大化だけを目的として，組合等による協同研究を実施していくと，内国民待遇というルールの採用は結果的に不可能となる。しかし貿易摩擦の解消も目的とすれば，このルールは制限付で採用されるだろう。この制限は，両者の目的の相対的強さに依存する。ところで，このように制限を設けるということは，協同研究に参加する組合員の資格に条件をつけるということである。具体的課題は，協同研究を行なうに必要な経理的基礎と技術的能力を有していることをいかなる規準で判定するかである。この規準は，社会的純余剰の最大化と貿易摩擦の解消という2つの目的の相対的強さに依存するが，重要な点はこの規準が日本の政策によって決定されるということである。

以上のように内国民待遇というルールは原則的には尊重されるものの，現実的には各国の政策目的に応じてこのルールの適用範囲を制限した条件付内国民待遇というルールが現出する。

4 効率化と貿易摩擦解消の均衡

エレクトロニクス産業の大規模な研究開発は，超 LSI 技術研究組合のような協同組織によってなされていくだろう。この方式には社会的純余剰の増大という面でメリットはあるが，管理・運営上の問題と貿易摩擦の問題が伴う。これらの長所と短所の各々について，またそれらの相互関係について検討した。

社会的純余剰の極大化のためには協同化が望ましいが，フリー・ライダーに似た現象を避けるための運営費用が高くなる。逆に，競争的均衡によって研究開発を行うと，運営費用は低下するが，重複支出による社会的損失が生じる。一方，貿易摩擦を解消するためには内国民待遇という一般ルールを採用するのが望ましいが，運営費加が高くなる。逆にこのルールを全く無視すると，運営費用は低下するが，貿易摩擦は大きくなる。

制限的ルールを

われわれは，協同化および内国民待遇という方法の採用にも制限を設けることを提案する。このような制限的ルールが受け入れられるためには，組合等への参加資格および具体的研究テーマが公開されなければならない。参加者の費用負担は一定の公開規準に従って決定されるべきである。このような規準は外資系企業および国内企業に平等に適用されなければならない。個別の協同組織に参加する際の費用負担は当事者間の交渉によって変化する余地もある。組合のように政府が協同研究の運営に介入する場合であれば，公開規準は日本の政策目的に従って決定されるべきである。その際には貿易摩擦の解消と協同化の利益から決まる 1 つの指標の最大化を目的とするものになるだろう。

エレクトロニクス産業の成長は今後も高いと予想されている。超 LSI の開発成功によってマイクロ・エレクトロニクス革命は急速に進むだろう。その場合には何が本当に求められているかというニーズの調査および分析が必要となってくるが，この種の調査等も公表されるのが望ましい[21]。

●注

1) 大島恵一監訳『技術革新と現代経済』（学陽書房，1981）。原著のタイトルは Technical change and Economic Policy.

2) くわしくは長岡久人「胎動するわが国の新情報処理援興政策」，『コンピュートピア』 第14巻，1980年3月， あるいは Sueo Sekigucui and Toshihiro Horiuchi, "Foreign Trade and Industrial Policies—A review of Japanese experiences", unpublished manuscript, 1981.

3) 鉱工業技術研究組合法については，たとえば，社団法人日本電子工業振興協会『電子工業援興要覧1979年版』（社団法人日本電子工業振興協会，1979）。

4) 超LSI技術研究組合『超LSI主要研究成果』（1979年8月）。

5) この収益納付義務に日本の企業は不満をもっていると『OECDレポート』は述べている（同翻訳書 p.166）。

6) 超LSI技術研究組合の成功理由を組合運営の面から論じたものに榊原清則「超LSIの官民共同開発—なぜ研究は成功したのか」『エコノミスト』臨時増刊，1981年4月10日号がある。

7) 榊原清則注6）を参照。以下，超LSI技術研究組合の具体的な運営内容およびエピソードは，この論文からの引用である。

8) *Report of the Japan-United States Economic Relations Group*, The Group, Jan. 1981.

9) 同上レポート pp.73～74。

10) 昭和56年2月22日付日本経済新聞に報じられたフランスと西独両政府が共同でまとめた対日総合経済戦略報告書の概要を参照。

11) OECDレポート翻訳書 p.27を参照。

12) 昭和56年7月29日付日本経済新聞。

13) 昭和56年8月4日付日本経済新聞。

14) 産業構造審議会情報産業部会電子計算機産業小委員会中間報告（1980年12月8日）。

15) 昭和56年7月24日付日本経済新聞。

16) L.L.G. Soete, "Firm Size and Inventive Activity — The Evidence Reconsidered," *European Economic Review*, vol. 12, Oct. 1979.

17) P. Dasgupta and J. Stiglitz, "Industrial Structure and the Nature of Innovative Activity," *The Economic Journal*, vol. 90, June 1980. から本章のモデルを引用した。なお同著者達の "Uncertainty, Industrial structure, and the speed of R&D," *Bell Journal of Economics*, vol. 11, 1980 Spring も参照。

18) 最も強い条件は代表的企業の仮定である。

19) 榊原清則注6）論文を参照。

20) 注8）の Report of the Japan-United States Economic Relations Group p.74を参照。

21) 政策構想フォーラム「活力ある分権的情報社会へ—データ通信政策に関する

提言」昭和 55 年 12 月 17 日，あるいは作田頴治「80 年代のわが国の情報産業と政策課題『コンピュートピア』，第 14 巻，1980 年 1 月。

5 日本における民間部門の研究開発戦略と市場参入の相互関係

1 はじめに

本章は 1970 年以降 2000 年までの 30 年間における日本の民間部門の研究開発（以下，R&D）の構造的な特徴と変化を分析したものである。民間部門を産業別に分割すると同時に，それを市場別に再構成した R&D 支出のマトリクスデータを用いる。以下，この支出行列を「R&D 戦略・参入行列」とよぶことにする。行の数に相当する産業の数は 25，一方の列の数に相当する市場の数は 31 である。具体的な調査対象は，総務省の『科学技術研究調査報告』である[1]。本章の目的を言い換えると，民間企業の R&D 戦略と R&D を通じた市場参入の相互連関的な実態研究である。本章は既存研究と比べると，R&D が日本トータルで産業組織的にどのようなインパクトを持ち，また変動してきているかと言う，マクロ意識をもったミクロの整合的実証研究であるという点に特徴がある[2]。

1970 年から 2000 年までの期間は日本経済に大きな変化があった時期である。この期間の初めに戦後の高度経済成長が終焉し，その後，2 度の石油ショックを挟む経済調整と転換時期，その後の R&D ブームと国際化という経済構造調整の時期，それと重なる 80 年代の比較的に良好な安定成長時期，その後のバブル経済時期，さらに 90 年代以降の経済低迷時期，という特徴的な時代が含まれている。

このような大きな経済構造変化があった期間においても企業，とくに製造業企業を中心にほぼ一貫して R&D を優先的な経営課題にしてきたと見られる。

その背景には，既存市場における独自技術の維持発展による競争力強化，そして一方で関連分野あるいは成長新分野における R&D 参入があった。このような意味で，この日本経済の大きな変動期間における民間部門の R&D 戦略を総合的に考察する意義がある。1970 年から 2000 年の 30 年間の長期期間を本章の対象期間としたのはこのような理由からである。

　日本全体の民間部門の R&D 支出合計は，この期間に約 22 倍にまで増加した[3]。集計マクロレベルでみたこの R&D 拡大は同時に，産業別および市場別セミミクロで大きな構造変化を伴っていた。その実態と変化を以下のような方法で順次解明していく。これまでの既存分析は R&D 戦略・参入行列の行和（産業）と列和（製品）から概観するケースがほとんどであるか，あるいはその両者（産業と市場）の関係に注目したとしても，特定の産業，たとえば，電子産業や医薬品産業といった個別的な産業分析に終始している場合が大半である。日本の民間部門トータルとしての R&D 活動，なかんずく，その戦略と参入の全体構図はこれでは捉えきらないのはいうまでもない。

　市場に相当する列の選択あるいは自分野への集中を決定する際，それぞれの市場でライバル企業がどのような決定をするか，白産業の市場に他産業からどのような参入が予想されるか，同様に他市場でどのような参入競争が予想されるか，といった戦略・参入の日本経済全体の構図における自らの位置付けをしなければならないからである。本章はこれを日本全体の R&D 産業組織構造と捉えるのである。

　日本の民間部門の R&D は主要大企業に集中している。大企業は日本全体で高々数千と見られ，大半の大手企業は産業の範疇を超えて行動し，相互に相手の戦略や研究資源などを十分に正しい精度で推測可能である。民間の R&D 支出はそのようなすべての市場環境を捉えた全体構図に基づいて決定されたものであると言うのが本章の基本的な想定である。そして，これこそが日本の民間部門 R&D における戦略と参入の相互作用の全容とならなければならないのである。以下，本章では次のようなステップでこの目的のためにデータ分析を行っている。

　第 2 節では，R&D 戦略・参入行列の行和および列和に相当する産業別および市場別の R&D 支出合計でみた R&D 拡大の過程を比較する。

第3節では，これを産業組織論のアイデアと手法を用いて発展させる。産業組織とは，それぞれの産業における既存企業および潜在的参入企業の間の競争と協調の関係である。それを総称的に捉える最も簡便でまた理論的および実証的な観点からも妥当と思われる指標がそれぞれの産業における集中度であるハーフィンダール指数（I-HI）である。本章ではこの指数を用いる。これは産業別のR&D多角化指数とも言える。I-HIの産業間比較，および個々の長期的な推移を考察する。

　第4節は，これと同様な作業を列ごとに行った市場別の集中度であるハーフィンダール指数（P-HI）である。製品間の比較，および，長期的な推移を考察する。製品別のこの指数は，まさにR&Dから見た市場集中度そのものといえる。

　しかし，これら第3節および第4節のいずれの集中度も個別的で，いまだ日本全体としての集計がされていない。問題は，全体的競争を想定した時このような多くの集中度指数をどのようにして集計し，日本の民間部門におけるR&D戦略・参入の全体像を表す指標を作成するかと言う点である。それも経済的な意味を持ち，かつ集計の簡便さも必要である。

　第5節では，これをある仮説の下で算出した結果をまず示し，いわば問題点を提起する。新しく作成される指標とは，第1は，産業別のI-HIを，産業ごとのR&D支出総額の全産業のそれに占める構成比で加重平均したものである。第2は同様に，製品別のP-HIを，製品別のR&D支出総額の全市場のそれに占める構成比で加重平均したものである。いずれも，産業および製品（市場）の観点から，日本の民間部門のR&D活動を総体的に見たときの実態と変動を捉えようとする意図である。

　第6節では，この集計的な加重平均HIの産業別構成をまず分析する。産業別R&D支出総額で加重平均された集計産業ハーフィンダール指数（W-I-HI）は30年間にわたってほぼ安定的に推移するが，その要因を考察する。

　第7節では，次に，製品別R&D支出総額で加重平均された集計製品ハーフィンダール指数（W-P-HI）について同様な分析を行う。このW-P-HIは，30年間にわたって大きく傾向的に低下した。言い換えると，それぞれの市場によって一様ではないものの，総体として日本の産業組織は，R&Dという動学的な

行動からは，この30年間に一貫して競争的になってきたと言えるのである。それをいくつかの主要企業の実例をみながら詳細に考察する。

第8節では，この2つの集計加重平均HIを構成する産業および製品の各要素の間の関係を考察する。実態議論を踏まえた数値例のR&D戦略・参入行列を用い，個々の産業レベルと個々の市場レベルの行動を総合した考察を行う。

第9節は以上の議論の要約と結論であるが，本論でまだ議論し尽くされていない諸問題も提示する。

2　R&D変化の概観

1　調査対象とR&Dのマクロ拡大

調査対象の情報源は総務省の『科学技術研究調査報告』である。この調査の発祥は古く，1953年の『研究機関基本調査』が前進で，1960年から現在の姿に変わった。報告書の表題が示すように，調査対象は民間企業に限定されず，政府の専門研究機関や大学などの非営利部門も含むが，本章では，その目的に合わせて，民間企業に対象を限定している。

繰り返すと，本章の目的とは，民間企業のR&D戦略とR&Dを通じた市場参入の総体的な実態研究であった。つまり，R&Dという戦略行動による競争力の向上と市場参入の事実関係を明らかにすることであった。政府部門の研究活動は民間部門の行動を誘導するだろうが，一般的な議論としてここに言及する以外はその政策論には立ち入らない[4]。

なお，この報告は，大企業だけでなく中小企業のR&D活動も調査の対象とする。大企業については悉皆調査を原則とし，中小企業については，標本調査で，調査対象全体の推計を報告している。このような原則ではあるが，調査項目によって，調査のカバーする範囲は若干異なっている。

本章で対象とする企業のR&D戦略行動の調査対象企業は，企業規模の大きな層に限定される[5]。1970年調査では資本金10億円以上の企業が対象である。したがって，同年ではすべての対象企業に対して調査がされた。翌年の1971年以降になると，この「R&D戦略・市場参入」調査対象は資本金1億円以上の中堅企業にまで拡大され，一部には標本調査の結果も含むことになる。

調査対象となった企業の範囲をいま少し詳細に示しておこう。企業規模は資本金で捉えられ，その規模が調査対象に含まれるか否かを判断する基準となる。資本金 10 億円以上についてはすでに述べたように悉皆調査である。資本金 1000 万円以上で 10 億円未満でも毎年実施される調査で前年に研究来開発実績があった企業については悉皆調査，実績が無かった企業については資本金規模と産業分野に応じた抽出率で標本調査となる。

　『1970 年報告書』の例では次のようになる。調査は 1970 年に実施され，資本金などのデータは同年 4 月 1 日時点のものである。年間の R&D 支出などのデータは，調査時点の 4 月 1 日前の直近の決算日から遡る 1 年間の実績に基づいている。本章で考察する「R&D 戦略・市場参入」に該当する企業数は 718 社であった。全体の 718 社のうち，『同報告』の定義する製品分類で 2 つ以上の市場の R&D を実施していた企業数は，257 社（36％）であった。年間の R&D 支出金額は，4666 億円であった。

　2000 年の例では次のようになる。この年は資本金 1 億円以上の企業についての調査であるが，対象企業数は 5219 社，2 つ以上の分野で R&D を実施した企業数は 1117 社（21％），R&D 支出総額は 10 兆 109 億円であった[6]。

　30 年間の全体としての増加は，企業総数で約 7.2 倍に過ぎないが，支出総額は 21.5 倍に達した。一方，R&D の多角化をこの複数分野実施企業数としてみると，むしろこの 30 年間に 36％から 21％に減少している。これは調査対象を大規模企業から中堅まで拡大する調査方針変化の影響を一部は受けているかもしれない。

　調査対象が資本金 1 億円以上まで拡大された 1971 年で見ると，この複数分野進出企業数は，同年の該当企業総数 2550 社のうち，約 22.4％の 571 社であった。この比率を仮に多角化率と呼び，1972 年以降，毎年の推移を見ると，ある程度の変動を見せている。30％を超えた年は 1998 年の 32.9％だけで，20％台の前半が主であった。

　しかし，本章では，比較の開始時期を 1970 年とする。その理由は，1971 年以降に仮に変更したとすればその間に調査範囲は統計的には変わってはいないものの，この 30 年近い期間におけるインフレによって資本金 10 億円の実質的な意味は大きく異なっているからである。しかしこれだけでなく，より本質的

Table 5-1　Relation between product category grouping and industry category grouping

Products total	tot	TOT	Industry total
Agricultural, forest and fishing products	agr	AGR	Agriculture, forestry, and fisheries
Mining products	min	MIN	Mining
Building construction and civil engineering	cst	CST	Construction
Food products	fod	FOD	Food
Textile products	txt	TXT	Textile
Pulp and paper products	pap	PAP	Pulp and paper
Printing and publishing	ppu	PPU	Printing and publishing
Chemical fertilizers and inorganic and organic chemical products	che	CHM	Industrial chemicals and chemical fibers
Chemical fiber	chf		
Oils and paints	opt	OPT	Oil and paints
Drugs and medicines	phi	PHM	Pharmaceutical
petroleum products	pet	PET	Petroleum and coal
Rubber products	rub	RUB	Rubber
Ceramic products	crm	CRM	Ceramics
Iron and steel	irn	IRN	Iron and steel
Nonferrous metals	nfm	NFM	Non Nonferrous metals
Fabricated metal products	met	MET	Fabricated metals
General machinery	mcn	MCN	General machinery
Household electric appliances	eme1	EME	Electrical machinery and equipment
Other electronic equipment	eme2		
Communication and electronics equipment	ele	ELE	Communication and electronics
Motor vehicle	amb	AMB	Automobile
Ships	tros	TRO	Other transportation machinery
Aircraft	troa		
Rolling stocks	tror		
Other trans portation equipment	troo		
Precision instruments	prm	PRM	Precision machinery
Other manufactured products	mao	MAO	Other manufacturing
		PLS	Plastics (since 1985)
Electricity and gas	eag	TCP	Transportation, communication, and public utilities
Others	msn	MSN	Other industries
		SFT	Software (since 1997)

Source: Statistics Bureau, Ministry of Public Management, Home Affairs, Posts and
　　Telecommunication, Report on the Survey of Research and Development, various issues.
Note: Since 2002 new five industry sectors were introduced.

な理由として，以下で示すように，「R&D 戦略・市場参入」の総合的な指標から見ると，1970 年から 71 年に移行し対象を拡大させてもほとんど変化は無く，この「R&D 戦略・市場参入」の分析が可能となる最初の年が 1970 年であることも，調査対象機関を 1970 年からとした大きな理由である[7]。

ところで，言うまでもないが，企業の経営戦略のレベルでは多角化も市場参入も，統計的には産業や市場分類の定義に左右される。分類いかんでは，既存市場における R&D となったり，あるいは新規市場での R&D であったりする。ここで，本章が利用する統計での産業と市場の分類を表 5-1 から確認しておこう。1970 年の産業分類は，農林水産業から始まり運輸・通信・公益産業まで合計で 25 である。1985 年からはプラスチック産業がその他製造業から分離独立，さらに 1997 年からはその他産業からソフトウエア産業が分離独立し，97年時点合計で 27 となった[8]。製品あるいは市場分類は，ほぼこの産業分類に対応しているが，若干多く，全体で 31 である。この製品分類は 2000 年まで一貫して採用されている。

本章で用いるデータは，したがって，たとえば，1970 年では行が 25（産業の分類数に相当），列が 31（製品分類数に相当）の行列で表現されるわけである。行列の i 行 j 列の要素は，ある産業 i がある製品（市場）j のために 1 年間にどれだけの R&D 支出を行ったかを示したものとなる。

2　産業別にみた R&D の構成変化

日本全体の民間部門の R&D 支出合計は，2000 年には 1970 年の約 22 倍の12 兆円あまりまで増加した。この増加テンポは，日本経済の GNP 成長をはるかに上回る速さであるが，そればかりだけでなく内部で大きな変化がこの間に生じている。

第 1 に，全体の増加テンポを上回る速さで増加した産業と，一方で全体よりもはるかに低い増加テンポの産業もあった。前者の R&D 積極産業の典型は，出版印刷産業（PPU，以下，大文字で産業を示し，対応する市場を小文字で示す），金属産業（MET），精密機械産業（PRM），運輸通信産業など（TCP）である。一方で，比較的に R&D 消極的な産業は，鉱業（MIN），総合化学産業（CHM），石油産業（PET），鉄鋼産業（IRN）である。これらは表 5-2 と図 5-1 にまとめ

て表示される。

　第2に，日本全体のR&Dに占める割合は2000年で見ると，高い順に，電子産業（ELE），自動車産業（AMB），電気機械産業（EME），一般機械産業（MCN），医薬品産業（PHM），となる。1970年を見ると，電子産業（ELE），化学産業（CHM），電気機械産業（EME），自動車産業（AMB），一般機械産業（MCN）の順となる。医薬品産業の割合はまだ5%程度であった。電子産業の割合は常に上位を占めてきたが，割合の変動は大きかった。それに比べると，自動車産業は同様に上位を占めてきたが，変動は小さく，日本全体のR&D増加テンポを若干上回る速さで着実に拡大してきた。

　R&Dが急増した産業でも，2000年時点ではまだR&D上位産業に達していないものがほとんどである。出版印刷産業（PPU），金属産業（MET），精密機械産業（PRM），運輸通信産業など（TCP）の内，運輸通信産業のみが2000年で5.9%に達し，産業別R&Dの構成比で第6位にまで上昇した。

　第3に要約的に30年間の産業比較から言える事は，自動車産業の安定的なR&D戦略である。言うまでも無いが，R&Dは企業の製品競争力を高め，企業成長を促進させる事が目的であるとすれば，自動車産業のR&D戦略は成功を収めてきたと言えるだろう[9]。

　以下，個別的に見ると，2000年のR&Dの産業別構成比が1%以下の産業の典型は農林水産業（AGR）であるが，構成比は農林水産業よりは高く1%台の鉱産業（MIN），繊維産業（TXT），石油産業（PET）に比べると，日本全体のR&D増加テンポとほぼ歩調を合わせてきた。この後者群の拡大テンポははるかに低かった。金属産業（MET）は2000年で構成比は1%以下であるが，30年間の増加テンポは産業別で第4位であった。このように急増したとはいえ，その絶対水準は依然として低い産業もある。

　以上，表5-2と図5-1をベースに30年間の増加率と2000年時点の構成割合の水準も含めて総合的にみると，日本の産業別R&Dの実態は次のように8つに大別できる。

第1群：絶対的にも変化で見ても最上位産業
　　　　──→精密機械産業，運輸通信産業

Table 5-2 R&D expenditure share changes in 1970-2000 by industry

Industry	1970	1980	1990	2000	2000/1970
AGR	0.1	0.1	0.1	0.1	111
MIN	1.1	0.4	0.3	0.3	23
CST	1.2	2.2	2.1	1.6	129
FOD	2.7	2.4	2.4	2.1	78
TXT	1.2	0.7	0.9	0.7	57
PAP	0.7	0.5	0.5	0.5	71
PPU	0.1	0.2	0.4	0.4	322
CHM	15.4	7.4	6.9	5.1	33
OPT	1.2	1.9	1.5	1.5	118
PHM	5.0	6.6	5.6	6.6	133
CHO	1.5	2.3	2.0	1.9	130
PET	1.3	1.0	1.0	0.4	29
PLS	na	na	1.5	1.1	na
RUB	1.0	1.7	1.4	1.3	137
CRM	1.6	2.5	2.7	1.7	106
IRN	6.2	4.8	3.4	1.7	27
NFM	2.4	1.5	1.5	1.3	55
MET	0.5	1.6	1.1	0.9	195
MCN	7.2	6.3	6.2	7.4	103
EME	14.7	12.2	10.5	9.6	65
ELE	17.4	14.8	24.2	25.4	146
AMB	11.6	15.0	13.7	13.0	113
TRO	2.2	2.9	2.0	1.9	89
PRM	1.5	2.7	3.1	4.6	308
MAO	1.1	2.5	1.1	1.5	138
TCP	1.3	5.8	4.0	5.9	442
SFT	na	na	na	1.6	na
Total	4,666	24,638	78,695	101,091	22

Source: Same to Table 5-1.

Notes: 1. Unit of each industry share is %. Total is measured in 100 milion yen. The ratio of 2000 value to 1970 is show in percentage except for total. The ratio of the total is shown as the rate itself.

2. The industry code is same to Table 5-1.

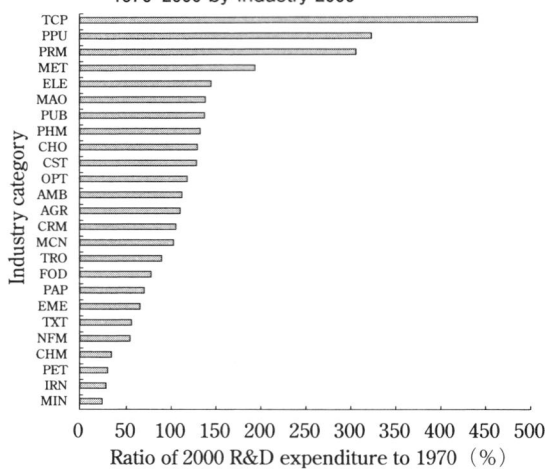

Figure 5-1 Ranking of R&D expenditure share growth in 1970–2000 by industry 2000

Industry category: TCP, PPU, PRM, MET, ELE, MAO, PUB, PHM, CHO, CST, OPT, AMB, AGR, CRM, MCN, TRO, FOD, PAP, EME, TXT, NFM, CHM, PET, IRN, MIN

Ratio of 2000 R&D expenditure to 1970 (%)

Source: Same to Table 5-1.
Notes: Industry code is the same to Table 5-1.

第2群：絶対的には下位だが増加率は最上位の産業
　　　　──→印刷出版産業，金属産業

第3群：絶対的には上位で増加率も上位の産業
　　　　──→電子産業，医薬品産業

第4群：絶対的には下位だが増加率は中位の産業
　　　　──→その他製造業，ゴム産業，その他化学産業，建設産業，

第5群：絶対的には上位で増加率は中位以下の産業
　　　　──→自動車産業，一般機械産業

第6群：絶対的には下位で増加率は中位以下の産業
　　　　──→農林水産業，窯業，その他輸送機械産業，

第7群：絶対的には上位だが平均以下の増加率の産業
　　　　──→電気機械産業，総合化学産業

第8群：絶対的には下位で平均以下の増加率の産業
　　　　──→食品産業，紙パルプ産業，繊維産業，非鉄金属産業，石油産業，
　　　　　　鉄鋼業，鉱業

3　製品別にみた R&D の構成変化

次に，行列の列に相当する製品（市場）別の構成比の実態と変化の傾向を概観することにしよう。製品あるいは市場の分類数は 30 年間にわたって常に 31 に固定されてきた。その総数は産業分割の総数よりも多いので，ある産業の主要製品は複数製品（市場）に分けられている事になる。統計の定義に必ずしも厳密に対応しないが，産業と市場との関係を近似的に示したのが表 5-1 であった。

これによると総合化学産業（CHM）には 2 つの市場，総合化学製品市場（che）と化学繊維市場（chf）とが対応し，電気機械産業にも 2 つの市場，家庭電器製品市場（eme1）とその他電気機械器具市場（eme2）が対応する。その他輸送機械産業には 4 つの市場，船舶市場（tros），航空機市場（troa），鉄道車両市場（tror），その他輸送機械市場（troo）が対応する。市場分類ではその他製造品市場（mao）に一括されているが，産業としては 1985 年以降，その他製造品市場（MAO）とプラスチック製品市場（PLS）の 2 つに分割されている。同様に，その他産業製品市場も 1997 年以降は，ソフトウエア製品（sft）が分離独立する形で 2 分割されている。

全産業の R&D 支出の合計は言うまでもないが全市場（製品）の R&D 合計と一致する。日本の 30 年間の R&D 支出の増大とは，産業レベルのことでもあり，また製品レベルの事でもある。30 年間を通してみた時，倍率で最も大きく増大した R&D 分野はその他製造業製品（mao）であった。表 5-3 と図 5-2 は製品別の R&D 拡大の比較を示すが，30 年間に総額で 22 倍以上に増加した。以下，いくつか特徴をあげておこう。

第 1 に，1970 年時点での R&D の市場製品構成，言い換えると企業の R&D を通じた参入市場の構成を見ると，上位は順に電子市場（ele），総合化学市場（che），自動車市場（amb），家庭電気機械市場（eme1），一般機械市場（mcn），医薬品市場（phm）であった。その上位構成は 2000 年では順に，電子市場（ele），自動車市場（amb），医薬品市場（phm），一般機械市場（mcn），その他電気機械市場（eme2），家庭電気機械市場（eme1）となった。

第 2 に，総合化学市場が上位から消えたことが象徴的である。その一方で，電子市場は 30 年間を通じて第 1 位を維持しただけでなく，構成比を大きく高

Table 5-3 R&D expenditure share change in 1970-2000 by product

Product	1970	1980	1990	2000	2000/1970
agr	0.2	0.2	0.3	0.2	84
min	0.2	0.2	0.2	0.1	51
cst	1.4	2.6	2.4	2.0	140
fod	1.9	1.9	1.5	1.7	90
txt	0.7	0.4	0.4	0.2	29
pap	0.6	0.6	0.5	0.4	75
ppu	0.1	0.2	0.2	0.2	189
che	11.6	5.6	5.4	3.7	32
chf	3.6	0.7	0.3	0.2	6
opt	1.2	1.2	0.9	0.9	73
phm	5.4	7.4	7.2	8.1	149
cho	3.2	5.3	4.3	3.6	112
pet	0.9	0.6	0.6	0.3	32
rub	1.2	1.6	1.2	1.1	95
crm	1.5	1.8	1.7	0.9	59
irn	4.7	4.1	1.7	0.7	16
nfm	2.4	1.4	1.1	0.8	34
met	1.0	1.3	1.2	0.9	90
mcn	9.5	9.7	8.2	7.5	79
eme1	9.9	7.2	6.3	3.9	39
ele	15.3	17.1	28.7	33.6	219
eme2	4.6	5.3	4.4	4.4	96
amb	12.3	15.4	15.2	14.9	121
tros	0.8	0.4	0.2	0.1	16
troa	0.4	0.7	0.5	0.8	186
tror	0.3	0.4	0.2	0.2	65
troo	0.4	0.6	0.3	0.4	106
prm	1.6	2.6	2.3	2.9	178
mao	0.8	1.7	1.4	1.8	228
eag	1.2	1.5	1.0	1.2	93
msn	1.0	0.2	0.3	2.3	224
Total	4,666	24,638	78,695	101,091	22

Source: Same to Table 5-1.

Notes: 1. Unit of each product is %. Total is measured in 100 milion yen. The ratio of 2000 value to 1970 is show in percentage except for total. The ratio of the total is shown as the real value. The order of product is the same of Source data.

2. The product code is the same to Table 5-1.

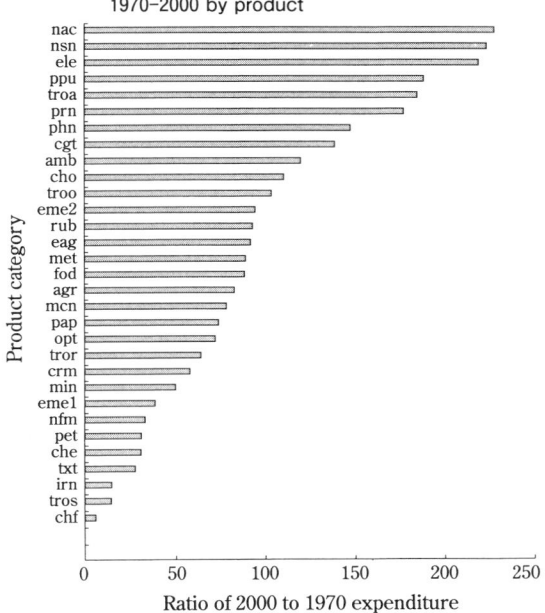

Figure 5-2 Ranking of R&D expenditure share growth in 1970–2000 by product

Ratio of 2000 to 1970 expenditure

Product category

Source: Same to Table 5-1.
Notes: 1. Product code is the same to Table 5-1.

めた。表5-3に見るように，1970年時点の市場別構成比は15.3％であったが，2000年には33.6％までほぼ倍増した。それを他の産業と比較する形で示したのが図2であった。電子市場のR&D拡大率ランキングは第3位ではあるが，ランキング上位を占めるその他製造業市場やその他産業市場に比べると構成比は10倍以上も大きい。そのような大きなR&D規模を維持し，30年間にわたって製品別R&Dでトップであった。

R&D市場構成を企業の市場行動としてみると，R&Dという戦略手段を通じた市場参入の実像である。

このように見ると，第3に，30年間にわたった電子市場のトップ維持は，既存企業のみならず多くの産業（つまり，電子産業以外の企業から）の戦略的な参入が相次いだと言う事になる。また，その他製造業市場やその他産業にも，

他分野からの参入が多かったと言う事になる。

　第4に，市場別にみたR&D拡大が平均以下の市場は，表5-2でも見られるように，繊維製品市場（txt），総合化学製品市場（che）化学繊維市場（chf），石油製品市場（pet），鉄鋼市場（irn），非鉄金属市場（nfm），船舶市場（tros）であった。

　産業別のR&Dの推移と現状から産業をグループ分けしたように，2000年の時点で日本の30年間の市場別R&Dを比較すると次のように8つに大別できる。

第1群：絶対的にも変化で見ても最上位産業
　　　　──→エレクトロニクス（ele），医薬品（phm），自動車（amb），建設（cst）
第2群：絶対的には下位だが増加率は最上位の産業
　　　　──→その他製造業製品（mao），その他製品（msn），印刷出版（ppu），航空機（troa），精密機械（prm）
第3群：絶対的には上位で増加率も上位の産業
　　　　──→その他化学品（cho），一般電気機械器具（eme2）
第4群：絶対的には下位だが増加率は中位の産業
　　　　──→その他輸送機械（troo），ゴム（rub），電気ガス（eag），金属（met），食品（fod）
第5群：絶対的には上位で増加率は中位以下の産業
　　　　──→一般機械（mcn）
第6群：絶対的には下位で増加率は中位以下の産業
　　　　──→農林水産業製品（agr），紙パルプ（pap），油脂塗料（opt），鉄道車両（tror），窯業製品（crm）
第7群：絶対的には上位だが平均以下の増加率の産業
　　　　──→総合化学製品（che）
第8群：絶対的には下位で平均以下の増加率の産業
　　　　──→鉱業製品（min），家庭電気製品（eme1），非鉄金属製品（nfm），石油製品（pet），繊維製品（txt），鉄鋼（irn），船舶（tros），

化学繊維製品（chf）

　以上の2つの整理を数学的に表現すると，それぞれ「R&D 戦略・参入」行列の行和（産業）と列和（製品）から概観したことになる。戦略・参入の内容はもちろんこれだけでは捉えきれない。たとえば，ある産業（つまりそこに分類された企業）が R&D 支出の配分を決定する場合，その戦略は，どの製品のR&D を行うか（列の選択に相当），あるいは自分野に集中させるか（対角項の大きさに相当），を決定する事にある。

　したがって，以上のデータ整理はあくまでもまだ第一段階のものである。戦略と参入の相互作用の分析を行うためには，戦略と参入を巡る事実関係を総合化しなければならない。次節以降，順次，この問題に接近する事になる。

3　R&D 多角化戦略の概観

1　行動仮説

　産業・市場別の拡大比較はすでに前章で展望した。以下では，それぞれの産業の R&D 支出拡大よりも多角化あるいは逆に集中化の実態を考察する。その際の仮説は以下の3つである[10]。

　第1に，高い産業集中度（たとえば出荷や生産など）は，その産業の相対的に高い収益期待を意味し，そのために R&D 支出の投資効果が高いと期待される。そのために他の市場分野に R&D 支出を配分するよりも，自分野に集中する事の相対的な有利性が高いとみなせ，個別産業の R&D 集中度（O-I-HI）が高くなると予想できる。

　第2に，次のようなケースから第2の仮説の狙いをまずみよう。収益性が高いと思われる市場に新たに参入するために，新製品開発の R&D 支出を計画する異業種の企業があったと想定しよう。その参入先の産業の集中度はすでに高く，R&D についても既存企業が他産業と比較して集中的に R&D 資源を配分しているだろう。このような R&D 配分が日本全体として存在すると，他産業からの R&D 参入は抑制され，結果的に，その市場の R&D 集中度は高くなると予想できるのである。つまり，第2の仮説は，産業レベルの高い R&D 集中

度は，一方で該当する製品（あるいは市場）での高い集中度も合意していると
みなせるというものである。

第3に，1970年時点で多角化が遅れている産業ほど，その後の長期的な期
間で多角化を促進させる，という動学的な調整仮説である。つまり，多角化を
急速に進めるコストが大きいと言う考えである。逆に集中化が進んでいる産業
ほど，多角化を促進させる，という仮説に置き換えることも出来る。

2 1970年の多角化実態

それぞれの産業の多角化指数が1970年においてどのような水準であったか
を概観しよう。表5-4が産業別のそれらを示したものであるが，同表には30
年間の変化も概観している。30年間の変化については，1970年の実態と関連
させて議論すべきと思われるときに限って言及する。

まず1970年時点で多角化がほとんど進んでいなかった産業の典型は，農林
水産業，ゴム産業，自動車産業の3つであった。%値構成のHIの最大値は定
義的に10000だが，農林水産業のそれはまさにこの10000であった。ゴム産業
のそれは9000以上であった。1つの分野に仮に95%集中させると，HIはそれ
だけで9025となるので，まさにゴム産業はそのような状態であった。自動車
産業も90%以上のR&D支出を自動車市場に配分していた。自動車産業やゴム
産業での高い産業集中度ゆえに，R&D多角化が進まなかったためと思われる。
農林水産業は，これら産業に比べると，R&D多角化そのものを進める技術的
な潜在能力が低かった事をも反映していると考えられる[11]。したがって，上
で提示した3つの仮説は，あくまでもR&D多角化能力があると言う前提での
ものと言える[12]。

そして，自動車市場には，このような自動車産業における高い産業集中度の
ために他産業からの参入が抑制され，結果的に自動車市場のR&D集中度が高
くなるという傾向が見られるのである。これが第2の仮説に相当する。

第2の仮説の否定ケースとして，低位集中度の産業ほど，R&D支出集中度
は低く，同様にそれと共に市場集中度も低くなる，という場合を想定する事は
出来るだろうか。この点を考察してみよう。

まず低位集中度の産業ほどその産業における現実利益率が低いとすると，新

Table 5-4 HI by industry and 30 years change

Index	1970	1980	1990	2000	2000/1970
AGR	10,000	9,147	3,876	3,879	39
MIN	2,913	2,496	2,302	2,167	74
CST	6,847	6,434	7,372	7,488	109
FOD	3,806	5,008	4,239	5,274	139
TXT	3,765	2,599	2,091	1,620	43
PAP	5,896	6,798	6,050	5,094	86
PRP	5,259	5,548	2,833	2,128	40
CHM	4,789	3,099	2,919	3,082	64
OPT	5,825	3,526	3,396	3,103	53
PHM	8,044	8,727	9,001	9,091	113
CHO	7,979	7,673	5,919	4,714	59
PET	4,527	3,418	3,075	4,247	94
PLS	na	na	2,432	1,884	na
RUB	9,069	7,357	6,308	6,469	71
CRM	5,368	3,895	2,947	2,013	37
IRN	5,375	6,135	2,824	2,199	41
NFM	4,118	3,640	2,831	2,544	62
MET	6,169	2,733	4,045	2,968	48
MCN	5,030	5,782	4,439	3,912	78
EME	2,656	2,526	2,986	3,304	124
ELE	4,595	4,366	5,606	6,135	134
AMB	8,805	8,601	9,161	9,176	104
TRO	3,769	4,296	5,053	4,021	107
PRM	5,327	5,209	2,970	3,143	59
MAO	3,579	2,908	3,547	2,271	63
TCP	7,749	4,062	5,853	6,528	84
SFT	na	na	na	5,773	na

Source: Same to Table 5-1.
Notes: 1. Industry code in the same to Table 5-1.
　　　 2. Unit of 2000/1970 is the ratio itself.

たな分野に進出する誘引が結果的に高くなる。言い換えると，R&D 集中度が
低くなる。しかし，新たな分野に進出するために必要な研究資源と言う点では，
これまでの低い利益率のために，十分に多角化を実現できる経営資源を有して
いるとは必ずしも言えない。つまり，R&D 多角化を推進出来るとは必ずしも
言えない。この場合，多角化は抑制される。このように推論すると，第2の仮
説の否定は成立せず，その産業組織の通常の意味における生産や利益あるいは
資本などの低い集中度と低い R&D 支出集中度は対応していないのである。た

とえば，1970 年で R&D 支出集中度の（相対的に）低い産業としてあげた鉱業や電気機械産業，また HI 指数 3000 台の食品産業，繊維産業，その他輸送機械産業，などはそれぞれの産業組織は高位集中の場合もあれば低位集中の場合もあるのである。

　多角化が進んでいた（HI 指数で 3000 以下）産業のそれは，鉱業と電気機械産業である。鉱業が多角化進出する主要な産業分野は非鉄金属であり，自分野向けの R&D 支出よりもむしろ非鉄金属向けの方が 2 倍以上もあった。次いで多かったのが石油産業である。電気機械産業の多角化分野は，エレクトロニクスと周辺の電気機械製品および一般機械であった。電気機械産業の高い多角化は，上述の自動車産業とは異なりこの産業における低い産業集中度と対応している。

　HI 指数 3000 台の産業は産業分類順で，食品産業，繊維産業，その他輸送機械産業の 3 つであった。食品産業の主な進出分野は医薬品市場であった。繊維産業では化学繊維であったが，このケースはまさに産業分類の影響を受けているとみられる。化学繊維企業の多くは繊維製品のメーカーとも言えるからである。その他輸送機械産業の主な進出分野は一般機械であり，自分野におけるR&D 支出よりもむしろ多いくらいであった。

　表 5-4 で見るように，R&D 戦略が集中的でもなくまた多角化でもない，両者の中間的（HI 数値で 4000 前後から 6000 前後まで）な産業としては，建設，紙パルプ，印刷出版，一般化学，油脂塗料，石油製品，窯業，鉄鋼，非鉄金属，金属，一般機械，電子製品，精密機械，その他製造業，などである。

　1970 年において R&D 多角化がどのような分野に向けられていたかを見てみよう。主な進出分野は市場分類順に次のようになる。2000 年のそれを括弧内に示し，すでに述べたケースも含めて列挙しよう。この年には他分野向けのR&D 支出をしていなかった農林水産業は 2000 年には（食品），鉱業は非鉄金属（電子製品），建設は一般機械（一般機械），食品は医薬品（医薬品），繊維は化学繊維（医薬品），紙パルプはその他化学製品（その他化学製品），印刷出版はその他化学製品（電子製品），総合化学は医薬品（その他化学製品），油脂塗料は化学繊維（その他化学製品），医薬品は食品（その他化学製品），その他化学は医薬品（その他電気機械），石油製品は総合化学製品（その他化学製品），

ゴム産業はその他化学製品（その他製造業製品），窯業は一般化学製品（電子製品），鉄鋼は一般機械（一般機械），非鉄金属はその他製造業製品（一般機械），金属産業は一般化学製品（その他製品），一般機械は自動車（自動車），電気機械は電子製品（電子製品），電子産業は家庭電気機械（家庭電気機械），自動車は一般機械（一般機械），その他輸送機械は一般機械（一般機械），精密機械は電子製品（電子製品），その他製造業はその他化学製品（医薬品），運輸通信はその他製品（電子製品），がそれぞれ自分野以外で最も R&D 支出の多い分野であった[13]。

この主要参入分野のリストは時期によって若干の変動があるが，ほぼ同じ傾向が見られる。技術的関連の近さによって説明出来るケースもあれば，需要の近接度で説明できるケースもある[14]。電気機械産業が電子市場に進出するのは前者の典型であり，全体としてはこのケースが大半を占める。

1970 年と 2000 年の参入傾向をいま少し特徴的に見ると，第 1 に，電子製品市場が，いわゆる半導体の開発やその材料開発を目的として，さまざまな異分野からの R&D 進出の対象になったことが明らかとなる。それぞれの企業レベルでみると，新規事業の確立のために積極的に電子製品市場で R&D を拡大したわけである。

第 2 に，それぞれの産業組織が違うように，R&D 支出戦略が大きく違っている事である。もちろんどの産業も寡占産業である点では変わりはないが，高位集中になればなるほど寡占度の違いにほぼ対応するように，R&D 支出の多角化指数が低下，つまり集中化が顕著となる。たとえば，最も典型的なものとして，自動車産業を見るとその寡占度は高く，また表 5-4 で見るように R&D 支出は自分野に大きく集中しているのである。同様にゴム産業の高い R&D 集中度も産業の高い寡占度と対応している。

3 産業別多角化動向の変化

O-I-HI，つまり，個別産業の R&D 集中度の変動についてすでに若干の言及を加えてきたが，いま一度詳細に表 5-4 を参照しながら，30 年間における個々の産業における R&D 集中度の推移を見ておこう。すでに見たように，1970 年時点で高い産業集中度のいくつかの産業は 2000 年時点でも高い集中度

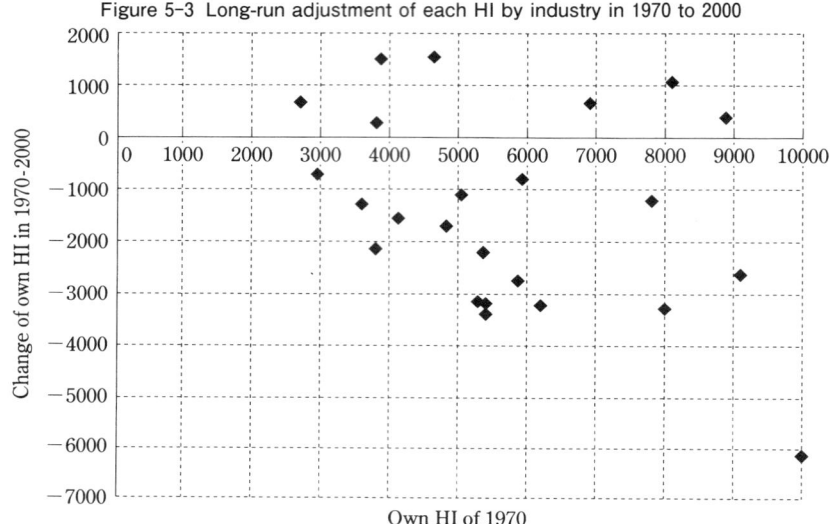

Figure 5-3 Long-run adjustment of each HI by industry in 1970 to 2000

Source: Same to Table 5-1.
Notes: 1. The industry code is the same to Table 5-1.
　　　2. Name of code, original value of own HI and the change of each industry are as follows.
　　　（AGR, 10000, -6121); (MIN, 2913, -746); (CST, 6947, 641); (FOD, 3806, 1468);
　　　（TXT, 3765, -2145); (PAP, 5896, -802); (PRP, 5259, -3131); (CHM, 4789, -1707);
　　　（OPT, 5825, -2723); (PHM, 8044, 1047); (CHO, 7979, -3265); (PET, 4527, -280);
　　　（RUB, 9060, -2599); (CRM, 5368, -3356); (IRN, 5375, -3176); (NFM, 4118, -1574);
　　　（MET, 6169, -3201); (MCN, 5030, -1118); (EME, 2656, 648); (ELE, 4595, 1540);
　　　（AMB, 8805, 371); (TRO, 3769, 252); (PRM, 5327, -2184); (MAO, 3579, -1309);
　　　（TCP, 7749, -1221)

　であった。自動車産業がまさにその典型である[15]。医薬品産業も寡占度の高
い産業であるが，R&D 支出の集中度もこの 30 年間一貫して高い水準で推移し
てきた。

　1970 年時点の R&D 支出集中度を維持してきたと言う点では共通するが，ス
タート時点で自動車産業ほど高い R&D 集中戦略を採用していなかった例とし
ては，建設産業，石油産業，その他輸送機械産業，運輸通信産業をあげること
が出来る。

　これとほぼ反対の傾向として，この 30 年間に R&D 支出を大きく多角化さ
せた産業の例としては，農林水産業，繊維産業，出版印刷産業，油脂塗料産業，

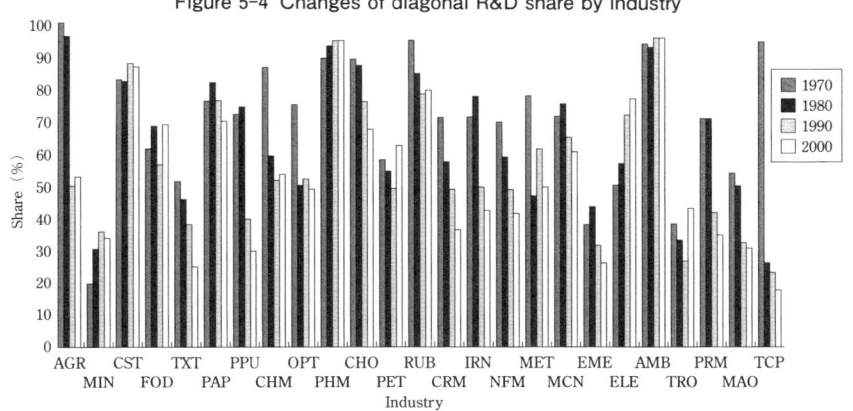

Figure 5-4　Changes of diagonal R&D share by industry

Source: Same to Table 5-1.
Notes: Industry code in the same to Table 5-1.

　その他化学産業，窯業，鉄鋼産業，非鉄金属産業，金属産業，精密機械産業，その他製造業，をあげることが出来る。

　さて，上記に示した第3の仮説に進むことにしよう。結果は図5-3に示される。上での説明でも言及したが，仮説がすべての産業のR&Dをもれなく説明できるわけではなく，例外もありうると考えなければならなかった。しかし，この図によると，日本のR&Dに全体としてこの30年間に行動調整仮説が成立するとみられる。1970年において高いR&D特化の傾向がある産業ほど，ある場合にはそれによって蓄積された技術力を他の周辺分野などで応用するなどのために多角化を進めてきたとみなせる。

　ただしそのような調整過程は，産業群によって速度が一様ではなく，図5-3に見られるように，きわめて低い調整速度の産業もある。調整の速さを左右する要因はそれぞれの産業でのR&D支出効果と見られる。この効果が低い場合は，他市場へのR&Dを通じた参入が活発となる。そしてそれが技術の連携が深い分野であればより速い調整速度となる。多くの機械産業，化学産業などはこれらの典型である。図では，左側に片寄った領域に含まれる産業群である。

　次に図5-4は産業と市場の分類の違いを前章で示した基準で調整を行い，分類数を同一にした正方行列上で，市場別に見たときの対角成分の比率が産業別

に 30 年間に渡ってどのように変化したかをビジュアルに示したものである。全体的な事実関係は，第 1 に，産業によって自分野市場の比重が大きく異なる事である。第 2 に，その比重も時期によって変動している。第 3 に，押しなべて多くの産業で時系列でみて自分野市場の比重が低下している。30 年間，R&D 分野において日本の民間部門の常なる戦略の再検討が行われてきた事がこの図から読み取れるのである。

4 R&D 市場参入の概観

1 多角化実態とその変化

それぞれの市場への R&D 参入がどのような状態であったかを概観しよう。表 5-5 が産業別のそれらを示したものであるが，同表には 30 年間にどのように変化してきたかも概観している。30 年間の変化については，70 年の実態と関連させて議論すべきと思われるときに限って言及する。

まず 1970 年時点で他産業からの R&D 参入がほとんどなかった市場の典型は，鉱業，紙パルプ，出版印刷，電気ガス，の 4 つであった。紙パルプ市場の R&D 参入集中度はほとんど最高値の 10000 近い水準であった。1 つの分野に仮に 99% 集中させると，HI はそれだけで 9800 以上になるので，まさに紙パルプはそのような状態であった。

自動車市場への R&D 市場参入も紙パルプ市場ほどではないが限られていた。鉄鋼市場への R&D 支出による参入も同様に限られていた。

自動車市場あるいは鉄鋼市場への R&D 支出による参入は，1970 年時点で他産業からの R&D 参入がほとんど進んでいなかった 4 つの市場の内，電気ガスと同様に，その後も参入が増加しなかった市場であった。電気ガス市場に比べると，4 つの内の 3 つの鉱業，紙パルプ，出版印刷では，その後は他産業からの R&D 支出が相対的に増加した[16]。

前節で明らかにしたように，自動車産業では高い成長期待と高い産業集中度の下で，R&D 多角化は進まなかったが，それと同時に，他産業から自動車市場への R&D 参入も抑制され，前節の第 3 の仮説の後半部分がまさに市場の分析からも示されたのである。ただし，すべての市場あるいは産業でこの仮説が

Table 5-5 HI by product and 30 years change

Product	1970	1980	1990	2000	2000/1970
agr	4,186	2,194	2,438	2,408	58
min	9,195	3,823	5,556	5,761	63
cst	5,078	4,732	6,000	4,788	94
fod	6,609	7,549	7,513	7,699	117
txt	7,639	6,318	6,797	6,927	91
pap	8,876	6,106	6,181	6,677	75
ppu	9,955	6,546	6,368	5,372	54
che	7,618	4,702	3,928	4,979	65
chf	7,172	6,832	5,540	5,645	79
opt	6,274	6,463	6,972	6,778	108
phm	6,887	6,984	5,580	6,247	91
cho	2,370	2,346	2,525	1,953	82
pet	7,161	7,545	7,355	6,930	97
rub	5,996	8,360	8,499	8,609	144
crm	6,262	6,657	5,994	5,381	86
irn	8,969	8,404	9,320	9,292	104
nfm	4,371	4,588	4,738	4,849	111
met	3,183	3,607	3,708	3,026	95
mcn	3,352	2,876	2,913	3,883	116
eme1	6,708	5,209	6,656	6,708	100
ele	4,827	3,493	4,075	3,830	79
eme2	6,423	4,656	3,798	3,588	56
amb	7,858	8,220	7,484	7,085	90
tros	5,340	5,501	3,383	3,567	67
troa	3,249	5,898	4,894	6,982	215
tror	5,286	4,694	1,841	3,903	74
troo	3,983	5,085	2,814	2,462	62
prm	4,633	5,722	3,542	3,779	82
mao	5,167	5,382	2,577	1,687	33
eag	9,013	9,680	9,432	8,578	95
msn	2,261	1,771	990	3,031	134

Source: Same to Table 5-1.
Notes: 1. Product code is the same to Table 5-1.
      2. Unit of 2000/1970 is the ratio itself.

当てはまるわけではない事はここでも同様である。

　一方，1970 年時点で R&D 支出による参入が活発であったとみなされる市場は，HI 指数で 4000 以下に絞ると，分類順で，その他化学市場，金属市場，一般機械市場，航空機市場，その他輸送機械市場，その他製造業，の 6 つであった。この 6 市場のうち 2000 年まで継続して HI 指数が 4000 以下であった市場は，その他化学市場，金属市場，一般機械市場，その他市場，の 4 つであった。航空機市場についてはその後，HI 指数がほぼ傾向的に上昇し，30 年間における増加倍率は全市場で最高の 2.15 倍であった。

　市場別参入で，自産業を除いたそれ以外の産業からの参入規模の中で最もシェアの高い産業リストを見ておこう。まず 1970 年でみよう。2000 年のそれは括弧の中に示す。農林水産業市場には食品産業（食品産業）からの参入が，本業とも言える農林水産業からの R&D 支出を除いて第 1 位であった。同様に順に，鉱業市場には建設産業（鉄鋼産業）から，建設市場には鉄鋼産業（プラスチックス産業）から，食品市場には医薬品産業（総合化学産業）から，繊維市場には総合化学産業（総合化学産業）から，紙パルプ市場には同じく総合化学産業（油脂塗料産業）から，出版印刷市場には運輸通信産業（油脂塗料産業）から，総合化学市場には石油産業（石油産業）から，化学繊維市場には繊維産業（繊維産業）から，油脂塗料市場には総合化学産業（その他化学産業），医薬品市場には食品産業（総合化学産業）から，その他化学製品市場には総合化学産業（総合化学産業）から，石油製品市場には鉱業（総合化学産業）から，ゴム市場には総合化学産業（総合化学産業）から，窯業市場には総合化学産業（総合化学産業）から，鉄鋼市場には一般機械産業（一般機械産業）から，非鉄金属市場には鉱業（鉄鋼産業）から，金属製品市場には鉄鋼産業（一般機械産業）から，一般機械市場には電気機械産業（その他輸送機械産業）から，家電機械市場には電子製品市場（電子製品市場）から，電子製品市場には電気機械産業（電気機械器具産業）から，その他電気機械市場には電気機械器具産業（電子産業）から，自動車市場には一般機械産業（電気機械器具産業）から，船舶市場には一般機械産業（自動車産業）から，航空機市場には一般機械産業（自動車産業）から，鉄道車両には電気機械器具産業（運輸通信産業）から，その他輸送機市場には自動車産業（自動車産業）から，精密機械市場には電気機

機器具産業（一般機械産業）から，その他製造品市場には電子産業（一般機械産業）から，電気ガス市場には総合化学産業（鉄鋼産業）から，となっている。

産業と市場の分類方法によって上記の結果は直ちに変化することを断った上で，総合化学産業による多様な分野への積極的な参入が行われていたことが特徴である。ゴム市場や窯業市場も，広義の化学産業の細分類に属する主要市場だが，総合化学産業からの積極的な参入があった。

さらに，電気および自動車を含む機械を主体に，現在におけるメカトロニクス産業がその成果を応用できる市場に積極的に参入している様子も現れている。

一方で，相互参入の典型が食品産業と医薬品産業である。医食同源というビジネストレンドが現在の1つのテーマであるが，1970年代においてすでに集計データでその戦略が顕れていた。同様に，電気産業と電子産業との間にも相互参入が大規模になされている。現在の技術分野では，家電製品のエレクトロニクス化が潮流であるが，その流れの源流にこの両産業の間におけるR&Dを通じた垣根の低下が進んでいたわけである。それに比べると，食品産業と医薬品産業との間の垣根の低下は現代でも依然として限界的である。

1970年と2000年の相違について概観しておこう。合計30の内11の市場で自産業を除くトップ産業が，2000年でも1970年と同じであった。残りの19の市場では他産業トップの産業が交代しているものの，そのトップ交代も隣接産業間での交代であるケースが大半である。たとえば，食品市場での医薬品産業から総合化学産業，医薬品市場での食品産業から総合化学産業，紙パルプ市場での総合化学産業から油脂塗料産業，金属製品市場での鉄鋼産業から一般機械産業，一般機械市場での電気機械産業からその他輸送機械産業，精密機械市場での電気機械器具産業から一般機械産業，などである。1970年に比べて全体に参入を抑制した産業が総合化学産業であり，相対的に参入を積極化させた産業が自動車産業であった。また，伝統的な産業の典型である鉄鋼産業からの参入は1970年に比べて拡大している。この他に，素材の変化を反映した参入の変化としては建設市場での鉄鋼産業からプラスチックス産業への交代がある。

表5-5にはこの30年間の変化率を70年のHI指数対比で2000年の比率を表示している。この比率を見ると，30年間においてHI指数が大きく上昇した市場はゴム市場，航空機市場，その他市場の3つであった。それ以外にも若干

だが上昇した市場は合計 6 つのみであった。個別市場の HI 指数の変化はあるが、30 年間の全体としては低下したと言える。つまり、積極的な市場参入があったと言えるのである。

2000 年において HI 指数が 4000 以下の市場は合計で 12、1990 年でも同じく 12、1980 年では 7、そして 1970 年が 6 であった。全体的に 30 年間において、R&D 支出を介した他の市場への参入が活発に展開されたのである。実際、30 年間で HI 指数が上昇した市場の数が 9 しかなく、残りの 21 の市場では減少したのであった。

これらはそれぞれの市場ごとの HI 指数の単なる時系列比較ではあり、それぞれの市場の規模を考慮した議論ではないが、日本の民間部門全体の R&D を通じた製品開発は競争が活発になったと推測できるのである。

この予測は、日本経済全体にとってあるいは日本の産業組織の全体的な傾向として重要であるので、ここでこの点をさらに別に指標から分析しておこう。図 5-5 は産業と市場の分類の違いを前章で示した基準で調整を行い、分類数を同一にした正方行列上で、市場別に見たときの対角項成分の比率が市場別に 30 年間に渡ってどのように変化したかを一括して示したものである。この図に示された全体的な変化の大きさと複雑さから、30 年間の R&D 分野における日本の民間部門における激しい競争が展開されてきた事が言える。

次に 30 年間の変化の内部動因を考察する事にしよう。それぞれの製品市場の競争状態いかんがどのような内的な動因になっているかを考察する。各製品市場の需要面から見た要因としての収益性、成長性、また一方で供給面から見た要因としての技術的な可能性、などもまたもちろん重要ではあるが、これら諸要因を 1970 年時点の R&D 支出集中度によって一括的に捉えられると考え、それがその後の R&D 支出行動をどのように調整させてきたかを考察する[17]。前章でもこれを産業レベルの R&D 多角化あるいは逆に集中化の変化として分析をした。それと同じ仮説で、市場別の R&D 支出調整として考えてみるわけである。

結果が図 5-6 に示される。この図からも明らかなように、30 年間の変化は全体としてまず、市場の過半数は集中度の減少する領域に分布している。その上で、もちろん市場によってそれぞれの個別的な要因があるにもかかわらず、

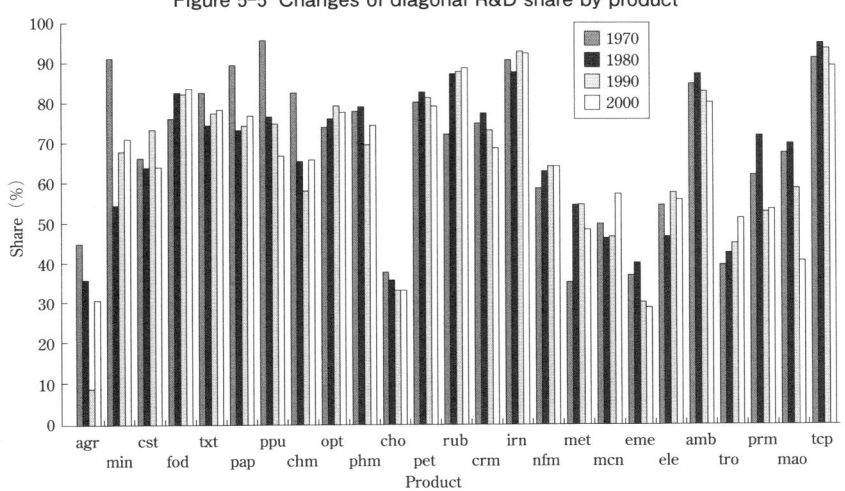

Figure 5-5 Changes of diagonal R&D share by product

Source: Same to Table 5-1.

Notes: Product code is the same to Table 5-1 except for chm. The chm product market is defined as the mix of che and chf in Table 5-1. This is one of the effects caused by making a diagonal matrix.

ここで示した仮設に合致するように右下がりの直線にそれぞれの市場が傾向として並んでいる様子を読み取る事が出来る。これから市場別に見た場合も，何らかの要因によってその市場における高い収益性や成長性を意味する産業の高位集中度の下で，多くの産業からの参入が相次ぎ，長期間にわたって見ると，市場のR&D支出集中度が減少すると考えられるのである。

　これは言うまでもないが，R&Dを通じた企業間の競争の結果として発生するものである。そして，各産業の主要企業は，前節で見たように，戦略的にR&D多角化を調整させてきた。日本の企業は，R&D支出を戦略的に調整させると共に，結果的にR&D支出に関して活発に競争してきたのである。

5　R&D支出行動の変化と不変の共存

　これまで見てきたように，R&Dの戦略的多角化と市場参入の行動は大きく変動してきた。30年間の期間における日本経済の大きな構造的変化を前提と

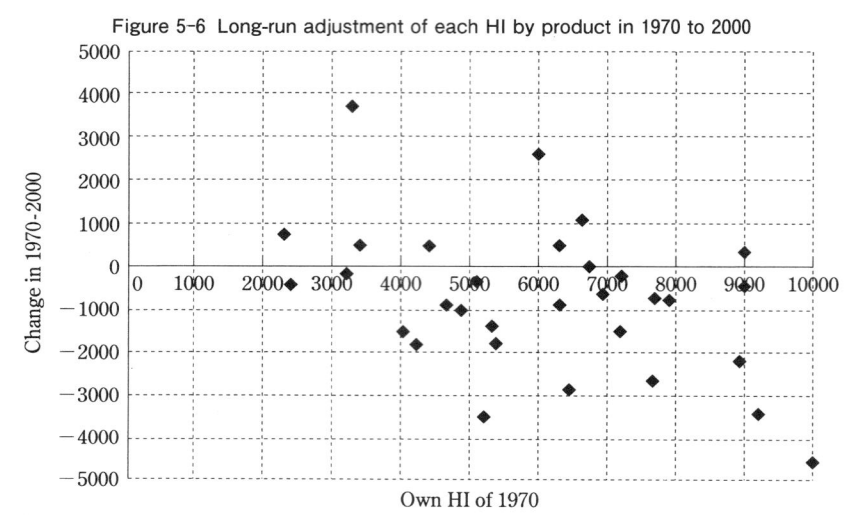

Figure 5-6 Long-run adjustment of each HI by product in 1970 to 2000

Source: Same Table 5-1.

Notes: 1. The product code is the same to Table 5-1.

2. Name of product code, original values of own HI and the change of each product is as follows.

(agr, 4186, -1777), (min, 9195, -3434), (cst, 5078, -290), (fod, 6609, 1091),
(txt, 7639, -712), (pap, 8876, -2199), (ppu, 9955, -4583), (che, 7618, -2639),
(chf, 7172, -1527), (opt, 6274, 503), (phm, 6887, -640), (cho, 2370, -418),
(pet, 7161, -231), (rub, 5996, 2613), (crm, 6262, -881), (irn, 8969, 323), (nfm, 4371, 477),
(met, 3183, -157), (mcn, 3352, 531), (eme1, 6708, 0), (ele, 4827, -997), (eme2, 6423,
-2835), (amb, 7858, -773), (tros, 5340, -1773), (troa, 3249, 3733), (tror, 5286, -1381),
(troo, 3983, -1520), (prm, 4633, -854), (mao, 5167, -3479), (eag, 9013, -435), and
(msn, 2261, 770)

すれば，R&D の戦略と参入が激変することがむしろ当然かもしれず，むしろもしそこに日本の民間部門 R&D 支出の全体的な観点からなんらかの恒常的あるいは傾向的様相が存在するとすれば，それこそが興味深い現象というべきだろう。本節ではこのような観点から，前節まで概観してきた R&D の産業から見た行動と市場から見た行動をいま一度，日本全体の産業組織という捉え方から再構成することを試みる。

　もちろん，言うまでもないが，その再構成は経済的に意味のあるものでなければならない。そしてさらに本節のファインディングは次節以下で展開される分析の準備となるものである。

まず産業・市場全体の R&D 支出戦略と参入の変化をいま一度総括的に捉えるために，自分野の重要性を表す修正行列の対角成分合計の推移を見ておこう。1970 年にはその割合は 67.4% であったが，年々低下し，80 年には 65.0%，90 年には 63.0%，そして 2000 年には 62.8% になった。30 年間の低下幅はわずかに 4.6% ポイントでしかないが，この対角成分の比重変化は，すべての産業あるいは市場の総合的な姿を捉えているために，その変化の大きさはいわば平均され，わずかなように見えるのである。その上で，傾向的に低下している事，さらに前章までのファインディングとの関連で整合的に理解できるように，他分野への積極的な参入が 1 つのトレンドとして生じているのである。

　なお，この R&D 戦略・参入の調整行列の対角成分合計比率は，第 2 節と第 3 節で提示した産業あるいは市場別に見たときの自分野の比重に，たとえば産業であれば個別産業ごとの R&D 支出額の日本全体の R&D 支出合計に占める割合を加重に用いて集計したものである。同様に市場ごとの R&D 支出額の日本全体の R&D 支出合計に占める割合を加重に用いて集計したものでもある。したがって，日本全体の R&D 支出合計に占める対角成分の割合は，産業あるいは市場のウエイトを加重に用いて分析した事になるのである。それゆえに，修正行列の対角成分合計の推移は単なる平均的な姿を捉えたものではなく，すべての産業あるいは市場の実情に沿って捉えた姿と言えるのである。

　前節までで見てきたように，個別の市場や産業レベルでは，まさに激変と呼ぶべき変動が相次いでいた。その一方で，典型的には自動車産業の R&D 支出戦略あるいは自動車市場での R&D 参入は安定的で，傾向的にはきわめて寡占色の強い集中傾向がこの 30 年間に続いてきたのである。同様な特色を大なり小なり持っている産業や市場も見られた。このような傾向的な特徴を持った産業が一方で存在していると言う事は，R&D 支出戦略・参入行動に，変動と同時に安定的な様相が隠されている可能性が秘められていると考えられる。繰り返しになるが，これを探求するのがこの節での目的であった。

　そのために上述した対角成分のトータルな推移を見たわけであるが，この分析では言うまでもなく，非対角成分に示された R&D 支出がどのような分散を示しているかは，まったく考慮されていない。産業によっては，自分野以外で R&D 支出を拡大させ，たとえば総合化学産業のように多くの市場に押しなべ

て参入している例もあれば，一方で，そのような多面的な参入ではなく，技術的な関連や需要の関連性が近い分野にむしろ特化的に参入している食品産業や医薬品産業といった例もある。

　また，機械関連の諸産業や市場では，電気関係，輸送機械，精密機械，のハイテク産業間で積極的な相互参入が繰りひろげられ，それが拡大してきた。これらは言うまでもなく，単なる対角成分のみの比重だけでは捉えきれない。相互に参入するケースなどがこのように相次ぐと，それは日本のR&D支出の戦略・参入の構造に大きく影響するはずである。

　このように，技術的ないわゆる近似性や需要の補完性あるいは代替性などに照らして，より総体としてのR&D支出の戦略・参入の実像を長期的に見るためには，前節などで取り上げてきたHIという指標がより適切である。ただし，その際には，前節などで示した諸産業あるいは諸市場別に見た個別の多角化指数や参入集中度を，それぞれの産業や市場の重要度によって加重を付けて集計する必要がある。上で示した対角成分の場合，加重をつけるという事は，取りも直さず，産業全体あるいは市場全体の合計R&Dに対する割合になってきたが，HIという指数で多角化あるいは集中度を見た場合は，そのような単純な割合ではなく，産業あるいは市場の比重を考慮した上で，戦略あるいは参入の実像を集計的に要約できるものとなるのである。つまり，数学的な表現で言えば，R&D支出の全体的な構造を完結に1つの指標に集約出来るのである。

　このような統計的および経済的な集計意味合いをもっている加重平均されたHIを，産業および市場ごとにそれぞれ算出すると，その長期的な動向は図5-7のようになる。製品市場ごとのR&D支出で加重平均されたW-P-HIは図5-7に示されるように，30年間の長期にわたって，一貫して低下している。これはこれまでの分析結果と整合的である。多くの市場でR&D支出集中度が低下し，市場競争が活発になってきたのである。

　これに比べると，産業別に見たR&D戦略は，諸産業を総合的に見たとき，30年間にわたって大きな変化が実は生じていなかったのである。2000年において W-I-HP が若干だが増加し，産業の多角化がわずかだが後退したが，長期ではその変化もわずかであった。

　進行する参入の激化と安定的な多角化，その共存が，日本の民間部門におけ

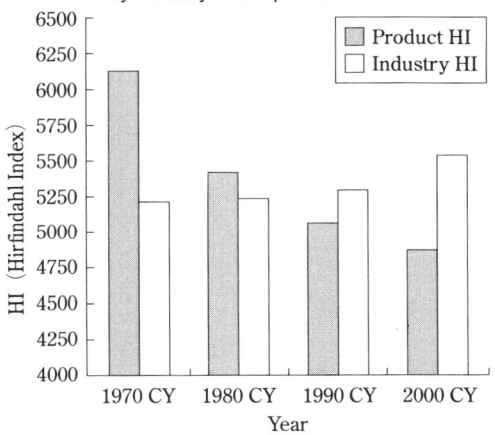

Figure 5-7 Long run trend of aggregated R&D expenditure HI in Japan by product and by industry in the period of 1970 to 2000

Source: Same to Table 5-1.

る R&D 支出の総体的な長期的動向として浮かび上がってきたのである。もちろん，戦略と参入はコインの両面であり，1つの現象である R&D をどの側面から見るかの違いである。戦略が参入を決めると同時に，参入がまた戦略に影響を与えるとも言える。いわば同時決定である。では，その戦略と参入の相互の関係はどのようなものなのか，さらにその相互の関係が全体としてどのようなメカニズムを通じて，図 5-7 のように，一方でトレンド的な競争激化と，他方で安定的な姿を同時にもたらしているのだろうか。

6　多角化戦略の詳細

1　加重平均集中度指数の構成

　個別企業の R&D 多角化に伴ってそれぞれの産業の多角化指数も大きく変化してきたが，それを日本全体として集計するとなぜ長期間にわたって前章に示した図 5-7 のような安定的な動きになったのか。まずこの点を統計的な面から要因分割をしたのが本章の内容である。総括的に言える事は，前節の図に示した安定的推移は，大きく変動する個別要因のいわば相殺的な動きの結果である

事が判明する。では何と何が相殺されたのだろうか。

　まず，1970 年以降のこの産業別 R&D 支出額で加重平均された HI がどのような産業構成になっているかをみよう。表5-6 にそれが示される。これは一種の R&D 支出の産業組織的な産業構造とも言えるものである。1970 年において上位 4 産業は順に，自動車産業，電子産業，総合化学産業，運輸通信産業，であった。R&D 支出額での上位は，すでに第 1 節で紹介したように同じく順に，電子産業，総合化学産業，電気機械産業，自動車産業であった。運輸通信産業は上位 4 産業に含まれていなかった。自動車産業における R&D 多角化が低く，したがって自動車市場への R&D 集中が高いために，加重平均されると，日本の民間部門の R&D の産業組織に大きな影響を与えていたのである[18]。

　自動車産業の影響はその後も一貫して大きかった。その逆に総合化学産業は，R&D 支出額として見た場合でも自動車産業や電子産業に比べると比重を低下させては来たが，産業組織としてみると影響力はさらに大きく低下した。言い換えると，総合化学産業の R&D 多角化が 30 年間に著しく進んだのである。多角化すればするほど，本来の自分野市場の低成長性を逆に印象付ける事になるとも言えるのである。その結果として，たとえば，R&D を遂行する上で不可欠な人材や資金の確保といった点で，日本経済において不利な立場に立つはずである。自動車産業はまさにその対極のケースである。

　広義の化学産業の中でも医薬品産業は，総合化学産業とほぼ逆の立場に置かれ，R&D 支出額でも比重を高めてきた。それと対応して産業組織としてみた場合 W-I — HI でもさらに影響力を高めてきた。近年のバイオの成長期待に伴い政策当局によって多方面からの参入誘導が実施されてきたにもかかわらず，このバイオでも主役は医薬品企業とみなせるのである。

　そのような医薬品企業の積極化行動と産業組織からみた比重上昇は電子産業にも起こっていた。表5-6 に戻り 30 年間の変化にも触れながら R&D 多角化の面から日本の民間部門全体の R&D「産業組織」の構造をいま少し詳しく指摘しよう。

　第 1 に象徴的なことは，R&D 支出額の変動に比べて，産業組織のキー概念である集中度という一種の変換フィルターを通してみると，30 年間の変動ははるかに大きい点である。それぞれの産業の代表的な企業が，将来の成長市場

Table 5-6 Components of weighted HI by industry and the change in 1970-2000

Industry	1970	1980	1990	2000	2000/1970
AGR	0.2	0.2	0.0	0.1	41
MIN	0.6	0.2	0.1	0.1	16
CST	1.6	2.7	3.0	2.1	133
FOD	2.0	2.3	1.9	2.0	101
TXT	0.8	0.4	0.4	0.2	23
PAP	0.8	0.7	0.6	0.5	57
PPU	0.1	0.2	0.2	0.2	123
CHM	14.1	4.4	3.8	2.9	20
OPT	1.4	1.3	1.0	0.8	59
PHM	7.7	11.0	9.5	10.9	142
CHO	2.2	3.4	2.2	1.6	73
PET	1.1	0.7	0.6	0.3	26
PLS	na	na	0.7	0.4	na
RUB	1.7	2.5	1.6	1.6	92
CRM	1.6	1.9	1.5	0.6	37
IRN	6.4	5.7	1.8	0.7	10
NFM	1.9	1.1	0.8	0.6	32
MET	0.5	0.8	0.9	0.5	88
MCN	6.9	6.9	5.2	5.3	76
EME	7.5	5.9	5.9	5.8	77
ELE	15.3	12.4	25.7	28.2	184
AMB	19.6	24.7	23.7	21.7	111
TRO	1.6	2.4	1.9	1.4	90
PRM	1.5	2.7	1.7	2.6	171
MAO	0.7	1.4	0.7	0.6	83
TCP	2.0	4.5	4.4	7.0	351
SFT	na	na	na	1.7	na
Total	5,208	5,228	5,279	5,524	106

Source: Same to Table 5-1.
Notes: 1. Unit of each industry constituent is the percentage to the total. Total value shows weighted HI of each year. The ratio of 2000 value to 1970 is shown percentage.
2. The industry code is the same to Table 5-1.

を目指し，技術体系で関連のある分野に積極的に参入してきたのが，この30年間であった。いわば，既存の産業分類という垣根がトレンド的に低下してきた期間であった。言い換えると，ある産業における代表的な企業と，たとえば成長産業と目された電子産業の代表的企業とが，じつはR&Dを通じて競争を繰り返してきたわけである。いわば成長市場に向けて，それぞれの産業の主導

的企業がドメイン確保を目指して R&D という橋頭堡を築こうとしたと考えられる。しかもそれが，産業の交代や企業の交代があったが，30 年と言う長期間にわたって広く展開されたのである。

そのような結果として，たとえば成熟産業と見られる産業において急速な R&D 多角化が進んだわけである。さらにその多角化は，既存の成熟産業において蓄積されてきた総合的な技術力が高くまた高度な研究人材が豊富であればあるほど，多角化の進行は急激であるはずである。その典型が，鉄鋼業における R&D の動向である[19]。鉄鋼業における加重指数の比重は表 5-6 に示されるように 1970 年ではまだ上位 10 位に入っていた。しかし，2000 年になると，R&D 支出額の低下の影響もあるが，産業組織としてみた加重指数への影響度は，全体の 5000 あまりの指数の中でわずかに 10 程度になってしまったのである。言い換えると，産業の垣根が低下しつつある中で，鉄鋼産業の代表的な企業における R&D からみた総合的な影響力は 30 年間にわたって低下してしまったのである。

ただし，これはあくまでも産業の多角化という点から見たときの姿であり，鉄鋼市場における鉄鋼産業の代表的な企業の R&D の潜在力とは違っている事に注意する必要がある。この点はまた後述する。

この表に示されたデータは産業組織論から見て意義のある加工データであり，R&D 支出そのものではなかった[20]。総合化学産業が R&D 支出を低下させた 1970 年から 80 年の時期，加重 HI の低下はそれよりもはるかに急激であった。その違いは，総合化学産業において急速に進んだ多角化によるものである。

このようなさまざまな産業で R&D 支出シェアの変動および加重 HI のシェア変動が生じた。R&D 支出でのそれぞれの産業のシェアと加重集中度シェアとの間の相関係数をみると，両者の関係は 0.85 であった。1 からの乖離が各産業における集中度の変動によるものであると考えられる。

表 5-6 に示された 30 年間の増減倍率を順序付けして図解したのが，図 5-8 である。30 年間で最も大きな割合で比重を高めたのが運輸通信産業であった。R&D 支出においても同様に変化倍率が高かったのは運輸通信産業であった。下位の産業もほぼ同じで，総合化学産業，鉱業，鉄鋼業などであった。30 年間の倍率の格差は大きく，運輸通信産業の 3.5 倍から鉄鋼業の 0.1 倍まで分散

Figure 5-8 Ranking of the change of weighted HI in 1970-2000 industry -ratio of 2000 HI to 1970-

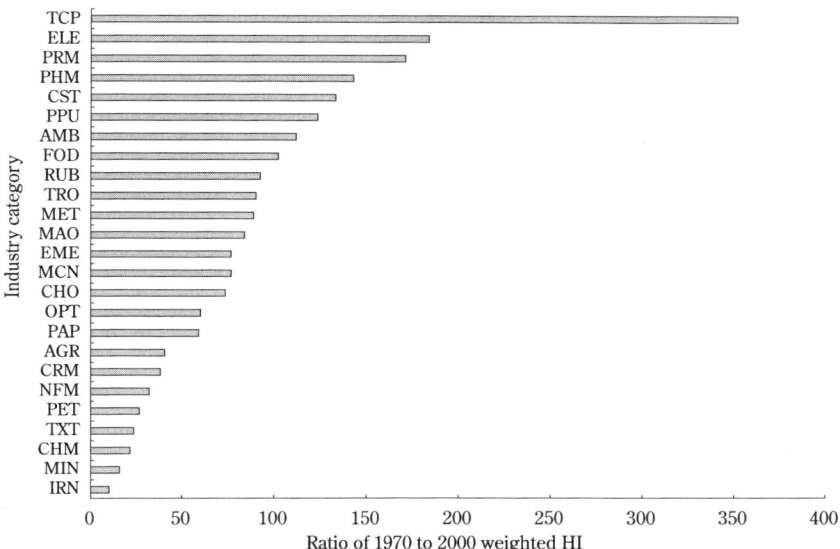

Source: Same to Table 5-1.
Notes: 1. Ratio of 1970 to 2000 is shown in percentage.
     2. The industry code is the same to Table 5-1.

していた。一方，R&D 支出では 4，4 倍から 0.2 倍であった。

2 加重平均集中度指数変化

　加重平均集中度指数は産業間でその動きが大きく異なっていたのである。すべての産業を集計するとその変化が小さいが，産業レベルでは変化していたのである。それをより直截に示したのが図 5-9 である。それぞれの産業の 30 年間における加重平均集中度指数の構成比の倍率は先に示したが，この図はそれではなく，2000 年の加重平均集中度構成比から 1970 年の加重平均集中度指数を引いたものを示したものである。これらすべての産業におけるこの変化を合計すると，ゼロ近くになるのである。2000 年の合計指数 5524 と 1970 年のそれの 5208 の差はわずかに 106 であった。それに比べると，図 5-9 に示された産業別の変化の違いは大きく，一部の産業では差は増減どちらの場合も 500 以

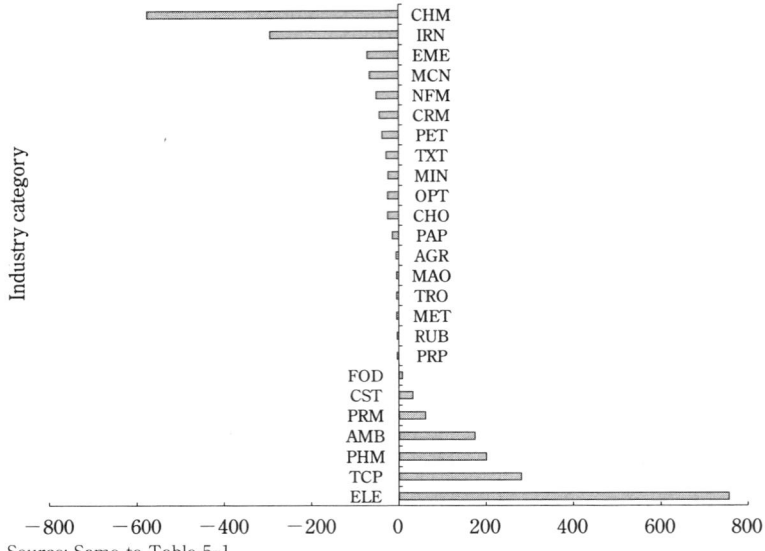

Figure 5-9 Ranking of the change of weighted HI in 30 years of 1970-2000 by industry

Source: Same to Table 5-1.
Notes: 1. The industry code is to the same of Table 5-1.
2. Change is defined by 2000 HI minus 1970 HI.

　上にも達している。それに対してまた一方で，ほとんど変化していない産業もあった。産業間の違いが大きいことは明らかである。

　そしてこれら変化の違いを集計すると，図からも予想されるように，増減が相殺されたのである。改めて問うと，産業別のR&D支出で加重平均されたHIがいかなる要因によって30年間にわたってほぼ一定に維持されて来たのだろうか。

　第1に統計的に見て明白な事は，増減がほぼ同程度であったことである。しかも，増減した産業の数もほぼ同様であった。図に見るように，増加は電子産業と運輸通信産業に集中し，一方で減少は総合化学産業と鉄鋼業に集中したのである。

　第2にさらに統計事実関係であるが，それ以外の産業の大半は，日本全体の集計値に対してわずかな影響しか与えていない。R&D支出の多角化は集中度

レベルでみると，まさに二極分化していたのである。もちろんその傾向は，ある程度まではR&D支出額そのもので見た場合でも生じていた傾向ではあった。だが，集中度変化の要因分解をみると，より明白に二極分化が顕れてくるのである。

　ではなぜ二極分化が発生したのだろうか。もちろん統計的な意味では必然性は全く有り得ない。経済的な必然性，あるいはそこにどのようなメカニズムがあったかである。そもそもメカニズムがありうるだろうかが問われなければならない。言うまでもなく，もしメカニズムが存在すれば，それはほとんどの場合，ある程度は持続的であり，その意味で決して偶然の発生の連続でもたらされるものではない。

　そこで，この30年間を10年ごとに区切って，図5-9と同様に変化幅を産業ごとで比較したのが次の図5-10である。10年ごとの変化を順に追跡すると，次のような事実が明らかとなる。

　第1に言える事は，二極化現象は70年代の現象であることである。80年代の特徴は，増加が電子産業に偏る一極のみの状態であった。80年代と言えば，日本経済が世界の主要国に比して良好な経済成長を続けた時期であった。その主役が半導体に代表される電子産業であり，R&Dの役割が飛躍的に高まった時期でもある。そしてこのような電子市場の将来性が期待されたとき，そこに参入するにはR&Dを梃子にするしかありえないとほとんどの産業が共通の認識を持った時期でもある。電子産業の代表的企業のみならず，あらゆる産業の主要企業がそのような認識を持っていたという意味でまさに共通認識となっていた時期である。そのような時期に，電子産業の代表的企業はR&D支出戦略を電子市場に以前にまして集中する戦略をとったのである。われわれの分析からの当然の解釈として，このように言えるのである[21]。

　90年代はその中間とも言えるが，むしろ大半の産業においてR&Dの急激な変化を抑制している状況がうかがえる。いわゆる経済の停滞時期において，本来であれば長期的視野の下で実施されなければならないR&Dにおいても，構造的な調整局面におかれたと考えられる。

　第2に，各時期の変化を主導した産業が決して一定ではなく，時期によって主役が交代している。その典型は自動車産業で見られ，70年代は最も大きく

Figure 5-10 RThree phases of weighted HI change process in 1970-2000 by industry

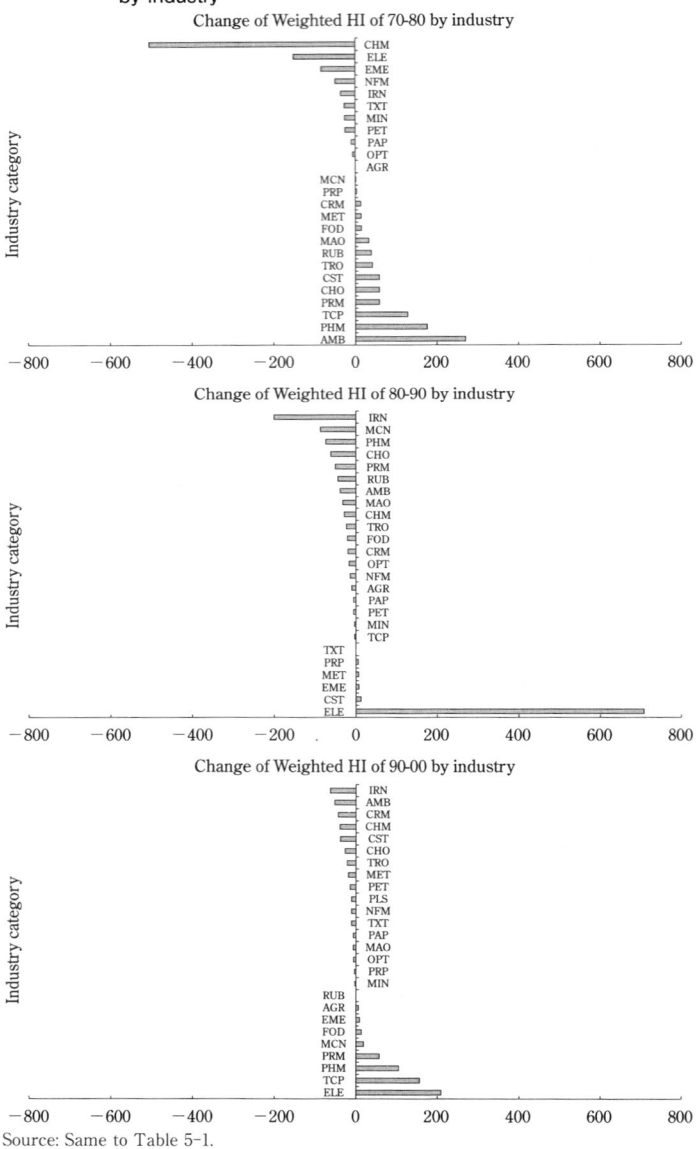

Source: Same to Table 5-1.
Notes: The industry code in the same to Table 5-1.

146

HI が上昇した産業であったが，90 年代には最も大きく低下した産業の 1 つであった。いわば，70 年代の多角化から 90 年代の集中へと大きく舵を切ったわけである。70 年代の自動車産業では，周辺部品を中心に，自動車産業の経営資源の急増を受けて積極的に参入したと考えられる。まさに自動車産業の戦略を反映し，自動車産業は役割を使い分けたのである。

　第 3 に，この主役が時期によってめまぐるしく交代すると言う事の経済的な意味から言える事である。主役の交代とは，1 つには産業の格付けの変遷とも言える，産業の比重の変化を意味している。経済現象としては産業間の競争と言う現象は直接的ではないが，たとえば，経済全体における経営資源，なかんずくわれわれが考察している R&D については研究者の獲得や政策立案を巡る当局への働きかけなど，そのようなマクロレベルでは，個々の企業間の競争とは違った意味で，産業間の覇権競争に近いものが存在するはずである。まさに一国全体の資源配分を巡る競争でもある。総合化学産業の低迷，電子産業のトップ登場，自動車産業の表舞台での演技，などは，まさにこの産業の覇権競争の結果を示唆している。往年の主役であった鉄鋼産業が，産業トータルでの集中度に全くと言えるほど影響を与えていないのは，このような産業間の R&D 覇権競争のまさに典型である。

　第 4 に，言うまでもないことだが，経済現象の表裏ともいえることで，産業の多角化あるいは特化戦略は，上述したいくつかの産業の例で示されるように，市場レベルからの R&D 参入集中度と対応させながら考察する必要がある。長期間にわたる産業の R&D 戦略の変遷から浮かび上がったことは，持続的な安定さは実は市場分析さらには参入競争と表裏一体となって考察されなければならないと言う点である。次節で行う市場分析を待たないで，前節で提起した安定と変化の共存をもたらす運動法則を浮かび上がらせることはまだ出来ないのである。

7　参入の詳細

1　産業と市場

　市場分析とは，R&D を通じた市場参入競争の分析となる。産業分析では，

競争は代表的企業の R&D 戦略を介した競争となり，もちろん参入の競争となるが，参入する市場は 1 つではない。自分野もそこに含まれるが，他分野も同様に重要である。それぞれの市場の産業組織と，参入を計画するその企業の持つ広範な経営資源あるいは研究開発能力が，戦略の実際，そして参入の実際を左右する。そして，それらの経営資源と研究能力が，進出予想の市場での代表的企業のそれらと比べてどれだけ優位があるか，特殊性があるか，需要面での優位性があるか，などが当然考慮される。いわば，日本の経済社会における主要企業間の知識開発競争でもあり，まさに寡占経済における相互依存競争である。

本章で用いているデータは，1970 年を除き資本金が 10 億円以上の大企業であり，調査対象となる企業の数も限定されている。それら日本の主要企業が，日本の R&D の総体的な特徴を決めていると考えてよいだろう[22]。それぞれが属する市場が異なっていても，あるいはそれぞれが分類される産業が違っていても，お互いに研究開発力や経営資源保有の実態は容易に推測できるような企業であるとみなせる。そのような企業が主導する R&D 経営戦略競争が前章で捉えた現象であった。

このように総括できた現象を次は市場分析として捕らえるということになる。そもそも市場には多くの産業の主導的な企業が R&D を通じて参入済みであったり，あるいはこれから参入を試みようとしている。産業分析の場合は，そこに登場していた企業はその産業に分類された企業であるわけであるから，企業の経営資源保有は大きくは異ならないと考えられる。しかし，市場分析の場合には，それぞれの市場に参入できる経営資源を保有していると言う点では共通性があり，競争関係にあるが，参入を計画するかあるいは実際に参入する企業はそれらの共通点を除くと一般に多様である。実際，多くの産業の代表的な企業が多くの市場に参入している事が明らかになっていた。原データを修正した正方行列での対角項成分の比率合計は 60%台であった事からも，産業と市場は相互に浸透しあう関係にあるのである。

2 市場集中度の実態

日本の市場別 R&D 支出集中度の加重平均は，1970 年から 2000 年にかけて，

すでに示したように傾向的に低下してきた。1970年の6114（％ベースの指数）から2000年には4857となり，1970年対比で79％の水準まで低下した。市場集中度が低下した事は，市場平均としてみた参入競争が活発になったということであった。これはあくまでも市場別HIの加重平均であって，30年間にむしろ競争制限的と思われる指数増加の産業も数多くあった。表5-7に見られるように，集中度が増大した市場の大半は，成長市場と目されたケースが多い。1970年対比で医薬品市場が1.35倍，電子市場が1.74倍，自動車市場が1.09倍であった。その他にも精密機械市場が1.45倍，航空機市場が4.0倍と大きく拡大した。また新機能のゴム製品を巡る開発を中心に伝統的な産業とみなされるゴム製品市場でも1.36倍と拡大した。

水準そのものとしては1970年で上位3市場が，自動車市場の968，総合化学市場の887，電子市場の739であった。3つの市場合計で全体の42.4を占める。それらに次ぐのが，電気機械市場の663，鉄鋼市場の46，医薬品市場の374である。これら3市場も加えると，合計比率は66.2％となる。

1970年において上位3位までを占めた市場でその後，加重ポイントを低下させたのは総合化学市場のみで，それ以外の2市場は大きく加重指数を増加させた。その典型が電子市場で，1970年の739から2000年には1287まで拡大した。その逆が総合化学市場で，887から185まで急激な低下を示した。2000年で上位3市場は，1287の電子市場，1058の自動車市場，504の医薬品市場であった。それらの合計は58.7％に達した。それに次ぐ市場と指数は，一般機械市場の291，家庭電気機械市場の260，そして総合化学市場の185であった。これら3つの市場も含めると，上位6市場合計は73.2％となる。1970年に比べると，3位，6位でもどちらも上位の比重は高くなる。しかし，全体としては30年間で加重集中度指数は低下したのである。

経済的な現象として30年間のR&Dベースの市場参入をみると，成長市場での集中度の上昇と，一方で伝統的市場での集中度の急激な低下が，同時平行的に進行したのである。その様子を図解したのが図5-11である。同時平行的に進行したとはいえ，この図を見ると，成長産業での集中度の上昇よりもはるかに大きな規模で，成熟産業での集中度の低下が生じていた。その同時平行的に発生した上昇と低下を10年おきに捉えたのが，次の図5-12である。

Table 5-7 Components of weighted HI by product and the change in 1970-2000

Product	1970	1980	1990	2000	2000/1970
agr	0.1	0.1	0.1	0.1	61
min	0.3	0.1	0.2	0.1	40
cst	1.2	2.3	2.8	2.0	166
fod	2.0	2.6	2.3	2.6	132
txt	0.9	0.5	0.6	0.3	33
pap	0.8	0.6	0.6	0.6	71
ppu	0.2	0.2	0.3	0.2	129
che	14.5	4.9	4.2	3.8	26
chf	4.2	0.9	0.3	0.3	6
opt	1.2	1.4	1.3	1.2	99
phm	6.1	9.6	8.0	10.4	170
cho	1.3	2.3	2.1	1.5	116
pet	1.0	0.9	0.9	0.4	39
rub	1.2	2.5	2.0	2.0	171
crm	1.5	2.2	2.0	0.9	64
irn	6.8	6.3	3.2	1.4	21
nfm	1.7	1.1	1.0	0.8	48
met	0.5	0.8	0.9	0.5	108
mcn	5.2	5.2	4.7	6.0	115
eme1	10.8	6.9	8.3	5.3	49
ele	12.1	11.1	23.2	26.5	219
eme2	4.9	4.6	3.3	3.3	67
amb	15.8	23.3	22.5	21.8	138
tros	0.7	0.4	0.1	0.1	13
troa	0.2	0.8	0.5	1.2	503
tror	0.2	0.3	0.1	0.1	61
troo	0.3	0.6	0.2	0.2	83
prm	1.2	2.7	1.6	2.3	183
mao	0.7	1.7	0.7	0.6	94
eag	1.8	2.8	1.8	2.0	112
msn	0.4	0.1	0.1	1.4	378
Total	6,114	5,408	5,043	4,857	79

Source: Same to Table 5-1.

Notes: 1. Unit of each product share is %. Total shows HI itself. The ratio of 2000 value to 1970 is show in percentage except for total. The ration of the total is shown as itself. The order of product is the same of Source data.

2. The product is the same that of Table 5-1.

Figure 5-11 Ranking of the changeof weighted HI in 30years of 1970-2000 by product

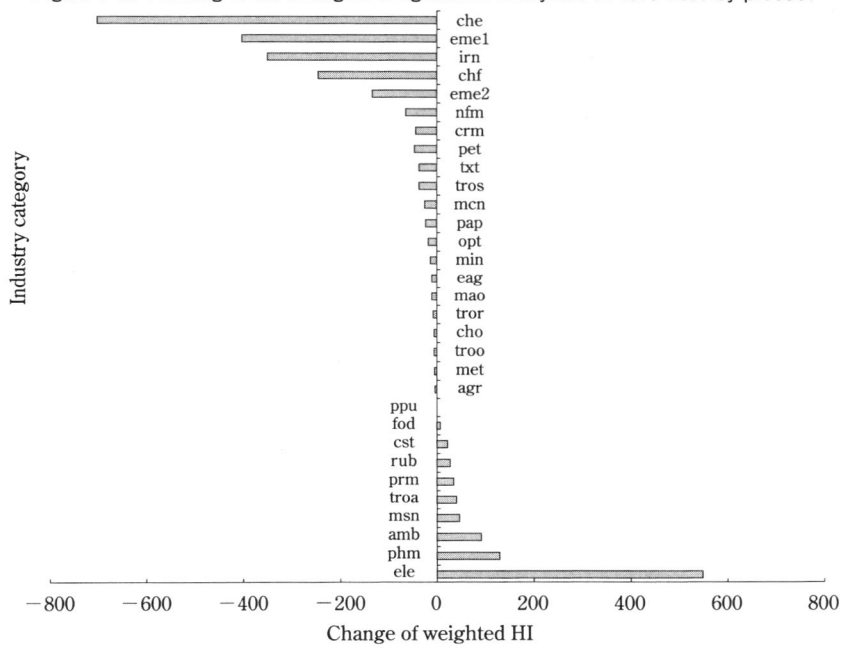

Source: Same to Table 5-1.
Notes: The industry code is to the same of Table 5-1.

どの期間においても上昇と低下が共存している点では共通性があるが，上昇が特定の市場に著しく偏る傾向が見られる。とりわけ1980年代の10年間においては大きく集中度を上昇させたのは電子市場のみといえる。その一方で，集中度の低下185はどの時期にも共通し，多くの市場で見られた。

　市場集中度の加重平均合計が低下した事と，以上に示した個別の傾向とは，どのように両立可能になるのか。いくつかのR&Dに関連する行動も視野に入れながらこの点を考察しよう。

　第1に，特定の成長市場の集中度上昇は主にはその市場を自分野とする産業の戦略による結果であるが，それを上回る他の市場における集中度の低下，あるいは同時に他の市場でのR&Dそのものの低下が大きかった事になる。時期によってこの変動を主導した市場は異なるが，図に示されたように事実はこれ

Figure 5-12 Three phases of weighted HI change processes in 1970–2000 by market

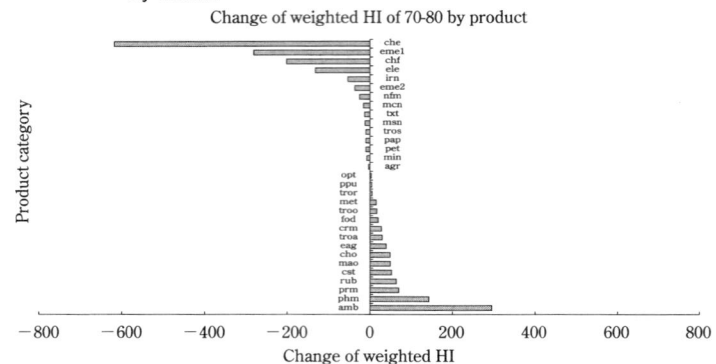

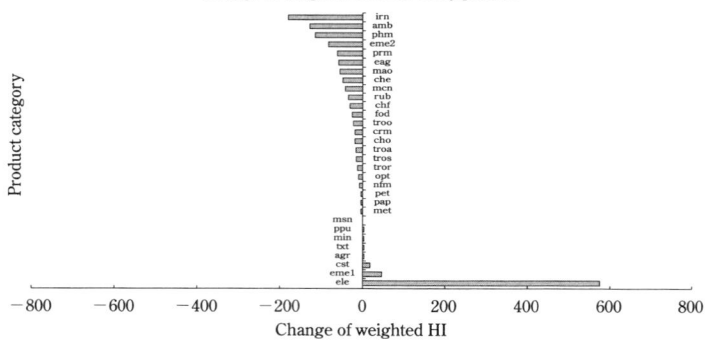

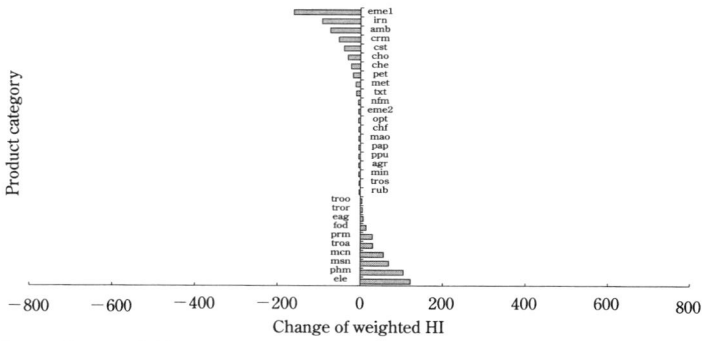

Source: Same to Table 5-1.
Notes: The industry code is to the same of Table 5-1.

らのことを示している。

　第2に，このような，産業をまたがった代表的企業間の広義の相互依存関係がR&Dと言う企業の将来成長を左右する根本的な行動においてとりわけ強く機能したと考えられる。もしこのような幅広い企業間の依存関係，あるいは言い換えると，相互間におけるR&D能力あるいはその優位度の推測関係が，浸透していたと考えられる。このような企業間の関係のベースにあるものの1つとして，政策当局が民間企業に提示する産業動向や将来産業の展望などの共通認識や企業間の相互理解をあげる事が出来るだろう。とりわけ，多くの産業の企業を横断的に網羅するような大規模プロジェクトや共同研究組織の結成はこのような傾向を普段から助長する事になっているはずである。さらに，このような日本全体の暗黙の相互認識を長期的に経験する事によって，多くの産業をまたがる企業間の民間ベースの自発的な事業提携も活発になっていることも，この動向と関連するだろう。つまり，全体としては，R&Dを通じた市場競争が活発化すると共に，個々の企業はより多様なR&D行動の可能性をこのような提携などによって模索する事も選択肢となるのである。

　第3にいま少し理論的に考察してみよう。そもそも多様化と競争という軸からは4つの組み合わせを想定する事が出来る。第1が30年間に生じた，多様化と市場競争が共に進展する組み合わせである。第2の可能な組み合わせは，多様化の進展と競争の抑制である。第3は多様化の後退と競争の進展である。最後の組み合わせは多様化の後退と競争の抑制である。これらの可能な4つの組み合わせのうち，最も有り得ない可能性が最後のケースであろう。1970年以降の日本社会が競争抑制とはみなせないだろう。また技術の広範な相互関連の進展を受けて，技術融合が高まった現代にあって，R&Dを通じた新規事業の拡大はトレンド的な流れである。また市場競争の抑制も可能性は低いと考えられる。したがって，ありうるケースとしては，第1の場合（多様化の進展と市場競争の進展）と第3の場合（多様化の後退と競争の進展）である。

　ここで，企業の経営戦略のあり方をいま一度振り返ってみると，多様化はかならず成功するとは限らず，しばしば原点への回帰と称して多様化の抑制，つまり事業の集中が行われる。実際，企業経営のリストラとはまさに拡大した多様化や新規事業の整理であった。このような例は80年代の産業調整の時期で

も，さらに90年代の経済低迷の時期にも頻繁に見られた。このような日本の企業の経営の変遷とそのような現実を踏まえた理論的な考察から，そもそも1970年以降の日本社会において，最もありうる可能性は第1の場合（多様化の進展と市場競争の進展）の変形である多様化の維持と市場競争の進展とならざるを得ない面があるのである。次節ではこの点を数値例で改めて考察することにする。

3　バイオや医薬品市場の参入例

これまでの産業と市場の双方から日本のR&D戦略・参入をいわば代表的企業を想定して分析してきた。次節の分析に移る前に日本の主要な企業のR&D戦略や実際例をいくつか見ておくことにする。エレクトロニクス市場はすでに諸例が豊富であるから，むしろこれまでの分析から明らかにされた点として，30年間において急増した医薬品やその周辺産業を中心に取り上げる。もちろんエレクトロニクス市場も言及せざるを得ないが，主として他産業からの参入から見る。

第1に，民間企業のR&D戦略と言えども，すでに言及したが，その行動がある方向性を持ってくる背景として政策当局の誘導があった。農林水産業がバイオ研究に進出するのが最近の戦略的な参入であるが，そこには医薬品産業や総合化学といった有力企業がすでに参入済みである。この点を近年のバイオ研究の例から見ておこう。

2002年に発表された『バイオテクノロジー戦略大綱——三つの戦略が切り開く「生きる」，「食べる」，「暮らす」の向上——』という政府戦略は，アメリカやイギリスの後を追いかける意図を持ったものだが，主要なターゲットの1つとして農林水産業があった。それは農林水産業が地域における有力な雇用機会を提供するからでもあった[23]。その農林水産業では食品市場を除くと有望な参入市場が限られていた。したがって，参入をこの政策によって誘導することで地域の雇用も確保でき，さらにわが国の農産物や食料自給にも長期的に貢献すると言う意図もあったはずである。政府は，農林水産業の高度化，つまり，ハイテク技術武装をはかり，従来のイメージから脱皮した新たな農林水産業を生み出す狙いである。具体的な目標として，ワクチンや抗菌作用を持つ有用物

質等を動植物等から生産することなどがあげられた。これは言うまでもなく農林水産業の医薬品市場への参入である。

　その医薬品産業から食品市場への参入も顕著であった。事例として森下仁丹株式会社のケースを見よう。同社は医薬品企業の中でも主流ではなく，発祥時点から特殊な大衆医薬品である仁丹を生産，販売していた企業である。「仁丹」は消費者にとって馴染みのブランドであり，企業名もそのブランドと一体になっている。一般消費者向けに美容・ダイエット，健康食品などを幅広く手掛けている。同じく主流企業ではない共立薬品工業株式会社は特殊な薬用品の一種である絆創膏や薬用入浴剤などを手掛けているメーカーだが，特殊な原料を用いた健康食品に参入している[24]。

　大手の医薬品企業は他の市場に参入するよりもむしろ本業にますます特化する傾向が高い。武田薬品会社（タケダ）からそれを概観しておこう。同社の資料は医薬品 R&D 以外にほとんど言及していない。独自な研究テーマを追求し，その研究が日本だけでなく世界で活用できる事を想定している。成功例の1つとして，前立腺がん・子宮内膜症治療剤の「リュープリン」は世界70ヶ国以上において販売され高い評価を得ている。これは，タケダの革新的な DDS（ドラッグ・デリバリー・システム）技術の研究により可能となったものである。

　タケダでは重点領域に絞った研究開発活動を推進している。重点疾患領域ごとに研究から販売までの一貫したマトリックス組織による総合製品戦略（MPDRAP 戦略，Production Develop-ment Research Alliance Patent）を取り，スピーディーで効率的な新薬の上市や追加効能の取得を進めている[25]。最適な資源配分と迅速な研究開発を常に追及している。

　医薬品産業の R&D の特徴は基礎研究が重要であることである。資金と時間を要する基礎研究が不可欠なため中小の医薬品企業は先に挙げた森下仁丹のように本業よりもむしろ周辺のニッチな市場にブランドイメージを前面に出して参入する。だが，大手のタケダはこのように正面から医薬品開発に取り組んでいる。その際，基礎研究を強化するために内外の主力大学や公的研究機関と活発な研究提携を展開している[26]。

　次は，欧米などにも進出している化粧品メーカーの資生堂の多様な事例である[27]。化粧品産業は産業分類ではその他化学産業に分類され，市場分類はそ

の他化学工業製品市場である。化学周辺産業の積極的な多角化 R&D の典型である。同社の基本ドメインは，消費者マーケティングに立脚したブランド戦略が機能する領域で，消費者のあらゆる肌の悩みに対応する事業をカバーする。同社は化粧品で培った製剤化技術を活かし，「皮膚を介した医療への貢献」をコンセプトに掲げ，医薬品の研究開発を進めている。

　開発された例はいずれも病院の薬局・売店などで限定的に販売される製品で，医師の指示のもとに使用される化粧品群である。通常，化粧品では必要とされない臨床試験を医師の協力を得て行い，安全性をより高い次元で確認した医薬品である。

　これまで資生堂の医薬品事業は，主に化粧品で培った素材や技術力を活用して成長を遂げてきた。しかし近年，医薬品開発ならではの高度な技術力を幅広く蓄積してきており，今後は医薬品の開発技術が化粧品開発へ，さまざまな形でフィードバックされることを視野に入れた戦略展開を行っている。まさに，本業へのシナジー効果も期待するわけである。

　さらに，化粧品分野，医薬品分野以外にも，資生堂の事業は広がりをみせている。いずれの事業も，化粧品開発の過程から生まれた技術を種としている。いずれの原料も発表と同時に化粧品以外の分野の e ユーザーから着目され，医療品，建材，塗料，衣料品等さまざまな分野に活用されている。いわば R&D を通じた事業提携である。

　味の素は日本の食品メーカーの代表ともいえる。研究開発分野は大部分が食品市場で，それに次ぐのが医薬品市場である。2003 年決算期間で，総額 281 億円の研究開発支出の内，医薬品市場関連が約半分の 113 億円に達した[28]。アミノ酸は味の素の独自開発商品で，同社のルーツともいえるが，その分野で 71 億円の研究開発費の支出をした。この両分野を広義の医薬品市場と見れば，大半が非食品事業に向けられているとも言える。

　医薬事業分野では輸液・栄養・透析分野，消化器病分野，生活習慣病分野に資源を重点投入し，アミノ酸創薬による独創的新薬開発を目指した研究開発を行っている。健康栄養分野へ積極的に事業展開するため，アミノ酸の新しい作用を見つけるとともに植物素材の能力を見出す研究開発を推進している。このように競争が激しく，世界の巨大医薬品市場の産業組織を考慮した一種のニッ

チ展開を主体にした成長市場への参入を続けているのである。これなどは，すでに例示した中堅・中小の医薬品メーカーや合成繊維メーカーなどと基本的に同一の参入戦略である。

4　自動車市場への参入例

　企業がR&Dを通じて多角化を進める場合，新分野でのしかるべき企業と提携する場合が近年の特徴である。提携先は，上であげた資生堂のように基礎研究は自社で，そしてその応用研究あるいは商品化のために提携をするという例も多い[29]。

　そのような提携R&Dは，自動車部品の開発で頻繁に行われてきた。一例としてトヨタ自動車と新日本製鉄による樹脂製ピストンリングの開発がある[30]。自動車のレシプロエンジンのピストンリングの材料は一般には炭素鋼やステンレス鋼製を使用している。金属製のピストンリングに対して，樹脂製の新素材を使用すると，柔軟で，親油性や耐熱性を向上できる。普通の樹脂ではピストンリングに必要な90〜150℃程度で長時間使える耐熱性を持たせることができないが，新日鉄が研究開発してきた無機・有機ハイブリッド材料ならこの問題を解消出来る可能性が高いと見られている。この素材は，新日鉄が通産省工業技術院の産業科学技術研究開発制度の一つである新エネルギー・産業技術総合開発機構（NEDO）の下で「シナジーセラミックス研究開発」として開発したものである[31]。

　鉄鋼業は，これまで見て来たように技術の潜在力が高く，多くの市場に参入してきた。近年では，生産管理のために自社で応用開発してきたコンピュータ技術やネットワーク技術を他の市場にも応用するまでになっている。課題の定量的評価から対策の提案，実行までの一貫した取組みを行うソリューション技術展開である。これはソフトウエア産業への進出である。

　新日鉄ではこのようなソフトビジネスだけでなく，結果的に失敗に終わったが半導体市場にも参入していた。さらに，鉄を素材として利用することで従来からも建築市場にも参入している。一例として木材に代わる建築の構造材料を鉄に置き換えると言うアイデアがある。鉄に置き換えることによって，品質のバラツキを木材よりもはるかに小さく出来る。木材で同様なことをすると，た

とえば同じ産地の同じ樹齢の木材を取り揃えなければならないと言われる。日本の古い寺院にはそのような方式で建築された1000年以上も経つものがある。鉄ではそれが安価かつ大量生産可能になるというアイデアである。構造材として，木材よりもむしろ軽量で，寸法の精度を高めた鋼材も用いたスチールハウス研究開発である[32]。これなどは，自分野からの直接的な応用による参入の典型である。

5　エレクトロニクス市場などへの参入例

　エレクトロニクス市場への参入も見ておこう。ニッチな産業からの参入例として，楽器，それも元はピアノ専業メーカーだったヤマハのエレクトロニクス市場への参入が興味深い。医薬品市場と同様に，エレクトロニクス市場には，以前からの専業とも言える大企業が存在し，技術力は抜きん出ている。人材でもヤマハなどの新規参入社に比べると層の厚みに格段の差がある。したがって，エレクトロニクス市場に参入する場合でも，その中でニッチ市場に注力する傾向がある。

　ヤマハの2004年3月決算で見ると，1年間の設備投資額は211億円に対し，研究開発支出はそれを上回る225億円であった[33]。売上高研究開発費比率は4.2％で，過去5年間でみても4.1％から4.5％のレンジで推移してきた。セグメント別に2004年決算の研究開発費構成を見ると，楽器向けに120億円，AV・IT向けに49億円，リビング用品向けに13億円，電子機器・金属向けに34億円であった。同様なセグメント構成を設備投資で見ると，順に101億円，18億円，17億円，44億円，となる。AV・ITと電子機器・金属のいずれも，R&D支出構成比が設備投資構成比を上回っている。このように積極的にエレクトロニクス市場に参入しているが，大手の電子メーカーに比べると，はるかにニッチで応用に近い分野である。研究テーマも多様である。エレクトロニクス専業ともいえる日立などと比較すると，R&Dテーマは小型で，それによって企業の形態そのものを変質させるようなR&Dではない。

　三菱マテリアルは鉱業の専業メーカーであったが，多彩なエレクトロニクス分野に進出している。専業のエレクトロニクスメーカーに比べると，ニッチ領域が主体で，ヤマハなどと同様に研究開発規模も限られている。

出版印刷業はエレクトロニクス産業への進出例の中で，独自な存在である。半導体回路の設計分野では大手電子メーカーに遜色の無い強い基盤を築いた。大日本印刷などはその象徴である。現在ではディスプレイ市場にも参入している。技術開発競争のスピードが速くなる中で，製品のライフサイクルが短命化している。大日本印刷は，単一製品への集中を避け，どのような製品が主力となっても対応できる「フルラインナップ体制」をとり，小型から大型まで各サイズのあらゆるタイプのディスプレイに対応している[34]。世界マーケットを視野に入れ，各国の顧客との幅広い取引を行うことでリスクの分散化を図り，安定した受注を維持して収益維持を狙っている。しかし，ヤマハに比べると，まだ装置産業の色が濃く，設備投資総額737億円に対して，前期の240億円から20億円増大したものの2004年の研究開発費は260億円であった。

6　伝統的産業からの参入例

伝統的な諸産業からも多様な参入が実施されている。まずエレクトロニクス市場への参入はほとんどの場合，上述したケースである。自動車ガラスや建築ガラスのトップメーカーの旭硝子は，言うまでもなく窯業に分類される伝統的な企業だが，エレクトロニクス市場にも積極的に参入している。ガラス・フッ素化学の技術および関連技術をベースにする基本方針を追求してきた。旭硝子はエレクトロニクス＆エネルギー（E&E）分野をコア技術応用市場とみなし，この分野での新規事業育成に注力している。液晶関連の R&D もその一例である。最近では，マイクロレンズや電気二重層キャパシタの開発例がある[35]。

HOYA は 1941 年，高度な技術を必要とした光学ガラスの専門メーカーとして創立された[36]。現在は，眼鏡レンズのトップメーカーでありまた特殊ガラスのトップメーカーでもある。そのコア技術は，さまざまな元素の組み合わせによって市場の要求に合った光学特性を有したガラスを作成する組成技術と，調合された原料を均質にムラなく溶かすための溶解技術からなる。さらに超精密プレス成形技術によって研磨が不要のモールド・オプティクスを開発，非球面レンズの量産化が可能となった。その際も，研磨技術は光学ガラスや球面研磨に応用された。サブミクロンの水準での表面精度の超精密研磨技術が半導体の高集積化を可能にした。ガラス磁気メモリーディスクの開発も，この技術な

くしてはありえないものであった。

　眼鏡レンズの素材が時代とともに，ガラスからプラスチックへと変化した。HOYA は高屈折・低分散の高分子材料を生み出した。各分野の研究開発部門では，実用化を重点においた研究開発を進めつつ，同時に，事業開発部門では将来の成長を支える新規事業の探索を行っている。さらに歯科治療器や精密加工装置などのレーザー応用機器のホトニクス分野，医療・用具機器などヘルスケア分野にも進出している。HOYA の多角化は，このようにコア技術の限りなき応用領域の探求と言え，それは現在のオプトエレクトロニクスの時代において更なる先端市場への参入になっている。

　ゴム産業も伝統産業の一種である。トップメーカーであるブリヂストンの多角化事業も旭硝子とほぼ同じ戦略である。ブリヂストングループの多角化事業は，自動車部品，工業用品，化成品，建築用品，電子機器用の部品・材料，スポーツ用品，自転車など多岐にわたっており，グループ全体の総売上高の約4分の1を占めるまでに成長した[37]。その中でも自動車部品は多角化事業の中心であるが，いずれもタイヤ以外はニッチ市場で，中小規模の R&D で多くの分野に多角化させる戦略である。電子機器の分野として事務機器用の精密部品などが成功した例で，さらに太陽電池やプラズマディスプレイに使われる高機能化フィルム市場にも参入している。いずれもニッチ市場参入であることには変わりがない。

　ガラス産業もゴム産業もいずれも伝統的産業の典型であるが，繊維産業はその意味でさらに伝統的産業であり，成長は余り期待出来ない産業である。そのような繊維産業でも，医薬品市場への参入が目立つ。ほとんどの大手の合成繊維メーカーは 1970 年から 80 年代の調整時期に医薬品市場に参入した[38]。東レや帝人は成功例と言えるだろうが，同産業での後発企業であったカネボウも参入したが，化粧品市場が主であった。カネボウは，合成繊維産業の調整が経営課題になったときからすでに先発企業に比べて劣位な競争関係にあったが，新規参入の場合も同様な状態が続いた。既存分野の技術の応用研究をベースにした新規参入の場合でも，そのマネジメントいかんで結果は大きく左右される。カネボウはその後の 2004 年になって，最終的に破綻した。

　繊維産業からの R&D による他分野への新規参入の成功例としては日清紡を

あげる事が出来る[39]。情報・エレクトロニクス，エネルギー・エコロジー，ライフサイエンスの3分野を中心とした研究開発に集中している。保有する材料技術をベースに，こうした成長分野で新たなイノベーションをもたらす独創的かつ競争力のある製品開発を目指している。また，関連会社や社外の研究機関との連携を強化し，革新技術の開発に向けた共同研究を積極的に推進している。

王子製紙は紙パルプのトップメーカーである。同社の研究開発活動は，総合研究所，森林資源研究所，研究開発推進部，知的財産部から構成されている[40]。グループ全体の研究開発費用総額は128億円で，決してR&D優位の企業ではない。研究領域は，紙パルプおよび紙加工製品事業が主体である。現代では，各種プリンターの普及・高機能化に対応し，感熱紙，インクジェット用紙等の各種情報用紙の開発などを通じて電子市場に近い領域でR&Dを行っている。加えて，原料の確保という目的から，研究領域は林業分野に及び，特殊な樹木の遺伝子解析など，バイオ領域にも進出している。

7　好対照の日本のトップ企業のR&D戦略

日本経済全体で近年その存在感をますます高めているトヨタ自動車の研究開発を概観しておこう。同社の最近の会社年報から経営者の方針を引用しよう。自動車市場の長期成長性を宣言し，世界の自動車産業の成長を牽引できる存在になる方針を打ち出している。「需要のあるところで生産し，現地社会とともに成長する」というこれまでの基本方針に基づき，事業の「現地化」をさらに促進していく方針を述べている[41]。トヨタのR&Dはまさにこの自動車生産の現地化と先端的な自動車技術の開発にほぼ特化している。

それはこれまで見てきたセミミクロ的な本章のデータに端的に顕れていたものであった。世界的規模で競争が激化する中，膨大な研究開発投資をそのために配分している。世界トップの自動車企業であっても，研究資金も人材も，投入できる経営資源には限りがあることを常に意識した，効率的なR&Dを目指している。2004年決算の1年間における研究開発費総額は前年比2.1％増加の6,822億円であった。これはエレクトロニクスメーカーや通信のトップ企業に比べると決して大きいものではない。トヨタ自動車のR&Dはまさに限られた

資金を自動車の開発に全面的に投入していると言えるのである。この意味で，自分野にほぼ特化した戦略を採用しているのである[42]。

　エレクトロニクス企業が周辺領域に侵食する形でのR&Dの積極的な多角化と好対照である。それは両市場の産業組織に違いによってもたらされている可能性が高く，さらに技術の体系の相違や産業の歴史の相違も大きな影響を与えていると思われる。エレクトロニクス市場はまだ比較的に新しい産業分野である。

　松下電器は近年，従来の経営戦略を大きく転換させ，「技術戦略が事業戦略の成否を左右する」との認識に立つようになった[43]。それはまさにエレクトロニクス産業の歴史や技術体系の特殊性によってもたらされたと言える。事業ドメイン単位で技術事業計画を策定し，「R&Dプラットフォーム戦略」「開発マネジメントの革新」「知財戦略の強化」の3点を核に研究開発投資の効率化を進める方針を明確に示した。R&Dプラットフォーム戦略は，デジタル家電機器の開発ではソフトウエアやシステムLSIの開発が中心を占めるようになったことへの対応である。それぞれの事業ドメイン会社が保有する技術資産を相互活用することで，特にソフトウエア開発プロセスの効率化を目的とする。

　まさに日本の家庭電器機器の往年のトップメーカーと言えども，電子市場における技術の飛躍的な進歩のために，産業組織論で言うところの独占的な競争力を維持できなくなってきたのである。これが自動車市場と決定的な相違である。いわば，エンドレスとも言える電子市場でのR&Dを継続していかない限り，競争ポジションを維持し続ける事は容易ではなくなりつつあると言える。したがって，エレクトロニクス産業では，近年，内外の企業間で大規模な提携や事業分野の再構築が活発になっているとも言えるのである。

8　多角化戦略と参入競争のモデル的再考察

　HIの定義から，仮にR&Dの産業と市場の相互連関行列が正方行列であり，さらに対角成分が非対角成分よりも必ず大きく，加えてすべての成分がプラスであれば，対角成分の増加そのものは産業集中度と市場集中度をともに必ず上昇させる。一方，同じ条件で，非対角項成分のみが増加した場合，産業集中度

と市場集中度が上昇するか低下するかはケースバイケースとなる[44]。現実的には，すべての成分が変動し，さらに産業と市場の数が 30 前後もあるために，産業集中度や市場集中度が上昇する場合もあれば，低下する場合も共にありうる。実際，すべての産業（代表的企業）は相互依存関係があるものの，それを前提に個別最適な選択をしているわけであった。

　このような複雑な多くの産業・市場からなる現実を 1 つの典型的なモデルで近似し，本章で分析した現実の R&D 戦略・参入の動向をいま少し理論的に考察する事にしよう。その狙いは，産業集中度はほぼ不変に保たれるが，市場集中度は大きく低下するケースを例示的に示すことである。

　3 つの産業と 3 つの市場からなる経済を想定する。3 つの市場は，伝統的な技術志向産業，成熟産業，技術志向の新規産業を代表していると考える。第 1 の現実対応産業は総合化学産業，第 2 の現実対応産業は鉄鋼化学産業，第 3 の現実対応産業は電子産業，という構図である。この経済の 1970 年と 2000 年の R&D 支出額の様子はそれぞれ以下のように示されると想定する。これまでと同様に，行が産業分類を，列が市場分類を示す。

$$\begin{bmatrix} 15 & 4 & 6 \\ 2 & 15 & 3 \\ 5 & 5 & 45 \end{bmatrix}$$

$$\begin{bmatrix} 20 & 6 & 19 \\ 5 & 20 & 10 \\ 8 & 8 & 97 \end{bmatrix}$$

　上段が 1970 年で下段が 2000 年の R&D 支出を示し，行の順に技術志向伝統産業，成熟産業，技術志向新規産業，である。一方，市場は左から順に技術志向伝統市場，成熟市場，技術志向新規市場である。それぞれの産業の 1970 年の R&D 支出合計は順に，技術志向伝統産業の 25，成熟産業の 20，技術志向新規産業の 55 である。市場別の R&D 合計は，22，24，54 である。経済全体では 100 である。それが 2000 年には産業別で，45，35，113 で，合計は 193

である。市場別では 33，34，119 である。3 つの産業および市場もともに R&D を増額させたが，2000 年で技術志向新規産業および市場は経済全体の過半数以上を占める。

　産業集中度については次のような経済的意味を持っている。技術志向伝統産業と成熟産業では，多様化戦略を進めたために HI は減少（4432 から 3936，5950 から 4286），技術志向新規産業ではさらに成長産業に集中したために上昇（6860 から 7469）した。市場集中度は，それぞれ参入が相次ぐと言う前提から 3 つの市場とも若干の低下（5248 から 4490，4618 から 4325，7099 から 6217）を示した。成長市場への伝統的技術志向産業からの参入などがあったと想定しているのである。一方で，技術志向型成長産業からの他市場への積極的な参入があったために，伝統的産業で集中度が低下した。このような R&D 支出の経済全体の構造とその変化は，すでにこれまでに分析してきた現実の日本の 30 年間の実態と変化を模式的に示したものである。

　このような諸前提の下で，加重平均された産業 HI の変化を算出すると，6071 から 6068 へと微減の一方で，市場集中度は 6096 から 5588 へと大きく低下するのである。まさに，本章で明らかにした日本の R&D 構造の変化と軌を一にすることになるのである。もちろん，加重平均された HI の定義から，それぞれの要素成分の変動によってまさにあらゆる可能性を想定できるので，ここで示したケースのみが，産業で見た加重平均 HI の安定性と市場で見た加重平均 HI の低下を例示できるものではない。しかし，ここで想定した 3 つの産業および市場と，それぞれにおける R&D 戦略と参入の数値例は，経済的にみて現実を近似できる典型的な例であると考えられる。その現実を踏まえた仮説例でこのように現実の HI 変動を追跡出来ることとなったのである。

　このような数値例から，第 4 節で提示した 2 つの加重平均 HI の対照的な推移は，伝統的技術志向産業，成熟重工業型産業，成長型技術志向産業，のそれぞれの戦略を反映していると結論できるだろう。

　R&D 支出の日本経済全体としての構造的な変化は，企業の戦略的な多角化参入によってもたらされたのである。産業と市場との関係は前節で概論的に触れておいたように，一方が他方を決定すると言う一方向的な関係ではなく，同時的にしかも戦略的に決定されている。それも，本章のデータが大企業の

R&D をベースにしていることから，戦略的参入企業はお互いに他産業の企業とはいえ，十分にその技術力や経営資源内容をほぼ正しく推測できる関係にあると見てよい。言い換えると，産業から見た戦略的多角化と市場から見た戦略的参入との間には，このような企業を通じた何らかの傾向的あるいは経済的な相互依存関係がありうると想定できるのである。

9 おわりに

　現代における国際的な大手企業間の競争は R&D を通じて展開されているといって過言ではない。日本の製造業企業はその典型例であり，中でも機械・電気産業の企業の R&D は活発で，弾力的である。一方で，鉄鋼業や化学産業の大手企業も経営資源は豊富で，研究能力において遜色があるわけではなく，成長市場への参入が喫緊の経営課題である。1970 年以降の 30 年間における本章の実態分析によると，これらの典型的な産業の主力企業に象徴されるように日本の大手企業は R&D を急増させながら同時に戦略的多角化と市場参入のダイナミックな動きを見せてきたことが観察出来た。本章は日本の企業について得られる国際的にみて貴重な統計である「産業別・市場別」R&D のマトリクスデータを用いることによって，このような日本全体の R&D を通じた産業と市場の交差を取り上げたのである。

　分析の基本的なスタンスは，産業（企業）の戦略としての多角化は，市場から見ると参入競争であるという見方である。それを具体的な統計として表現すると，本章のマトリクスデータとなる。そして多数の産業と市場にまたがるこの戦略と参入の実態を，ハーフィンダール指数によって集計することで，集約的な日本の R&D 構造とその変動を示したのである。

　その R&D 構造は産業（代表的企業）の多角化としてみるか，あるいは市場参入として市場側からみるかによって，日本全体の産業組織インパクトは異なって見えてきたのである。産業から集計すると，日本の産業（企業）の多角化は，この 30 年間，時期や産業によって内部構成はきわめて大きく変動してきたが，集計レベルでは，多角化のレベルは安定的に推移したのである。一方，市場参入として集計すると，同様にこの 30 年間，時期や産業によって参入実

態はきわめて大きく変動し，産業の安定的多角化実態とは異なり，集中度は大きく低下し，市場競争は活発になってきたのである。

　理論的なレベルでは，産業と市場が多数になると，集計レベルへのインパクトはさまざまな可能性を考える事が出来る。しかし，本章は，オリジナルな統計をさまざまな角度から考察した結果を踏まえて，その主要な特徴を捉えた仮設的な数値例を用いることで，簡潔にこの2つの違いを解明する事が出来た。その際，それぞれ異なるR&D過程をたどって来た産業を，R&D戦略・参入と言う観点から3つのタイプに分けた。

　第1のタイプは化学産業を想定した伝統的技術志向産業，第2のタイプは鉄鋼業を想定した成熟重工業型産業，第3のタイプは電子産業を想定した成長型技術志向産業である。技術志向伝統産業と成熟産業では，多様化戦略を進めたためにHIは減少，技術志向新規産業ではさらに成長産業に集中したために上昇する。一方，市場別には，成長市場への伝統的技術志向産業からの参入，技術志向型成長産業からの他市場への積極的な参入を想定し，3つの市場とも若干の低下をすると想定した。

　R&D支出の日本経済全体としての構造的な変化は，企業の戦略的な多角化参入によってもたらされるが，産業構造が市場構造を決定すると言う一方向的な関係ではなく，同時的にしかも戦略的に決定されている。産業から見た戦略的多角化と市場から見た戦略的参入との相互連関は，日本経済の寡占企業の行動そのものがもたらしたものと言えるのである。そしてそのような行動の例としていくつかの事例もあわせて検討した。

　以上の本章の分析は今後に向けたいくつかの研究発展の可能性を残している。いくつか主要なものを列挙すると，第1に，産業から見た多角化指数と市場から見た集中度指数とのクロス関係を時系列的に追跡する問題が残っている。第2に，ハーフィンダール指数は多角化あるいは集中度を集計的に示す指標としては簡便だが，どの市場に多角化しているかおよびどの産業から参入があるかという，明示的あるいは事例的な実態分析は本章では限定的にしか扱っていない。第3に，いくつか時系列レベルの集中度および多角化指数変化の行動パターンが見られ，またいくつかの仮説も示したが，企業行動としての行動分析はいまだ十分にはなされていない。第4に，産業および市場別R&Dの実例につ

いても本章での提示はまだ限られている。第 5 に，通常，大企業は R&D 支出を売上高の一定比率に維持する傾向があるが，このような企業トータルな方針が R&D マトリクスにどのような影響を与えるのか。第 6 に，R&D 多角化指数および市場集中度 R&D の調整過程の考察も今後の課題である。第 7 に，そもそもマトリクスの変化も時系列データを追加するなどさらに仔細に分析する意義があるだろう。

　以上のような諸問題が本データに即しながら解明する必要があるが，そのような分析の結果を待たずとも，本章で提示した産業・市場の相互連関的同時決定の R&D 支出分析は，データの制約があったためもあり，これまでほとんど例を見ないものであった。そのような研究背景を踏まえて，本章の事実解明は，実際の手順を追う形で詳細に追跡することにしたものである。

●注

1)　この調査の発祥は古く，1953 年の『研究機関基本調査』が前進で，1960 年から現在の姿に変わった。報告書の表題が示すように，調査の対象は，民間企業に限定されず，政府の専門研究機関や大学などの非営利部門も含むが，本章では，その目的に合わせて，民間企業に対象を限定している。この統計は日本の R&D の全容を示すので，分析でも重要視されるデータである。しかし，本章の目的に沿ってこのデータを分析した例は現時点で確認する限り見当たらない。なお，本章のベースになるものは，長期海外出張中に作成されたものである。

2)　本章では詳細な文献展望を行うつもりはないが，概論的に言えばマクロレベルの研究や研究開発政策は議論され，一方で個別企業の経営戦略との関連で R&D のミクロやクロスセクション研究も目白押しである。その系列につながる例として産業別や市場別の研究も多く，たとえば最近ではバイオやオプトエレクトロニクス市場の研究行動は膨大に報告されている。しかし，そのような市場分析と産業分析との接続はほとんどなく，あったとしても，たとえばバイオ市場にどのような産業から参入しているかと言った個別例が大半である。これはこれで重要であることは言うまでもない。

3)　上述の総務省の『科学技術研究調査報告』のベースである。以下，特に明示しない限りデータソースは同じである。

4)　同報告書はこの点に関するデータも含んでいる。後日の研究テーマである。第 8 節でこの問題に戻る。

5)　ベンチャー企業の R&D はまだ特定分野に限定され，産業分析あるいは市場分析のいずれかで捉えられる。

6)　項目によって違いがあり，最大で調査企業総数は 1998 年調査では 12512，母

集団の企業総数は 36.1 万以上であった。以下，すでに述べたが，個別に言及しない限りデータソースは同じである。

7) 1970 年の製品別 HI 指標を集計した指数は 6114 で 71 年のそれが 5933，産業別の HI 指数を集計した指数が 70 年で 5208，71 年のそれが 5933 であった。後に 2000 年までの長期傾向を示すが，そこで明らかになった事実関係は，調査の開始時期の変化による影響をほとんど受付ない。

8) さらに本章では調査対象時期に含めていないが，2002 年からはサービス産業が詳細に分割され，卸売産業，金融・保険産業，専門サービス産業，学術研究機関の 4 つが別掲されている。本章では時系列でデータ制限が大きいために考察対象にしていない。

9) ただし，産業組織と言う点で，自動車産業は寡占産業の典型で，参入が少ない。これは後に考察するように，R&D 行動に大きな影響を与えている。

10) それぞれの仮説の経済理論的な考察は今後のテーマであり，本章はあくまでも事実確認の切り口として提示している。

11) 産業別 HI が 10000 になった農林水産業も，調査対象の大企業の分野に限ると産業集中度は自動車などと同様に高い。

12) この意味で市場は決して完全ではないのである。

13) 2000 年については，前節で説明したように，産業分類は詳細になり，ソフトウエア産業が追加されている。ソフトウエア産業の主な参入先は電子製品である。さらにプラスチックス産業が途中から追加され，プラスチックス産業はその他製品が主な参入市場であった。

14) いわゆる企業戦略でいわれるドメインの議論に相当する。ドメインの決定要因としては経営資源が主である。その結果としての競争優位性やシナジー効果などがある。一般に企業の多角化は，このシナジー効果を狙ったものが多い。いわゆる多部門の経済性である。技術，製品用途，流通，などの共有や関連性も重要となるが，これらはいずれも広義の経営資源であり，産業集中度の高さにほぼ比例すると考えられる。

15) ただし，HI が高いから自分野に集中しているとは断定出来ないが，自動車の場合，高い HI は自動車のための R&D 割合がきわめて高いからである。

16) 電気ガス市場への R&D 参入が 2000 年ごろまでは限られていたひとつの理由は，産業集中度が結果的に高いからであるが，より本質的には規制の存在であった。規制についてはその後，電気ガスそれぞれに関して相互参入が自由化され，電力市場に多くの産業からの参入が相次いでいる。一方，ガス会社は燃料電池開発によって電力の供給を将来のビジネスにみなしている。

17) これは産業組織論の基本的な仮説である。集中度によって産業の行動および成果も代表して示せ，さらに集中度が行動と成果を左右すると言う仮説である。

18) これはただ単に R&D 支出に止まらないかも知れない。R&D が自動車に集中し，自動車企業の企業行動がまた，その取引関係を通じて，たとえば鉄鋼業，ゴム産業，窯業，繊維産業，機械産業，などに波する事は十分に考えられる。

19) もちろんこのような伝統型産業の主要企業による成長分野への積極的 R&D が常に成功したわけではない。多くの失敗例が発生したのは言うまでもない。とりわけ象徴的な事例は，鉄鋼業メーカーによる半導体に代表される電子市場への過大な R&D であった。鉄鋼業メーカーの半導体事業はことごとく失敗した。鉄鋼メーカーはこのような失敗を経験にその後の R&D 活動を本業周辺に絞るようになったが，その持てる経営資源は日本のトップ大学のそれをはるかに上回ると見られるくらいである。

20) その意義については産業組織論の一般的テキストや堀内（Horiuchi, 2000）などを参照。

21) そのような積極的な R&D を実施していたにも関わらず，ほとんどの日本の代表的な電子企業あるいは半導体企業の 1990 年代以降の経営成果は低迷した。本章は R&D 支出の詳細な戦略・参入の分析ではあるが，その成果にまでは立ち入っていない。R&D マトリクスの時系列の詳細な変遷とこの経営低迷の影響との関連性は今後のテーマである。この点は第 8 節でいま一度考察する。

22) ベンチャーなど新規企業の R&D は新規参入ではあるが，多角化以前であり，日本全体の R&D 戦略・参入を捉えた HI には限定的な影響を与えるに過ぎない。

23) もちろん政府の省庁間の競争も影響し，それは民間の主要産業間の競争のいわば代理競争とも言えるものである。BT（バイオテクノロジー）戦略会議が取りまとめた報告書は 2001 年 12 月 6 日に発表された。

24) 以上，両社のホームページと医薬品企業関連サイトから引用。

25) マトリクス組織は，細分化された医薬品市場内での配分決定に必要な戦略的ものである。

26) ハーバード大学との糖尿病と肥満薬の創薬シーズ探索の共同研究，セレラ・ジェノミクスとのゲノム・データベースの利用に関する提携，ジーン・ロジックからの遺伝子発現データベースの導入，などがある。

27) 資生堂のホームページから引用。

28) 味の素のホームページから引用。

29) 提携メンバーの組み合わせは，必ず氏も研究開発という目的にとって最適な組み合わせとはならない場合がある。戦略的な意図が作用するわけである。

30) 『日経メカニカル』2000 年 12 月号（no.555）より引用。

31) 1994 年〜98 年（平成 6 年〜10 年）の 5 年計画で実施された。

32) 福田（Fukuda, 1988）より。

33) 以下，ヤマハのホームページから引用。

34) 大日本印刷のホームページから引用。

35) 旭硝子のホームページから引用。

36) HOYA のホームページから引用。

37) ブリヂストンのホームページ，から引用。

38) 堀内（Horiuchi, 2000）を参照。

39) 日清紡のホームページから引用。

40) 王子製紙のホームページから引用。

41) トヨタのホームページから引用。

42) ただし，トヨタは系列大手の部品企業を通じて，自動車市場だけでなく電子市場でも活発な R&D を実施していると見ることも出来る。

43) 松下のホームページから引用。

44) HI の定義式において個々の行列成分が独立に変動すると仮定し，その変動の影響を偏微係数から算出するとここに示した結果が得られる。

【参考文献】

Amable, B. and B. Hancké, "Innovation and industry in France in comparative perspec-tive," *Industry and Innovation*, 2001.

Biggadike, E. Ralph, *Corporate diversification: entry, strategy, and performance*, Boston: Divi-sion of Research, Graduate School of Business Administration, Harvard University.

Branstetter, L. and M. Sakakibara, " Japanese Research Consortia: A Microeconometiric Analysis of Industrial Policy," *Journal of Industrial Economics*, 46, 1998, 207-233.

Cabral, L.M.B., *Introduction to Industrial Organization*, Cambridge, Massachusetts: The MIT Press, 2000.

Claude-Gaudillat, V., *Innovation, New Market and Governance Choices of Entry: The Internet Brokerage Market Case*, 2004.

Directorate General Joint Research Centre, Di rectorate General Research, *Monitoring Industrial research the 2004 EU industrial R&D investment scoreboard*, Vol.1: Analysis, Paris: OECD Publications, 2004.

―――, *Monitoring Industrial research, the 2004 EU industrial R&D investment scoreboard* Vol.2: Company Data, Paris: OECD Publications, 2004.

État de la recherché et du développement technologique, *Projet de loi de finances pour 2003*, 2004.

Fukuda, T., "21 Seiki no Tomogi-Tshukuri o Mezashite (Tomogi-Tsukuri for the Twenty-First Century, in English translation)," *Shin-Nittetsu Giho No 369*, 1998, pp.3-7.

Goto, A., *Nippon no Gijyutu-kakshin to Sangyousoshiki (R&D and the Industrial organization, in English translation)*, Tokyo: University of Tokyo Press, 1993.

Horiuchi, T., *Sangyo Soshiki-Ron (Industrial Organization)*, Kyoto: MirerubaShobo, 2000.

Jiang, Wena and Shinichi Kobayashi, "Exploring collaborative R&D network: some new evidence in Japan," *Research Policy*, Vol.30, 2001, 1309-1319.

Ministry of Education, Culture, Sports, Science, and Technology (ed.), *White paper on Science and technology 2003*, Tokyo: Bureau of printing, Ministry of

Finance, 2004.

Nanbu, T. (ed.), *Iyakuhin Sangyososhiki Ron (Indsutrail Organization of the Pharmaceutical Industry)*, Tokyo: University of Tokyo Press, 2002.

Nikkei Mekanikaru (ed.), "Start of joint development by Toyota and Nippon Steel for polymer piston," *Nikkei Mekanikaru*, No 555, Tokyo: Nikkei Shinbun Printing Bureau, 2000.

Nippon Keizai Chousa Kai (sd.), *Sangyo R&D no Kokusai-ka: patan to torendo (Internationalization of Indsutry R&D: Pattern and trend in English translation)*, Tokyo: Nippon Keizai Chosa -kai, 2000.

Odagiri, H., *Growth through Competition, Competition through Growth: Starategic Management and the Economy in Japan*, Oxford: Oxford University Press, 1992.

OECD (ed.), *OECD Science, Technology and Industry Outlook 2004*, Paris: OECD Publications, 2004.

Ohnishi et. al., "Erekutoronikusu Bunya ni okeru Solushon Gijyutu Tenkai (Deployment of Solution Technology in the Electronics Field, in English translation)," *Shin-nittetsu Giho*, No 379, 2003.

Sakakibara, S., "Cooperative research and development: who participates and in which industries do projects take place ?," *Research Policy*, Vol. 30, 2001, 993–1018.

Section of Technology Research, Industrial Science and Technology Policy and Environment Bureau, Ministry of Economy, Trade and Industry (ed.), *Suruey on the R&D Activities of Industrial Technology in Japan, Ministry of Economy*, Tokyo: Trade and Industry Printing, 2002.

Statistical Bureau, Ministry of Public Management, Home Affairs, Posts and Telecommunication (ed.) , *Report on the Survey, of Research and Development*, various issues, Tokyo: Nippon Tokei Kyokai.

Technology and Information Division, National Institute of Advanced Industrial Science and Technology (ed.), *Atarashii Sangyo Gijyutu kenkyu - Dai 2 shu no Kiso Kenkyu to Honkaku Kenkyu (A New Paradigm for Industrial R&D? Second Type of Basic Research and Applied Research, in English translation)*, Tokyo: AIST printing division, 2003.

Yannis Caloghirou, Nicholas S. Vonortas, Stavros Ioannides, (eds.), *European Collaboration in Research and Development: Business Strategy and Public Policy*, Northampton: MA, 2004.

6 パン産業の最近の構造についての一考察

1 はじめに

　本章の目的は，日本の最近のパン産業の構造的な特徴，産業組織論の立場から見たときの興味ある実態を整理することである。アプローチの特徴は，理論的な枠組みを現実にあてはめていく演繹的なものではなく，むしろ以下に述べるように帰納的ないしは多面的であるという点である。いわば，日本のパン産業に関する典型的事実（stylized facts）を経済的に考察したものといえる。

　ここでまずなぜパン産業であるかを述べておくことが読者のためになるかもしれない。筆者は今から 20 年以上も前に，食品産業の日米比較という小さなプロジェクトの世話役をしたことがあった。これがエコノミストとして食品産業と関わった唯一の例である。その後は食品産業を分析した経験はないが，これまで何度か専門演習の卒業論文指導で食品産業について考えたことがあった。経済学の教師とすれば，そのような学部学生の参考となるものをこの雑誌に書くべきであろうと思ったのである。ただし，個別産業の議論に終始せず，他の産業の組織変化の分析にも応用できるアイデアや議論のスタンス，問題意識の持ち方，などの理解につながるような議論を以下では展開していく。

　さらに学生との関連でいえば，学生はこの雑誌の読者であるだけでなく最大のスポンサーでもある，ということも重要な点であろう[1]。

　あと 1 つの理由は，最近筆者が個人的に関心を持った事実と関連している。筆者のある知人が住んでいる地域，東京から南に 50 キロほど電車で行った古くからの町だが，駅舎も昔ながらで，駅前には一通りの商店が数年前まではそろっていた。だがここ 10 年位の間に駅前から薬屋が消え，本屋が消え，そし

て銀行も消えた。駅から徒歩数分の距離には5軒くらいの八百屋があったが，今は2つになってしまった。米屋も1軒閉鎖された。その代わりコンビニが1軒進出してきた。銀行の代わりにATMが設置されたが，知人にとって不便になったことはいうまでもない。銀行，本屋，薬屋が消え，コンビニが生まれた。これらは経済的利益の追求の結果だとすれば，知人もこの一連の変化は受け入れるべきかもしれない。

　コンビニ以外で増えたほとんど唯一のともいえる店舗がこのベーカリーである。銀行の元駐車場の跡地に昨年に開店したのである。なぜベーカリーだけが進出できたのだろうか。周辺の人たちには評判がよいとのことである。

　このような知人からの個人的な情報は，新オーストリア学派の見方によると，きわめて重要なものであり，それをビジネス，つまり筆者にとっては研究や教育であるが，それに生かすことが重要であると思ったわけである[2]。

　もちろん，このような理論的なことはさておき，1つの小さなエリアにおける企業間競争，商店街間競争，このような身近な現象も産業組織論の問題となりうるのである。

　ここで考察の拠って立つベースは十人十色であってよいことは，スティグラーが言うとおりである[3]。スティグラーは次のような趣旨のことを言っている。10人の経済学者，つまりここでは産業組織論の専門家のことだが，彼らが10人いれば，10のモデルがある，というのである。筆者は講義では少し誇張しながら，最近は経済の変化が速くまた激しいので，経済学者が10人いれば100のモデルがあると思ったら丁度であると説明する。それほど，経済学というものは幅が広いというか，無節操というか，良い意味で融通がきくのである。

　大学で教えられている経済学の内容と実際社会における経済との関係を，この社会の一こまとも言えるパン産業についての小論から学生が学ぶ機会となれば，本章の目的は達成されたといえるだろう。

　以下，本章は新オーストリア学派のスタイルを採用している。新オーストリア学派も産業組織論の一派であり，市場構造（集中度，差別化など），市場行動（参入，投資など），市場成果（価格設定など）に注目するのは言うまでもない。これらを，それなりの自身の前提（たとえば多面的な新オーストリア学派の考え）に立ち，可能な限り整合的に事実に対して検証していくというアプローチ

を採用している[4]。

　構成は以下のとおりである。第2節ではパン産業の一般的な競争環境を概観している。第3節では製品特性を確認している。第4節では日本のパン産業の成長を政策も踏まえながら歴史的に考察している。第5節では現下では成熟産業化しているパン市場の産業組織を国際比較している。第6節では主に大企業の立場からパン産業の現代の技術課題をごく簡単に見ている。第7節はこれに対して主に中小ベーカリーの協調的な行動である団体行動を考察している。第8節はこの産業の価格支配力を持つと思われるトップ企業の企業行動を要約している。最後の第9節は短い結語である。

2　パンとは，パン産業とは

1　日本のパン，日本のパン産業は特殊か

「人はパンのみにて生きるものではなく，神の口から出る一つ一つの言葉で生きるものである。」これは新約聖書口語訳マタイによる福音書4章1節の引用である。W. ツイアー著の『パンの歴史』には，8世紀のヴァイセンブルクの祈りから引用した次のような表現がある。「人が生きるための糧は，パンという言葉の中に集約されている。この言葉が意味するところは，今日なお少しも変わっていない。40億の人間に，日々のパンを確保することは，現時点におけるきわめて重要な課題であり，将来ますます困難になるばかりである」（ツイアー（1984）6頁）。

　パンの歴史は日本ではまだ浅い。その歴史に触れることは我々の現代生活ではほとんどないことかもしれない。だが，現在の世界的な穀物不足，食料不足，価格高騰，その一方で日本の飽食事情を見ると，ツイアーのようにパンの歴史とは，という問いかけをしてみる意義がある。産業組織論との関連でまず始めるべきことは，パンの発祥の地である欧州でのパン産業，パンという製品と，日本のパン産業，パンという製品とを比較することだろう[5]。

　パン産業あるいはパンというものは欧州から日本にもたらされたにもかかわらず，のちに詳細を指摘するが，次の事実を示し，今日の内外の違いがきわめて大きいことをまず確認しておこう。

Datamonitor 社による市場分析資料シリーズの1つ，Bread & Rolls in France から 2007 年のフランスのパン市場の構造を概観し日本のそれとを比較しておこう。ここではパンという製品を3つの種類に大別する。その3つの中でフランスにおいてもっとも大きな存在が，職人による手焼きパン（Artisanal bread）であり，全体の 61.4%（販売額ベース）を占める。もちろんこれは中小規模ベーカリーによってほとんどが担われている。第2が大規模生産による工業生産パン（Industrial bread）の 27.9%，そして第3が，スーパーやその他様々なパン店内で手焼きの場面をディスプレイする店内手焼きパン（In-store bakery）の 10.7%である。

　これと同じ基準，同じ定義で日本のそれを Datamonitor 社の資料を用いて比較すると，日仏は驚くほど実態が異なっている。すなわち，順に 19.9%，72.6%，7.5%という推計であった。パン産業の市場組織は大きく違うのである。つまり，供給者の組織が大幅に違うのである。供給者が違うと，パンという製品も日仏で違うとまず考えなければならない。

　パン産業は日仏だけでなく，日本と欧州，さらには世界とで根本的に違うのだろうか。日本人が食べているパンはたとえば欧州の人たちが食べているパンとは違うものなのだろうか。なぜそうなるのだろうか。あるいはなぜそれが可能となっているのだろうか。それに答えるには，以下の考察だけでは不足かもしれないが，このような問題意識を持って産業を見ていくことが必要である。つまり，どのような経済現象を観察する場合でも，視野はつねにグローバルでかつ歴史的であるべきなのである[6]。

　日本ではパンはいうまでもなく戦後に大きく普及したものである。この発展の過程で日本的なアレンジがなされたということがあるはずである。さらには戦後の高度成長期にパン産業も成長したが，戦後日本の置かれた世界的な背景の下，欧州よりもアメリカの強い影響をあげておく必要がある。つまり，日本は元々の欧州からの影響にアメリカの世界観がミックスされ，それにまた箱庭的な細部と外見にこだわるという日本的伝統が加わり，それら3つが現在の日本のパンに反映しているのであろうか[7]。

　それがパン産業においてどのように表れているかは，多面的な分析，社会学的な分析も含めたものが間違いなく必要であろう。以下はそこに至る最初のス

テップとして，日本のパン産業の組織を概観するものである。

2　市場組織と競争環境

ツイアー（1984）によって，欧州におけるパン産業の市場競争の歴史的基盤をみておこう。欧州におけるパン市場の特徴は長い歴史的な背景を持っているはずである。欧州，特に大陸諸国ではパンは工場生産されるものではなく，職人の手作りがいまも基本である。それは歴史をたどればギルドにまで行き着くという考えもありうるだろう。

ツイアー（1984）164-65 頁から関連部分を引用しよう。「ギルドは，組合員が各自の地位におうじた収入を得ているかに気を配り，パンの値段を決定し，徒弟修業期間を定め，徒弟修了証書を交付し，新入りの弟子，親方の下で働く職人，および親方の人数を決め」，「ギルドの権利と義務，特権はすべて当局から認可され」，「徒弟や職人たちの団体があった。この団体は，ギルドの組織の中にしっかりと組み込まれて」，いたのである。

その伝統は，上にあげた Aritisanal タイプ，つまり職人による手焼きパンが高いシェアを持っているように，現在でも引き継がれていると考えられる。

これに対して日本では中小規模，個人経営のベーカリーの存在感は，産業としてみると低い。これは上述した日仏比較に象徴的に表れていた。日本の中小企業のおかれているこの競争環境に対応して，中小企業による一種の「ギルド」的な企業行動を連想させる団体活動が日本では，のちに述べるようにそれこそ細々と続けられている[8]。

一方で，経済学者がいうところの我々消費者の嗜好なるものが，内外で決定的に違っているという点もある。消費者の選考関数が違うと考えるのである。パンという食品を内外の消費者がどのように位置づけているか，その背後にあるそれぞれの国や国民の文化的あるいは歴史的な背景や価値観が，選考関数に反映しているのであろう[9]。

3 2種類に大別されるパン

1 パンの典型的な製品特質

どの産業もそれぞれの個別的な事情を持っている。そのような事情は生産技術面から製品特性の違いとしてみることが出来る。パンという製品を長期に保存するのは，品質面でも費用面でも非効率で，それを克服する1つの手段が中間原料や製品の冷凍であるが，現在でも大規模には実施されていない[10]。

そのような現状の下，日本にかぎらず，パンという製品は2つに大別される。その1つがいわゆる昔ながらのパンであり，生もののような感覚で扱われ，店頭では当日販売が原則のパンである。あと1つがこれに比べて長期だが，せいぜい数日程度の賞味期限で販売されるパンである[11]。前節で日仏比較の概観を示した Aritisanal bread と Industrial bread の対比である。

前者の多くは小規模企業，ないし系列ベーカリーで供給される。市場の地域的広がりは，徒歩圏のような小さな商圏か，せいぜい市や地域という系列ベーカリーの立地する範囲に限定される[12]。後者はそれに比べると大規模企業が参入する市場であり，その地域的広がりは全国的となる。販売方法は，前者の多くは直接販売であり，後者は大規模食品店やスーパー，あるいは系列販売店などを通じた間接販売である。

この大きく異なる2つの業態のパンメーカーが共存するのが，産業組織論の立場からみてもっとも注目すべき特徴である。この特徴は，同じく食品産業である日本酒産業やビール産業にもある程度はみられるが，パン産業ほど顕著ではない。たとえば，筆者が最寄りのベーカリーからパンを買うように日本酒やビールを生産者から直接買うことは，パンのように日常的ではない。現在，このような大きく異なる特徴を持つ業態の参入が共存する，産業組織論的にユニークな例は，パン産業がほとんど唯一だろう。この興味ある市場組織が，パンという世界的で普遍的な製品において日本でも存在し，それが際立った特徴を持って現れていることに注目しておこう。

2　2つのタイプの消費者

　そしてこの2つの業態の存在は，パンという製品の購入者が2つに大別されるという事情とも通じている。それも全国的にみられるのである。ただし，この分類は機能的なものであって，一人の消費者がある場面では前者のタイプ，他の場面では後者のタイプとなる移ろいやすいものかもしれない。一方で，ある特性のグループというか範疇の消費者は，必ず前者のみを選択するという行動を取る場合もある。前者のタイプのパンは，味を重視するわけだが，結果的にいわばブランド愛好者によって購入され，後者の大規模企業の製品の需要者はブランドにほとんどこだわらない消費者によって購入される。

　それでは前者のタイプの消費者は特定のベーカリーのみのパンを消費するかといえば，それはほとんどないのが実情だろう。仮にごくまれにそのようなこだわり消費者が存在したとしても，つねに新しいおいしいパンを追い求める傾向はあるのである[13]。

3　2つの市場競争

　ここから，パン産業における競争の関係は次のように簡単化してみることが可能である。第1の市場競争はいわゆる焼きたてパンと称される地域市場で行われる。競争相手となる参入者は，同じくこのタイプに含まれる参入者と，全国（あるいは広域）展開をする大企業である。大企業は子会社や系列ベーカリーを通じて参入する場合が多いが，潜在的な参入に留まる場合もありうる。第2の市場競争は工業生産されたパンの市場で行われる。参入者は大企業だが，その競争相手は，同じく全国を市場とし同じタイプのパンを供給する大企業と，別のタイプのパンを供給する主に地域展開のベーカリーの2つである。地域展開のベーカリーとの競争は，日本酒とワインの間以上のきわめて密接な代替市場の参入者間の競争とみなせる。

　第1の市場競争では，個性的なベーカリーでとくにそうだが，全国展開をする大企業を競争相手と認知していない場合があるが，価格の違いは消費者からは注視されるため，結局は個性的なベーカリーといえども潜在的には大手と競争させられている。それに対して大企業は，企業成長を地域展開で実現しようとするわけであるから，この市場で地域ベーカリーに対して強い競争意識を持

ち，地域のベーカリーの買収，販売店の系列化，工場新設によるスピーディな流通と割安な価格設定，そしていうまでもないが売れ筋手焼きパン情報の収集など，多面的な戦略展開を繰り広げるわけである。

　このようなそれぞれの市場競争は，突き詰めれば，パンの価格と品質，そして品揃えの面から繰り広げられている。いいかえると，パンの戦略的な商品開発をつうじて動学的な競争が繰り広げられているのである。それはいわゆる商品の差別化競争である。ただし，この差別化製品の寿命は短く，また模倣もおそらく容易であり，実際に頻繁である。参入している企業ですら，製品差別化の全容を把握することは容易ではないはずである[14]。

　参入者（ベーカリーと大手）がお互いの売れ筋商品を探る情報競争を繰り広げ，開発期間が著しく短期であり，開発も容易な面があるために，つねに競合パンメーカー（ベーカリー，大手，そして最近は個々のスーパーなどの店内手焼きメーカー）はエンドレスな開発競争を強いられている様相がある[15]。

4　日本のパン産業の歴史的拡大

1　学校給食パンから始まった

　後述する日本パン工業会の資料にも引用されているが，農林水産省総合食料局食糧部消費流通課流通加工対策室の取りまとめた『生産動態調査』からパン生産の長期的な傾向をみておこう。個別的には様々なパンがありうるので，パン生産用の小麦粉使用量換算から集計値としてパン生産規模が推計されている。2007年が121万トン，1990年が119万トンであった。高度成長時代の渦中であった1965年で86万トン，それ以降現在までの最大使用量が2000年の128万トンであった。現在は量的にはパン産業は成熟しているのである。

　市場の拡大過程と構造変化を概観しよう。1965年から2007年の42年間に市場はわずかに35万トン程度増加したにすぎない。拡大倍率もせいぜい1.4程度である。自動車，家電製品，アパレル製品と比べても成長はきわめて緩やかであった。これは食品産業の典型的な成長と成熟のパターンである[16]。

　構成については上述統計で定義される4分類でみよう。第1が食パン，第2が菓子パン，第3がその他のパン（主にはフランスパンなど），第4が学校給食

パンである。これは供給者に注目した分類ではなく，製品の概観と政策当局の都合による分類である。1965年当時の小麦粉の全使用量86.4万トンの内訳とその構成比（％）は順に，35.5（41.1％），30.7（35.5％），3.9（4.5％），16.4（19.0％）トンであった。2007年の全使用量121.0万トンの内訳と構成比は同じく順に，57.5（47.5％），38.4（31.7％），21.9（18.1％），3.3（2.7％）であった。顕著に増加したのは，フランスパンに代表されるその他のパンのみで，学校給食パンは大幅に減少した。政策当局の当初の意図であったパン産業の育成は，このデータから見る限り，学校給食パンからその他のパンへと順当にバトンタッチされ，実現されたのである[17]。

2　高度成長時代の大手メーカーのパン工場の新設

　パン工場新設の推移を概観しよう。表6-1はパン産業の歩み刊行会（1987）の文中資料を使って作成したものである。表にはパン生産量（同資料ベースは使用小麦換算ベースで当時の食糧庁加工食品課による推計データ，現在は組織変更で上述に改変）と対比が出来るように，1959年からの推移を示している。同資料によると，1955年，1958年にそれぞれ1箇所の工場の新設があった。それ以降は表に示すように推移し，1974年までの約15年間における工場新設ピークは高度成長時代の1965年で，11箇所であった。パン工場新設はまさに日本の高度成長とともに歩んだといえる。

　工場数の増加を生産量の増加と対応させると，ある程度は産業組織論の考えから見て納得できる興味ある関係が表れている。とくに1965年は工場新設が11箇所，そして前年対比で104（千トン）の生産増加があった。しかしその一方で，1967年には工場新設は8箇所で，生産はほとんど増加していない。逆に翌年の1968年は新設が1箇所にもかかわらず，生産増加は大きかった。1969年と1970年の両年の比較も興味深い。新設件数は同じだが，生産量は増加と減少という対照的な推移であった。

　工場新設は産業組織論が注目する企業の戦略的行動の典型的なものである。日本のパン産業の成長が予想されたため，企業が成長を目指し，積極的に投資をしたのである。寡占競争の結果として，企業は生産が増大する時ばかりでなく，ライバル企業に比べて有利となるように，市場の拡大が一時的に低迷した

表 6-1　日本のパン工場新設推移とパン生産量

年 (暦年)	新設工場数	パン生産量 (小麦粉換算) 1,000トン	前年対比増減
1959	0	708	
1960	1	628	−80
1961	1	660	32
1962	5	690	30
1963	6	716	26
1964	9	761	45
1965	11	865	104
1966	6	893	28
1967	8	897	4
1968	1	944	47
1969	5	979	35
1970	5	970	-9
1971	2	952	−18
1972	1	951	−1
1973	4	982	31
1974	5	1,030	48

(出所)　パン産業の歩み刊行会（1987）より作成。

時でも工場新設をするのである。

　なお，生産量の拡大はいうまでもなく既存工場の増設によってももたらされるが，パンという生もの的な食品の全国展開を戦略的に進める大企業にとって，物流最適という制約下では，増設より新規地域における新設が戦略的に有利となるはずであった。このような考えに立つと，表に示した結果は日本のパンメーカーの戦略的な増産行動を端的に示すといえる。

3　アイデアマン経営者の登場

　日本におけるパン食の普及は，学校給食の拡充という政策の後押しを受けて，徐々に地域ごとに始まった。高度成長の 1965 年には上に示したように，パンの大手企業の年間の工場新設がピークの 10 箇所に達した。このような全国展開の積極化から，パン食の普及が日本で急速に進むにつれて，我々のパンに対する見方が変わってくる。それにつれて中小の参入，ベーカリーチェーンの登

場が出てくる。大手のパンだけでは飽き足らない消費者が徐々に登場するのである。

　パン産業の歩み刊行会（1987）は1965年ごろから「パン屋」というイメージが大きく変化したと指摘する。同書によると，第1の変化はヨーロッパスタイルの焼きたてパンが商品メニューの大きな割合を占めてくる点である。

　第2の変化は販売スタイルの変化である。従来の販売は，消費者が求めたいパンを店員に口頭で指示する，消費者と店員との対面的による販売方法であった。これは現在もヨーロッパのベーカリーでは主流である。日本ではパンというヨーロッパの生活スタイルの商品が普及する一方で，販売方法は対面方法から，消費者が陳列されたパン棚から気に入ったパンを選ぶという方法に移っていくことになったのである[18]。

　パンの製造工程を消費者に見せることで，消費者の購買を促そうという考えも始まった。その象徴的な例が，1965年に北青山に出店したドンク（神戸の中堅パンメーカーのブランド），1970年に南青山に進出したアンデルセン（広島本社のタカキベーカリーのブランド）の2つである。ドンクはフランスパン，アンデルセンはデーニッシュペストリーで，いずれもいうまでもなくヨーロッパのパンであり，それぞれ外国から技術を導入した。

　タカキベーカリーはこのアンデルセンのほかに，販売店の一角でベイク・オフ（焼き上げ）もするスタイルのリトルマーメイドというブランドも展開した。消費者自身がスーパーで購入する商品を選ぶように，自分でパンを選び，販売員に手渡すという方法を取り入れるようになったのである[19]。現在日本では，手焼きパンといえばこの種の販売方法が主流となりつつある。また上述したように，In-store bakery に分類されるパンは上のタイプである。

　成長との関連で政策当局の見解をみておこう。パン産業の政策当局である農林水産省（以下，原局あるいは当局と略称）は，近年のパンの生産量は順調に増加を続けているという見方を示している。種類別にみると，学校給食用パンは上述したように，少子化等の影響で年々減少している。パンの生産量の約5割を占める食パンも減少傾向にあるが，菓子パンやその他のパン（フランスパン，ロールパン等）は増加し，給食食パン等の減少を補っている，という見解である[20]。

当局の見解はともかくとして，現状はやはりパン産業は成熟したとみられる。参入企業が多数で，商品寿命が短いためもあり，パンの種類，製品の数，多様な販売スタイルとヴァリエーション，などというパンの総合的な品揃えは，競争する事業者にも，また政策当局でもその全容をほとんど把握出来ないほどである。

パン産業の主原料は小麦だが，原料も多様化が進んでいる。このような多様化は原料価格の比較と消費者の嗜好があいまって取捨選択されるが，多くは短い寿命で市場から消えていく。どのような原料を選択するか，どのような補助原料を使用するかで，パンという個々の製品の売れ行きも左右される。

パンの差別化は，パンの概観，味や原料のみならず，パンの販売方法も一体となって，現在でもとどまることなく進んでいるのである。

5　量的成長を終えて

1　改めてパン市場規模

Datamonitor 社による Industry Profile シリーズの1つ Bread & Rolls in Japan, 2007 December によると，2007年のパン市場規模は1456千トン。2003年からほとんど横ばいであった。すでに示したデータだが，2007年の内訳を再掲すると，大手の工場生産パン（Industry bread & rolls）の割合が72.6％，焼きたてパン（Artisanal bread & rolls）が19.9％，店内焼きたてベーカリーパン（In-store bakery）が7.5％という推計であった。この第3のタイプはそれ以外の2つのタイプの折衷的なものといえる。企業別シェアはのちに改めて議論するが，2007年で山崎製パンが21.0％，敷島製パンが16.6％，フジパンが13.8％，その他が48.6％であると推計されている。

2　内外の市場構造の比較

すでに日仏比較を例に内外のパン産業の市場組織が大きく違うことを指摘しておいた。この比較をいま少し広範囲な国で行うと表6-2のようになる。データベースは上述と同一である。先進5カ国を比較したものだが，詳細まで見ると，欧州各国といえどもそれぞれの国のパン産業の組織は異なる特徴を持って

表6-2　主要国のパン市場組織の比較

	Japan	US	UK	France	Germany
Artisanal bread	19.9	17.3	16.9	61.4	62.1
Industry bread	72.6	70.8	80.2	27.9	32.2
In-sotre bread	7.5	11.9	2.9	10.7	5.7
Market share					
Top	21.0	8.6	23.5	10.1	11.4
Second	16.6	6.8	20.9	2.9	4.4
Third	13.8	6.7	17.8	2.0	2.1
Others	48.6	77.9	37.8	85.0	82.2
Market size					
Market value（mil. $）	5,216	13,591	3,623	6,916	16,159
Market volume（1,000 ton）	1,458	8,353	2,119	3,380	6,232
Value/Volume（$/kg）	3.6	1.6	1.7	2.0	2.6

Note: Market size of each country except for US is of 2006 date.
Source: Various country reports by Datamonitor, ed., Bread & Rolls, 2007.

いる。

　ただ，欧州大陸の独仏は，産業の組織で見るとこれら5カ国の中ではもっとも近い。たとえば，供給者の3つのタイプの構成はきわめてよく似ている。市場シェアについても，トップ企業といえどもシェアはせいぜい10％あまりであり，80％以上のパンは中小規模とみられるベーカリーが占めている。だが，ドイツの市場規模は人口比で見ても，パンといえばフランスといわれるフランスよりも，パン消費は多いのである。需要が多く，そして価格（平均）はフランスよりも高いと推計される。これ以上の独仏比較はしないが，両国の主要なパンの種類，製品の違いが大きな理由の1つだろう[21]。

　これら両国に比べると，同じく欧州の国だがイギリスのパン産業の特徴は違っている。むしろアメリカに近い組織と規模である。たとえば3つの供給者の構成では，英米両国はほとんど同一ともいえるくらいである。あえて違いをあげるとすれば，In-store bakery がアメリカでは高いがイギリスはほとんどないといえる点だろう[22]。市場集中度から見ると，イギリスのパン産業の市場集中度はこれら5カ国でもっとも高い。トップメーカーのシェアは23.5％，日本のそれよりも高い。

パン産業の組織をトータルとしてみると，アメリカはこのイギリスにもっとも近い。3つのタイプの供給者の構成ではアメリカらしいと思われる見せびらかし特徴は出ているが，主要な点では同じである[23]。ただし，国土がイギリスよりはるかに大きいために，地域市場が発達し，全米トップ企業でも市場シェアは低く，そのために市場集中度は低い。だが，原料である小麦の有力生産国であるアメリカのパンの平均価格は5カ国でもっとも低い。

　そして最後に日本の産業組織を以上の4カ国と比較してみると，日本はアメリカ，イギリス，欧州大陸諸国の特徴をすべてミックスした折衷的な組織を持っていると見ることが出来る。3つの供給者構成はきわめてアメリカ的であり，日本の消費者はメーカーの宣伝や個人の見せびらかし願望に関してアメリカ並みのようである。アメリカとの大きな違いは表面的で，日本の消費者が狭い国土に密集して住んでいるがゆえに，トップ企業などのシェアが飛びぬけて高く，集中度が5カ国比較でイギリスに次ぐ水準である。これら4カ国と比べて日本の大きな特異点は，パンの平均価格が割高な点である[24]。

　産業組織論でもっとも注視される指標が集中度であるが，表から5カ国の3社集中度を算出し比較すると，高い順にイギリス（62.2％），日本（51.4％），アメリカ（22.1％），ドイツ（17.9％），フランス（15.0％）となる。そして当然かもしれないが，この順に工業製品パンの割合が高くなっている。イギリス（80.2％），日本（72.6％），アメリカ（70.8％），ドイツ（32.2％），フランス（27.9％）である。集中度と価格との密接な連関は観察出来ない。内外でのパン製品の違いが大きいと思われる。またパンの差別化の違いも大きいと思われる。国際比較からみるかぎり，集中度と価格の関連は未解明である。

3　日本での市場参入

　以下，総務省による平成16年『事業所・企業統計調査結果』から，日本のパン・菓子製造業（097コード）の事業所数，従業員数を概観しておこう。

　企業の総数は2004年は4230で，2001年の4316から減少，減少率は2.0％であった。2004年の常用雇用者規模別の企業数は，1011（0から4人），904（5から9人），790（10から19人），417（20から29人），369（30から49人），356（50から99人），259（100から299人），96（300から999人），15（1000か

ら 1999 人），11（2000 から 4999 人），2（5000 人以上）となる。累計分布で見ると，50 人以下が 3518，100 人以下が 3854，300 人以下が 4107 となる。

　50 人以下は全体の 83％である。さらに小規模の 4 人以下の企業の割合は 24％である。これに対して 300 人以上の企業の割合はわずか 3％である。しかし企業数で見ると，たとえば従業員数 1000 人以上の企業が総計で 28 であり，パンという嗜好品ともいえる産業としては大企業の存在感は大きい。上述したように，日本のパン産業の組織が先進諸国に比べて寡占的であったが，この規模別の企業数分布にもこの傾向がはっきりと現れている。

　事業所ベースからみてみよう。いうまでもないが，1 企業が複数の事業所を保有すれば，それらをすべてカウントするので事業所総数は企業総数よりはるかに多くなる。2004 年事業所数は 9848，2001 年では 1 万 132 であった。減少率は 2.8％である。9848 のうち 2001 年から事業を継続していた事業所総数が 9151，この間に新たに開業した事業所総数が 697 であった。同期間における廃業事業所総数は 1179 であった。2004 年で 1 企業当たりの事業所数は平均 2 程度であった。

　パン製造事業所での従業員総数は 2004 年で 28.2 万人，男女の内訳は，男 13.1 万人，女 15.1 万人であった。2001 年の従業員総数は 30.0 万人であったので，3 年間における減少総数は約 0.7 万人であった。新たに開業した事業所における従業員総数は 1 万 6859 人であった。新規事業所 1 箇所当たりの従業員規模はしたがって，平均で 24 人となる。この規模はいうまでもないが，個人経営のベーカリーのそれではなく，チェーン展開を進める中堅のパンメーカーの規模に相当すると思われる。

　筆者がパン産業に興味を持つきっかけとなった知人の事例はきわめて小規模の家内企業であった。上のデータからみると，この事例は日本の近年の新設パン事業所の平均値ではなく，例外値ともいえる。そのような例外的な小規模企業が立地可能となった理由は，中堅の参入が周辺にないことであったと思われるが，さらにミクロの視点からもみるべきだろう。

6 パン生産の技術的側面

1 食パン・フランスパン等の基本的な生産過程

　日本でのパンの歴史は戦後，栄養改善を目標に，学校給食パンが発足したことから始まった。高度成長の前半時代はアメリカから機械化合理化製パン技術が導入された。日本のパン産業の本格的な成長はアメリカの技術，産業の組織を模倣するかたちで，しかしその形態は学校給食という政策的な動機で始まったのである。その多くは中堅企業による工業生産パンであった。

　その後，高度成長の中頃からは，日本経済全体の所得の向上，生活の欧風化によって，新たなパンへの需要が高まった。日本の大手パンメーカーは依然として機械化製パン製品の質的革新を進める一方で，中堅パンメーカーも参画するかたちで，ヨーロッパから伝統的なパン生産技術を導入した。パン製品の品揃え重視，そのための技術開発，生産管理という市場行動がこのころから加速的に始まったのである。

　1990年代に入ると，あわせて生産コストの軽減も目標となった。品揃えはどうしても費用上昇を招きかねないからであった。具体的には，冷凍生地利用による省力化，合理化が追求された。この時期はパン産業の量的な成熟化が明白になりつつあった時期である。成熟化にあわせて，冷凍生地によって費用を節約し，一方で発酵種利用による発酵風味志向による製品差別化が追及された。さらに，手作り志向の新業態への挑戦も始まった。日本の製パン技術・パンの種類と品質は，行き過ぎた差別化の危険をはらみながらも，現在，世界のトップクラスにあるとみられている[25]。

2 大企業の生産行動

　メーカーの模倣的な品質競争が相次ぐために，同質的なパンの間での価格競争は，地域的にも全国的にも活発である。そのために生産費用を軽減させる合理化も活発である[26]。ただし，それはトヨタ生産方式の自働化ではなく，むしろ通常の自動化，つまり機械化の徹底である。もちろん，多品種生産における段取り変え時間を短縮させる工夫は大きな技術開発テーマではあったが，パ

ンという製品の特徴として，重量面の制約は低く，自動車生産におけるものとは技術体系が違っている。

一般論として，パンの大量生産において自動化と製品多様化は互いに矛盾する。そこで大企業を中心に，パン生地の中身および表面の質を維持し，パンを焼く温度，時間条件，生地の保存方法，時間，それら製造工程における様々な組合せについて，各企業はそれぞれ独自の開発によって，それぞれのノウハウを保有するまでに至っているとみられる[27]。このような大企業による技術への取組みから，上述したように，世界的トップ級のパン製造技術という認識が生まれていると思われる。

パン産業での多品種大量生産はこのようにして生まれてきたのである。工場レベルでは，重量制約はなくても，色彩や嗜好面という質の面から品種変更による段取り変えの効率化はつねに意識され，開発の重要な課題であり続けているはずである[28]。

このいわば限界を克服するひとつの素朴なアイデアとして，日々には少品種大量生産を実行し，1〜2週ごとのサイクルでそれを切り替え，製品の冷凍保存によって，結果的に市場には多品種を供給する方式が取り入れられている。生地及び製品の凍結貯蔵技術，品質の劣化を招かないその工夫が新たな課題となっている。

大企業による多品種大量生産パンの効率的な生産は，このような意味では興味ある技術トレンドを生み出す可能性を持っている。

その一方で，中堅以下の手焼きベーカリーはこのような技術面でのハードルを，一方で自動機械メーカーのアイデアやノウハウを導入しながら，あわせて職人的な腕と時間で補っているのである。

3 新技術開発の動向

パンでは，野菜ほどではないが，鮮度を保ちながら供給することが品質を左右する。工場や倉庫からの配送回数を増加することがもっとも単純で効果的ではあるが，近年のコンビニがそうであるように自ずと限界がある。大手にとって，現在は量産が当然で，結果的に広域流通となる。パン製品の流通は重要な経営課題となるのである。深夜や早朝の労働作業が制限される中で，しかも週

休2日制も徹底させなければならないとすれば，製造から流通までのおのおのの段階における，効率的かつ安全な冷凍技術が改めて重要な技術課題として浮かび上がってきているのである。

　製造段階では冷凍製パン法が1つのアイデアになっている。これはセントラルベーカリーで生地を凍結するアイデアである。さらに冷凍をどの段階で行うかで様々な変形もありうる。

　一方，新発酵法の開発も行われ，異なる低温度帯において，おのおのの特徴あるフレーバーと旨味が生成される可能性を追求した，いくつかの特許出願もある。さらに開発テーマは個々の経営までみると，多様であると思われる。実際，トップメーカーの山崎製パンの開発は活発で，年間の新商品数はおよそ1000近く，資金面で見ると2007年12月決算で年間約63億円の支出であった（同社ホームページより）。

4　パンのコスト構造

　パンの生産費用構造を文献から概観しておこう。森他（1971）の調査から，少し古い1962年時点でのデータだがこれから概観しよう。当時で従業員数が210名の地方都市の製パンメーカーで，直営店も保有しているケースである。販売マージンは一律20％で，製造原価は約60％，販売経費が約20％であった。この資料には個別企業の調査データはこの他にもいくつか紹介されているが，ほぼ同様な費用構成であった。商品構成，販売方法，企業規模などによって費用構造に多少の違いはあるようだが，全般的な構造はこれと同様とみなせる。

　これに対してパン産業のトップメーカーである山崎製パンの費用構造をみておこう。2007年12月末連結決算の1年間のデータでは，売上7732億円に対し，売上原価の割合は64.1％であった。これと40年以上も前の地方のパン専業メーカー兼小売企業の製造原価比率60％とはほとんど差がない。山崎製パンの販売費用および一般管理費用の割合は33.2％であった。これは上のケースの20％に比べると1.5倍以上である。結果的にトップメーカーの営業利益比率（対売上高）はわずか2.7％という低さである。

7 パン産業の協調

1 中小企業中心の事業者団体

全日本パン協同組合連合会は（全協同と略称）1956年に設立された，パン産業界の事業者団体である[29]。それまで存在していた関連の3つの事業者団体が解散し，新しく統合した団体である。その3つとは，全国パン協同組合連合会，日本パン協同組合連合会，全国学校給食パン協同組合連合会であった。団体の目的はパン食普及促進で，そのための情報活動と政策当局への働きかけなどが主であった。情報活動としては，消費関連と生産技術や海外動向の調査が主であったと推察できる。

この全協同は中小企業等協同組合法（1949年制定）を法律的な裏付けとする，中小企業のための上記の活動を，競争する企業が共同で行うものであった（当時の中小企業は資本金5000万円かつ従業員300人未満）。個別の中小企業ではこのような規模の経済性が大きく期待される情報活動では，非効率となるからであった。全協同は2007年現在，全国各地の同様な下部団体61の正式メンバーと，関連機械メーカーや原料メーカーなどの賛助メンバー43社で構成されている[30]。

2 大企業による市場団体の組織化

1960年ごろにはパンの市場規模が拡大するにつれ，メンバー企業の中から中小企業の法的基準を上回るケースが登場するようになった。パン産業の歩み刊行会（1987）によると，「パン産業の発展に伴い，（中略）次第に協同組合に参加出来ない，いわゆる大企業が増加することとなり，業者間の統轄面で行政的にも指導が行き届かぬ状態」（139頁）が懸念されたため，「大企業による組織を強化する必要性が，業界内および行政面から強く打ち出され」（同上）たのである。1962年，岡山パン製造株式会社の代表が当時の食糧庁の担当者（業務第2部長）と相談，「積極的な賛同を得た上で，中島厚東京食糧事務所長を推薦されたことを契機として，急速に全国団体の結成に向けて動き出し」（同上），1963年に日本パン工業会（以下，工業会）が発足した。発足当時の専

務理事がこの東京食糧事務所長から天下りをした中島厚氏であった。

　2007年10月現在，20社がメンバーである。もっとも大規模のメーカーが山崎製パンである。この20社の地域分布は特徴がある。東京都所在メーカー（法律上での）が5社，埼玉県所在が3社，兵庫県所在が2社，愛知県所在が2社，北海道所在が2社，青森県，岩手県，大阪府，岡山県，広島県，福岡県，がそれぞれ1社，である。2008年5月現在の専務理事は愛知県食糧事務所長から天下りの元役人である（工業会のホームページから引用，以下同様）。

　工業会の事業規模は，収支データで見る限り小さい。2008年3月末決算の年間収入は約4200万円であった。財産規模も同程度であった。このわずかな資金によって，大別すると4つの事業内容を行った。第1は生産面についてである。内訳は，① 農林水産省に対し，小麦粉価格上昇への苦情と対策要求，② 品質安全のための調査，③ 食品表示についての調査，④ 物流コスト削減のための共同取組み，である。第2は消費促進のためのいくつかのPRである。第3は関連する小団体との間の情報交換，収集などの活動である。第4は，工業会の組織管理，強化の活動である。これらをいくつかの会議を通じて策定，実行と管理が行われたのである。

　上記のパン産業の歩み刊行会（1987）によると，1984年当時のメンバー企業は26社であり，年間生産量のおよそ56%がこのメンバー企業によって占められていた（144頁）。

3　中小企業中心の全協同

　次に全協同を改めて概観しよう。現在はすでに述べたように，中小企業等協同組合法を法律の基盤として各県に設立されているパン組合61の上部団体である。個別の協同組合の活動は工業会についてのように，部外者には容易に把握出来ないようである。ただ，全協同は，新宿区（地下鉄新宿御苑前駅，徒歩3分）に全パンビルを所有していると思われ，そのフロアーの一部（たとえば3階，32坪）を外部に賃貸していると推察できる。

　京都パン協同組合を例に概略を紹介しよう（以下，同組合ホームページから）。会員の負担金は月額2500円からとなっている。事業は，① パン食普及のためのPR，② 技術研修企画，③ 原材料調査，④ 健康保険組合の受け皿となるな

ど組合員の福利厚生活動，などが主であるが，資金や財産は小規模と思われる。

　神戸新聞の 2007 年 6 月 3 日の記事によると，兵庫県パン協同組合の会員総数は 103 だが，いわゆるベーカリーの中には非会員も多数を占めているようである。ちなみに兵庫県は工業会会員でみると 2 社であったが，兵庫県の中心都市である神戸市は全国有数のパンどころといわれている。兵庫県のパン消費量は，『家計調査』ベースでみると 2001 年から 2005 年までの 5 年間平均全国 3 位であった。

　このような一連の団体行動，大企業と中小企業のそれぞれの団体のすみわけは，日本のほとんどの産業，パン産業のようなロウテク産業はいうにおよばず，自動車産業，金融業，はては半導体のようなグローバル，ハイテクなどと称される産業でも同様な仕組みで行われている。

8　パン産業のガリバー

1　全面的競争を展開

　日本のパン産業の主な競争は，全国展開を積極的に進める一部の大企業によるシェア拡大に向けた競争である。競争相手は同じような業態の大企業と，県あるいは小さな商圏を基盤とする各地域のベーカリーである。大企業の競争手段は，大量生産による生産コスト削減とそれによる価格競争力に尽きるだろう。そしてさらに多品種大量生産を効率的に行う生産技術の開発を通じて，ただ単に大量に全国的にパンを流通させるだけでなく，手作りパンに匹敵するベーカリー的なパンをも多様に生産する。まさに両面展開の競争行動である。

　シェアトップの山崎製パンの企業情報からこの実態を垣間見ることにしよう（以下，同社ホームページから）。ビジネスは 6 つに分類されている。第 1 の食パンが 13 種類，第 2 の菓子パンが 25 種類，第 3 の和菓子が 15 種類，第 4 の洋菓子が 14 種類，第 5 の弁当・サンドイッチが 6 種類，第 6 のお菓子・その他が 6 種類である。

　山崎製パン（株）の 1 つの製品を取り上げておこう。大きな三色豆蒸しぱんで原材料表示と賞味期限表示あり，価格は 100 円程度である。この商品を販売するスーパーは同時に手焼きの釜焼きパンを In-store bakery としても販売し

ている。個別商品にはもちろん品質表示はないが，商品陳列のすぐ横に大きな冊子があり，そこに材料表示や賞味期限を表示している。

2　多様な業態で市場参入

　山崎製パンは，このような大量生産のパンを製造する一方で，子会社を通じて地域的なベーカリー市場や関連カフェ市場にも参入している。ヴィ・ド・フランスは 1983 年のフランスのグラン・ムーランド・パリと業務提携でスタート，現在はベーカリー・カフェ業態として全国に 180 店舗近く参入している（以下，同社ホームページから）。大半は東京圏で，京都市内はわずか 2 箇所，大阪 20 箇所未満，パンどころの兵庫でも 9 箇所にすぎない（うち 5 箇所が神戸市）。

　埼玉県では同じくグラン・ムーランド・パリとの業務提携でパン用冷凍生地製造・販売とベーカリーショップ経営の 100％子会社ヴィ・ディー・エフ・サンロイヤルがある。会社のホームページによると，関東周辺で焼きたてパンを販売する。スーパーのインストアベーカリー業態の「サンモンテ」，品揃えを重視した一般展開の「サンエトワール」，ターミナル駅周辺に進出する「オープンフレッシュキッチン」の 3 つの名称で店舗総数 29 箇所で取り組んでいる。

　さらに地方圏にも異なったスタイルではあるが，ベーカリーをイメージした参入を積極化させている。高知県，山梨県，鹿児島県，北海道（3 社），京都府，石川県，などである。

　パンの新品種アイテムは年間およそ 1000 種類といわれる。製品のライフサイクルが極端に短くなっている証拠である。上に上げた製品種類は大分類あるいは中分類であり，個別アイテムの単位でカウントすれば製品総数は何千にもなるかもしれない。研究開発は東京に集結されているが，市場情報は上に上げたようなベーカリーショップを通じた生の市場情報を収集し，開発に反映させていると思われる。販売と研究，そして開発が一体化されている。これはクライン・ローゼンバーグの連鎖モデルの典型例である。パンという消費者ニーズを取り込む商品では，開発が競争力そのものといえるため，企業の戦略としてはこの連鎖モデル行動は必然であると思われる。

3　多面的全国展開と市場情報源としての海外展開

　製造工場は，パンという食品の全国流通を円滑化させるために，全国に分散している。東京圏には10箇所，周辺には2箇所，東北・北海道には4箇所，大阪圏には4箇所，名古屋圏には2箇所，中国地方には2箇所，九州地方には2箇所の工場がある。パンの冷凍生地の専門工場は，愛知県と兵庫県にそれぞれ1箇所ある。

　山崎製パンは1948年に千葉県の市川市で事業を開始させた。日本パン工業会の代表的なメンバー企業である。創業者の飯島藤十郎は工業会の発足時の理事の一人であった。初代の会長はキムラヤパンという名称で知られていた木村屋總本店の代表であった木村栄一であった。山崎製パンはその後，この木村屋總本店を大きく上回る成長した。現在は，国内だけでなく，海外にも市場情報，商品情報などの入手アンテナもかねるように，世界各地にも進出している。

　海外事業はアメリカのヴィ・ド・フランス・ヤマザキ（直営ベーカリー6箇所，工場7箇所），ヤマザキカリフォルニア（直営ベーカリー1箇所），ヤマザキフランス（直営ベーカリー1箇所），香港ヤマザキ（直営ベーカリー32箇所，工場1箇所），タイヤマザキ（直営ベーカリー55箇所，工場2箇所），台湾ヤマザキ（直営ベーカリー35箇所，工場1箇所），そのほか，マレーシア，シンガポール，上海，成都などの各国や各地にも進出している。

　現在の資本金は110億円強，売上高約7500億円であった。内訳は食パンが871億円，菓子パンが2822億円，和菓子が640億円，洋菓子が766億円，調理パンなどが970億円，その他が843億円，食品事業合計が6917億円であった（個別内訳合計との不一致は四捨五入ゆえ）。パン売上はおよそ3700億円と推計できる。

4　価格支配力について

　2008年3月7日の日経産業新聞からこの点を見ておこう。同新聞社の独自の販売データ，POSデータを用いたデータ考察である。まず，大手製パンメーカーは2007年12月，パンの値上げを表明した。理由は小麦などの原材料価格の高騰である。山崎製パンのもっとも売れている菓子パン「薄皮つぶあんぱん」の平均実売価格は2007年11月は98円であった。値上げ表明後の12月は

103 円，2008 年 1 月は 108 円と推移した。菓子パンにおける山崎製パンの市場シェアは POS データでみると，2007 年 12 月で 44.9％，前月 11 月の 46.9％と同水準であった。前年 2006 年 12 月の 45.4％と比べてもシェアは，値上げ後も低下していない。

日経産業新聞はこの理由をシェア第 2 位メーカー，フジパンとのシェアの差が 2007 年 11 月で 33.4％ポイントあったことをあげている。つまり，山崎製パンは菓子パン市場において価格支配力のある市場シェアを持っていたといえるのである。

これに対して食パン市場ではシェア第 2 位の敷島パンとのシェアの差は 2007 年 11 月で 12.4％ポイントだった。その結果，山崎製パンの食パン市場におけるシェアは 2007 年 11 月に 35.9％であったが，値上げ表明後の 12 月には 31.8％に低下したのである。

この 2 つの市場の価格推移は，市場構造を見る上で，トップ企業のシェアだけでなくその分布，とくに 2 位メーカーとの関係を捉えた分布が重要であることを示唆しているのである[31]。

5　その他の最近の特徴

その他の大手企業にも興味深い地域展開や販売方法を採用し，強力なブランドと根強いファンを持っている企業もあるが，ここではこれ以上触れないことにする[32]。

近年は新しい業態のパンメーカーあるいは流通企業が登場している。いわゆるチェーンベーカリーである。BAGEL&BAGEL，アンデルセン，サンジェルマン，サンメリー，ドンク，ポンパドウルなどが主である。

また宅配ベーカリーを展開するパントーネシステムも登場している。ベーカリーカフェ，ベーカリーレストランも新しい業態例である。

パン市場の成熟化に伴い，流通と嗜好の両面からの企業の絶え間ない開発競争が展開されているのである。

9 おわりに

　パン産業の競争は販売方法と一体的に進められる商品開発の成果に左右されている。少数の大手企業は海外情報の積極的な収集によっていち早くこの商品開発を推進することで市場シェアを高めている。一方，消費者のパンへの嗜好は，価格比較から推測すると，必ずしも大手のメーカーによって大量生産されたパンに高い評価を与えていないと思われるために，大手メーカーは全国展開を進める一方で，このようなブランド志向，手作り志向の強い消費者市場に対して，別会社を通じて参入し，競争力を総合的に高める戦略を取っている。その結果として，大手による工業生産的なパンといえども，手作り的なイメージを与えることに，大手企業，とりわけトップ企業の山崎製パンは成功している。

　このような総合力に勝る大手企業に対抗するように，地域展開を進める中堅メーカーは，ブランドの地域浸透を図っている。両者の開発競争は，結局，パン市場における著しく短い商品ライフサイクルとなって現れている。

　このような両者に挟まれるように，小さな商圏，限られた馴染み顧客を取り込もうとするいわゆる個人経営のベーカリーがある。彼らは小さな店舗，小さな規模，小さなエリアを守ることで，大手や中堅の総合力や資金力に対抗するわけである。

　筆者の知人が住まう場所に昨年開業したベーカリーはこのようなタイプの典型である。小規模ベーカリーの商品力はパンの味でありおいしさであるが，それを保証する1つの手段として，いわば中世のギルドではないが，一種の徒弟的な修業経験が消費者に訴えかけるようである。このようなベーカリー経営者間の個人的な関係，技術習得と学習経験を通じた関係がベースとなって，日本のパン産業における協同行為が機能している可能性がある。そのような伝統的な体質を温存させながらも，本章では触れなかったが，パン産業ではよりオープンなパン技術取得のための職業学校も機能している。

　事業所件数，従業員数では，近年は日本全体としては弱含みではあるが，アイデアが良ければ特定地域などではパン市場に対する経営的な見方は決して悲観一色ではない。それは今後の人口の高齢化とも関連する1つの現象とも言え

る。人はパンのみにて生きるにあらず，とはいわれるが，その一方で，パンを生きる糧と位置づける高齢者も増加しつつあるようである。

　自動車産業などと比べると，研究事例も少なく，論文数も限られている，この「地味な」パン産業に対しても，多面的な考察を加える事で，興味ある事実を浮かび上がらせることが出来たのである。それは，寡占的な大企業と中小企業が1つの市場で共存する事例が存在している，という事実が確認できたという点である。

●注

1) この雑誌の経済的な基盤の多くは早稲田大学政治経済学部の在学生の拠出金に依存しているとすれば，学部学生諸君の参考となる，つまり，学部卒業論文の作成などに参考となるものを教師は書くべきであろうと思ったのである。
2) 学生諸君にとってもこのようなミクロの観察は重要である。教科書でのミクロ経済学の勉強だけではなく，経済学者のマーシャルではないが，周辺の事実をつねに重視する態度を卒業論文作成でもとることが望ましいのかもしれない。
3) 産業組織論の枠組みに依拠して議論をせよというのは，専門を重視する専門家態度としては当然かもしれないが，筆者の考えでは産業組織論にはそのような指摘は当てはまりにくい。
4) もっと直接的にいえば，個別産業に目を向ける場合はこのような方法がしかるべきアプローチともいえる。
5) パンの世界的な起源は中近東辺りかも知れないともいわれる。ツイアー（1984）より。
6) ただし，視野をグローバルにせよということと，実際に海外で暮らしたり学んだりすることとはまったく別である。
7) この見方，比較，日本的異質性は決してパン産業，パンという製品だけに留まらないだろう。経済現象的にも，さらには産業組織論から見ても，今後の大きなテーマとなりうるだろう。
8) これらの内外の産業組織の相違は，もちろん指摘するまでもないが，日本経済の構造的な特徴の1つである。
9) パンという基礎的な消費財についてこのような根本的差異が存在することは，それ以外のものにも同様な根本的影響が現われているはずである。住宅などの投資財に対する日本人の嗜好だけではなく，我々の経済活動，たとえば，消費か投資か，学習あるいは労働と休養か，などにも影響は出ているはずである。それは結局，筆者が生活の糧を得ている大学という組織の存在，その社会的な存在感，提供されるサービスの質が，まさにパンという中身が内外で違っているように，内外で質的に違っているということにもなるだろう。
10) 消費者の中には，パンは冷凍可能なために，米食よりも簡便であるというこ

とから今後さらに普及が見込めるという意見もある。しかし，費用と品質の両面からベーカリーがこの長期保存を実行するのは容易ではない。ただし，後述するように，大規模メーカーはこの冷凍技術の導入を研究している。

11)　より長期の例外もある。また海外の一部にはローカル的なパンもあるだろう。

12)　臼井他（1972）の第2章「東京都におけるパン類の生産と流通」（宮川淳）はこのような地域市場に焦点を当てた分析例である。この研究は，調査全体を企画した財団法人食生活研究会（当時）の様々な調査能力，情報収集能力を発揮した結果である。同書にはさらに静岡県の実態調査も報告されている。いずれも貴重な情報源である。東京都の例から若干の内容を紹介しよう。① 区市別のパン工業会の存在と組合員総数，販売高，② 文京区のさらに詳細な地域市場の組織，個別企業の参入と変化，系列の実態，ある特定地域の販売店を網羅した比較（立地地域，業態，系列，規模，特殊事項）などである。

13)　このことを企業成長との関連で見ると，手堅い成長を遂げるためには，ある特定地域でそれこそそこのベーカリーでなければという根強いファン，それも一定以上の消費者特徴（たとえば，購買客の店頭での様子などから所得水準）を絞り込み，そこでいわばお墨付きを得て，周辺地域，さらには拠点地域への参入をはかることで成長しているようである。ただし，パン産業という小さな市場でも再編成はミクロで見ると活発である（たとえば森他（1971）など）。ペンローズが指摘しているが，成長限界は個別企業（大小様々ではあるが）の経営資源保有に左右され，成長に失敗する例も多々あるようである。

14)　このような市場組織の特徴があるために，個性的なパンに訴えることで，小規模ベーカリーの開業が可能となるわけである。

15)　興味深い現象は，大規模モールなどでは，これら3つのタイプのパンが狭い場所で競合するように販売されている。

16)　食品産業における例外的な成長はほとんど新商品を通じてもたらされる。戦後に登場したインスタントラーメンなどがその典型である。食品企業が企業としての成長を持続させようとすれば，新規地域や海外に参入するか，あるいは買収を通じて他の食品企業などを支配下に置くことによってしか実現出来ない。後に述べる日本のパン産業のガリバー的な存在である山崎製パンもこの両面によって企業としての成長を追及している。

17)　ただし，学校給食パンが政策的に始められなかったとすれば，日本にパン産業が欧米諸国並みまで拡大しなかっただろうか。政策効果があったかどうかは，このいわば経験しえなかった歴史ストーリーをどのように見るかで答えが変わるのである。欧州では大手企業が相互に隣国に参入するなど，大企業の海外進出が活発である。日本に欧米の主要なパンメーカーが進出していた可能性もありうるだろう。

18)　この変化はスーパーの普及と関係があるはずである。

19)　ただし，現在でもごく一部のベーカリーはヨーロッパスタイルの販売方法に固執している。衛生面での問題があるからともいえるだろう。パンを大きなカバ

一付きのケースに入れることで解消させる折衷的な販売方法も一部スーパーなど
　では取り入れられている。

20)　小麦の制度改革と製粉産業の課題をテーマとした農林金融 2000 年 10 月，食
　糧庁「米麦加工食品等の現況」『米麦加工食品生産動態統計調査年報』による。
　ただし正確にはこの当局による機関紙に発表された官僚の個人的な見解という形
　式を取ってはいる。しかし大多数の関係者は公的な意見とみるだろうし，またそ
　れがこの機関紙の意図でもあるだろう。いずれにしてもなぜこのような見解を当
　局が示さなければならないのだろうか。パン産業の監視とこの見解はどのような
　関連があるだろうか。これらも問題意識とはなりうるテーマである。経済問題は
　至る所に存在している。

21)　このような考えを検証するには，アルザスという独仏国境地域でのパン消費
　を調べるというアイデアは興味深いだろう。小さな事例から特徴ある事実をつか
　み，それをたとえば卒論などに発展させるのが，まさにオーストリア学派的な立
　場であり，個性的で研究的なアプローチといえるだろう。なお，最近はドイツに
　おいて大規模メーカーのシェア上昇があるようである。

22)　これなどはきわめて興味ある相違である。個人的にも英米の比較，イギリス
　と大陸国との比較は興味が尽きないが，これ以上はここでは追求はしない。関連
　する通説として，イギリスはヨーロッパではないと言われることを指摘しておこ
　う。

23)　アメリカの Modern Baking という雑誌に掲載された雑誌編集者，Heather の
　短いエッセイによると，アメリカトップ 50 社の店舗内立地のベーカリーチェー
　ンは，地域住民の食に対する好みを取り入れ，新鮮な食のイメージを高めるため
　に，中規模の地域スーパーでの焼きたてパンを重視している。

24)　ただし，ここでは相対価格の比較をしていない。パン価格が高いかどうかは
　その他の主要食料品価格との比較によってみることができる。いずれにしてもイ
　ギリスのパン価格は低いようである。

25)　パン産業の歩み刊行会（1987）などに見られる意見である。

26)　以下，内田（1999）からの引用である。

27)　同上。

28)　トヨタ生産方式と同一の問題意識である。少量生産にあっては製品品目の変
　更所要時間が鍵となる。ここにある企業が開発したノンストレス・システムが有
　力といわれる。内田（1999）より。

29)　以下はパン産業の歩み刊行会（1987）を参照。

30)　中には保険会社，なども含まれる。

31)　大手三社とは，フジパン，敷島製パン，山崎製パンの 3 社である。なお，評
　者は，価格支配力と商品特性との関連を指摘する。つまり，食パンは菓子パンに
　比してより差別化の程度が小さく，それゆえコモディティ的なものとすれば，価
　格支配力が低下するという指摘である。確かに，その対比と可能性はありうると
　思われる。だが，パンという商品は，食パンにおいても差別化が著しく，またブ

ランドは菓子パン以上に浸透している。いずれにしても，シェアと差別化という両面が価格戦略を左右する 2 つの要因である。

32) ごく一部を紹介しよう。アンパンで知られる木村屋總本店，スーパーマーケットやコンビニエンスストアに並ぶ食パンや菓子パンの他，サンドイッチや洋菓子・デリカ食品等の神戸屋と神戸屋レストラン，などである。

【参考文献】

臼井晋他編著『パンの生産と流通構造分析』財団法人食生活研究会，1972 年。

内田迪夫「砂糖とパンについて」『砂糖類情報』1999 年 11 月。

木南章「パン製造業の産業組織」荏開津典生・樋口貞三編『アグリビジネスの産業組織』東京大学出版会，1995 年。

ツイアー，W.『パンの歴史』(Le pain) 中澤久訳，同朋舎，1984 年。

中村光次・清水徹朗「小麦の制度改革と製粉産業の課題」『農林金融』2000 年 10 月。

パン産業の歩み刊行会編『パン産業の歩み』毎日新聞社，1987 年。

丸山泰広他「消費者嗜好と技術革新によるパン産業の構造変化」『九州大学大学院農学研究員学芸雑誌』第 58 巻第 1-2 号，2003 年 10 月。

宮川淳「東京都におけるパン類の生産と流通」臼井晋他『パンの生産と流通構造分析』財団法人食生活研究会，1972 年。

森宏他『パンの消費動向と企業の対応』財団法人食生活研究会，1971 年。

Datamonitor, ed., *Global Bread & Rolls: Industry Profile*, December 2006.

———, *Bread & Rolls in Japan: Industry Profile*, December 2007.

———, *Bread & Rolls in France: Industry Profile*, December 2007.

———, *Bread & Rolls in the United States: Industry Profile*, December 2007.

———, *Bread & Rolls in Germany: Industry Profile*, December 2007.

———, *Bread & Rolls in United Kingdom: Industry Profile*, December 2007.

———, *Bread & Rolls in Europe: Industry Profile*, December 2007.

Heather, Brown, ed., "Top 50 in-stores aim to differentiate," *Modern Baking. Des Plaines*, Vol. 19, Iss. 13, December 2005.

7 東京郊外の北鎌倉におけるコンビニの動きから社会的な問題を考える

1 はじめに

　本章は，東京郊外に立地する一つの小さなエリアにおける中小商店の盛衰とコンビニ進出を事例に用い，どの社会においてもみられる普遍的な側面である変化と継続という対立現象を，経済学や政治学といった目線ではなく，いわば直感的な目線から具体的にトレースし，整理することによって，日本社会の可能性や問題の所在を捉えることを目的とする。

　もちろん，このような直感的あるいは人間的ともいえる一般的な目線には，それなりの限界がありうるだろう。たとえば，コンビニ立地を可能とさせる様々な経営技術，それを支えている多面的なインフラなどの技術環境の変化などを分析する経済学や経営学，といったこれらの重要な目線に比べると，直截的でなく，論理的でない可能性がある。いわばコンビニをめぐる経済・経営分析が欠けることになる。それと同時に，社会学的・政治学的な考察にもほとんど触れないという問題もあるだろう。たとえば，世代構成の変化，個々人の生活スタイルの変化，社会全体で静かに進行する価値観の変化，そのような社会的変化から総合的に考察するべきであるという批判もあるかもしれない。

　だが，本章はそのような立場はとらない。つまり，中小商店の盛衰とコンビニ進出に伴う諸変化を，経済学や政治学，社会学といった個別的な既存学問を駆使し，その手法や枠組みで考察するのではなく，むしろ感覚的ないしは観察的に捉えていくことが適切であると考えるのである。個別的，あるいは直感的な把握こそが，考察の基本的なあり方ともいえ，また総合的，あるいはその総合を言い換えた教養的な視点に立つことによってこそ，興味深い現象をマイク

ロレベルで把握出来るのではないかと考えるのである。

　具体的には，東京郊外の一つの特徴のあるエリアである鎌倉，その一地域である北鎌倉での変化を，コンビニという大きな影響力を社会に与えてきた活動ないしは行動と組織を観察することで，日本という社会の変動を垣間見ることが出来ると考えるのである。そのような理由から，本章のテーマを，専門雑誌ではなく，この教養諸学を看板に掲げる雑誌に投稿することを考えたわけである。

　以下，本章の構成を概観しておこう。第2節では考察対象とするエリアの概要を説明する。あくまでも考察テーマに即した概要であるが，直感的な考察に必要な概要であり，種々の数量的な概観を示したものではない。第3節ではそこでのコンビニ参入を振りかえる。駅から数分以内に展開されるコンビニ立地を平面的に観ている。第4節は，この小さなエリアで発生しているコンビニ現象から，社会の問題を発展的に考察する。第5節は結論と将来的な考察を行っている。ここで言う将来的も，直感的でありまた多面的である。

　最後に，本章の構成に関連して述べておくことがある。それは，本章の管見的・直感的アプローチとも密接に関連するが，論文全体を通じて脚注を一切設けていないこと，そして議論において関連するかもしれない文献として，和辻哲郎の提起した風土論を除いて言及していない点である。風土論への言及は個別文献紹介という意図ではなく，定着した概念として提起したに過ぎない。このような考えから，本章には参考文献リストはないが，それは本章のアプローチが直感的であることを言い換えているというのが筆者の意図である。

2　北鎌倉という地域

　本章で取り上げるエリアは鎌倉市の一部である北鎌倉である。その名の通り，鎌倉市の中心部から北に 2km ほどに位置する。鎌倉市あるいは鎌倉（以下，両者は区別なく用いられる）は近年，京都と並んでテレビの観光番組でもしばしば取り上げられる人気エリアである。東西の双壁あるいは両横綱とも言えるかもしれないが，相撲の番付の約束事とは違い，東の正横綱の鎌倉が西の正横綱の京都に太刀打ちできないのは言うまでもないだろう。しかしながら，両都

市とも古都と称せられてきた。筆者はその両都市で，10年を1単位としてそれぞれ1単位以上の期間にわたって，学びあるいは生活をした経験がある。

　ごく簡単に両者を，本章との関連で比較すると，第1に圧倒的な規模の違いがある。人口でも，集積でも，社会的存在感でも，文化的な基盤力でも，そもそもなぜ鎌倉が京都と比較できるのだろうかと，第三者的にもあるいは客観的にも思わなくもない。第2に，その平面的あるいは地理的な広がりの違いである。確かに京都も，たとえば東山を挟んで中心地域であるいわゆる「京都」と東の山科とは隔たりがあるといえるが，両地域内およびその間にも道路や鉄道の連絡網が充分に整備されている。この都市機能あるいはインフラという点も含め，両都市間には圧倒的な質的内容，量的規模の格差がある。第3には，集客力の広がりの違いである。京都は全国区，最近はグローバル区かもしれないが，鎌倉はせいぜい関東区である。京都と鎌倉の比較はこのように単純に割り切れるものではないが，鎌倉を古都と呼ぶ時は，いわゆる関東武士のという限定を付けるべきかもしれない。

　いずれにしても，本章の関連で概略比較しても，2つの古都は量的・質的に圧倒的なレベル差が存在しているのである。もちろん鎌倉も，決して小さな町ではなく，それなりの量的・質的存在感があることは言うまでもない。

　それらを踏まえた上で，知名度あるいはテレビや雑誌などのマスコミ露出度にそれほどの差が表れてこないのは，鎌倉が東京に近く，1時間程度のジャーニーでの日帰りが，それも低価格で可能であるという，その地理的な優位性が大きな理由である。この点では，例えば千葉も横浜もむしろ鎌倉以上に高いポイントを得ているはずだが，鎌倉はそれに古都というのれんを引っ提げてくるわけである。鎌倉という文化・歴史ブランドが大いに力を発揮してくれているのである。鎌倉に居を構えた鎌倉文士に象徴される文化そのものからくるイメージかもしれない，日本人では，鎌倉を知らない人はいないといっていいほどの地域ブランドである。

　確かに，鎌倉は，東京駅から横須賀線電車によって1時間弱で到達できる交通の便の良いエリアである。前述したように，テレビ番組では鎌倉は古都と称せられ，関東区から全国区にまで，駆け上ってきているのである。しかし，その中身は京都に比べると，人様に堂々と主張できるものだとは言えないのであ

る。東京あっての鎌倉であり，世間的な対面を保っているといっても過言ではないのである。

そこで本章との関係である。なぜこのエリアを選択したか，そこから議論を深める必要があるだろう。スモールサンプルそのものである個別ケースから，文化や教養あるいは社会を考察していくわけであるため，ケースの選択が考察結果に大きな影響を与えるはずである。これはいわゆるスモールサンプルの問題であり，バイアスの問題でもある。

本章はいわばそのようなバイアスの可能性を承知の上で，一種の直感的な管見を述べていくことになる。管見であることの是非は，第4節で改めて考察することにし，ここではこの問題には立ち入らない。

ここで追加的に述べておきたいことは，この北鎌倉は筆者の現在の地元であるという点である。筆者は，30年近く北鎌倉に居住している。仕事の都合で関西圏に単身赴任をしたこともあり，同じく仕事のために海外に年単位で一時的に離れたこともあったが，いわゆる地元住民として北鎌倉を長期間にわたって仔細に観察してきた。そのような経緯からこのエリアをサンプルとしたわけである。

鎌倉については概観したので，北鎌倉に絞っていくつか特徴を指摘しておこう。北鎌倉は，鎌倉の中心エリア，それは本鎌倉と称されるらしいが，そのエリアに比べると知名度は低いだろう。円覚寺の敷地の端を通過する横須賀線には北鎌倉駅が線路開通後40年ほど経過して設置され，全国的にはポピュラーではない。前述したテレビの観光番組でもこの本鎌倉が主対象であり，近年は限界的に北鎌倉が，いわば探しあぐねた結果として取り上げられるようなエリアである。

この北鎌倉エリアには，行政的あるいは地理的には山ノ内という地名が付けられている。ちなみに，本章の問題意識とは直接の関係はないが，1000年という歴史スパンでみれば，山ノ内というエリアの中に鎌倉エリアが存在していた。そのようなエリアであり，面積的には鎌倉では広く，その名の通り，山，といっても海抜せいぜい数十メートルから100メートル程度の丘だが，その丘のような山の中や周辺に住宅や寺が散在している地域である。

このことはどのような意味を持っているかと言えば，山ノ内あるいは北鎌倉

（以下，随時，同様に扱う）は，道路事情が悪いということになる。さらに多くの寺の存在，とりわけ，大寺院ともいえる建長寺と円覚寺，その他にも浄智寺や東慶寺などがあり，北鎌倉エリアを実効的に支配しているかのごとくであるかもしれない。もちろんこれは直感的あるいは個人的な見方であることを断っておかなければならない。だが，両大寺院の境内は広大で，それを取り囲む周辺エリアも含め，山ノ内エリアの大半は寺院関係の所有で，都市計画規制によって土地開発行為が大きく制限されているためにも，道路事情が悪くなっているともいえる。つまり，境内を横切るような道路の建設はほとんど不可能であり，宅地造成も制限されるということになるのである。

　そのような事情のために北鎌倉には，本章の考察対象であるコンビニの盟主ともいえるセブンイレブンは立地していないのかもしれない。もちろんこの業界トップのコンビニ本部の経営戦略が，山ノ内エリアをどのように捉えているかはまた違った意味で経営学の考察テーマだが，直感的な解釈としては，道路事情が悪く，週末などは大渋滞が年間を通じて終日続くこのエリアにおいて，タイムリーな商品配送を行うことは，物理的にもあるいは費用的にも容易ではない，そのようなエリアである。

　和辻哲郎は，その著名な業績である風土論において，風土のあり方が人間の諸活動をどのように左右しうるかを，日本，西洋，そして砂漠エリアという地球規模的な比較から直感的に打ち出した研究者であるが，北鎌倉という小さなエリアとコンビニという行動や組織の関係についてもその風土的な考察が可能とみられる。ただ，この点にはこれ以上は立ち入らない。

　さて，山ノ内だが，道路網という点からみると，上に指摘したように周辺の開発が大きく制限されている丘の存在のために，鎌倉に通じるほぼ南北に走る道路とそれと平行して走る鉄道線路によって，いわゆる駅の西側と東側に分断されている。東側には，建長寺と円覚寺があり，西側には浄智寺や東慶寺があり，それぞれ背後にハイキングコースなどを控える丘が続いている。

　次節で立地を説明するコンビニ，2016年春時点で合計3店舗だが，いずれも同線路の西側に位置している。東側は開発規制が相対的に厳しく，コンビニが接面する道路も線路の西側に走っている。余談だが，かつて都心地域で出会った人々と住まいの話におよんだ時，筆者は北鎌倉に住んでいると伝えると，

線路の東側ですか，という質問をされたことがあった。東側とはつまり，円覚寺側であり，東京23区の対比でいえば，リッチなエリアという印象かもしれない。小さな商店の多くは逆に線路の西側にあり，この道路に面して立地，東側は瀟洒な（東京的にだが）住宅エリアあるいは寺院群が目立つ観光エリアである。ちなみに筆者は，西側に住み，駅には徒歩数分で行くことが可能で，職場の大学には一度の乗り換えで通勤可能という利便性を享受している。

　そのようなエリアが近年，とりわけこの20年近くだが，その通勤の利便性，土地利用規制ゆえの住宅環境の良さ，そしてその一方で不動産価格が東京に比べて比較的に割安であったために，都心住民などの一般の人々にも注目され，東京などに通勤する住民の新規参入が傾向的に続いている。

　そのような傾向があるにもかかわらず，旧来の商店活動は長期的に低迷してきた。その理由は多面的だが，その中でも日本経済の低成長が一番大きいだろう。それでも，観光客の増加が地域商店にも波及しているはずだが，大半の観光客が首都圏からの日帰り客で，冬季であれば夕方4時ごろには帰路につく人が大半である。賑わいは日中の特定の時間帯に限られているようである。この典型的な現象は，たとえば6月の紫陽花のシーズンに観られる。東京方面から大勢の観光客が北鎌倉に溢れるほど来るが，大半は午前中に訪れ，午後には帰路につくようである。

　ちなみに，道路事情が悪いためにほとんどの客が鉄道を利用しているのではないだろうか。15両編成の長い横須賀線列車を北鎌倉駅で下車した人の中には，10分ぐらい後に到着する次の電車が駅のプラットホームに着くまでに，改札口までたどり着けない人もあるようだ。それは駅の構造でさえも，周辺の土地利用規制の影響を受け，出口が少ないからである。北鎌倉駅を利用した経験があれば，この駅のこの構造的な特徴には興味を持つかもしれない。

　鉄道線路の配置，道路網，周辺地形，自然環境などの物理的な環境，一方で寺院群により担われてきた地域の文化的な環境，そのようなものが総体として北鎌倉の，遅れた側面あるいは独自な側面をともにもたらしてきたのである。しかし同時に，それを評価する嗜好のある筆者のような人種もまた存在し，このエリアに参入する人々もまた後を絶たないともいえる。北鎌倉というエリアは，日本社会の継続と変化の共存を興味深く示すという意味で，考察すべき対

象と考えられるのである。

　コンビニの進出は，この出遅れた町なみあるいは規制のために変更が容易でない部分と，一方で変化を起こしている動き，その両者の混在する中で発生している。その進行過程は個別経営のレベルまで観ると次節で詳述するように錯綜している。この20年あるいは30年という期間の変化は，最近までは緩慢であった。しかし，最近のこの2ないし3年間の変貌は速く，また将来的な問題を引き起こしかねいと思われる。この考察は第5節で展開されることになる。

3　コンビニの立地と進出

　前節で触れたように北鎌倉駅周辺には2016年時点で3つのコンビニが立地している。その内の2つがこの2014年と2016年に開業した。3つの内，最も参入が早かったのは，バブル時期に建設された駅1分の商業ビル1階に進出したスリーエフである。スリーエフはコンビニ産業では大手ではなく，全国的な立地展開はしていない。いわば首都圏のローカルブランドである。スリーエフ北鎌倉の店舗は，地元資産家の不動産活用として企画されたビル計画と連動して開業した。スリーエフチェーンの本部は神奈川県にあり，北鎌倉近くにはその本部の経営母体である大型スーパーの店舗もある。

　このようにこのコンビニチェーンはローカルなものである。言いかえると，大手コンビニチェーンは北鎌倉周辺を，2013年までは有望出店エリアとみなしていなかったと言えるのである。ローカルチェーンはローカルな特殊情報をいち早く入手し，機動的に運営に当たることによって，大手の追随を許さずに参入が可能になったと考えられる。

　地元コンビニであることを活かしたスリーエフの入居を予定出来たために，資産運用の一環として地元有力者がビル事業を企画したのである。その後およそ30年間，大手コンビニチェーンが関心を示さなかったために，ビル経営は安泰に継続された。ビルのオーナーもスリーエフ北鎌倉との長期的な入居契約によってビル投資を安定化させることが出来たはずである。

　しかし，それにもかかわらず，2015年，このビルオーナーがバブル前後からの事業拡大の後処理のために，数ある北鎌倉周辺の資産の中からこの優良資

産の売却に至ったのである。いわゆる大企業リストラの個人企業版であるが，筆者の取材によると，億円レベルの売値でこのビルを売却する決意をした。売り出された資産の内容を，不動産登記情報から概観すると，建築当初から大手銀行からの多額の借入記録が記載されている。もちろん，これらの情報は公開情報であり，売買交渉で参考にされ，また企業間取引においても信用を計る重要なシグナルとなっているものである。

　筆者は，職業柄，地元景気の現状に関心を持つことが，地についた社会活動を把握するために重要なことであるとみなしているので，このようなローカル情報には定期的にアクセスできる仕組みや人的ネットワークの発掘を模索している。結果的に，本章のような興味ある現象をいくつか発見する機会を得ることもできる。

　筆者が，本章のこのテーマに対する関心をさらに深めた時期は，ファミリーマートの進出ニュースを知った 2014 年であった。その背景には，前年 2013 年に，2014 年にオープンすることとなるファミリーマートの店舗がいずれ立地する土地が市場で売りに出されたことがある。その土地が売却され，ファミリーマートが開業した時，このテーマに繋がる問題意識を持ったのだが，その時点では，まだこの北鎌倉駅近くのビル売り出しは不動産マーケットでオープンになっていなかった。

　以上の経緯を改めて整理すると，① 2013 年の土地売出し，② 同年中の売却成立，③ 2014 年のファミリーマートの開業，④ 2014 年のビル売り出し，⑤ 同年中の売却成立，となる。そして，以下に説明するように，⑥ 2015 年末の駅前立地のローソン開業予告，となる。テーマの興味深さを決定的にしたのは，2016 年 2 月に開業したローソン北鎌倉の実態を観察したときであった。

　ローソン北鎌倉が現在立地しているのは駅 0 分とも言うべき駅前広場のすぐ横で，そこにはかつて小規模な昔ながらの食料品店舗があった。いわゆる店舗付き住宅だが，3 階建てビルの 1 階で営業する独立ミニコンビニ的な業態であった。オーナーが直接，店の経営に当たり，すべてをオーナーが管理運営していた。どこかの本部から指示を受けるわけでもなく，定休日も設け，営業時間ももちろん常識的であった。取扱商品は広く，数年前までは灯油の配達も行っていた。酒類は創業時の重要な扱い品目で，日常的な雑貨，ペット用品，近回

りの寺院参拝用の花束，たばこ，宅配便受付など，地元の住民との接触密度の濃い経営を継続してきた。この便利な店があったがために，駅から遠い競合的な店は閉鎖や転業に追い込まれていた。その中で共存出来るまでに勢力を維持してきたのが，スリーエフであった。

旧来型の食料品店舗との関係からみて改めて状況を要約すると，駅前立地のこの店から徒歩1分程度におよそ30年近く営業を続けるコンビニ，つまりローカルコンビニのスリーエフが，ローカルではあるが，コンビニチェーンとしての競争力も持っていたために，営業を続けることが出来たのである。対するこの旧来型のオーナー店舗は駅前であること，地元住民との会話型接客を率先し，信用を得ていたこと，新鮮で割安な野菜を品揃え出来たこと，などのために，差別化された展開で，事業は継続されていたのである。

しかし，2010年前後から，品揃えに変化が目立ってきた。筆者はしばしば東京からの帰りがけに立ち寄っていたために，品揃えの変化に気がつくことがあった。いわば，長期的に，ローカルなチェーンだがコンビニにいわば屈することになっていたのである。

変化が決定的となったのは，2014年のファミリーマートの開業であった。競争が激しくなり，事業規模が低下し，仕入れ企業に対する交渉力が弱体化し，経営的に納得のいく条件で商品の仕入を行うことが難しくなったと思われる。2015年の夏前に閉鎖のアナウンスが店頭に掲示されたのである。

その時点では，いずれ閉店後は，北鎌倉駅の表改札を出て鎌倉側に歩いて3分のファミリーマートと，反対側に歩いて1分程度のスリーエフとは，地理的に商圏を2分し，両者が共存するかのように思えた。言うなれば，両者がそれぞれ商店街の両端に立地し，事業を分けあうのであろうとみなされたのである。閉店をアナウンスした旧来型の店は両者の中間に位置し，本来的には市場を席巻できる可能性を持っていたにもかかわらず，大手資本の経営資源との格差のために，その立地の優位性を活用出来なくなっていたのである。

ファミリーマートの進出以前に話を戻すと，30年近くコンビニといえば，実効的にローカル的なチェーンのみであった。加えて，コンビニ経営者，つまり，コンビニチェーン本部ではなく，コンビニの経営者は地元民であり，複数店を所有していたのである。本章との関連に限ると駅から徒歩15分ほどの同

じ街道沿いにも別のスリーエフを所有していた。その2つのスリーエフにサンドイッチされていたために，中間にあったあと一つの小さなコンビニ的な店は今世紀に入る前に早々と撤退していたくらいである。本章では，この早々に撤退した小規模コンビニは，地元での存在感も限られ，特段の興味も引かないので，考察対象としていない。

　そして日本全国に広がっていったコンビニ進出から切り離されたような状態が，北鎌倉で20年以上経過した。しかし，変化は3年ほど前に急に発生した。30年以上も放置されていた建築途状の廃墟ビルが，その頃から始まった不動産市場の上向きを受けて，関係者の利害が円滑に調整されたようである。周辺の土地も含め，開発が一気に進んだ。その土地は開発行為が完了すると，坪単価で100万円以上の売出価格で，不動産市場にアップされた。土地利用は，前節で触れたように，容積率をはじめ他地域の同等エリアに比べ厳しく制限されていた。

　そこに大手コンビニチェーンの3番手であるファミリーマートが進出したのである。ファミリーマートの進出を想定してこの土地が取得されたかどうかは確認出来ないが，土地売却情報がネット市場から消去されて間もなくファミリーマート建設予定の看板が掲載されたのであった。

　駅からみると，以前からあったスリーエフは北側に向かうのに対し，この新規進出のファミリーマートは南側，つまり，本鎌倉方面に向かう方向にある。すでに述べたように駅からは徒歩3分程度である。店舗はどこにでもある平均的な規模とデザインで，駐車場は10台程度の規模である。ちなみにスリーエフには駐車場設備はなく，歩行者相手のコンビニである。

　前述したように，駅を挟んで2つのコンビニにサンドイッチされるようになってしまった，旧来の食料品を中心とする昔ながらの独立店である店は，立地という点では経営難に直面することはなかったはずである。だが，経営難は，仕入の面から早くから始まっていた。大手コンビニの強みともいえる品揃えにおいて，競争ハンディが目立っていた。このような小さな独立店ゆえ，扱い商品は多数であっても，数量が限られているとタイムリーで新鮮な商品仕入は容易ではないのである。仕入条件も不利になる傾向があるだろう。いずれ行き詰ることはこの面からは想像されたのである。

そして，繰り返すが，2015 年夏前に閉鎖された。しかし，物理的な店舗は残った。経済的には状態が大きく変わったが，当然だが物理的な変化はほとんどなかった。オーナーは古くから北鎌倉に住む住民であり，店舗が所在する保有ビルの上階に現在でも住んでいることに変化はない。ビルオーナーとして，生業から不動産賃貸業への転換を目指すことにならざるを得なかった。

　筆者はこの転換が円滑に進むかどうか，関心を持ち続けていた。店の広さは，当初の生業に合っていたため，決して広くはなかった。2 つのコンビニに比べると，明らかに見劣りがした。内装，レイアウト，外観などすべてが大手コンビニの進出を想定した店舗にはなっていなかった。中でも一番の懸念はその狭さであった。だが，そのような実態を承知の上で，コンビニ大手でノウハウや経験を充分に蓄積しているローソンが 2016 年 2 月に，この元店舗の内部を 3 カ月程度で改装し開業したのである。現時点ではまだ 2 カ月ほどしか経過していない状況である。

　開業直前には筆者の自宅ポストには開業アナウンスのチラシが届いていた。山ノ内住民の一戸一戸に配られたのだろう。そのチラシには，「地域の皆様の『マチのホットステーション』となるよう，明るく，元気で，楽しいお店を目指します。皆様のお役に立てるような店づくりを行っていきます」という店主のメッセージが記載されていた。

　このローソンの特徴を一言で要約すると，狭い店にコンビニの特徴のすべてを盛り込もうとしたことである。その弊害は部外者でもある程度は直感的に気がつくことだが，チェーン本部ももちろん充分に予想できたことであったのではないだろうか。旧来の食料品店であれば狭さを感じさせなかったが，盛りだくさんなメニューを狭い店舗に押し込めば，狭苦しい雰囲気となるはずである。筆者をはじめ地域の高齢住民はそのような狭苦しい店舗をどのように評価するだろうか。上手く買い物が出来るだろうか。2016 年の 2 月 12 日にオープンした翌日，筆者はかねてから関心を持っていたために，店舗に向かった。

　第一印象は，店舗設計というか，正確には，品揃えと店舗コンセプトのミスマッチがあるのはないかという思いであった。店内には通常の商品棚に加え，コーヒーコーナー，チケットマシーン，ATM，コピーマシーン，なども設置され，多面的なサービスを提供する，まさにコンビニの典型で何でも有りの有

り様であった。レジ回りには，多様なサービスを可能にするように旧来の食料品店のレイアウトよりはるかに余裕を取っているために，元々狭い店舗の売り場はますます狭くなっているようであった。

　改めて店舗とはどうあるべきかと考えさせられる好例であった。店舗設計はまた商圏の構造ともマッチしていなければならないということも考えさせられた。果たしてこの状態で，店主が打ち出したように，地域の我々のホットステーションとなれるだろうか，そのように思えた。

　いずれにせよ，開業後まだ日が浅いため，今後の展開を観察しなければならないと思えた。その時にすぐに思い浮かべたのは，数年前の事例である。早稲田大学キャンパスの真横にあったこれもローソンだが，既存店舗を転換して開業したが，2年間は続いただろうか，正確な期間は重要ではないが，それこそあっという間に閉鎖された。ローソン以前には，大学の目の前にあるという特性を如何なく取り込んだ文房具店であった。それゆえ長期間にわたって営業を続けてきた。北鎌倉のケースも長期営業で，違いは周辺の高齢者中心の住民に応えてきた食料品店であったという点である。

　業種は全く違うが，どちらも，立地の属性に適合してきた店舗が事業環境変化に適合できなかったために，閉鎖に追い込まれ，その後は店舗ビルの所有者としてビルの運用を模索しなければならないケースである。立地環境やビジネス内容は大きく異なるが，抱える問題やその背景は驚くほど酷似している。本章は1つのケーススタディではあるが，他の事例にも当てはまる普遍性を十分に持っている事例であると考えられた証左である。前述したが，スモールサンプルの分析では，ケースの選択が考察に影響を与えるバイアス問題がありうることを指摘しておいたが，それはこの東京エリアのこの事例も想起すれば，決して懸念されるものではないと推測出来る。

　この元文房具店に進出したローソンが撤退した後，ここは2016年の現時点でも未利用のままである。

　北鎌倉のローソンはどのように展開していくだろうか。変貌が絶えない現在の社会においては，厳密な計算や伝統的な合理性基準から行動すると思わぬ局面に遭遇するかもしれない。この点は第5節で改めて考察する。

4 コンビニ現象から地域社会の姿を考察

　本節は，この小さなエリアで発生しているコンビニ現象から，社会の問題に敷衍し発展的に考察する。大きすぎるテーマであるかもしれないし，経路が錯綜し適切な考察対象でかあるかどうかも議論されるべきかもしれない。しかし，コンビニが社会全体の流通市場で存在感を高め，個別エリアの流通市場では影響力が圧倒的になる場合もありうることを想定すると，コンビニ現象から，そして北鎌倉ケースから，コンビニから地域社会を議論していくことは充分に可能で意味があると考える。

　考察の寄って立つべき立場はいくつか考えられる。段階を追うとまず第1には，コンビニに何らかの経路で直接的に携わる当事者の立場である。事業経営者，撤退者，不動産経営者，本部マネジメント，店舗運営者，などであるが，本部マネジメントまではここでは考察しない。あくまでも地域レベルの論点に限っておこう。第2の立場は，地元に住む住民の生活立場である。第3の立場は，北鎌倉全体の風景，景観，文化力，独自性，などの町レベルの立場である。第4の立場は，鎌倉レベルあるいは，その延長にあるとみなしている社会全体の立場である。これは地域を超えた広い視野からの文化的あるいは全体レベルの立場に通じるものでもある。

　第1の立場は基本的には経済的な立場が主であるとみなせる。第2の立場もそれに近いと思われる。これら2つは，特段の幅広い教養あるいは逆に管見的な意見と関わるものを持つものではない。個別に上げることはここでは省略し，関連業績に譲りたい。しかし，地域の将来に関連する事業経営者，撤退者，不動産経営者，には若干は言及したい。これら関係者の多くは地域住民でもあるからである。そのような第1の側面も含め，第2と第3と第4の立場を主に以下では議論する。

　まず，第1と第2の立場を上記のような関連から考えよう。地元の事業経営者，撤退者，そして潜在的な不動産経営者などは，今後ますます難しい局面を迎えることになるだろう。最適な撤退が，進出よりもはるかに重要な生業的なテーマとなるだろう。したがって，この面からは町の民度の低迷は避けがたい。

しかし，この生業的なテーマの追求が反面では新たなビジネスチャンスとなり，新規サービスも誕生しうる。最近の話題であるスペースマーケットというビジネス概念は，このような撤退によって発生した遊休資源の有効な後処理，より積極的に表現すれば，再活用するためのインフラ構築の工夫である。あるいは，地元商店街の協同での取り組みによって空き店舗の有効利用を図っていくといった公共的な動きももちろんありうる。

　北鎌倉のコンビニ展開では，このような協同という発想は今の時点ではまったく見られない。結果として，地元あるいは町レベル全体としてのミスマッチ，過剰感，無駄の発生が予想されるのである。いわば競争のマイナス面であるだろう。しかし，無駄はいずれは見直され，結果的に何らかの新たな転換が余儀なくされる。転換以前のビジネスは消滅し，新たなビジネスが地元で誕生する可能性も否定できない。一例を挙げると，北鎌倉ではないが，鎌倉を本拠とする投資会社である鎌倉投信が好例かもしれない。協同といった発想はこの例ではないが，似たようなアイデアで，通信インフラの整備を前提に，一種の仮想ビジネス・情報ビジネスが地域レベルでも誕生する可能性は大いにあるといえる。これも一種の模倣を通じた協同ともいえるだろう。

　社会的インフラになりつつあるコンビニは大きな存在感を持つため，その進出や方針によって地元での影響は大きく，地元商店街や経営者などのビジネス当事者の対応や判断が常に問われることになるだろう。

　コンビニチェーンが，大手を中心に，実店舗と仮想店舗のベストミックスを想定したビジネス展開を目指しているようだが，北鎌倉のように道路問題が今後も解消される見込みのないエリアでは，仮想店舗で実店舗の不足や限界を補っていくのは簡単ではない。一方で混雑という道路問題がない地方エリアでは，人口密度の低さが別の面で制約となるだろう。コンビニの進出は，今後ますます限界的なエリアにならざるを得ないだろうから，経営判断は常に厳しく修正され，進出と撤退が頻繁に発生するだろう。そこで，例えば，前節で取り上げたローソン北鎌倉のメッセージにあったように，「地域のホットステーション」として長期的にコミットしていくことは，個別経営判断からは困難になる局面も登場しうるだろう。進出時からそのようにみておかなければならないくらいである。

それら一連の動きが，町全体，地域全体の社会にどのような影響を与えるかが大きな問題である。日本の地域レベルでは，このコンビニ現象に加え，多くのチェーンビジネス現象の併存も，この問題を一層複雑化させている。

　これが第3の論点であり，第2の論点とも関連する。北鎌倉全体の風景，景観，文化力，独自性，などの町レベルの立場であった。コンビニの展開，競争，旧来店舗の閉鎖，それらが地域住民の民度とも関連して，影響を長期的に与えていくだろうからである。地元住民の日常生活での買い物，特に食料品や雑貨といった買い物は，ローソンなどの大手チェーンの動向に左右され，今後も選択肢が制限されることになる。

　文化的なユニークさも失われていく可能性が高い。地域の独自性が消失していく現象は，経済の発展の代償であるべきかという政策的な問題でもある。地域レベルでの多様で地元密着的なビジネスインフラは多くのエリアでも北鎌倉などと同様に消失していくのが宿命だろうか。第2節の概観では言及しなかったが，北鎌倉における書店の閉鎖，銀行店舗の閉鎖などがあった。書店と銀行支店の閉鎖は，コンビニ出店とは直接の関係は薄いかもしれないが，全国ネットワークの影響を地域が常に受け続けていくという意味では同じ面を持っている。

　その一方で，医院の繁盛があり，諸事情に伴う空き地の誕生からマンションが誕生したり，ミニ開発がなされるなど，新たな住民が流入している。町全体がそういう意味で変貌していくのであれば，たとえば北鎌倉全体の風景，景観，文化力，独自性，などの町レベルの懸念は残るが，まだ比較的にはベターなエリアかもしれない。それでも独自性は犠牲になるわけである。避けられない影響だが，北鎌倉などは，周辺の大寺院の存在が，独自なブランド力の根本にあることは確かである。テレビでの鎌倉紹介はまだまだ続くと言えるのである。様々な地域との比較で，北鎌倉全体の風景，景観，文化力，などはむしろ相対的に強くなりうると言える。

　北鎌倉のようなエリアはまだ有望と言えるというわけである。地元礼賛をするつもりはなく，あくまでも客観的な観察だが，問題としたいのは，そのようなエリアでも地元ビジネスの継続が容易ではないということである。コンビニが社会の基盤になりうるかもしれないが，そのことの是非は問われなければな

らない。

　さて，第4はもっと広い視点である。日本には多様な地域があり，それらを全体的に捉え議論しようというのが最後のこの第4の立場である。日本は，言うまでもないが，面積的には欧州などよりはるかに狭いが，歴史や文化，風習，景観，などの全体的社会環境はその欧州の多様性とはまた違った意味できわめて多様で，個別地域の特殊性，地域資源は豊富で多様である。

　言い換えると，繰り返すが，面積的にはEUなどと比べるとはるかに小さいが，全体としての多様性は豊富でありすぎるかもしれない。人口や面積と対比して資源が有り余っているとさえいえるかもしれないのである。もちろんその一方で，不足する資源もあるため，大いなるミスマッチは存在している。文化や教養あるいは社会を考察するとき，この多様な地域をどう維持出来るか，維持すべきかどうかということになる。次節の議論とも関連するが，北鎌倉ケースでは，コンビニの進出は不必要なエリアだったかもしれない。充分な地域ポテンシャルを持っているエリアである。だがそれを逆にチャンスと見た進出があったということかもしれない。

　しかしながら，日本全体という立場に立つと，コンビニに象徴される全国チェーンの単純で平面的な展開は，豊富で多彩であった地域の多様性をますます魅力のないものにしていく。進出か見込めないエリアでは，多様な資源は放置され，有効的に活用される機会は減少していく。それをどのようにコントロールしていくことが出来るか，その是非が今後の日本の大きな課題である。この点は次節で考察されることになる。

　議論を発展的にみていくと，この豊富な資源の活用と同時にミスマッチの解消が円滑に進むようであれば，日本は過去の経済成長とは異なるものの新たな期待の持てる段階に移行するかもしれない。北鎌倉から観た管見であるかもしれないが，この遊休資源とミスマッチの併存の解消こそが，地域レベルを超えた社会全体や人々の生活を左右し，将来の我々の価値観も左右する大きなテーマである。近年話題になる観光業はその一つの切り口の候補で，スペースマーケットサービスもしかりかもしれない。

5 結論と将来的な考察

　本章の議論の要約と政策的あるいは学問的な合意を一括して取り上げるが，その際には前節までの議論で残しておいた課題に言及しながら考察しよう。本節に繰り延べておいた議論は4点あり，その最初は，第2節で提起した本章のアプローチの検討である。ケーススタディのバイアス問題であり，学界で定着している枠組みの中で議論がされていなく，一種の直感的な管見に終始しているという批判への回答である。さらに第2節では，2番目の課題として，ケーススタディである北鎌倉の近年の変貌は著しく速いために，いずれ将来的な問題を引き起こしかねないだろうという提起をしておいた。3番目は，2番目を一般論として言い換えたものともいえ，変貌が絶えない現在社会における厳密な計算と合理性の限界についての議論である。これは既存学問の枠組とも密接に関連するために，立ち入った議論としては大きすぎるテーマであるためにここでは充分に出来ない。最後の4番目は，日本社会の二極化であり，象徴としてのコンビニの進出が見込めないエリアにおける多様な資源の有効的活用のためには何が出来るか，どのようにコントロールしていくことが出来るか，という重要な政策論点に対する本章の議論の合意であった。以上の4点を簡潔にまとめると，① アプローチとしての管見の是非，② 急速な変化による将来展望への影響，③ そのような局面におけるいわゆる合理的な行動はどうあるべきか，④ 取り残されていく地域にはどのように社会が対応すべきか，という4点となる。

　前節までの議論を要約すると，北鎌倉という全国的には恵まれたエリアにおいても，旧来型の生業は継続が容易ではなく，全国チェーンのコンビニ進出に代替されることが避けられない。旧来型の生業の転換が容易ではないために，大手チェーンの進出機会が登場したということでもある。それは北鎌倉のような全国的にも関心を集めている特色のあるはずのエリアでも全国統一的な社会環境に近づくということでもある。

　技術が大いに発展し，環境制約の克服がかつてよりはるかに容易になった現在は，コンビニ現象に象徴されるように，画一化に向かおうとする大きな力が

働いている。そのような中で個別地域が特色を出していくことの困難さが際立ってくることも議論した。かつて，日本と西洋および砂漠地域の社会の成り立ちや人々の思想や生活を，風土の違いという視点から解釈した和辻の議論は，地政学の議論として再考されたりするように，妥当性を持っているが，広い意味での技術進歩の影響の中で改めて吟味されるべきかもしれない。

　コンビニの進出と撤退という日常的な判断の見直しは避けられず，北鎌倉のコンビニも例外ではない。つまり，個別経済主体の適応的行動には，いくら経営資源が豊富であっても判断ミスは避けられないということであった。不確実性の中で，生業的なビジネスに従事する地域住民は，環境の変化に翻弄されるが，速やかな対応が個別的には推奨される。元に戻すのは言うまでもなく簡単ではないのである。既存の経済学の前提である予定調和的な世界観は幻想かもしれないのである。

　北鎌倉という小さなエリアで発生しているコンビニ現象から，社会の問題に発展させて考察すると，日本の地域社会は，北鎌倉タイプと，あと一つはそうでないタイプに分けられるだろう。それは社会のインフラとなりつつあるコンビニが進出するエリアと，進出がすぐには予想できないエリアの二種類のタイプであると言い換えることが出来ると考える。④の論点がまさにこれであった。

　どのような社会でも，転換が容易な地域とそうでない地域に分けられるということでもある。そのような常なる変貌が避けられない社会における伝統的文化や教養あるいは社会のあり方が重要なテーマとならなければならない。

　そのようなテーマでこそ，むしろ本章のような管見的問題意識を持つことが有用であり，大切であることを指摘しておこう。これは1番目の論点であった。まず，二種類およびそれ以上の種類の行動や多様な地域をありきたりの方法で集計することは有用ではないということを指摘しておいた。教養とは，極論すると，単純集計では得られないかもしれない。専門家は議論を単純化させる傾向があるが，それはここでの議論に当てはめると，簡単に集計して議論する傾向があるともいえる。狭い専門の弊害かもしれない。あるいはまだ極めきれていない専門を安易に当てはめることによる危険性かもしれない。

　北鎌倉のローソンはどのように展開していくだろうか。これは②の論点で，③および④とも関連する。変貌が絶えない現在の社会においては，厳密な計算

と合理性を求めても限界があるかもしれない，というわけである。ここで次の点を指摘しておこう。近年，全国画一化に邁進してきた大手コンビニが，地域の多様性を積極的に取り入れ，地域とより強い関係を持とうとする動きがある。中身はともかくとして，北鎌倉ローソンのキャッチフレーズにはそれが現れていた。豊富な経営資源を持つ大手コンビニは，明日の日本社会の変貌を先取りしている可能性がある。

　多様な社会での全国チェーンは，その汎用的な経営力にもかかわらず一方でその一様化の意義なしは限界にも直面している。地域の多様性と地域資源を有効的に活用し，結果的に地域の文化，地域の伝統，生活スタイル，そのようなものを取り入れながら，有り余るほどの経営資源を全国的に活かしていくという，そのようなスタイルが④で議論した現状解決の糸口になって行く可能性を本章の含意として最後に指摘しておこう。これは，このようなコンビニネットが，社会のインフラとなりうる，なろうというメッセージを社会に与えることになるという意図である。

　最後の含意は，本章の議論から少し離れまた飛躍した部面もあるが，北鎌倉をケースに取り上げながら直感的に受けた印象である。北鎌倉コンビニ現象は大いなる実験ケースであり，筆者の管見的な観察の意義は今後も残っていると思うのである。

【追記】本章の脱稿後，スリーエフとローソンは，資本・業務の戦略的提携をそれぞれ 2016 年 4 月に発表した。関連した提携はすでに 2015 年 11 月に発表していたが，延期に至っていたのである。今回の提携内容は，① ローソンがスリーエフの発行済株式の最大 5％を既存株主から取得する。② スリーエフは，会社分割により 100％子会社を設立し，その発行済株式の 30％をローソンに譲渡，その新会社が，現在「スリーエフ」ブランドで営業している一部店舗（約 90 店を予想）を順次ローソンのフランチャイズ・パッケージを活用した「ローソン・スリーエフ」ブランドへ転換すること，となっている。この新会社を通じて，原材料の共通化や商品の共同開発，共同仕入れなどを進めていく戦略である。北鎌倉駅前には，2 つのローソン関係のコンビニが立地することになる可能性も出てきたのである。筆者は，2016 年 5 月の連休明け後，夕方の 7 時過ぎ，通勤帰りの電車を降りて，2 つのコンビニの前を通り過ぎながら，自宅に戻ろうとする 50 名ぐらいの人波を観察した。駅に近いローソンコンビニ店に入った人もあれば，通り過ぎてからスリーエフのコ

ンビニに入った人もあった。人数は，スリーエフに入店した方が多かった。両社の提携はさらに具体化されるはずだが，小さな事例である北鎌倉エリアが興味ある展開を辿ると思われる。今後の経過は改めて考察するつもりである。

8 土地制度の根本的改革による
日本経済の活性化と生活大国化

1 はじめに

　日本の現在の経済問題の根底には土地問題がある。金融機関の担保問題であったり，企業の過大な土地投資であったり，個人の含み損であったり，いずれもその背景には土地価格の下落がある[1]。だが問題とすべきは，このような土地価格問題そのものではなく，もっと構造的でより根本的なものでなければならない。本章は土地問題とはわれわれの生活水準そのものの問題であるという立場から論じている。

　それは言い換えると，諸外国をはるかに上回る投資にもかかわらずわれわれは満足出来る住宅ストックや環境を享受しているかと言う問題である。戦後のほとんど無に近い状態からここまで成長してきたが，日本経済の実力からすれば，現状よりもはるかに高い水準の住宅や土地環境を享受できるはずである。言い換えると，制度や工夫次第でわれわれは現在の経済力によって本論でいうところの土地問題を解決し，同時にマクロ経済の構造的回復にも繋げることが可能なのである。本論は，このような問題意識から根本的なレベルで土地問題を論じたものである。

　人々の生活や資産に占める大きな比重，企業の活動や資産に占める比重から見ると，土地問題の解決は最優先の政策テーマでなければならない。デフレの根本的な解決は，土地の呪縛が取り除かれない限り容易には望めない。土地の呪縛が取り除かれるとは，個々人の生活や企業活動がこれまでのように土地資産に縛られなくなるということである。土地の呪縛とは，果たして土地は誰の所有に帰すべきかという論点でもある。つまり，土地資産は，経済主体の重要

な活動基盤や主要資産であるが，より本質的にはそれはどの経済主体の所有に帰すべきかという根本的対象なのである。

　政策の目的は言うまでもなく，われわれが自らの貯蓄から快適な生活に必要な住宅を安心して取得し，それが将来の豊かな生活の基盤になることである。本章の提言が従来の延長とは大きく異なっていることを例示するために，次の例を挙げておこう。容積率や建蔽率の引き上げによって土地の有効利用を高め，土地の流動化を図ろうという考えである。大都市圏などで検討されている案であるが，土地利用が全体的に管理されることがなく，ただ個別的な目的に沿うように自治体当局が規制を緩和させるケースである。部分的で，一面的な緩和は，いずれは野放図な緩和に繋がりかねず，改革とは程遠いものである。

　豊かな生活とは長期的な管理によって実現される。一時的な対処療法では実現できない。本章の改革の内容は以下に述べるようにラディカルに思えるかもしれないが，歴史的なスケールで見ると実在したものである。ラスムッセン（Rasmussen）はデンマーク人の建築政策史の泰斗であるが，その名著である『都市と建築』によると，土地問題の解決を困難にさせるもっとも大きな理由は，所有者が細分化されていることだという[2]。179 ページのその部分には「はるかな昔からよく計画された都市は，持主が国，都市，領主の如何を問わず，とにかく土地がひとつの手にまとめられていたところに限られている。土地が多くの小領主らに分割所有されるやいなや，各々の利害が働き，全体の計画や発展の管理がほとんど不可能になってしまうのである」と結論されている。以下はこの視点から日本の将来のための土地改革を提言するものである。

2　土地市場と固定資産税制の概観

　経済主体は資産の保有からどのような利益や便益を得，また税務面でどのような義務を負っているか。簡単化すると，まず金融資産について特徴的なことはその収益にのみ課税される点である。もちろん経済学的に見ると，帰属家賃のように実物資産からの実質収益を想定すれば大差はないが，土地と建物については金融資産に比して，表面的な収益が無くても保有そのものに課税される。現実的に見るとこの点が，金融資産と物的資産である土地や建物との大きな違

いである。

　日本の土地資産のマクロ的な比重を確認しておくと，平成 12 年末の国民資産構成は，総額 8477 兆円，うち土地が 1534 兆円，住宅を含む生産資産が 1305 兆円，金融資産が 5637 兆円であった[3]。正味資産は 2974 兆円であった。民間部門では順に，総額 6220 兆円，土地 1352 兆円，生産資産 859 兆円，金融資産 4008 兆円，正味資産 2752 兆円である。公的部門では同じく順に，総額 2258 兆円，土地 183 兆円，生産資産 446 兆円，金融資産 1629 兆円，正味資産 222 兆円である。土地総額に占める民間の割合は，88%，生産資産では 66%，金融資産では 71%，正味資産では 93%である。

　土地についての民間所有割合の高さは正味資産の比重に近い。これは民間の土地が長期的な観点から保有され，長期の貯蓄と対応していることを反映している。個人の土地保有が長期であることとも対応している。つまり，土地と言えば長期保有の有望資産であるとみなされてきたのである。

　生産資産 1305 兆円の内訳については，1196 兆円が有形固定資産で占められる。その内，住宅が 263 兆円，住宅以外の建物 264 兆円，その他の構築物 485 兆円である。この内訳については，民間と政府部門別に公表されていないが，住宅の大半は民間保有とみなすことができる。

　住宅の占める割合が低いのは，それだけ住宅の質が低いか，あるいは陳腐化が激しく，したがって老齢化した住宅には価値がほとんどないとみなされていることによる。実際，日本の平均的な住宅の年齢はヨーロッパに比べると著しく若く，ほとんどの家屋が平均 20 年前後で更新される。しかし，本章で提案する枠組みが浸透すれば，自ずと人々の関心は建物の耐久性に向かうはずである。

　以下では定期的，長期的，網羅的なデータとしてそれぞれの自治体が固定資産税の徴収のために行っている土地評価資料を念頭において議論する。この土地評価は相続税の資産評価とも一部は連動し，時価水準との乖離はともかくとして，個別的な評価や比較は定時的かつ網羅的になされている。固定資産評価の特徴は，いかに小さな地積の土地であってもその評価と所有者が把握され，いわば税務当局の必要性に沿うように管理されているという点である。ただしその固定資産税評価についても多くの例外基準があり，また土地利用規制の影

響も受けている。ここでマクロの問題として土地問題を考えているときにも，この個別的な側面を無視するわけにはいかないので，後に振り返ることにする。

3 問題の再確認と改革の方向性

　本章の目的とは，日本の経済力に見合った豊かな住環境を確保し，土地問題の構造的な解決案を提言することであった。そのためには土地の統一的な管理が次のような理由から不可欠であることをまず指摘するものである。

　日本の都市は戦後急速にほぼ全国的な規模で無秩序に近い状態で発展してきた。計画という点ではニュータウンはその例外かもしれないが，土地の細分化は止めようがないのが実情である。東京圏でかろうじて都市と田園との融合が観察されていたはずの一部近郊も例外ではない。地価の高騰時期であっても今日のように下落時期であっても細分化が進み，ただ単に開発促進の市街化地域であるという理由で，細分化開発が進んでいる[4]。最近はさらに，相続税支払いのために分割売却されたために古くからの町並みや周辺環境が一変したり，あるいは物納され政府保有になった土地が，自然環境や住環境への悪化などに全くといっていいほど配慮されず，民間の開発業者に入札の機会を与えようとしている。土地は可能な限り有利な条件で市場に売却することでよいのだろうか。

　このような現在の動きは住環境に対してどのような意味を持っているだろうか。たとえば収支のみに関心を持つ財政当局が主導し，国有地の売却を推し進めると，入札者のほとんどは，土地の規模が大きければ大きいほど開発業者になる。すでに細分化された小規模宅地などは，最終ユーザーが購入することもあるかもしれないが，周辺環境への影響が大きい土地についてはほとんどの場合，落札するのは開発業者である。開発業者は，落札した土地をできる限り有利に細分し，さらに有利な条件で転売し利益を上げることであって，周辺環境への配慮はその改善が利益増大に貢献する限りにおいてである。そこには，地域全体に対する統一的な観点からの視点はほとんどないだろう。

　統一的な管理が無ければどのようになるかは，日本の土地利用の現実を観察すれば特に述べる必要はない。あえて財政当局を引き合いにする必要もないく

らいである。高度成長が長期に渡ったために，その歪みは大きいはずである。工場地帯に中に住宅があることなどは日本で珍しくもなく，また不自然な土地分割が横行していることはその典型例である。そもそも土地の分割がどこまでも私的な裁量に委ねられるということは，統一的な管理が欠如していることを示す端的な例である[5]。

4 永久債の発行による土地呪縛の解消

　本章で提案する土地改革案とは，永久国債の発行によって民間が保有する土地を政府が一括購入することから始まる。そしてこの永久国債は土地を使用する限り一定期間保有する事を条件とする。ただし，その一定期間が経過した後は土地使用契約期間（100 年間，更新可能）の途中であっても全部を売却することは容認されるものとする。その詳細は後述する。

　このような制度は暴論だと思われるかもしれない。第 1 の理由は民間の資産形成に対して公的当局が著しく干渉すること，第 2 に当局が民間から土地を取り上げ，その代わりに紙切れを渡すだけだと言う批判がある。第 3 にさらには金融市場を混乱させるという批判がある。第 4 には，財政赤字の中で民間の土地と引き換えに国債を押し付けていると言う批判もある。そもそもそのような財源が確保できるかという問題が根本にある。

　言うまでもないが，永久債とは償還のない債券だから，利払いが可能な限り財源や返済が問題になることはない。永久債の保有者は流通市場で売却することによって現金化できる。一般の企業でこのような永久債を発行する例はほとんどないが，政府が永久債を発行することはありうることである。永久債を発行するには，政府のように最も高い信用ランキングが必要である。また利払いは特別な工夫で以下のように解決できる。

　第 3 の金融市場の批判と第 4 の国債押し付けの批判は後に金融市場との関連で一括して考察する。その他の批判は，われわれが土地に伴う資産形成に成功してきたかどうかという問題とも関連している。これまでは借入れで土地を購入しさえすれば，個人も企業も大きな利益を実現したか，あるいは含み益を期待できた。それは，民間による土地の効率的な利用を可能にすることでもある

と思われてきた。そのような歴史を持ち出してくれば，ここで提言する土地の公的保有はこのような機会をすべて不可能にするわけであるから，ある意味で公的機関による民間経済活動に対する過度の介入であるとする批判が沸きあがるかもしれない。しかし，住宅環境の確保に日本が成功したとは決していえない。

　この新制度の下では土地使用は民間経済主体のアイデアによってなされ，土地の使用権という資産は市場によって評価され，売買の対象となりうる。その市場に政策当局が直接介入することはない。ただし，民間の土地使用は政策当局が公表する政策ビジョンを反映したルールを満たしていなければならない。従来は建蔽率や容積率に象徴される例外の多いルールであったが，ここで提言する制度では，土地の個別性も考慮したきわめて具体的で，それぞれの地域の住民もそのルールの形成に積極的に関与できるような総合的で包括的なものである。

　買い取り価格をどのように決めるかは重要な経済問題であるとともにまた政治的な問題でもある。もちろん，後に考察する金融市場の問題とも密接に関連する。ここでの提言は，基本的には地方税務当局が把握する価格である固定資産評価額を提案する。マクロの評価との乖離があるかもしれないが，これは一定の倍率で調整できる。国税庁の路線価格もあり，そのほかにも価格情報はあるが，これらはいずれも全国を網羅していなかったり，断片的であったりという運営面での難点がある。いずれの基準を用いようとも時価を無視した価格で一方的に買い上げるわけでは決してない。

　ここで制度を導入するうえで重要なことは，制度を発足させるために煩雑な作業を招かないことである。土地はいうまでもなく資産であって，いくら流動性がないといっても，大きな制度変化が予想されると，既存の土地取引が大きな影響を受けて，市場が混乱することは必至である。したがってできる限り円滑な導入が重要なポイントである。制度設計で考慮すべきことは，政治的な合意ができる限り速やかに進むことである。そのためにも，当初の買い取り価格は時価にならなければならないのである[6]。

　補足すると，一国の経済資源の配分を基本的には民間の経済主体の競争的な行動に委ねているというその点では，本章の提言でも同様である。土地は一国

表 8-1 新しい土地制度の概要

A　制度移行時
　1. 永久債の発行によって民間が保有する土地を政府が一括購入
　2. その土地にこの旧来の借地権があるか否かにかかわらず他と同一の条件で買い取る
　3. 購入価格は時価を原則とするが，地方政府の保有する固定資産税資料を優先活用
　4. 民間は新制度の下では土地を 100 年間政府から賃借，更新は無期限で可能

B　永久国債の保有と流通
　1. 民間は土地を利用するかぎり一定期間は土地評価額相当の永久国債の保有義務
　2. 賃貸住宅に移動するなど，土地そのものを直接使用しない場合は，その義務は無い
　3. 更新時期には永久国債を保有している事を条件
　4. 土地の利用権とおよびそれと合わせた建物の売買については従来通りの譲渡所得税
　5. この永久国債は，発行と同時に流通市場を開設し，金融政策当局は市場管理の責を負う
　6. 永久国債への金融資産としての投資は妨げない
　7. 市場で決まる土地利用権価格の一定期間における変化がある小さな幅の範囲であれば永久国債残高を変化させないが，それを超えたときは永久国債発行残高と土地評価額合計を一致するように変化させる

C　課税と地代管理
　1. 導入時点での土地の売却に際し譲渡所得税は課税しない
　2. 政府は永久国債の利払いに当てるために土地利用者から地代を徴収
　3. 地代から従来の土地部分の固定資産税相当部分を地方政府に回す
　4. 地代支払いからクーポン利回り収入を控除したものが，従来の固定資産税総額に一致する
　5. 土地のすべての使用契約は，現在の土地登記内容に代わるものとして詳細に登記簿に記載
　6. 中央政府も地方政府も自己所有の建物を保有することは例外的

D　土地の利用と計画
　1. 土地の全体的な利用計画は中央政府が，地域計画は個々の地域住民も交えて決める
　2. 土地使用は当局の全体計画の枠内で民間経済主体のアイデアによってなされる
　3. 土地の使用権という資産は市場売買の対象で当局は介入しない
　4. 事業目的を除き更地や住宅建築の計画のない土地を民間が賃借することは出来ない
　5. 民間の土地利用が土地利用計画に沿うように変更を要求される場合当局は適切な補償をする

E　産業や家計への影響
　1. 使用権市場の仲介事業者は法律や都市計画の専門的情報とその解釈提供サービスに専門化
　2. 住宅ローンを扱う金融機関は永久国債を導入時点では額面で借入金額と相殺できる
　3. 土地集約的な事業は土地資産への資金固定から開放される
　4. 多くの民間は永久国債の所有者としての管理能力を問われ，適切な管理をする責任がある
　5. これまでの土地重視の管理から建物の適正な維持管理へと重点がシフトしていく
　6. 金融機関は民間の永久国債保有と住宅利用に関するアドバイス業務を展開できる
　7. 暗礁に乗り上げている土地の流通問題が大きく前進
　8. 不動産業者の事業は政府や地元住民と一体の都市計画や新しい街つくり提案に移行

の政府が全体的な目標を実現させるために一括所有されるが，使用自体についてはその政府の定める枠組みの元で民間が競争的に決めるのである。したがってこの制度は政治思想的にどのようなビジョンにも偏しているわけではない。

　重要なことは，その経済規模あるいは経済内容に照らして著しく質が低い日本の住環境を長期的に解消しようとするその一点にある。ここで提言する制度は，政治的な思想を持ったものではなく，あくまでも個人が努力をしさえすれば，そして多くの日本人の努力の水準は国際的に見て高いわけであるから，その努力と能力に見合った住宅と環境を享受できるようにすることである。

　日本は人口に比して平野が少ないとか，あるいは島国で移動が困難であるとか，そのような地理的な自然条件ゆえに高い質の住宅環境が不可能であるというようなものでは決してない。制度を変更することによって，日本のような島国であろうと，そして平坦地の相対的に少ない自然環境であろうと，そしてその中で比較的に多くの人口を擁しているという，一種の初期条件で左右されるものではないということを，ここで改めて指摘しておこう[7]。以下で具体的な議論に入るが，その制度の概要をまとめたのが表 8-1 である。

　この表はすべてを網羅していなく，例外なしに土地を買取る本章の制度の細部についてはまだまだ慎重に考慮する部分がある。それらをいくつか列挙すると第 1 に，日本の土地のまだまだごく一部ではあるが，外国人や外国企業が保有する例がないわけではない。そのようないわゆる非居住者の土地保有者にはどのように対応するかという問題もある。第 2 に，農地などの優遇制度が適用される土地の買い取り価格とそれ以外との区別をするかどうかである。首都圏などの市街化地域農地で宅地並み評価をされているにもかかわらず，営農という条件で固定資産税を大幅に軽減されている土地が少なくない。このような個別の立法目的との関連，とりわけ農地や林地に例外規定が多いが，それらをどのようにするかはこれからの大きな政治問題になるだろう[8]。

5　家計行動の変化

1　制度導入時点の資産構成の変化と税務

代表的家計はこの制度変化の前後でどのような具体的な影響を受けるか。こ

の家計は自らの使用のためにいわゆる一戸建住宅に住んでいる。もちろん都心に住んでいるマンション所有者もこの典型的なケースとみなせる。そのほかにはたとえば賃貸住宅に住んでいるケースがあるが，所有がゼロと見ればこれも典型的なケースに含められる。第2には，個人商店のように事業所兼住宅に居住するケースがあるだろうが，この場合は個人としての側面と次に述べる事業者の側面が共存する。住宅ローンの問題は改めて考察する。さしあたりは自己資金で住宅を取得しているかあるいはすでに返済が終了しているものとする。

この代表的個人は，土地を固定資産評価でみて 1500 万円，建物を同様に 500 万円，郵便貯金および銀行預金合計が 1000 万円とする。その他に金融資産として 500 万円を所有している。土地と建物には固定資産税が課税され，それぞれ年間で評価額の 2% として，30 万円と 10 万円とする[9]。住宅に伴う負担は年間で合計 40 万円である。これらの支払いの元手としての個人の所得税引き年間所得は 500 万円とする。したがってこの個人の固定資産税支払いを引いた残りの手元資金は，460 万円である。この個人は借り入れがゼロであると仮定するので，年初の個人の純資産は，3500 万円であり，土地の割合は 43% である。

年初に新制度が実行されると，土地金額 1500 万円分の永久国債が手元に入る。個人の純資産合計はその時点で全く変化がなく 3500 万円である。土地部分の固定資産税 30 万円は払う必要がない。建物の税負担については以前と全く変わらなく，年間で 10 万円の税負担がある。この個人は新しい制度の下では国から土地を賃借しているのでそれに伴う地代を国に払う。この支払額を以前の固定資産税支払額の 2 倍の 1500 万円の 4% で 60 万円とする。支払合計は 70 万円である。この個人は土地を売却して得た資金 1500 万円の国債を 1 年間にわたって保有し運用すれば，国債の利回りを得ることができる。この永久国債のクーポンは額面金額の 2% であると仮定すると年間 30 万円で，これには利子税が課されないと仮定する。あくまでも議論を単純化させるための仮定である。差し引きで住宅に伴う負担は，10 万（建物固定資産税）＋60 万円（地代）－30 万円（クーポン収入）＝40 万円，となる。年間の負担は全く変化がなく，また資産総額の変化もない[10]。

改めて式で表示しておくと，次のようになる。永久国債発行残高を V，土地

評価額合計を L，地代率を l，クーポン利率を r，固定資産税還元率を t，とする。

$$lL = rV + tV$$
$$V = L$$
$$l = r + t$$
$$r = t$$

　このように個人の住宅に伴う環境が以前の土地保有の状態から土地利用の状態に大きく変化したにもかかわらず，その保有や使用に関わる費用負担が全く変わらないのは，第1に，永久国債のクーポン利率を固定資産税率と同率とし，一方で地代をその2倍にしたからである。第2に，土地評価額と固定資産税評価額とを一致させ，さらにそれと国債の券面金額とを一致させたからである。

　個人は土地という流動性の著しく低くかつ取引費用の高い固定資産から，国債という流動性が高くかつ取引費用がそれに比べてほとんど無視できる金融資産に資産構成を変化させたのである。固定資産の比重は，当初の57％から14％にまで低下し，金融資産は逆に急増する。

　もちろんその後の市場の動向いかんで時価評価額が増減することはありうるが，年間の支払額は建物の評価と地代のベースになる土地評価や地代が変化しない限り上で計算した通りである。変化の問題は後に考察する。

　一方，永久国債のクーポン利回り分2％を支払う中央政府から見ると，地代がその原資となる。地代は土地評価額の4％であるから，地代収入の2％分をクーポンの2％に充当させる。残りの2％分は，地方政府の財源であった固定資産税収入として地方政府にすべて還元する。地方政府の収入も以前と全く変わらない。中央政府は地代の徴収やクーポンの支払いなど事務的な事業を地方政府に移管する。税務に携わる要員がすでにあるからである。中央政府は国全体としての土地利用計画を立案する国家戦略的な事業をする。地方政府は，膨大な数の個人の土地利用と建物保有に関する情報を収集管理し，徴税と国債の事務管理をする一方，中央政府の戦略的な土地利用計画の策定や実現に協力し，かつ地域独自の計画立案とのすり合わせを行う。

　土地のすべての使用契約は，現在の土地登記内容に代わるものとして，詳細

に登記簿に記載され，一般にも公開される。当初の制度変更に伴い，土地の所有者が民間から中央政府に変更になったときも，その事実，つまり，評価金額，使用期間，使用者，などの詳細なデータがこの新しい土地登記内容として記載される。

2　土地の個別性への配慮の是非

次にこの制度においては，不動産という資産が持つ特徴である個別性あるいは特殊性が導入時にどのように処理されるかを1つの象徴例から考察する。

近年において土地の潜在的なリスクと言われる土壌汚染を考えてみよう。この問題は土地評価問題の典型である。土壌汚染が予想されるかあるいは発覚すると，その撤去費用に応じて土地価値が低下する。一方，固定資産評価としては，このような撤去の費用の多くは反映されない。そうすると，固定資産評価額で一律で買い取ると，中央政府は少なくともこのような土壌汚染物質の撤去費用の分だけ直ちに損失になるだろうか。中央政府は汚染された土地を取得したとしても，それをさらに転売したりすることが目的ではない。もちろん，使用状況を監視し，このような汚染を食い止める処置をすることは言うまでもないが，あくまでもその土地も含めた全体地域の中でのその土地の利用の総合的な最適化こそが目的である。評価はそれによるのであって，汚染そのものが評価を決めるわけではない。

個別性を考慮しない一律買取は，新制度の円滑な導入のための戦略であった。本章では公的機関の土地取得によって使用権取引に切り替えるという大変化を提言した。企業などの所有する土地が，長年の工場としての利用などによって意図せざる形で汚染が進んでいるということはありうる。もちろん一部には意図的な汚染もありうるだろう。いずれにしても，それぞれの土地の個別性を詳細に調査し，経済的評価を行う事は決して容易ではない。土地汚染の問題はその一つの象徴例である。

3　従来の借地問題

借地の問題は制度導入時に大きな課題になる。なぜなら，利害関係者として土地所有者と借地人の両者がいるからである。新制度では従来の借地人には従

来のような借地権は発生しない。

　当初に借地権の底地を所有していた土地所有者に対する中央政府の買い取り金額については，次のような特別な規則の適用を考える。現状では，借地権利者は土地の所有者に対して有利な状態にある。もし土地所有者がその所有する土地を売却しようとする場合，売却金額は借地人がいない場合に比べると大幅に低くなる。その部分は借地人の権利とみなされる部分であって，借地人がその土地を取得する場合はその部分相当が割安になる。一方，旧来の借地人は現状では特にその権利の期限を限られていなく，固定資産税の負担もなく，この土地の有利な使用がほぼ永久に続くと期待できる。したがって，その土地の流動性は著しく低くなり，またその土地を含めた全体としてのその地域の土地利用に際しても制約となる可能性を否定できないのである。

　ここで提言する土地制度の発足に当たっては，このような都市圏にも広く存在するこの借地権の存在を次のような誘引によって一挙に解決させることを考える。中央政府は，その土地にこの借地権があるか否かにかかわらず，他と同一条件で土地を買い取るものとする。これによって，土地所有者は，現状での不利な条件での売却に比べて有利である。一方の土地を賃借していた個人にとっても，所有者が個人から中央政府に代わっただけであって，これから100年間はこの土地を使用していくことは可能である。さらにその100年後にその子孫がさらにこの土地を使用したいと希望すれば，一般の新規利用条件と同一のルールでさらに100年間の土地使用の権利を取得することができる。

　したがって，土地の使用という点に限定して言えば，この方法によって借地人が著しく従来よりも不利になることはない。ただ，借地人がその借地権を資産とみなしそれを現金化したいと期待すれば，それはこの新たな制度の下では従来と同じとはいえなくなる。しかし，土地所有者が中央政府に代わってからもその土地使用権利を第三者に市場で売却することは可能である。土地を容易に取得できなかった個人に対する便法として存在した借地権であったが，土地の使用が継続できるという点に限れば，新制度は従来の借地人を劣位に置くものとは言えない。新制度導入後はそもそも特別な借地人は存在しない。

4 導入後の土地利用権市場

　先の個人が以前の住宅を売却し，新たな住宅を購入する場合を考える。中央政府も地方政府も自己目的の建物を保有することは例外的で，建物の流通市場には介入しない[11]。この個人は市場で売却する必要がある。建物は以前と同じ敷地の上に存在し，建物を売却すると言っても，土地付きで売却する。この個人は建物を固定資産評価で見て500万円を保有し，それを市場に売却しようとするわけだが，同時に従前であれば1500万円の価値があった土地の利用という一種の権利付きで売却することになる。

　この権利が市場でどのように評価されるかがポイントとなる。新制度では土地の所有者は一律で中央政府である。多数の個人に土地を使用させているので，大数の法則でさまざまな状態が確率的に発生する。すべての土地の評価額は地方政府が常に把握している。また土地の利用状況も把握され，管理されていると想定している。その中にはこのような住宅の売却に繋がる土地利用の変更ニーズがある一方で，新規取得に伴う土地利用ニーズも当然存在する。そのような需給ニーズが全体として一致するように，土地使用権付住宅の取引金額が調整される。つまり，従前のように土地利用の権利は権利として一種の財産のように扱うのではなく，建物に付属したものとして扱うのである。住宅に付属する土地利用の権利は，そのような期待の上で評価される。

　土地使用権取引はもちろん民間ベースであり，中央政府は当事者ではない。新たな土地使用者がいずれかの将来の時点かあるいは100年間の使用期限が終了した時点で，再度契約するには，新たな使用契約と同様とみなし，その時点で土地価額相当の永久国債を保有していなければならない。不足していれば購入する必要がある。土地利用権を改めて利用しない場合は，永久国債を保有するかどうかは単なる金融資産投資として判断すればよい。

　土地の使用を新たに希望するものは，土地の利用に伴う使用者の義務と権利，および将来新たに土地利用計画が登場する可能性，その遵守，それらをすべて取り入れながら，その土地に付属する建物とその土地の使用権を一括で評価し，その価格を提示しなければならない。建物の常識的な評価額と土地の固定資産価額をはるかに上回る金額で取引されることもあれば，逆にそれに満たない場合もある。いうまでもないことだが，その金額はすべて土地を所有する中央政

府に支払われるのではなく，この土地使用の権利を売却した相手に支払われる。

　住宅のない土地いわゆる更地や住宅建築の計画のない土地を，個人が中央政府から賃借することはできない。この点が，これまでと大きく異なる点である。もちろん，以下で議論するように，事業目的のために土地を中央政府から借り入れることは可能である。たとえばごく日常的な例として，駐車場の新規経営や，あるいは従来から駐車場を経営していた個人は，土地を中央政府に売却した後もその事業を継続することは可能であるが，ある期間の猶予がありうるとしても，新たな土地利用計画が示されればそれに従わないといけない。

　このような可能性も含めて，住宅や土地利用権が市場で評価される要因はさまざまである。将来の土地利用計画の影響を大きく受けると予想されれば，それによって評価が高くもなれば逆に低くもなる。たとえば新しい道路建設予定や公園や広場の予定のために立ち退きがあると予想されると，この土地の利用権利は低くもなればあるいは高くなるかもしれない。

　個人所有の住宅が全体の土地利用計画に沿うように移転される場合もありうるだろう。これはある意味で，この個人が所有する建物という不動産の価値に公的機関が干渉することになるので，公的機関，この場合は中央政府だが，土地の使用と建物の合計価値に見合った補償をする。このような補償が確実に予想されると，過度な建物への投資が横行する危険性があるが，そのような建物内容の変更は，当然，政府の許可の対象となり，全体の都市計画と不釣合いな内容の変更は許可されないことはいうまでもない。しかし，これを公的機関による私的財産への干渉と見るべきではない。環境と一体になった土地や建物の総合的な価値を高めるための不可欠な政策である。

　個人の建物売却には，このようなさまざまな予想や計画内容が影響し，価格がつくはずである。その価格形成に政府が直接干渉することはない。従来から存在している不動産仲介業者が活躍する場面である。仲介業者にすると，土地の部分が無くなるために，取引金額が著しく低くなるかもしれないが，使用権の部分が新たに加わる。さらに単なる仲介ではなく，専門的な知識や法律や都市計画の専門的情報とその解釈もできなければならない。仲介サービスは高度化するはずである。

　新たに土地使用権と建物を取得した個人は，その建物の一部を改築したい場

合はもちろん中央政府と地方政府が一体となって進める都市計画内容を守らなければならない。場合によって改築が許可されない場合も当然ありうる。土地使用権の売買に当たっては，このような土地利用計画の詳細，改築の可能性，これらをすべて把握しなければならない。このようなことから発生するリスクをできる限り軽減させ，取引を円滑に進め，価格交渉が進みうる条件整備をするのが，不動産仲介業者の重要な役割である。

5 土地利用権譲渡所得の扱い

この制度の導入によって，土地所有者に売却する意思がなかった場合でも強制的に土地という資産から永久国債という金融資産にスイッチさせることになるので，導入時点での土地の売却に際しては譲渡所得税は課税しない。導入以後は土地そのものの取引は存在しないわけだから，土地の所有権の売買をめぐる譲渡所得税はそもそも存在しない。ただし，土地の利用権と合わせた建物の売買については，譲渡所得税は存続する。さらに，後に述べるように，土地を事業の一環として使用する，たとえば，農業や駐車場経営などのように，土地そのものを使用することで事業が成立する場合には，建物と合わせた売買ではなく，土地の利用権の売買そのものが成立しうるので，この場合も土地使用権に伴う譲渡所得税は存続する。

新制度導入時の土地使用人にとっては，土地の使用権利の取得費用は以前の土地取得額となる。一方，建物については，言うまでもないが，建設時あるいは第三者からの購入額が取得金額である。また，建物の改築や修理の場合もその費用が原価を構成する。一般的には建物がその土地の範囲に存在することが取引の条件であるから，たとえば取り壊して，更地にすれば市場価値が高くなるということはない。

6 導入後の土地評価と永久国債発行問題

この制度に移行するに際して，中央政府は土地購入金額のベースとして固定資産評価額を採用すると仮定し，それが永久国債の発行総額を決定すると想定した。さらに中央政府と民間の土地使用収支がバランスすると仮定した。言い換えると，永久国債発行残高と土地評価額合計を一致させるという前提で，地

代率が国債利回りと地方政府への固定税相当利率の合計と一致する設計とした。土地使用権の流通市場の動向いかんで土地価格評価を変更させる必要が生じたときも，この前提と一致関係を維持すると仮定する。その上で地代率やクーポン利率をどのように変更させるかは，マクロの金融資本市場との関連で議論しなければならない。

　買い替えや新規の住宅需要に伴う土地利用の際は，その土地の評価額に見合った永久国債を利用者が市場で購入し，一定期間は保有する必要があると仮定した。市場取引がある限り，現在の制度でも地方政府によって定期的に固定資産税評価替えがあるように，時価の変動があることを意味している。その総額は制度導入時の永久国債発行残高に比べて当然乖離する可能性がある。これを想定した措置として，プライスキャップのように一定期間におけるある小さな幅の範囲であれば償還も追加発行も実施しない。この範囲を超えたときは発行残高を変動させるというルールを本章では提案する。このようなルールにすると中央政府にとっては制度導入時に最初に国債発行という大きな変化があるが，その後は土地価格の大幅な変動，つまり，土地使用権利の売買がいくら増大しようともその価格が大きく変動しない限り，流通市場での永久国債の取引はあっても残高ベースの変化はないのである。この場合は，もちろん地代総額も変化しないと仮定する。

　土地評価価額がこの一定レベルを超えて変化したときは，それに見合って国債発行残高を変化させる。土地使用者は，土地部分の評価に見合った永久国債を新規に取得する必要がある。地代率が変化していなくても地代総額はそれに伴って変化する。永久国債は最近の不動産投資信託会社の持分権のように土地に対する物的な価値を持つものではないが，先の前提と土地評価額との等値関係を成立させるために，一見すると裏付けがあるかのように見えるのである。

　地代利率と永久国債の利率をどのように変化させるかは，あくまでもマクロ経済と金融市場との動向が重要となる。言い換えると，永久国債市場という市場に参加する投資家の動向が重要な判断資料となる。ただし，以上のことが経済政策や金融市場とも関連してどのような含意を持つかは後に考察する。

7 住宅ローンの扱い

住宅ローンがその土地や住宅の購入に際して利用されていたときは，制度の導入に際して銀行などが土地建物に付している担保の扱いを議論しておく必要がある。この個人がマイナスの純資産になっている場合は，いわゆる個人破産であるために，土地の所有から使用に制度変更があったとき，さらにその土地を使用し続けることができるようにするか否かは，別途考察する必要があるだろう。

住宅ローンに象徴される土地への金融機関の担保が設定されている場合，中央政府の特別勘定が土地の一括購入に踏み切ったとき，先ずこの勘定から土地所有者に永久国債がしかるべき金額で土地と交換に支払われるが，そこから金融機関に対して担保相当部分が個人の勘定を経由して金融機関に移される。土地の売却金額が担保金額よりも大きい場合は，これで基本的な解決となる。ただし，金融機関は，永久国債を貨幣と同様に制度の導入時点では額面を時価として受け入れることを制度の一つの重要なルールとする。

このように土地購入に際して発行される永久国債は特別な意味を当初の時点では与えられている。もちろんこれは，この制度の導入が円滑に進むことを目的としているからである。国債といえどももちろん債券であるから，額面と時価とは流通市場がある限り常に乖離するが，政府の特別勘定によって発行された永久国債については発行と同時にこのように担保金額の返済に当てる場合は，特例として時価と額面を同一として扱う。これはいうまでもなく，金融機関にとっては損失発生の可能性を意味するが，現在の土地価格の下落に伴う更なるリスクと比較して，この新たに発生する国債保有のリスクがどれだけ大きいかが先ず議論されるべきである。金融機関の資金ポジションは，不動産貸付からこのように流動性のある国債に変わることによって好転するはずである。総合的に捉えれば，制度導入に際して額面で決済することは決して金融機関に大きな負担とはならないとみなすことができる。後に金融機関の行動として改めて考察する。

6 諸個人の住環境と生活水準

　この制度改革によって個人や企業が不利益になることがあってはならない。そのために土地利用が制度改革の前後で急変しない工夫をした。その後については，長期的な観点から作成された計画の制約を受けることは甘受しなければならないが，それは長期的な環境改善のためである。全体計画と個々人の土地利用の対立は大きな利害調整を必要とするだろうが，土地の絶対的所有である政策当局は，個々人よりもはるかに長期的な視点で対応できるはずであり，民間の厚生を考えなければならない立場にある[12]。

　個人にとっては，土地そのものの所有は無くなったが，土地に代わって国債をもつことによって，従来よりもはるかに流動的な資産でかつ高い信用の国債に返還されるために，短期的に悪化することはなく，むしろ改善したはずである。これをもう少し経済学的に見ると，土地に固定されていた資金を開放させることによって個人の実質的な予算制約は拡大したのである。

　ただし長期に見てどのようになるかは，そもそも土地使用権や国債といった価格変動のある資産を持つ以上は，断定的なことは言えない面がある。価格変動によって長期的に見て利益を得る個人もいれば，逆に損失が出る個人もいる。土地に比べてこの国債の価格変動が大きいかといえば，日本という国の破産がない限り，そして現状ではそのようなことはありえないので，むしろ高度成長終了後の変動を見ればむしろ土地の方の変動が大きく，流動性が著しく低下して市場が機能しなくなるなど大きなリスクがある。それに比べると国債市場ははるかに流動的であり，戦争などの異常時を除き長期的に見ると，これまで個人の大きな部分を占めてきた土地という実物資産に代わって個人の中心的な資産形成の対象として十分な機能を果たすと考えられる。

　だが，繰り返すが，このような機会があったとしても，すべての個人が有利にその機会を利用できるとは限らず，成功するか否かは，ある程度まで個々人の努力，とりわけ市場を理解し市場とともに生活をしていくという個人の努力に関わってくることである。

　金融資産大国というマクロ的かつ国際的比較優位な日本の特徴は，このよう

な大きな市場の登場と多くの個人の参加によって急速に定着すると期待できる。それは日本の金融機関の活性化をも促し，彼らの市場競争を利用者にとってもプラスとなるように仕向ける大きなチャンスでもある。言い換えると，個々人は，土地国債ともいうべき大きな金融資産を持つことになったので，その運用や管理に関して金融機関の選別が重要となるからである。

たとえば，土地のこの制度改革が定着した後，土地の利用権をめぐる市場取引が拡大し，その使用権が上昇し，あたかも土地価格が上昇したのと似た変化が将来発生したとしよう。そうするとあたかも，価格が上昇した土地を過去に売却して後悔するように，政策当局に強制的に土地を没収されたかのような錯覚に陥る例が出てくるかも知れない。だが，留意すべきは個々人は決して安いときに土地を手放したのではなく，その使用権という形で土地をいわば間接的に所有しているのである。このように考えると，仮に土地価格がこのように間接的に上昇したとしても，個人は不利益になることはないのである。

逆に，このような制度改革の後でも，たとえば人口構造の大きな変化や将来人口の減少などの要因によって土地価格が依然として低落するようであれば，多くの個人はこの制度改革によって土地から金融資産に変換されたことで大きな事後的なメリットが得られるはずある。

以上のように将来のありうる土地市場価格の推移に対して土地所有から土地使用に変換したとしても，長期的に努力する個人にとっては決して損失にはならないのである。

さらにこのような個人の利己的な行動のほかに，地域全体としての住宅環境への積極的な取り組みが期待できる。なぜなら，隣家も含めて土地の使用環境が向上すれば，自らの使用権の価値も上昇するからである。従来は，隣地のあり方とはほとんど独立に所有地の利用方法を決定できた。そしてそれによって土地価格が大きく左右されていた。今後は，町並みを保存したり，市場価値を高める土地使用規制をお互いに提案したり，土地の区画を現状の使用状態にこだわらないで双方ともが有利になるようなものに変更したり，建物の概観や配置を総合的に調整したりする動きが，土地に固定された財産という呪縛からわれわれが解き放たれることによって，大きく前進すると期待できる。

そしていわば街と街，地域と地域の間の競争によって，このような動きにさ

らにさまざまな工夫がなされるだろう。それぞれの個人が地域や街に愛着を持つことにもなりうるのである。現状の土地制度では、土地という大きな財産をそれぞれが守ろうとして互いに動きが取れないような状態にある。それを解き放つことはこのようにさまざまな効能をもたらすのである。ただし、そのような効能はいずれも個々人あるいは住民の努力と、活発なアイデアの提案、それらと自治体や政策当局との密接な連携がなされるという前提があって初めて機能することを忘れてはならない。

　個人の生活のあり方がどのように変化するか、ここで以上の議論の要点をもう一度整理しておこう。第1に、個人は永久国債の所有者としての管理能力を問われ、適切な管理をする責任がある。第2に、これまでの土地重視の管理から建物の適正な維持管理へと重点がシフトしていくだろう。第3に、建物および土地使用権も含めて、適正な時期に使用のあり方を見直したり、あるいは家族構成の変化に合わせての移動などが重要な判断となるだろう。要するに、個々人にとって、長期的な視野で家に対する投資、場所の選択、管理、が重要となる。その一環で、個人の地域参加が促進され、町並みや景観に対する積極的な発言や監視が伴ってくるだろう。

7　金融機関の行動

　政策当局と協調しながら実はこの制度を支えていくのが、金融機関である。その誘引の一つとして、企業向け融資の土地担保を一挙に解決できる点がある。すでに個人の場合で述べたように、土地所有者の企業が土地を政府に売却したとしても、担保を下回ることもありうる[13]。だが、土地の流通が進むことは大きな利点である。

　第2に、個人取引であっても、従来以上に金融資産運用サービス拡充が加速される。土地というこれまでの市場制度ではきわめて限られた流動性しか持たない資産はこのようなサービスの対象にはなりにくかったが、土地という不動産から永久国債という金融資産に大きくシフトすると、大多数の個人にとっても金融資産運用が身近なものとなるために、銀行などにとって大きなビジネスチャンスが登場する。

永久国債市場では価格変動があるために，どのタイミングで換金するか，あるいはどのタイミングでたとえば建物保有付の土地使用から建物賃貸に移るのか，あるいは逆に建物賃貸から建物保有付の土地使用に移るのか，といった個人レベルでも住宅に伴う資産選択の問題が従来以上に重要となってくる。そのような個人のニーズに応えることによって，銀行にとって新しい手数料ビジネスが拡大すると期待出来るのである。

この手数料ビジネスは，最近のような送金ビジネスのような単純な機械化されたものではなく，銀行の金融取引のノウハウや専門的な知識をベースにした真の手数料ビジネスである点で大きく異なっている。それぞれの銀行や金融機関は差別化競争力を発揮することが可能となり，サービスや価格の競争を避け，本来の質の競争が中心となり，収益性の向上にも大きく貢献できるのである。

一方で，この永久国債の流通市場が開設されると，この市場規模が大きいために，金融機関自体もそれが投資対象になる。したがって，金融機関自体が，この市場投資で失敗するということもありえないわけではない。発足間もない市場であれば，十分な取引データもなく，リスク評価も困難かも知れない。そのようなスタート時期においても，金融機関は積極的にこの流通市場にコミットする決意がなければ，この制度が定着することは難しいかもしれない。言い換えると，政策当局との強い連携が流通市場の成長のために必要となるのである。この点については改めて考察する。

8　企業の行動

企業も金融機関と同様に，経済の循環の中で個人の生活基盤のための機関であると再認識する必要がある。土地で稼ぐというビジネスはもう過去のものであると考えるときが来ているだろう。しかし，この認識自体は，決して不動産事業者だけでなく，一般の土地集約的な事業者や土地に大きく依存しなければならない事業者にとってもマイナスではない。なぜなら，しかるべき土地利用が経済計算可能な形で可能だからである。これまでと異なることは，土地そのものへの投資によって利益を期待したり，あるいは不振事業の埋め合わせとなりかねない土地投資も無意味になる点である。

所有から使用への変化が事業者にとって大きな事業ネックになることはありえない。ただ，その土地の使用が，町の景観やあるいは危険物質の取り扱いなどに関して，従前以上に厳しく監視されることは確かである。土地使用の地代は固定資産税率および永久国債のクーポン利回りを総合的に見れば，従前と比べて少なくとも導入当初直ちに上昇することはなく，その後も費用関係は維持される。もちろん，個人の場合と同様で，永久国債の価格が流通市場で変動するので，それによるリスクは避けられないが，これも土地価格の変動リスクとの比較で考慮されなければならない。土地という流動性が低く，また個別性が高い資産から，流通市場での絶えざる価格変動リスクはあるものの，流動性の高い資産に資産構成が変化することで事業リスクそのものも好転するはずである。

　広大な工場敷地を保有し，かつ膨大な金融機関借入残高のあった大手企業ほど，この土地の一括購入による事業転換機会は魅力的だろう。加えて，このような大手企業に対して巨額の貸出債権を保有している金融機関から見ると，企業の事業転換が進むことは大いに歓迎するところだが，それに加えて，土地の一括購入によって貸出金額の多くが返却されるか，あるいは土地担保から永久国債担保に変化する事が金融機関経営の強化に繋がる。

　ここですでに議論したことと関連するが，土地の一括購入がただ単に時価ということではなく，固定資産税評価金額をベースにしていることが重要である。現在，土地の時価というとき，一部では流通価格がこの価格すらも下回っているからである。大手企業が保有する土地の時価評価と担保金額との間には，担保割れが多く見られるようになっている。そのような担保割れの土地が，金融機関の経営方針のために，土地の流通市場に放出されることが相次いでいる。そのことがまた土地価格の下落を招いている可能性がある。そのようないわば負の連鎖を食い止めるためにも，土地の一括購入によって企業の資産内容が透明になれば，さらにそれによって大手金融機関の資産内容も同時により透明になりうるのである。

　担保金額が土地の一括購入額を上回っている場合は，事業者は土地担保をはずすために，既存の金融資産を当てるか，あるいは別途何らかの方法を探らなければならない。金融機関の大手企業に対する金融支援のように返済内容の見

直しが必要になり，事業者と金融機関との再交渉がこの一括買取によって急速に進展する可能性も考えられる。言い換えると，現在の日本で土地担保がネックになり，その土地を競売に付すことが容易ではなく，あるいは不利であると思われているときに，この土地の公的所有による，所有から使用への大転換は，暗礁に乗り上げている土地の流通問題を一気に解消させることになるのである。公的な土地利用規制の下で，土地利用の全体的な効率化あるいは適正化を進める土壌ができ上がることになるのである。

　一般事業会社に比べて土地そのものを商品としてきた開発業者や大手ビル経営会社にとって，この新しい制度はどのような意味を持っているだろうか。不動産開発業者あるいは最近では首都圏で人気の高いマンション開発業者については，この土地の所有から使用への変更，それも後戻りのない変更は，どのような影響を経営に与えるだろうか。

　これらの不動産会社のこれまでの事業内容は，割安な土地を手当てし，それを適当な時期まで寝かしておいて大きな利益を上げるか，あるいは手当てした土地を最近のようにできるだけ早く処分することによって価格下落リスクを避けるかどちらかである。新しい制度の下ではそのどちらも無意味である。換言すると，不動産業者の競争力とは，政府や地元住民と一体になってどのような都市計画，新しい街づくりのアイデアを提示できることによって決定される。言うまでもないが，従来以上に住民との密接な情報交換が必要である。

　政策当局は都市計画あるいは土地利用の大枠とその目的を明示する権限と責任があるが，開発の実際は民間業者が行う。政府自らが資金を投下して都市を開発したりすることは原則としてない。民間のアイデアを募り，それに許可を与えるだけである。市街地の再開発も，土地の所有者は政府だが，使用者はすべてが民間である。そのような再開発を，政府のグランドデザインの下で，効率よくさらに全体的な景観も適正に守る工夫をするのは民間の知恵である。いわば建築や市街地開発のコンペにこれまでの開発業者が応募するという構図が，今後の不動産開発の基本的な姿となるだろう[14]。

9 予想される金融市場取引

　政策当局にとって最大のマクロ経済問題は，当初に土地取得資金を永久国債の発行によって円滑に調達できるか，さらにその後の流通市場が円滑に機能するか，さらにこの制度の長期的な安定性を確保すること，この3点に尽きるだろう。3番目の点はこの制度の管理運営をいかに公正に進めていくかと言うことでもある。

　先ず発行問題であるが，現在でも日本の国債残高は急増し，国債の格付けが近年低下しているのは，景気の持続的回復が見込めないとき，そしてこれからの高齢化社会において，急増した国債の円滑な償還が不可能になるのではないかという懸念からである。財政当局にとっては，景気も重要ではあるが，国債の償還が懸念される事態は避けなければならない。そのような懸念を市場が抱き始めると予想されるだけで財政当局は国債の発行抑制に動く。

　だがすべての国債は必ず償還されなければならないものだろうか。永久国債はその例外である。日本という独立国家が存続する限り，そしてそのことは取りも直さずその国土に居住する多くの国民が存在するということであるが，そうであればその国の土地に居住する民間からの地代によってクーポン利回りの支払いリスクがない永久国債の発行が問題となることはありえない。発行額の規模が問題なのではない。われわれが提唱する永久国債の受け取り手は，われわれ国民なのである。企業の多国籍化が進み，海外事業の比重が高まっているが，われわれ国民は決して日本という国の存在を離れて考えられるものではない[15]。

　発行額の規模が問題ではないことのもう一つの理由は，この国債を購入するためには新たな貯蓄が必要ではないからである。われわれはすでにこれまでの長期間にわたる貯蓄を通じて土地や住宅を取得してきたのである。その土地の部分に相当する貯蓄を，不動産という実物資産から永久国債という金融資産に変換させるだけのことである。国債の信用リスクが懸念される状況とは，毎年の貯蓄を上回る規模の国債発行増加が予想されるときである。われわれがここで提示する永久国債はそのように持続的に増加していくものではなく，制度の

改革のときにのみ発行され，その後，発行残高の変化があっても限定的だからである。常に日本全体の土地という実物資産でありまた生産要素である資産との対応でその発行総額が決まるものである。

　この永久国債が単に償還がないからという理由で，当初に財政当局によって安易に発行されるということもない。一般論として償還がありえないということは，財政規律を弛緩させる元凶になりうるかも知れない。だが，土地という物理的に限界がある資産と対応する限り，その発行額がさらに増加することはない。国債が天文学的に増大していくことによる真性インフレはありえない。それは土地という資産を裏づけにした使用権価格が国際社会を前提にすると，天文学的に上昇し得ないからである[16]。

　永久国債の発行が悪質なインフレの引き金になりうるだろうか。日本や世界の機関投資家は，そのような懸念でもってこの制度変更，つまり永久国債の大幅な発行を捉えるだろうか。もちろん投資家の心理は決して単純ではない。投資家が常に正しいわけでもなく，投資家の心理が歪んでくると，そのこと自体によって本来は適正な制度改革が頓挫してしまうことがありうる。では投資家はこの永久国債の発行とその後の流通をインフレ前兆とみなすだろうか。おそらく，問題の根本はこの点に尽きるだろう。もちろん筆者はそのようなことはありえないだろうと考える。この問題は永久国債の流通市場のあり方と密接に関連する問題である。

　個人，金融機関，企業の行動に対してその土俵とでも言えるものを整備するのが，政策当局の役目である。本章で提言する土地制度の根本的改革の影響が，最も端的に現れ，その成否を左右するのが金融市場である。そこでまず，この制度が登場するとどのようなショックが金融市場に発生するか，あるいは制度の登場が予想されただけでどのような影響が既存市場やこの永久国債の発行市場に顕れるかを考察しよう。その後に，そのような混乱や懸念に対する政府の役目を議論することにする。

　まず現実的な対応として，一気に大きな国債市場が誕生するのを避けるために，数年計画で進めるという考えがありうるかもしれないが，いずれは登場すると間違いなく期待されるのであれば，期間を設けて実施しても影響を緩和するという点では余り効果は期待できない。むしろ，このような期間に当局に対

してこの制度の大幅な手直しを催促するような動きが懸念される。したがって，実施するのであれば一気にスタートさせるべきだろう。そしてショックの緩和策としては，当面の流通市場に政策当局が直接介入するという姿勢を明確に示す方が現実的である。

　ではどれくらいのショックがこの流通市場に発生するか。仮に 1000 兆円の新規国債が発行されたとしよう[17]。導入当初の一定期間はこの国債を保有しなければならないので，すぐに換金されるとはありえない。ただ，これからますます高齢化する社会では，土地資産の代わりに手に入れた永久国債を換金したいと考える個人は決して少なくはない。預金金利に比べてメリットの大きいこの国債を選考すると見られていた個人も換金売りをするかもしれない。売買禁止期間中にそのようなニーズが発生すれば，この国債を担保に資金を調達することはできる。いずれ土地使用権を売却し，賃貸住宅に移動すれば国債を保有する義務は免れるので，一定規模の国債の流通市場が発生する。

　ただしそれが急増することはないが，場合によっては流通金利が暴騰して，したがって国債価格が暴落するという事態が予想されないわけではない。問題はそのようになりそうなとき政策当局はどうするかという点に尽きる。もちろん，買い支えるというのが本章の基本的な想定である。

　言い換えると，永久国債の発行が可能かどうかは問題ではなく，円滑な流通市場ができるかどうかが本質的な問題である。ただしここでいう流通市場の参加者は一般で，銀行間市場ではない。当面は当局が，国債を流通市場で公開市場操作に類似した方法で買い支えるということになる。究極的には，その資金をどのように調達するかである。財政当局はこの永久国債のために，既存の財政から資金を割くことはできない。おそらく，金融政策当局が代わって市場介入することになるだろう。それは日本の本格的なインフレに繋がるという問題に行き当たることになる。さらには，国債の全体的な信用が低下しないかどうかという問題でもある[18]。

　だがここで確認しなければならない第 1 は，この国債は別段勘定で管理され，その規模も制限され，利払いが滞ることはないという点である。もちろんこれは極論すると，日本という国家が独立国として存続しているということを前提にしている。ともかく，土地の所有者が個人や企業から政策当局に移行し，管

理されるようになったからといって，日本全体の資産内容が一挙に悪化したわけではないのである。この点が第2の確認である。第3に換金の規模は規則から急増することはない。それでもなおかつ，賃貸住宅への移動が相次ぎこの新たに発行された永久国債の換金売りが急増するようであれば，言い換えると，利払いが長期的に全く問題がないにもかかわらず，金融市場が混乱するようであれば，それは金融政策当局がコントロールすることになる。しかしそのような賃貸住宅への移動が増加すると，賃貸コストが上昇するので，いつまでも増大する事もないはずである。

永久国債のクーポン利率は当初は固定された水準であるが，将来，民間が保有する土地の使用権が新たな利用者に売却される場合，もし永久国債が限界的に発行されると，そのクーポンレートはそのときの金融市場や既存の永久国債の流通市場との関連で決まる。民間が使用していなかった土地が新たに使用されるケースは，いうまでもなく人口，経済成長，地域格差，などの基本的な諸要因の予想を元に想定された土地利用の長期計画に沿って行われるために，あらかじめ発行額も計画できるとみなせる。したがって，永久国債の発行残高が，現在の赤字国債の累増に象徴されるように，長期的に景気低迷や年金財政の悪化のためにコントロール困難に陥ると言う危険性はないのである。

しかし地代についてはどのようにコントロールするべきだろうか。経済活動の長期的な変化，おそらく10年，20年と言うスパンで見ると，わずかとはいえ成長があるはずなので，そのときに地代を引き上げるかである。たとえば経済規模が20年で年平均成長率が1%であれば1.22倍，それが50年になると1.64倍となる。成長率がわずかに変化して2%になると，20年で1.48倍，50年で2.69倍にもなる。経済規模の拡大に伴い，土地への報酬ともいえる地代総額をこのように長期に見たとき上昇させるべきかどうかが政治的にもまた経済的にも問題となるだろう。地代率が変化しなくても，土地評価額の変更を通じて総額は長期では変化するだろう。流通段階でも割安な地代とみなされると，その分だけ使用権の価格が高くなり，やがては土地評価額も増価するはずである。ここで地代のコントロールという点で議論すべきは，政府が民間に新たに土地使用権を売却する場合，つまり，新たな永久公債を発行するときと，使用権契約期間をどれだけの長さにするか，そして契約更新時に地代の変更をどこ

まで許容するかであろう。新たな発行を伴う場合も地代は，これまでと同様に，永久公債クーポンの2倍の水準が，制度開始時点と相対的に同じ条件とみなせるだろう。

　契約期間については，民間の安定的な土地利用を促すためにも100年と言うのは決して長くはない。だが，その間にたとえば20年ごとに地代総額を改定する事を明示するべきかもしれない。あるいはこれが10年であっても良いが，ともかく一定のルールで地代改定が必要だろう。そして地代総額あるいは地代率が改定されるときも，コスト面で当初スタート時点と同じ状況を維持する。つまり，地代の2分の1は，もし永久国債を保有していればの話だが，永久国債のクーポン総額と一致させ，残りの2分の1は固定資産税相当に一致させるのである。もちろん民間は土地を所有していないわけであるから，固定資産税類似の税を民間が払うというのではなく，中央政府のこの土地勘定から直接地方に配分されるのである。それは決して現在の地方交付税交付金のようなものではなく，それぞれの地域の土地資産価格総額から自動的に計算されるものであることは言うまでもなく，その配分をめぐって政治的な交渉が入る余地はない。

10　政策当局の責任と権限

　すでに議論してきたことを踏まえてここで改めて政策当局の責任と権限の整合性を検討しておこう。

　第1にこの制度の成否を実質的に左右するのは，永久国債市場の流通市場の整備と管理であった。これが政策当局の大きな第1の責任である。この責任と整合するように，金融政策当局に対してこの市場への機動的な介入操作を指示できる権限を与えなければならない。つまり，中央銀行は政府そのもののために存在するのではなく，民間の個人や企業のためにこそ存在するのである。その国民の大きな財産を守る義務が金融当局にあることは当然である。ただし，このことはいうまでもないが，この永久国債への金融資産投資が常に有利であるようにするべきであるということを主張しているわけではない。むしろそれ以外の金融市場との密接な裁定が当然起こりうるような市場管理をする必要が

ある。

　第2に，政策当局は国民から引き継いだ土地という大きな資産を国民のいわば信託に応えて適切に管理する義務が発生する。土地がこのように政策当局の一元管理に委ねられたからと言って，日本の国土が増減するわけではなく，それは究極的にはわれわれ国民の貴重な財産である。政策当局はこの義務を実行するための権限として，土地利用の統一的計画や目標を作成できる。さらにそれを実践させるために都市計画の整備と管理を行う人員と能力を持つことができる。政府は，今後はこれまで培ってきた土地政策のさまざまな知識やノウハウを駆使して，土地の総合的に見て有効かつ適正で公正な利用ができるように，民間のアイデアを募りながら，環境の整備や計画を発表し，それらの運営も管理していくわけである。

　第3にこの土地所有に伴う運営実務がある。永久国債の管理と利札支払いについては，従来の国債管理と金融機関の協力で可能だろう。だが，その一方で，これと連動するように，地代の徴収がある。固定資産税がそうであるように，延滞の割合が決して無視できるものではない。そのような現実に鑑み，利札支払先と地代徴収先の名寄せが必要となるだろう。永久国債は流通するので，所有者が当初の土地売却時から変化することはありうる。それを常に追跡し，地代徴収の延滞の割合を可能な限り低くするための工夫が必要だろう。これには，これまで固定資産税の実務を行ってきた地方自治体と中央政府の土地部局との連携が最も重要だろう。

11　おわりに

　土地は資産であり生産要素であるが，永久国債というチャネルの登場によってマクロ経済との接点がより機動的になる。従来は，マクロ経済の混迷が土地資産のいわば固定化によって行き詰まっていたが，それを大きく解消できるはずである。国際経済比較の観点から見ると，日本経済のこれまでの土地に偏った資産選択が，欧米的な世界のそれに近い構成に変化する。資産構成の変化に関連して，建物比重がいずれは上昇することは，マクロ経済との関連でも意義があるだろう。従来は建物に投資された資源を浪費し，さまざまな廃棄物を経

済全体に排出していたはずである。もちろんこれによって潤ってきた経済活動もあるが，これからはいかにして廃棄物を最小限に抑えるかが重要となってきている。

多くの日本人が住宅に対して抱いている不満を解消する機会をこの制度がもたらしうる。それはまた日本人の生活スタイルないしは労働スタイルも含めて，われわれの生き方をもっと国際的な水準に合わせることにもなる。なぜなら，日本はこれだけ豊かになっているにもかかわらず，住宅の質およびその価格は先進国の水準と比べると著しく歪んでいることは論を待たないからだ。その点が今後大きく解消されてくると，われわれ国民の労働の成果ももっとより有益に活用できるはずである。

確認しておくべき点として，本章で提言する土地の公的所有は決して近年の民営化の流れとは矛盾するものではない。土地の使用は完全に民営化されるのである。民間所有によって弊害がある部分についてのみ，民間の資産選択を悪化させない方法でその弊害を取り除いただけである。公的機関が100％保有する土地の中から，人口構成や地域分布などの長期的な動向を踏まえて，その使用権を民間に入札の形式であるいは別途の政策目的に沿って配分することはこれからもありうることである。逆に，人口などの動向によっては，住宅地や工場用地を公園やその他の環境改善に向けて利用変換をすることもありうるのである。まさに民間ができることと，民間ではできないこととの分担をしようという考えである。

最後に，経済活動にとって便利なように土地制度を微調整するのではなく，根本的な視点から土地問題に取り組まないと，日本経済の行方は決して楽観できるとはいえない。本章はこのような問題意識から，長期的な歴史の発展と経験に照らして，土地問題の根本的な解決を提言したものである。政策当局は，民間の資産を一方的に増加させたわけでも，また無理やり拠出させたわけでもない。資産構成の変化によって，民間の経済行動は弾力的になり，それぞれの経済主体が自己の行動により責任を持つようになるだろう。

この制度によって，政策当局が包括的な計画をきちんと立て，それを維持する方向に日本の土地問題が改革されれば，それは日本の大きな構造改革であるために，この永久国債市場への投資家の評価も高まるはずである。生活の一つ

の大きな根本が住宅にあるとすれば，それが改善されると人々の生活も改善され，それによって日本人の人材という貴重な資源にも良い意味での磨きがかかるはずである。人材が浪費される事なく，また効率良く再生産されていくことが予想できれば，金融面で見ると急速な貨幣供給の増加によって一気にインフレに火がつくという事態もこの面からも生じないだろう。改革が成功するか否かは，この改革によって住環境が長期的に見て大きく改善され，それがいずれは国民にとって有利になると判断できるかどうかである。

　土地改革のためには国民的な議論が必要であり，最終的には政治的な合意形成にあるといっても過言ではない。その意味では大きな歴史的な事業である。本章はそのような歴史的な大きな問題についての議論のきっかけになることを期している。

●注

1)　資産価格の下落は一度始まると経済悪化とほぼ同時的に進行するものである。関連文献はここでは特に引用はしない。
2)　1949 年に出版されたが，その後の日本の土地問題を予見しているとも言える。
3)　以下は『国民経済計算年報』による。
4)　日本の一部の高級住宅地といえども外国では明らかに平均以下だろう。詳細なデータを持ち出さずともこの違いから日本の住宅の質が低い事はこのことから明白である。
5)　土地分割の問題も重要ではあるが，新制度改革に移行すればより大きな枠組みの下で議論できる。
6)　損失が発生した場合はどうなるかという議論がある。だが，買取がなくてもすでに大きな損失が隠されていた。それを顕在化させ，具体的な行動に移る事が，まさに土地の呪縛を解消させることの一つの効能である。
7)　地理的あるいは物理的に見て土地は豊富にある。それは都市圏でも言える。
8)　この点については基本的には一括買取の例外とはしない。だが，価格をどうするかは都市計画いかんであり，農業利用が望ましいのであれば，宅地としての評価はすべきではない。そうでないと判断したのであれば，宅地としての買い取り価格となるだろう。土地の包括的な利用計画が定まらない段階では，価格は暫定的となる場合もある。
9)　この税率はあくまでも計算を簡単化させるためのものである。現実は 1.6％であり，また固定資産税評価額は時価の 60％程度であるので，時価に対する税負担割合は 1％程度と見られる。また土地と建物の税率も区別していない。
10)　なお，以下の議論では，家計が所有する住宅からの帰属家賃の部分は考慮し

ていない。まず帰属家賃の個別的な情報は入手困難である。またそれが家計の行動に影響をどのように与えているか，行動制約条件になっているか，いずれも疑問である。以上のことから，帰属家賃はここでは議論していない。さらにここでの議論は代表的な家計を想定したもので，制度変化に伴う利害は一様ではないことは当然である。後に土地汚染をその象徴的な事例としてあげている。制度導入で大きな利益が出る主体が出るのはありうる事だが，出来る限り損失が出る主体を発生させないようにすることが移行時の狙いである。

11） いわゆる政府所有の公的住宅はこの新しい制度でもありうるが，限定的である。

12） ただし，経済学で用いられるパレート最適が可能かどうかの議論が必要だが，そもそも土地については，従来の制度では権利の調整は容易ではない。

13） この問題は貸出条件の再交渉であって，すでに多くの大手銀行がこのことは経験し，十分なノウハウを持っているだろう。

14） 都市整備公団の活動もこの流れで見直されるだろう。民営化され，その保有土地はすべて国有化される。発生するかもしれない損失も企業と同様の枠組みで議論される。

15） 実物資産の裏付けとの関連から類似の金融証券として不動産投資信託がある。投資信託の場合は，その裏付けは本章の制度に比べるとより直接的で強固なものである。さらに，本章の永久国債の所有面での相違は，マクロ的には必ず，永久国債の所有者と土地の賃借者とが完全ではないが大部分は一致する点である。一部には賃貸者もあり，またこの永久国債が非居住者に所有される事もありうるが，永久国債を所有する事が，一定期間とはいえ，土地賃借の条件になっているからでもある。一方，不動産投資信託でも，その運用対象の建物などを賃借する主体がこの投資信託を購入することは有り得ない事ではないが，それは例外的であり，それが果たして容認されるかと言う問題すらありうる。しかしいずれも，流通市場も発生し，純粋な金融資産投資の対象にもなりうるものである。しかし，この永久国債市場はいわばマクロの市場で政策の関与する市場であるが，一方の不動産投資信託市場は個別的でまさに民営化された市場である。不動産投資信託会社が運用する不動産の土地部分は，この制度では固有地となるものであるが，それを前提に信託は運営されるわけである。ではすべての日本にある建物が信託化され，その証券が金融資産として流通しうるだろうか。それは有り得るかもしれないが，仮にそのような状況を想定しても，そこでの不動産投資信託会社は多様で，政策当局がマクロ的に直接関与するものでは決してない。その違いは決定的なものである。つまり金融政策の関与する市場ではないのである。

16） もちろん為替レートの急落があればこの限りではないが，それこそ真性インフレで，本章の問題外と見るべきだろう。

17） 1000兆円は国民経済計算のデータからおおよその数字としてあげた。竹内（1999）によると，日米構造協議の題材となった日本の社会資本整備計画は630兆円の公共投資を行うという。これは一定期間の規模であるのに対し，1000兆

円は一時点で巨額だが，資産の移し変えに過ぎない。

18) そもそも，国債一般の流通市場の問題は単純明快に解明されているとは言い難い。歴史的および国際的に国債市場の崩壊は決して有り得ない事ではない。その多くは政治的な混乱を伴ったものであるが，それ以外の多くは経済問題としての国債価格の暴落現象である。一般に金融資産として取引されるようになると，価格変動は避けられないが，換金は容易である。では，従来の土地市場において土地価格は崩壊しなかったかと言えば，それも最近の経験だが明らかに長期的に壊滅状態になったのである。そして流通市場が限られているために，価格崩落が大きな経済的な制約になったことは記憶に新しい。もちろん制度導入に際して，この永久国債市場の価格崩落が予想されると，制度導入は躊躇されるだろう。したがって，この懸念を可能な限り解消させる事が，政策当局の責任であり，そのために権限もあると考える。その場合でも，単にこの永久国債の流通価格が暴落するかどうかだけの問題ではなく，他の可能性との比較が重要である。いくつかの歯止めとして制度には，土地賃借の当初の一定期間は永久国債の保有を義務付けた。これによって，家計や企業の永久国債購入が抑制される可能性はあるが，それも土地賃借から得られる便益や負担と一方での土地保有の便益や負担との比較の問題である。いずれにしても，マクロでのこの永久国債市場は政策当局の適切な国土管理を前提に，金融政策当局が管理をする対象であり，日本国家と言う政体と国民が継続する限り，決して崩壊する事は有り得ないものである。仮に多くの永久国債が外国人投資家によって保有されたとしても，それによって日本の国土が一部とはいえ占領されたわけではないのである。

【参考文献】

軽井沢文化協会創立 50 年記念誌編集委員会編『軽井沢 120 年』株式会社櫟，2003年。

有馬郎人編著『都市　東京大学公開講座 54』東京大学出版会，1991 年。

岡崎哲二・奥野正寛・植田和男・石井晋・堀宣昭編著『戦後日本の資金配分——産業政策と民間銀行——』東京大学出版会，2002 年。

吉原直樹『都市空間の社会理論』東京大学出版会，1994 年。

竹内佐和子『21 世紀型社会資本の選択——ヨーロッパの挑戦——』山海堂，1999 年。

ラスムッセン，横山正訳『都市と建築』東京大学出版会，1993 年。原著：*Towns and Buildings——described in drawings and words*, 1949.

大方潤一郎「市民合意なき都市再開発を進める都市再生本部の誤り」『エコノミスト』2002 年 4 月。

Department of Housing of the Direction General of Planning, Housing and Heritage of the Walloon Region of Belgium (ed), *Housing Statistics in the European Union 2002*, 2003.

Housing Data and Statistics Division, Office of the Deputy Prime Minister (ed), *Housing tatistics*, 2002

9 「コー円卓会議・企業行動の指針」にみる共生と日本的経営

1 はじめに

　本章の目的は，日本の大企業経営者が中心となって提案し世界の場で討議され，作成された「コー円卓会議・企業行動の指針（以下「行動指針」）」（Principles for Business）から，日本的経営の普遍的な側面，あるいは見方を変えて言い換えると，世界的な側面を検討し，日本的経営を巡る将来への期待と逡巡を考察するものである。そのときのキーワードは，日本的経営の普遍性を抽出した"共生"行動である。

　この「行動指針」は，スイスのジュネーブ湖畔のコー（Caux）で開催された1994年12月の第9回コー円卓会議（第1回開催は1986年）において日本の経営者の発案によって作成された。コー円卓会議の目的は，「激化する貿易摩擦の緩和に（「行動指針」の日本語版より，英語版にはこの説明はない）」企業経営者の立場から貢献したいという現実的なものであった。参加者は，付録に示すように日本，ヨーロッパ，アメリカの大企業経営者が中心である。「行動指針」は，このように文化や歴史の異なるバックグラウンドを持った現役経営者が日本的経営の要素を取り込みながら，言い換えると，日本的営々の普遍性と彼らが考える側面を加えあるいは再解釈することによって産み出されたものである。

　本章の中身にはいる前に，日本語版から「行動指針」作成に向けたコー円卓会議の経緯を概観しておこう。第2回会議（1987年）以来，競争のルール作りや企業の社会的責任を明らかにすることが議題となった。1992年，公正な競争と共存共栄との両立をはかる共生の理念が賀来龍三郎（キヤノン会長）をは

じめとする日本側参加者から提案された。

　通商問題の解決策を議論するために設けられた円卓会議が，こうした「行動指針」を議論するに至った背景は，⑴企業が社会の信頼を獲得し建設的な貢献を果すべきであること，⑵摩擦を解決するためには，ルールやシステム作り，政策提言も必要だが，⑶まず企業が行動を律することが基本であると考えられたからである。

　「行動指針」に向けた日本側の提案に対し，アメリカ側からはステークホルダー（利害関係者）に対する企業行動をまとめた「ミネソタ行動規範」が対応物として提案された。その後，ヨーロッパ側は個人の尊厳を重視する「人間の尊厳」の精神を提案，これら2つが日本の共生提案に付加された。

　こうした米欧の2つの価値が日本的経営のエッセンスである共生に付加されることによって，「コー円卓会議・企業の行動指針」が1994年の第9回会議で採択されたのである。なお，このような企業の行動規範が民間経営者の共同で策定されたのはこれが初めてである。

　以下，第2節ではコー円卓会議の実態をいま少し詳細に述べる。第3節は「行動指針」の原則を論じる。第4節は各論であるステークホルダーからみた原則の実態面である。各節で個別的に議論しているので，総括的なコメントは第5節の結論でまとめて述べる。この「行動指針」と関連のきわめて深い「ミネソタ行動規範」については稿を改めて論じることにする。

2　The Caux Round Table での「企業の行動指針」作成の位置づけ

1　The Caux Round Table とは

　まず，「企業の行動指針」（Principles for Business）を議論，決定したコー円卓会議とはどのようなものであるかを概観しておこう。以下は英語版と日本語版でのコー円卓会議の紹介部分である。

　　　コー円卓会議は，激化する貿易摩擦の緩和に役立ちたいとの願いから，
　　オランダのフィリップス社元会長フレデリック・フィリップス博士とフラ

ンスのオリビエ・ジスカールデスタン，ヨーロッパ経営大学院（IN-SEAD）副理事長の提唱で 1986 年に創設された。日米欧間の経済，社会関係の建設的な発展と，その他の地域に対する共同の責任を速やかに果たしていくことに強い関心を抱いている。

　　（The Round Table was founded in 1986 by Frederik Philips, former President of Philips Electronics, and Olivier Giscard d'Estaing, Vice-Chairman of INSEAD, as a means of reducing escalating trade tensions. It is concerned with the development of constructive economic and social relationships between the participants' countries, and with their urgent joint responsibilities toward the rest of the world.）

　1986 年の第 1 回会議はスイスのジュネーブ湖畔のコー（Caux）において開催されたために，この会議はコー円卓会議と呼ばれることになった。それは，上に示すように「激化する貿易摩擦の緩和に役立ちたい」という企業経営者の現実的なニーズによって企図されたものであった。参加者は，付録に示すように，日本，アメリカ，ヨーロッパの大企業経営者が大半である。その中でも，経済規模に比して，日本からの参加者が飛び抜けて多い。なお，この点は，同じことを記すべき「企業の行動指針」の日本語版と英語版で，参加者リストが異なり，日本語版ではより多くの日本人参加者が登場していることとも対応しているようである。

　日本の参加者の代表的メンバーであり，また運営委員でもある賀来は，1995年，日本経済新聞の「経済教室」でその開催当時の経緯を次のようにまとめている。「オランダの有力日刊紙 NRC ハンデルスプラドは，1985 年 5 月 8 日，「日本のまやかしの微笑」という見出しで，日本企業は通産省と結託し，「保護主義，ダンピング，盗み，脅かし」の戦略を駆使して「欧米のエレクトロニクス産業の破壊を狙っている」というフィリップ社による分析レポートを一面大で掲載した。」これは日本の大企業に対する当時の典型的な見方であった。そして，経済学の分野でも産業政策が内外の学界で話題になった時期でもあった。この第 1 回会議では，賀来によると，「欧米参加者による日本叩きに終始」したのである。

2 第9回会議行動指針決定への潮流

しかし第2回以降，コー円卓会議は1994年12月に発表されることになった「企業の行動指針」に向けて前進した。日本語版は「コー円卓会議・企業の行動指針」日本語版作成にあたって，と題して，企業の「行動指針」が決定されるまでの経緯を次のようにまとめている。

87年の第2回会議で，「競争のルール作りや企業の社会的責任」が会議の議題となった。そして数年後の1992年の第7回会議で，今日の「行動指針」の原形が議論されるまでに至った。賀来をはじめとする日本側参加者から「公正な競争と共存共栄との両立をはかる「共生」（英語では付録2の序文に示すようにKyoseiとローマ字で表示され，live togetherと解釈が付記される）の理念が提案された。アメリカ側からはステークホルダー毎に公正な企業行動をまとめた「ミネソタ原則」（Minessota Principles）が提案された。ヨーロッパ側からは，企業に従事する個人の尊厳を重視する「人間の尊厳」（Human dignities）の精神が提案された。こうした日米欧の価値を盛り込んだ「コー円卓会議・企業の行動指針」が1994年の第9回会議で採択されたのである。

以上の経緯を振り返ると，「企業行動の指針」作成にはいくつかの興味深い特徴を見ることが出来る。

第1の特徴は，先に示したようにこの「企業行動の指針」は，日本の参加者，とくにキヤノンの賀来が中心になって，しかも「共生」という英語では直接的な対応概念を見い出せなかったにもかかわらず，その「共生」の基盤の上に作成されたことである。「企業行動の指針」からこの様子を引用しておこう。

　　キヤノンの賀来龍三郎会長の提唱に基づき，コー円卓会議は世界の平和と安定に対する社会的，経済的脅威の削減に果たすべきグローバルな企業の責任に焦点をあててきた。

　　（At the urging of Ryuzaburo Kaku, Chairman of Canon Inc., the Round Table has focused attention on the importance of **global corporate responsibility** in reducing social and economic threats to **world peace and stability**.）（以下，ゴチック体及びイタリック体等は筆者の追加）

第2の特徴は，内外民間企業の経営者が自主的にそして共同で策定した点である。この点は，「日本語版」の前書きに次のように明確に述べられている。

　元々通商問題に端を発して設立されたコー円卓会議がこうした行動指針をまとめた背景は，企業が社会の信頼を獲得し建設的な貢献を果たすとともに，さまざまな摩擦を解決するには，ルールやシステム作り，政策提言もさることながら，まず企業自らが行動を律することが基本である，との認識に至ったからである。

第3の特徴は，現在社会における「企業と産業（英語では Business and industry）」の役割を次のように重視している点である。

　大きな転換を遂げつつある世界において，日本，米国，欧州のビジネスリーダーからなる「コー円卓会議」は，企業と産業がその役割を最大限に発揮することによって，世界の革新的な変化に欠かせない貢献を果たすことを目指している。
　(In a world which is expecting profound transformations, the Caux Round Table of business leaders from Europe, Japan and the United States is committed to energizing the role of business and industry as **a vital force for innovative global change**.)

第4の特徴は，企業経営における道徳的価値の役割を強調している点である。この点は，「行動指針」全体の基調になっている。

　最高の道徳的価値を共に尊重し，一人ひとりが自分の影響の及ぶ範囲で責任ある行動をとることによって，相互の絶えることのない友情と理解，協力を育むことを特徴としている。
　(It (The Round Table) emphasizes the development of continuing friendship, understanding and cooperation, **based on a common respect for the highest moral values and on responsible action by individuals in their**

own spheres of influence.)

3　大きな課題と責任

さて，以上に示した宣言を客観的にみると，これら世界の先進諸国の大企業経営者は，大変大きな課題を背負おうとしているとみなさざるをえない。問題は，果してこのような大きな課題を企業経営者が背負うべきか否か，そして現実的にその大きな課題に対して責任を負うようないわゆるインセンティブとペナルティが合理的な形で組み合わされているかである。さらに，それによって企業のトータルとしての行動が規律付けられるか，そして，その行動を監視することが可能か否かである。より深刻な点は，現在の国際社会においては各国がそれぞれ異なる法体系を決定できる法治国家であるという点である。

ところがと言うべきかもしれないが，実は，次節でみるように，「企業の行動指針」は，原則の一つとして，法律の限界を明確に主張しているのである。

3　企業行動の一般原則

1　前文（Preamble）

まず，憲法でも前文が重要であるように，この「企業の行動指針」でも前文において，先に述べた法律の限界等を次のように宣言する。

　　雇用や資本，商品，技術の活発な移動により，企業による取引活動やそれが及ぼす影響はますますグローバル化している。企業行動の規範として法と市場の力がもちろん必要ではあるが，それだけでは十分とはいえない。
　　(**The mobility** of employment, capital, products and technology is making business increasingly global in its transactions and its effects. **Laws and market forces are necessary but insufficient guide for conduct.**)

ついで，企業行動の基本はステークホルダーに対する責任の達成であることを明言する。

企業が自らの方針や行動に対して責任を負うことと，ステークホルダーズ（企業をとりまく利害関係者）の尊厳と利害を尊重することが基本となる。

（Responsibility for the policies and actions of business and respect for the dignity and interests of its stakeholkders are fundamental.)

　だが，その一方で，企業行動の多面性，重要性，影響の大きさから，企業は価値観を共にしなければならないと考える。

　繁栄を分かち合う責務などの価値観を共有することは，小規模な地域コミュニティのみならずグローバルなコミュニティにおいても重要である。

（**Shared values**, including **a commitment to shared prosperity** are as **important for a global community as for communities of smaller scale.**)

　結論として，企業の意思決定において道徳的価値が必要不可欠であるとみなす。つまり，道徳的価値を持たずして，安定したビジネス関係や持続可能な世界コミュニティを実現できることは望みえない，と考えるのである。

　以上の前文の宣言は，今日の世界の政治的，経済的背景を想定したもので，その意味で今日的で，説得的でもある。

　しかし一点だけ議論しておこう。「行動指針」で企業行動の基本的対象とみなされるステークホールダーが，株主や投資家だけでなく，従業員，取引先，地域社会等に拡大していくことの問題である。この考え方が徹底されていくと，株主や投資家にとってリターンが低下し，資金供給が減少する。これを避ける手っ取り早い方法は，年金などの強制的な貯蓄であり，現代社会が突き進んでいる世界である。これは，ここで議論している企業にとって好都合な世界である。年金はそもそも高齢化社会を維持するためのものであるため，いわば必要悪であり，収益とはかかわりなく蓄積していかなければならない面もありうるとみなされているものである。高齢化社会と資産蓄積が，「行動指針」が想定する企業社会，そして共生社会にとって不可欠な条件ではないだろうか。「行動指針」はこの点に全く触れていない。

序文（Introduction，日本語と英文それぞれの全文を付録に示す）にも以上と同様な考え方や方針が表現を変えていくつか盛り込まれている。

　その中で最も重要な共生と人間の尊厳の2点を紹介しておこう。共生とは，「行動指針」によると，人類全体の利益と幸福の実現に向けて共に生き共に働くという意味であり，互いの協力，共存共栄と健全で公正な競争との両立を図ろうとするものである。「ミネソタ企業規範」によると，協調及び相互繁栄と健全で公正な競争との共存を可能ならしめる人類全体の利益と幸福の実現のために共に生き共に努力すること，と定義される。どちらもほぼ同じ内容である。決して難解なものではなく，常識さえあれば，高度な知識がなくても理解でき，賛同しない人がないくらいの考えかもしれない。

　問題とすべきは，これをいかにして実現させていくか，ビジネスの意思決定においてどのような誘因と罰を与えることによって，多くの人が，つまり，日本人だけでなく日本人と異なった文化や歴史を持った海外のビジネスマンや経営者さらにはビジネスに直接・間接に関連する多くの人が，この共生の方向に進んでいくことが出来るかである。言い換えると，喩えが適切でないかもしれないが，念仏のように共生の素晴らしさを唱えるだけでは，人間の行動，経営者の意思決定，ビジネスマンの思考パターンは決して変わろうとはしないということでもある。

　これと同じことが，あと一つの重要な概念である人間の尊厳についても言える。これは，共生が日本の参加者から提案されたのに対し，ヨーロッパの参加者から提案されたものである。参加者がこのように違っても，文化や歴史の異なる多くの人に受け入れられる点では共生と同じであり，また一般論としては何の非のうち所がなくその一方で実践は決して容易でないという点でも共生と同じである。もっと言えば，人間の尊厳という以上，人間社会においては共生より本質的であるかも知れないものである。まず，提案がヨーロッパ参加者からなされたので，英語で内容を紹介しよう。

　　Human dignity refers to the sacredness or value of each person as an
　end, not simply as a means to the fulfillment of others' purposes or even
　majority prescription.

日本語の「行動指針」では，これを次のように翻訳している。

> 人間の尊厳は，一人一人の侵されることのない神聖さと真価を究極の目標としており，他人の目的や過半数の意見を達成させるための単なる手段となってはならない。

ここで，英語からの翻訳で prescription あるいはその動詞である prescribe という言葉に注目しよう。辞書によると，prescribe は，advise or order the use of, such as, with authority, what course of action is to be followed と記されている。日本語では，「意見を達成させる」という表現に訳されているが，英語で意図されている内容はこれよりもはるかに強いものを含んでいるのである。つまり，国家や企業に代表される権力のある組織や機関が，その組織や機関の目的に沿うように，個人に干渉し思想的な影響を及ぼしていく様なことを含んでいるのである。言い換えると，ヨーロッパの参加者は，このような組織や機関による個人への思想的な関与を否定しなければならないと考えたのである。つまり，「行動指針」がこのような個人への関与の手段となりうると懸念されたため，そうあってはならないと主張するのである。

ところが，この懸念は，共生というもう一つの重要な指針の概念を強調していくと，単に懸念に止まらないものとなるのである。つまり，共生が組織あるいは全体の目的を重視するために，どうしても全体を構成する個人の目的を軽視する傾向を常に持っているからである。では，どのようにしてこの共生による全体重視への流れを抑さえ，個人の尊厳をビジネスの世界で守っていくことが可能となるのだろうか。これまでしばしば日本のビジネス社会でみられた個人の軽視をみると，ヨーロッパ参加者が主張したように，個人の尊厳をビジネスの世界で守っていくことは容易なことではなく，常に逆の方向に力が作用していくとみなしておかなければならないのである。

2　一般原則

7つに分けられた一般原則を順にみていこう。

⑴　**企業の責任: 株主のみならずステークホルダー（企業を取り巻く利害関係者）全体に対して**（The responsibilities of businesses: Beyond shareholders toward stakeholders）

　　企業の社会的存在価値は，企業が新たに生み出す富と雇用，消費者に対して質に見合った適正な価格で提供する市場性のある商品とサービスにある。そうした価値を創造するためには，企業は自らの経済的健全性と成長力を維持することが不可欠であり，単に生き残りをかけるだけでは十分とはいえない。

　　企業はまた自らが創造した富を分かち合うことによって，あらゆる顧客，従業員並びに株主の生活の向上をはかる役割を有している。仕入先や競争相手も，企業が自らの義務を誠実かつ公正の精神で全うすることを期待することが望まれる。さらに事業活動が行われる地方，国，地域並びに地球コミュニティの「責任ある市民」として，企業はそれらコミュニティの将来を決定する一翼を担っている。

　　（**The value of a business to society** is the wealth and employment it creates and the marketable products and services it provides to consumers at a reasonable price commensurate with quality. To create such value, a business must **maintain its own economic health and viability**, but survival is not a sufficient goal.

　　Businesses have a role to play in improving the lives of all their customers, employees, and shareholders by sharing with them the wealth they have created. Suppliers and competitors as well should expect business to honor their obligations in a spirit of honesty and fairness. As responsible citizens of the local, national, regional and global communities in which they operate, businesses share a part in shaping the future of those communities.）

　　この第1原則は，企業の目的，責任，評価，そしてそれらを実践していくための望ましい方向を示している。注目すべき点は，企業の価値として，社会的価値を挙げていることである。つまり，現代のビジネス社会では企業の価値と

はとりもなおさず市場価値であるはずが，そのような表現をとらないで，社会的価値を重視している点である。では，誰がこのような価値を評価し，また適正なあるいは望ましい企業を存続させていくためにどのような淘汰のメカニズムを採用するのであるか。市場価値ではこの評価と淘汰を資本・株式市場で実施するのである。では，この「行動指針」では資本・株式市場が，評価基準を変質させていくべきと考えるのであろうか。

この他にも，ビジネス社会の競争という側面をみたとき，容易に理解できない主張がこの第1原則にみられる。例えば，自らが創造した富を分かち合う，とは一体どう言うことだろうか。誠実かつ公正の精神で自らの義務を全うするとは，競争の手を弛めなければならないことがあっても否を得ないということだろうか。

(2) 企業の経済的，社会的影響：革新（イノベーション），正義並びに地球
　　コミュニティを目指して（The economic and social impact of business:
　　Toward innovation, justice and world community）

　　諸外国に拠点を置いて開発や生産，販売に携わる企業は，生産的雇用の創出と国民の購買力の向上を支援することによって，それらの国々の社会的発展に貢献しなければならない。企業はまた事業活動を行う国々の人権，教育，福祉，活性化に貢献すべきである。
企業は，効率的で適正な資源の利用，自由で公正な競争，さらには技術や生産方式，マーケティング，コミュニケーションの革新に積極的に取り組むことによって，事業活動を行う国のみならず地球コミュニティ全体の経済，社会の発展に貢献しなければならない。

　　(Businesses established **in foreign countries** to develop, produce or sell should also contribute to the social advancement of those countries by creating productive employment and helping to raise the purchasing power of their citizens. Businesses also should contribute to human rights, education, welfare, and vitalization of the countries in which they operate.

　　Businesses should contribute to economic and social development not only in the countries in which they operate, **but also in the world community at** large, through effective and prudent use of resources, free and fair competition, and emphasis upon innovation in technology, production methods, marketing and communications.)

　第2原則は，どちらかと言えば，企業の在り方を動学的な側面からみたものである。社会の発展を支える重要なエンジンが企業の革新であり，その成果を世界の国々に役立てる必要があると言うのである。この原則の後半部分は，企業活動の在り方を大変具体的に示している。効率的で適正な資源の利用，自由で公正な競争，さらには技術や生産方式，マーケティング，コミュニケーションの革新に積極的に取り組むことが企業の姿であると表現する。

　しかし，問題は果して個々の企業がこのような革新を，事業活動を行う国のみならず地球コミュニティ全体の経済，社会の発展に貢献するために実行しているかである。結果的に社会の発展（これもどのように定義するかは決して容易ではないが），及び我々の生活向上に寄与したとしても，結果論であり，行動の前にそのような意図が必要だろうか，あるいは可能だろうか。革新に取り組むことへの，いわば言い逃れをこのような貢献に求めているのではないだろうか。このような疑念を起こさせないためには，あくまでも企業の目的と行動，そして結果を区別して論じる必要がある。

(3)　**企業の行動：法律の文言以上に信頼の精神を**（Business behavior: Beyond the letter of law toward a spirit of trust）

　　企業秘密保持の正当性を受け入れる一方，裏表がなく，率直で，真実を語り，約束を遵守し，透明であることが，企業自らの信用と安定のみならず，商取引，特に国際的な取引の円滑化と効率化に役立つことを認識しなければならない。

　　(While accepting **the legitimacy of trade secrets**, businesses should recognize that **sincerity, candor, thruthfulness, the keeping of promises, and transparency** contribute not only to their **own credibility and stability** but also to **the smoothness and efficiency of business transactions**, particularly on the international level.)

この3番目の原則は，あえて原則というよりは，現実を追認し，望ましいと思う方向を支持したものである。企業は現代社会の一つのそして重要な制度であり，その意味で法律によって守られている。これが前提である。その上で，法律に加えて，明文化されていない企業慣行があること，それを守ることもまた現実である。しかし，果して，この慣行が，裏表のない，誠実で，約束を尊重した解かりやすいものであるかどうかである。

　加えて，この第3原則のタイトルに，法律の限界を示唆する言葉が挿入されているが，その限界あるいは妥協基準が必ずしも透明でないという問題があるだろう。

（4）　**ルールの尊重**（Respects for rules）

　　貿易摩擦の回避と，より自由な貿易，平等な競争条件，あらゆる関係者の公正かつ衡平な処遇を促進するために，企業は国際的ルール並びに国内のルールの両方を尊重しなければならない。さらに企業行動の如何によっては，たとえそれが合法的ではあっても芳しくない結果をもたらすことがあることを認識すべきである。

　　（To avoid trade frictions and **to promote freer trade, equal conditions for competition, and fair and equal treatment for all participants, businesses should respect international and domestic rules**. In addition, they should recognize that some bahavior, although legal, may still have adverse consequences.）

　ルールを尊重することは言うまでもなく当然のことである。それをあえてこのように取り上げなければならないと言うことは，現実にはルール無視が横行しているということであろう。

　仮にルールが尊重されたとしても，この原則のように，国内ルールと国際ルールを共に尊重しなければならないとき，しかも両者が矛盾しているときは，どちらのルールを優先させるのだろうか。また，問題とする点は，このように二つのルール体系を想定していると，今日の大企業のように，多くの国で生産，販売，研究開発，等の企業活動を行なっているときには，きわめて多くの複雑

なルールに直面することになってしまうことである。

(5) **多角的貿易の支持**（Support for multilateral trade）

企業は，GATT あるいは世界貿易機関（WTO）その他国際協定に基づく多角的貿易体制を支えていかなければならない。企業はまた自国の政策目標を尊重しつつも，漸進的で適正な貿易自由化の推進と，世界貿易を不当に妨げる国内規制の緩和の促進に協力を惜しんではならない。

（Businesses should support the multilateral trade systems of the GATT／World Trade Organization and similar international agreements. They should cooperate in efforts to promote **the progressive and judicious liberalization of trade** and to **relax those domestic measures that unreasonably hinder global commerce, while giving due respect to national policy objectives**.）

投資と貿易において世界的なルールである，WTO の枠組みに表立って反対する国は現代ではほとんどないといってよい。また，個々の企業レベルでも WTO の枠組みを尊重している筈である。その意味で，これまでの4つの原則に比べて，問題のないものである。

ただ，投資と貿易のルールとしてこの原則では一つのルールではなく，複数のルールを前提している点が問題になるだろう。現代世界では，例えば，ヨーロッパが大きなブロック経済になろうとしている。また，アメリカも同様な動きがあり，アジアでも同様である。それぞれが，WTO の枠組みを受け入れないで，個別のルールを域内で実行させるかもしれないのである。しかし，「行動指針」では，これを問題とはしないで，むしろ，複数の投資と貿易ルールを想定し，尊重しようとすらしているのである。

(6) **環境への配慮**（Respect for the environment）

（**A business** should promote and, where possible, improve the environment, promote sustainable development, and prevent the wasteful use of natural resources.）

とくに問題を挙げる必要がない原則である。日本語では明確に顕れてこないが，単数の主語をとることによって，環境への取組が，企業の集団的な取り組みによってではなく，個々の企業によらなければならないことが示されている。

(7) **違法行為等の防止**（Avoidance of illicit operations）

企業は贈収賄やマネーロンダリング（不正資金浄化）その他の汚職行為に関与したり，それらを看過することがあってはならない。さらに付言するならば，企業はそうした行為を排除するために関係者と積極的に協力すべきである。テロ行為や麻薬取引，その他組織的犯罪に利用される武器等の取引を行ってはならない。

（A business should not participate in or conduct bribery, money laundering, or other corrupt practices: indeed, it should seek cooperation with others to eliminate them. It should not trade in arms or other materials used for terrorist activities, drug traffic or other organized crime.）

ここでも企業は単数形で示されている。この違法行為の防止は言うまでもないことであるが，世界各国で依然として無くなる気配がないことも事実であると認めなければならないだろう。取引の補足が自由化と共にますます困難になると共に，この問題は大変深刻になっている。

前述の6番目の原則と同じく，この最後の原則も，本来ならばあえて原則として挙げる必要などなく，当然のものでなければならないものである。だが，原則の最後にあえて登場させなければならない程，この違法行為の問題が大きくなってきていると考えなければならないのかもしれない。また，武器取引一般を禁止すべきであると主張していないことにも注目しておこう。

4　ステークホールダーに関する実際的ルール

これまでにみてきた行動原理が現実の企業経営にどのように反映されるべきかを以下，顧客，従業員，投資家，仕入企業，競争相手，地域社会，の6つのステークホールダーへのあるべき責任として順に検討していこう。ここでは，

これまでみてきたように，個々の文章を日本語と英文を照らし合せることは省略し，要約だけを示す。理由は，以下のルールがこれまでに比べて具体的であいまいさが少ないからである。なお，一般にはステークホルダーに含まれない競争相手を，この「行動指針」では含めていることが一つの重要なメッセージである。つまり，この点は共生の一つの姿とみられるからである。

1　顧　　客

0．すべての顧客を同等に扱う原則と以下の責任
1．顧客の要請にあった高い品質の商品を提供する責任
2．顧客への公正な対応の責任
3．顧客の健康と安全並びに環境への配慮の責任
4．商品の供給，マーケティングにおける人間の尊厳への配慮の責任
5．顧客の文化や生活様式の保全への配慮の責任

いずれもすべてもっともな対応であり責任の在り方である。あえて「行動指針」と呼ばずとも，これらの責任の全うを追求することは市場経済における競争の下でも実行されうるものである。つまり，長期的な市場のテストを受けていれば，企業は自らこのような責任を果す誘因があると考えられるからである。

その中で，責任の対象者として，すべての顧客が挙げられていることが注目される。何故なら，一般に企業はマーケティング戦略の一つである差別化戦略の下で，すべての顧客を同等に扱うことをむしろ戦略的に避けようとしているからである。言い換えると，ここで挙げられていることは簡単なようで決して容易に実践できるものではないからである。

例えば，最近，話題になっている製造物責任，また医療サービスでの情報公開等をみても，企業の顧客重視は決して企業の本音ではないかもしれないからである。逆説的だが，その意味で，「行動指針」がステークホルダーの第1に顧客を挙げ，このような当たり前のことを改めて宣言しなければならないのかもしれないのである。

最後に，人間の尊厳と文化への配慮であるが，これと革新への企業の対応とが矛盾するケースが登場する局面があることを指摘しておこう。つまり，これは開発か保護かの問題でもあるのである。

2 従業員

0. 従業員一人一人の尊厳と利害への配慮と以下の責任
1. 仕事と報酬を提供し，労働者の生活条件の改善への責任
2. 従業員の健康と品格を保つ職場環境の提供
3. 法的及び競争の制約の下で従業員との誠実なコミュニケーションと情報公開の責任
4. 従業員からのアイデア，要請，不満への適切な対応の責任
5. 対立への誠実な対応
6. 性，年齢，人種，宗教，等による差別の廃止
7. 能力にあった雇用
8. 従業員の職場での傷害や病気防止配慮への責任
9. 従業員教育への支援
10. 失業問題には政府などと協力し混乱を防止

このうち興味深い点は，7番目の能力別の雇用と9番目の従業員教育への支援である。どちらも「ミネソタ行動規範」には登場しないものである。能力にあった雇用を何故改めて述べなければならなかったのだろうか。競争を前提とすれば，企業経営では，従業員の能力を最大限に活用することが当然であるから，あえてこれを主張する必要はなかっただろう。これに対して，競争だけでは万全でないとみる立場では，そしてコー円卓会議の「行動原理」ではそのようにみなされてるいることを後にみるわけだが，あえて能力別の雇用を明記しておかなければ歯止めがかからないとみられたと考える。

一方，9番目の教育への支援であるが，これは日本的経営において重視される特徴の一つである。長期的な雇用関係の下で，企業は従業員への教育投資への誘因を持つ。もし短期的な雇用関係が主流の社会では長期的にのみ回収できる教育投資は抑制される。しかし，従業員の立場からすると，教育支援を受けると，暗黙的なものであっても企業への隷属関係が生じる。これは「行動原理」が想定する，あと一つの重要な概念である人間の尊厳に完全に矛盾するものである。

したがって，この「行動原理」では，教育支援を次のように限定するのである。適切で他所でも使用できる技術や知識を，従業員が修得出来るよう奨励し

支援する，という訳である（encourage and assist employees in developing relevant and transferable skills and knowledge）。

　確かに，このように限定すれば，従業員からみると，隷属関係の懸念は払拭出来るかもしれないが，このような一般的な知識や技術では企業にとって投資効果は限られている。

　従業員ではないが，前項の能力別の雇用及び適切な報酬に関連する問題として，経営者の報酬を挙げておきたい。日本では，外国と比較して，経営者の報酬が10分の1程度と言われるほど低い点である。経営者といえども，次にみるように投資家に経営を委託された専門家であり，その意味で経営の手段，利益追求の手段である。従業員が適切な報酬を必要とするならば，経営者もそうでなければならない。従業員が適正で公正な雇用環境を必要とするならば，経営者もそうでなければならない。企業をいわば経営者の私的な組織とみなすような行為は避けなければならない。そして，その当然の帰結として，国際化した企業社会を前提にすると，経営者への報酬は国際的な水準になっていなければならない。もしそうでなければ，外部者，とくに海外の投資家などは日本の大手企業の経営者は不透明な私的な企業内での行動や誘因によってこの低い報酬を補っているとみなしでも否を得ないだろう。これは決して公正な行動ではないことは言うまでもないだろう。

3　オーナー及び投資家

　０．投資家の企業への信頼に応えなければならない
　１．投資家への公正で競争力のある利益還元の責任
　２．法的及び競争の制約の下で投資家にビジネス関連情報を公開
　３．企業の資産の保持，保護，拡大を追求
　４．投資家からの要請，提案，苦情等を尊重する

　資本主義を前提にすれば，企業経営にとって最も重要なステークホルダーは言うまでもなく投資家であり，企業オーナーである。いくら企業経営者が従業員を重視し，高い品質の商品を提供したとしても，投資家への利益還元を怠れば企業としては存続できない。だが，オーナーや投資家への責任が，順番としては顧客と従業員への責任の後に来るのである。資本主義のルールからみて

不自然なこの順番は，顧客と従業員が利益追求の手段であるために戦略的に決定されたのかも知れない。

「行動原理」が想定している多国籍化した今日の日本の大企業では，ここに示した投資家への責任という点で問題を抱えている。何故なら，次のような現実があるからである。つまり，投資家の目からみて投資効率が内外で大きく異なり，全般的に日本の利益還元が低いからである。これでは，日本の投資家は日本の企業経営者から裏切られていることになる。このような裏切りはもちろん公正ではなく，さらに資金が有効に使用されていないと言う点で効率的でもない。投資家による企業経営者のチェックが日常的に行われている西洋，とりわけ「ミネソタ企業規範」を発表したアメリカ等のアングロサクソン社会で利益還元が高いことは，ここに挙げた投資家への責任を主張することと首尾一環しているが，日本社会はこの点では矛盾していることを現実のデータは示しているのである。しかし，この問題に「行動原理」は何ら触れていないのである。

4　仕入行動

0．仕入先や下請企業との関係は相互の信頼関係を基本とする

1．取引条件（価格設定，ライセンシング，販売権等）は公正と正直をベースとする

2．外部からの圧力や不必要な裁判ざたによる妨害を避ける

3．長期安定的な取引関係の下で相互利益を追求

4．情報の共有と計画への積極的な参画

5．公正な支払

6．人間の尊厳を追求する仕入先や下請企業を開拓

「ミネソタ企業規範」との大きな相違は，第1に仕入先と下請企業を明示的に区別した点である。第2に，5番目の公正な支払を特記した点である。ちなみに，大企業経営者の立場に立つと，一般には，通常の仕入先と下請企業とは明かに区別，あるいは差別されている。だが，人間の尊厳を重視し，性，年齢，所得，等によって個人を差別しない「行動指針」の考えの下では，企業を単に規模や歴史によって差別してはならないことは当然のことと思われる。したがって，日本では通常の仕入先とは違うものと当然のようにみられてきた下請企

業にも，この原理の適用をあえて明示的に示したのである。

　関連するテーマとして，日本ではしばしば問題にされることであるが，規模の小さな歴史のない企業が大企業と取引を開始することに大きな困難を経験しているのに対し，同じ企業が海外の大企業とはそのような困難が少ない，という現実がある。日本では，「共生」関係を維持するためには，まずその仲間になるための関門，あるいは敷居が高いのである。さらには不当な扱いを受け入れなければならないという現実もある。もちろん，このような差別は公正ではない。しかし，日本ではこれまでこのような事前のスクリーニングによって長期安定的な取引関係を円滑に維持することが出来たという側面もある。誰をも公平を原則に受け入れる一方で，安定的な関係を維持するということは，しばしば矛盾する面をもっているのである。「行動原理」はこのバランスの問題は不問に付しているのである。

　5番目の公正な支払は当然のことでなければならないが，日本では下請企業等に対してしばしば不当な取引や支払条件を強いるケースが問題になっていた。また，海外ビジネスでは，最近，特に注目される中国ビジネスでは支払は公正を欠くケースも多いようである。したがって，このような歴史的及び今日的な環境に配慮してこの項目が挿入されたと考えられる。

5　競 争 相 手
0．公正な経済競争が国家の富を増大させ，経済効率を高める重要な方法の一つである
1．自由な貿易と投資の促進
2．社会と環境に対して有益でまた競争者間の相互信頼をもたらす競争の促進
3．不当な金銭の授受等の競争制限的行為の禁止
4．有形，無形にかかわらず財産の尊重
5．産業スパイ等の違法な情報行為の禁止

ここで特筆すべき点は，公正な経済競争が経済効率を高めるための一つの要件であると言う見方である。「ミネソタ行動規範」では，公正な経済競争が経済効率を高める最も重要な方法である，との立場がとられているのと大きな違

いである。これは、「ミネソタ行動規範」より「行動原理」が共生に対してより大きな重点を置いているからである。この点は2番目の主張にもあらわれている。以上の点を除くと、特に述べることはない。

6 　地域社会

0．企業はグローバルな企業市民として地域に貢献する存在である
1．民主的団体の支援
2．政府の適切な政策や活動の支援
3．地域社会の適切な活動の支援
4．自然環境の保護への主導的役割
5．地域社会の平和、安全、多様性と社会的融和の支援
6．地域の文化や生活様式の保全を尊重
7．地域の市民活動への適切な金銭的支援や参画

それぞれ合意形成が得られやすいものであるが、詳細には論ずべきことが点が多いともいえる。

つまり、いずれも、どの程度の貢献あるいは支援を行うことが適切であるかは容易に決定出来ないものばかりである。言い換えると実際の決定は容易でないということでもある。

この点はこれまでみてきた多くの活動や責任にも言える点であることを最後に指摘しておこう。

5　おわりに

我々は、共生という日本的経営の一つの概念的なエッセンスを反映させた「行動指針」を、日本の現実を常に想起しながら考察を加えてきた。以下で、この視点から、つまり、日本あるいは日本的な立場から全体としてのコメントを述べておこう。

まず第1に、日本語版の冒頭に示された「コー円卓会議・企業の行動指針」日本語版作成にあたって、の最後の部分を引用することから総括コメントを始めよう。「この行動指針は、決して完全なものではない。経営者、労働組合、

経済団体，国際機関などとの率直な意見交換を通じて改良を加えていきたい。発展途上国や近年市場経済への移行を始めた国々における企業活動への参考になれば幸いである。各方面から忌憚のないご批判とご助言を賜わることを期待している。」

　この文言は，既に述べたように英語版には全くないものである。何故，日本語版の最初の部分にこのような，つまり，最善をつくして決定されたものを遜るような内容の文章が加えられたのだろうか。充分な検討を加えた上でまとめられた「行動指針」であれば，英語版を見るかぎりそのとおりであるので，このような遜りは不要であるだけでなく，読者だけでなく多くの利害関係者を混乱させるものである。その中でも，「この行動指針は，決して完全なものではない」がその典型である。「各方面から忌憚のないご批判とご助言を賜わることを期待している」というが，これがもし本当ならば「行動指針」の検討において多面的な考察が加えられていないと言うことになってしまうのである。

　「ミネソタ行動規範」には，日本語訳にもこのような前書きがないことを見ると，「行動指針」には日本的デリカシーが匂ってくるのである。むしろこのような日本的な様相を排除していくことが，日本的な概念からスタートした共生をもっと普遍的なものにするために不可欠ではないだろうか。

　第2に，ステークホルダーの部分を見れば，一見すると，「行動指針」と「ミネソタ行動規範」（Minnesota Principles）とは酷似していた。実際，「ミネソタ行動規範」も共生概念を取り入れていることを明記している。また，「行動指針」は「ミネソタ行動規範」を尊重したことをうたっている。結果として，内容は一部を除きほとんど同じである。

　だが，表面的には相違点はごく一部だが，第4節のステークホルダーについて述べたときに論じたように，実質的には重要な相違と言わざるえないものである。それは，競争と共生の比重の置き方に係わるものであった。同じく共生概念を取り入れたとしても，現実の見方として顕れてくるものは本質的な部分で異なって来ることが実際にあったということになる。つまり，共生の位置付けに関して容易に合意は形成されていないことになるのである。

　第3に，上と重複する点でもあるが，この問題は結局のところ，共生をどのように捉えるかという本質的なテーマを論じ尽くしていないからである。特に，

競争と共生の役割分担，補完関係，がきわめてあいまいなままですまされていることである。英語版では，限定付きで共生を live together と訳している。その限定とは「行動指針」では，「人類全体の利益と幸福の実現」，となり，「ミネソタ企業規範」によると，「協調及び相互繁栄と健全で公正な競争との共存を可能ならしめる人類全体の利益と幸福の実現のため」となる。「行動指針」は「互いの協力，共存共栄と健全で公正な競争との両立を図ろうとするものである」と位置付けるが，一体どのような方法で両立させるかである。

　共生という概念が登場することになったいわば元祖である生物の世界では，個々の生物の環境への受動的対応の結果として，共生関係が特定種の間で成立しその他の種とは競争関係にあるから，両立はきわめて自然な現象である。我々が論じている社会的な共生では，このような類推でよいのだろうか，という問題である。

　社会現象でも，一般に知識や技術，さらにはもっと広く権利や資産等の初期賦存に関して偏在現象があり，また比較優位の関係が一般的である。これが分業のそもそもの背景であり，社会的価値増大に繋がるものであった。そして見えない相手との競争がこの増大を最大限に高めると考えられたのである。

　しかし，今日，世界が狭くなってきた。いわゆるグローバル化の結果でもある。我々は Small world に住んでいる地球市民であるという見方が説得力を持ち，見えない相手との競争という古典的な考え方が非現実になりつつあるのである。その一方で，個人の尊厳と solidarity が必要になっているのである。ユートピア社会の登場が我々の射程距離には入っていない段階では，期待と逡巡を繰り返しながら，共生（英語として sociomutualism という造語を充てたい）を追求することが一つのアプローチかも知れない，と筆者は考えるものである。

　第4に，「行動指針」全体について言えることだが，実践は容易でないということでもある。この点はこれまでみてきた多くの活動や責任にも言える点であることを改めて指摘しておこう。責任が実効性をもつためには，コミットとペナルティが不可欠である。競争に任せるというのが一つの考え方であった。一方で，非市場的ないわば競争を抑制しながら，状況を最もよく知っている当事者や関係者が相互にかつ長期に監視することによって，コミットとペナルティを盛り込むのも一つのアイデアである。いわゆる日本的経営であるが，この

ようなテーマについての議論がどこまでなされたのか，その結果への言及が「行動指針」で不可欠であると思うが，全く不問に付されているのである。

　第5に，期待と逡巡のプロセスについて最後に言及しておこう。重要なことは，このプロセスが不安定になってはいけないことである。ここで何を期待するかと言えば，言うまでもないが，日本的な概念である共生，つまり，我々の定義である，sociomutualism の可能性とその普遍性であり，一方でそれへの逡巡がある。

　このような大きな制度的な変化をもたらすテーマについては，個人によって企業によって，濃淡の違いが顕れてくる。居直り派とも言うべき制度変化に抵抗する偏狭派がその一つである。第2は，何もかも変えないと気が済まない懺悔派である。あと一つが，折衷派である。未練派とも言うべきかも知れないものである。いずれも長所があれば短所もある。どの立場に立とうとも，期待と逡巡のプロセスを実り多い帰結に繋げるためには，本節の冒頭に示したような日本的なあいまいなコミュニケーションから開放され，「行動指針」が繰り返し述べているように，情報の公開と当事者間での情報の共有が不可欠であると思うのである。そして，このアプローチこそが，全智全能の神ならぬ我々にとって，期待と逡巡のプロセスを不安定化させない唯一の行路であると思うのである。

付録1　参加者メンバー

1．日本語版と英語版で同一のメンバー

コー円卓会議運営委員

Friedrich Baur, President, MST GmbH, Formerly Member of Executive Board, Siemens AG, Germany

John Charlton, Managing Director, The Chase Manhattan Bank, USA

Neville Cooper, Chairman, The Top Management Partnership, Ltd., Formerly Executive Director STC and Vice President ITT (U.K.), United Kingdom

Charles M. Denny, Jr., Formerly Chairman and CEO, ADC Telecommunications, Ine., USA

Jean-Loup Dherse, (Chairman, CRT) Consultant, Formerly Vice President, World Bank, France

Olivier Giscard D'Estaing, Vice Chairman, INSEAD, France

Walter E. Hoadley, (Past Chairman, CRT) Senior Research Fellow, Hoover

Institution, Formerly Executive Vice President and Chief Economist, Bank of America, USA

Ryuzaburo Kaku, Chairman, Canon Inc., Japan

Morihisa Kaneko, Assistant Senior Counsellor, Tokyo Area, Corporate Overseas Management Division, Matsushita Electric Industrial Co., Ltd., Japan

Toshiaki Ogasawara, President Nifco, Inc., Chairman and Publisher, The Japan Times, Japan.

1994 年までのヨーロッパ参加者（運営委員以外，＊は参加当時の肩書，以下同じ）

Alfredo Ambrosetti, Chairman, Ambrosetti Croup

Maurice Amiel, President, Timken, (Europe, Africa & West Asia)

Richard Burke, President, Canon Foundation Europe

John Cox, Director General, Chemical Industries Association

Reinhard Fischer, President, BLANCO GmbH &Co. KG*

Sergio Giuliani, Chairman, Ciba Geigy Italy Group

Peter Huggler, President, Interallianz Bank Zurich AG*

Frederik J. Philips, Formerly President, Philips Electronics

Kurt Schips, Member of the Supervisory Board, Robert Bosch GmbH

Friedrich Schock, President, Schock & Co.

Klaus-Heinrich Standke, President, Ost West Wirtschafts Akademie

Gerrit A. Wagner, Formerly President, Royal Dutch Petroleum Co.

1994 年までのアメリカ参加者（運営委員以外）

Stephen R. Braswell, President, Investment Services Group, Prudential Insurance Company of America

Owen B. Butler, Retired Chairman of the Board, The Procter & Gamble Co.*

Weldon B. Gibson, Sr., Director, SRI International

Robert N. Gurnitz, President & CEO, Northwestern Steel and Wire Co.

Harry A. Hammerly, Executive Vice President, Life Services Sector and Inernational Operations, 3M Company

Thomas E. Holloran, Professor of Management, University of St. Thomas, Formerly President, Medtronic, Inc.

Ronald James, Vice President & CEO-Minnesota, US West Communications

Garnett L. Keith, Jr., Vice Chairman, Prudential Insurance Company of America

Robert MacGregor, President, Minnesota Center for Corporate Responsibility

James A. F. Montgomery, Formerly Chairman &CEO, PANAM World Services

Roger Parkinson, Publisher and CEO, The Globe and Mail, Formerly President and Publisher, Minneapolis-St. Paul Star Tribune

William A. Pearce, President & CEO, IDS Mutual Fund Group

Borge R. Reimer, Executive Vice President, Dana Corporation
Francis X. Stankard, Chairman, Chase Manhattan Capital Markets Corporation*
Winston R. Wallin, Chairman of the Board, Medtronic, Inc.

1994 年までの日本参加者（運営委員以外）

Gentaro Endo, Chairman, Gunze Limited
Yoshikazu Hanawa, Executive Vice President, Nissan Motor Co.
Shigeichiro Kanamori, President, Kintetsu Corporation
Saburo Kawai, Formerly Vice Chairman and President, Keizai Doyukai
　(Association of Corporate Executives)
Hisaya Nana, President, Mitsubishi Research Institute Inc.
Noboru Okamura, Formerly Chairman, Honda Motor Co.Ltd.
Masanori Ozeki, President, Railway Technical Research Institute
Sakae Shimizu, Senior Advisor, Toshiba Corporation
Yoshiteru Sumitomo, Advisor, Sumitomo Electric Industries Ltd.
Setsuya Tabuchi, Formerly Chairman, The Nomura Securities Co.Ltd.
Tamotsu Takase, Professor, Faculty of Law, Tokai University, Formerly official of
　GATT
Yoshio Terasawa, Minister of State, Economic Planning Agency, Formerly
　Executive Vice President, MIGA (Multilateral Investment Guarantee Agency)
Toshihiko Yamashita, Executive Advisor & Formerly President, Matsushita
　Electric Industrial Co. Ltd.
Kyohei Yokose, Director and Formerly Chairman, Sumitomo Rubber Industries.

2. 日本語版でのみ登場するメンバー

1994 年までの日本参加者（○印）

○今井　正雄　明電舎相談役
○上阪龍太郎　住友金属工業特別顧問
○植村　光雄　住友商事相談役
　遠藤源太郎　グンゼ相談役
　岡村　　昇　本田技研工業元会長
　尾関　雅則　鉄道総合技術研究所理事長
　金森茂一郎　近畿日本鉄道会長
○神谷　克郎　TDK 相談役
　河合　三良　国際開発センター会長兼理事長，経済同友会前副代表幹事兼専務理事
○川上　哲郎　住友電気工業会長
　清水　　榮　東芝顧問
　住友　義輝　住友電気工業顧問，国際 MRA 日本協会会長
　高瀬　　保　東海大学法学部教授，前 GATT 事務局部長

田淵　節也　野村證券相談役
寺澤　芳男　参議院議員，多数国間投資保証機関（MIGA）前長官
○中島　秀夫　鐘紡常任顧問
　奈良　久彌　三菱総合研究所社長
○橋元　雅司　日本貨物鉄道会長
　塙　　義一　日産自動車副社長
○松岡　紀雄　神奈川大学経営学部教授
○真野　輝彦　東京銀行参与
○山下　　勇　（故人）東日本旅客鉄道会長，三井造船相談役
　山下　俊彦　松下電器産業取締役相談役
　横瀬　恭平　住友ゴム工業相談役
○和佐　隆弘　日本経済新聞論説委員

3. 英語版でのみ登場するメンバー
なし

付録2　行動指針の序文（Intoroduction）
日本語版

コー円卓会議は，世界の企業経営関係者が経済，社会状況の改善のために重要な役割を果たさなければならないと確信する。私たちの抱負を綴ったこの文書は，企業行動の是非を判断する世界的な基準を示そうとするものである。私たちは互いに共有する価値観を確認し，異なる価値観の調整を図り，それによってすべての人々から受け入れられ尊敬される企業行動のあり方を明らかにする作業を始めたいと思う。

これらの原則は，「共生」と「人間の尊厳」という二つの基本となる倫理的理念に根ざしている。日本から示された「共生」という概念は，人類全体の利益と幸福の実現に向けて共に生き共に働くという意味であり，互いの協力，共存共栄と健全で公正な競争との両立を図ろうとするものである。「人間の尊厳」は，一人ひとりの侵されることのない神聖さと真価を究極の目標としており，他人の目的や過半数の意見を達成させるための単なる手段となってはならない。

第2章の一般原則は「共生」と「人間の尊厳」の精神を明らかにし，第3章のステークホルダーズ（企業をとりまく利害関係者）の原則は，それらの理念の具体的な適用のあり方を示している。

その表現や形式において，この文書はミネソタ企業責任センターがまとめた「ミネソタ原則（Minnesota Principles）」に負うところが大きい。同センターは，日本，米国並びに欧州の代表から成るこの文書の起草委員会を主催し議長

の役をつとめた。

企業行動は，国家間の関係や人類の繁栄，福利に影響を及ぼす。企業はしばしば国家間の最初の橋渡しの役割を担い，そのあり方が社会的，経済的変革をもたらすことから，世界中の人々が感じる恐れや信頼にも重大な影響を及ぼす。コー円卓会議のメンバーはまず自らを正すことを第一とし，「誰が正しいかではなく何が正しいか」を明らかにしようとしている。

英語版

The Caux Round Table believes that the world business community should play an important role in improving economic and socialconditions. As a statement of aspirations, this document aims to express a world standard against which business behavior can be measured. We seek to begin a process that identifies shared values, reconciles differing values, and thereby develops a shared perspective on business behavior acceptable to and honored by all.

These principles are rooted in two basic ethical ideals: kyosei and human dignity. The Japanese concept of kyosei means living and working together for the common good-enabling cooperation and mutual prosperity to coexist with healthy and fair competition. "Human dignity" refers to the sacredness or value of each person as an end, not simply as a means to the fulfillment of others' purposes or even majority prescription.

The General Principles in Section 2 seek to clarify the spirit of kyosei and "human dignity", while the specific Stakeholder Principles in Section 3 are concerned with their practical application.

In its language and form, the document owes a substantial debt to The Minnesota Principles, a statement of business behavior developed by the Minnesota Center for Corporate Responsibility. The Center hosted and chaired the drafting committee, which included Japanese, European, and U.S. representatives.

Business behavior can affect relationships among nations and the prosperity and well-being of us all. Business is often the first contact between nations and, by the way in which it causes social and economic changes, has a significant impact on the level of fear or confidence felt by people worldwide. Members of the Caux Round Table place their first emphasis on putting

one's own house in order, and on seeking to establish what is right rather
than who is right.

10 The Flexibility of Japan's Small and Medium-Sized Firms and Their Foreign Direct Investment

1 Introduction

Since 1985 Japan's small and medium-sized firms have expanded their foreign direct investment, despite their limited information about foreign business and with less leverage than larger firms. At the same time, due to their flexibility in changing economic conditions, these firms have also successfully undertaken domestic restructuring. This paper demonstrates the importance of these firms' flexibility and discusses how their foreign direct investment has been increased and its effects on the U.S. economy.

One significant factor in the discussion to follow is the importance of the subcontracting relationship between small and medium-sized firms (S-M firms) and large firms in Japan. Since 1985, the Japanese economy has experienced both domestic restructuring in the industries severely affected by lower exports and growing foreign direct investment (FDI) by firms in the export-oriented industries. Potential economic friction from this structural adjustment was reduced by the flexibility of S-M firms in their subcontracting production. These firms have absorbed increasing costs due to the appreciation of the yen. Furthermore, they have begun production in other countries, a change promoted by the expanding FDI of their parent firms, which give them most of their production orders.

The objective of this paper is two-fold: 1) to examine the recent structural adjustment with emphasis on FDI from the perspective of the subcontracting relationship between Japan's S-M and large firms, and 2) to view the future course of U.S.-Japan economic relations and the impact of S-M firms' FDI on the U.S. economy. In section 2, the flexibility of Japan's S-M firms is defined and their role as "shock absorbers" is demonstrated in both their terms of trade with parent firms and fixed capital formation behavior. Their flexibility may also be seen in their FDI behavior. New restraints on S-M firms and their possible adjustments are considered. Section 3 provides an outline of the expansion process of S-M firms' FDI and shows some management problems that arise with foreign investment. Section 4 discusses in turn the impact of the growing FDI of S-M firms on U.S. industrial organization and on U.S.-Japan economic relations. Policy problems — Japan's policies for S-M firms and U.S. policies for Japanese firms in the U.S. — are also discussed. Section 5 summarizes the results of this study.

2 The Flexible Nature of Japan's S-M Firms

S-M firms have in general faced more restraints than large firms. For example, they cannot easily apply the newest production technologies and there is a significant delay before they receive current information about foreign markets. Their ability to raise funds is less than that of large firms, even in times of financial liberalization. However, with their subcontracting relationships with larger firms, they make up for inferiorities in production technologies and their slow information network. Also, their customer relationships with banks help to counteract their weaker fund-raising abilities.

The flexible behavior of S-M firms has two elements. One is their trade-oriented character, enabling them to overcome restraints. The longer a trade relationship is maintained, the greater the gains for the S-M firm. Therefore, such trade relationships with either parent firms or "main banks" in the United States tend to become long-term and more rigid. However, although there has been no case of such a relationship being terminated since 1985, trade conditions and bargaining behavior change frequently. In other words, with any important change in either restraints or market conditions, even a long-term relationship must be revised to meet the new conditions. This is the second flexible feature of S-M firms.

The first element is static or institutional; the second is dynamic or behavioral. S-M firms have balanced these two conflicting conditions. Although this mechanism may be similar to that of Ronald Dore's "flexible rigidity," [1] there is one striking difference. As shown in the changing patterns of the terms of trade for subcontracting S-M firms, rigidity does not appear in price conditions but in the trade relationship itself. As discussed below, flexibilities in the adjustment process have appeared since the beginning of the rapid appreciation of the yen in 1985. This section will examine the worsening terms of trade for S-M subcontracting firms, provide an analysis of the fixed-capital formation behavior of these firms in their domestic business, and deal with their possible patterns of FDI.

1 Terms of Trade for S-M Firms

The skilled labor force in S-M subcontracting firms has been a key factor in Japanese economic growth. However, some problems of a dual economy have arisen, such as the wage differential between large firms and smaller ones as well as the worsening position of subcontracting firms. S-M firms have begun to offer high salaries to talented workers to boost company competitiveness. In recent years, the economic evaluation of subcontracting production has improved dramatically and subcontracting contributes to administrative rationalization in the coexistence and co-prosperity of S-M and parent firms. In field research in the automotive industry, Asanuma has obtained empirical results on this mechanism of subcontracting. [2]

Prosperity for the parent and subcontracting firms can be obtained through long-term contracts, which may be implicit. However, distributional problems may arise when large firms attempt to alleviate their own economic hardships by requiring subcontracting firms to make sacrifices. In other words, large companies have made their subcontractors absorb much of the impact of the decline in production since the start of the yen's appreciation three years ago. This can be observed in Figure 10-1, which illustrates the improvement in trade conditions for large firms.

One of the most popular theoretical models for the long-term or customer relationship between parent companies and subcontracting firms assumes a difference in their risk-preference or -management abilities. Large firms with more capability for risk management can cope with short-term business fluctuations without dramatic changes in their trade conditions. This tends to make their subcontracting conditions rigid and the welfare of their subcontracting firms is improved vis-a-vis other S-M firms exposed to fluctuations and volatile business conditions. This incentive mechanism has raised the number of subcontracting firms in total S-M firms[3] and S-M subcontracting firms have been able to rationalize their production systems with this incentive. For example, automobile parts manufacturers have developed in tandem with their parent firms the just-in-time parts supply (kanban) system.

Since the start of the yen's appreciation in 1985, however, trade volumes have declined and the terms of trade for subcontracting firms have worsened more than those for non-subcontracting firms. If we define terms of trade as the relative price (sales price of product/ purchase price of factor inputs), from a base of 100 in September 1985, terms of trade for subcontracting firms fell to 77.7 in March 1988; those for non-subcontracting firms declined to 94.0. [4] Purchase prices for both types of firms have declined by about 5 per cent over the 2½- year period of deflation in the general price level. However, the decline in sales prices for subcontracting firms has been more than twice that of non-subcontracting firms.

Unlike the rigidity in the terms of trade for subcontracting firms implied in theoretical models, Japanese firms have shown great flexibility. In other

Figure 10-1 Terms of Trade of Small and Medium-Sized Firms

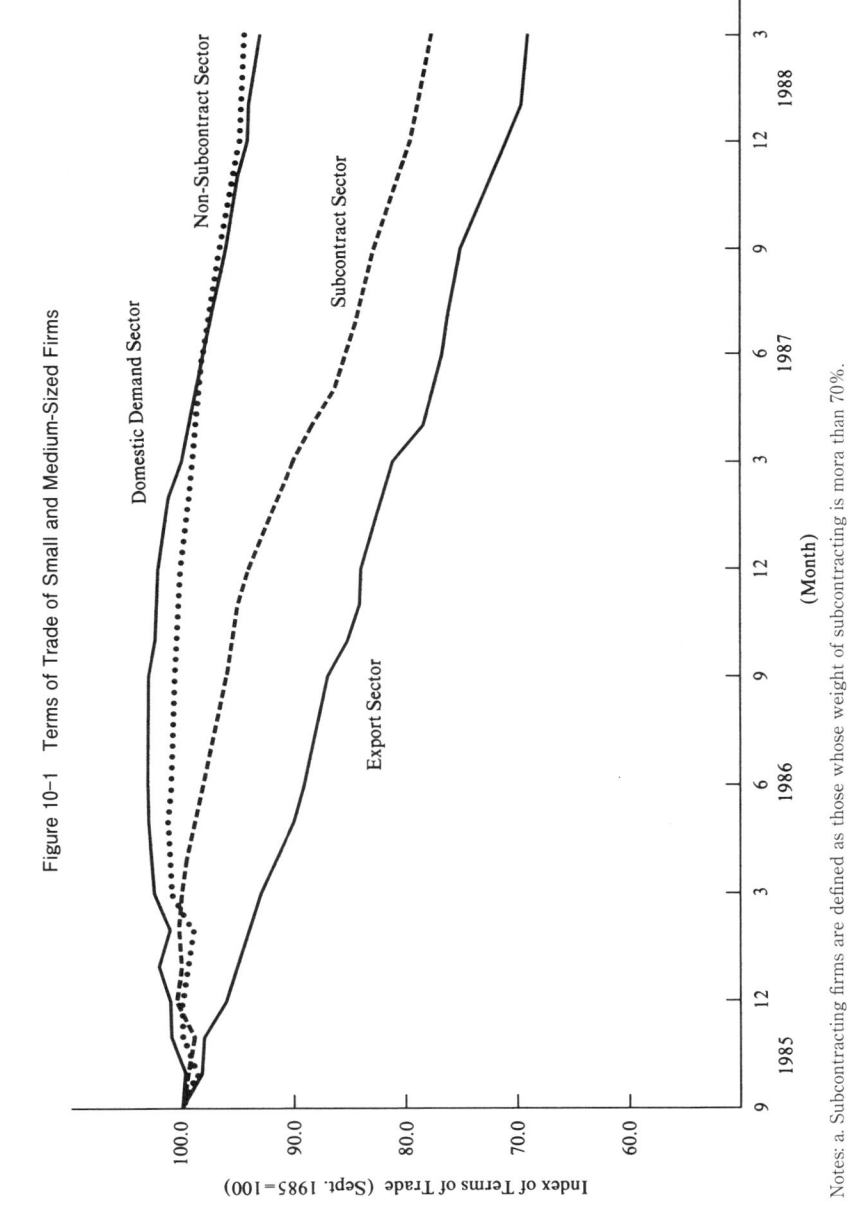

Notes: a. Subcontracting firms are defined as those whose weight of subcontracting is mora than 70%.
b. Export firms are defined as those whose weight of exporting business is more than 30%.

Source: Small Business Finance Corporation, *Monthly Business Survey on Small and Medium Firms*, various issues.

words, subcontracts have not brought stable conditions to S-M Japanese subcontracting firms. In fact, parent companies have looked upon subcontractors as a primary "shock absorber," illustrating the weak bargaining position of S-M firms.

Worsening terms of trade caused substantial damage to subcontracting firms. As shown in Figure 10-2, the number of firms with operating deficits has increased rapidly since the middle of 1985. [5] Such deficits resulted mainly from policies adopted by parent companies to address declining profitability. If the deficits of subcontracting firms had not been so large, parent firms would have suffered greater profit loss in order to maintain the viability of their business activities and competitive positions.

It is useful to remember that subcontracting firms are more prevalent in Japanese export-oriented industries than in other industries and, therefore, large exporters can gain by requiring subcontractors to assume greater portions of the hardships. By dividing S-M firms into the export and domestic demand sectors, it can be seen that the former have been forced to absorb greater costs in terms of trade or profit loss than the latter. [6] This may mean that S-M firms in the export sector are potentially better able to absorb trade risks or that the flexibility of their management skills allows them to diversify and thereby minimize profit loss. S-M subcontracting firms have been the basis of support for the highly competitive export sector of Japan and in fact, 80 per cent of the S-M firms in Japanese export industries are subcontracting firms.

2   Fixed Capital Formation

Let us now turn to the flexibility and competitiveness of S-M firms in their fixed capital formation. By expanding their fixed capital formation, these companies can easily obtain more skilled workers and up-to-date technological information. As shown in Figure 10-3, the fixed capital formation of S-M firms has consistently led that of larger companies. In other words,

Figure 10-2   Trend of Firms with Deficits among Small and Medium-Sized Firms
(% trend seasonally adjusted)

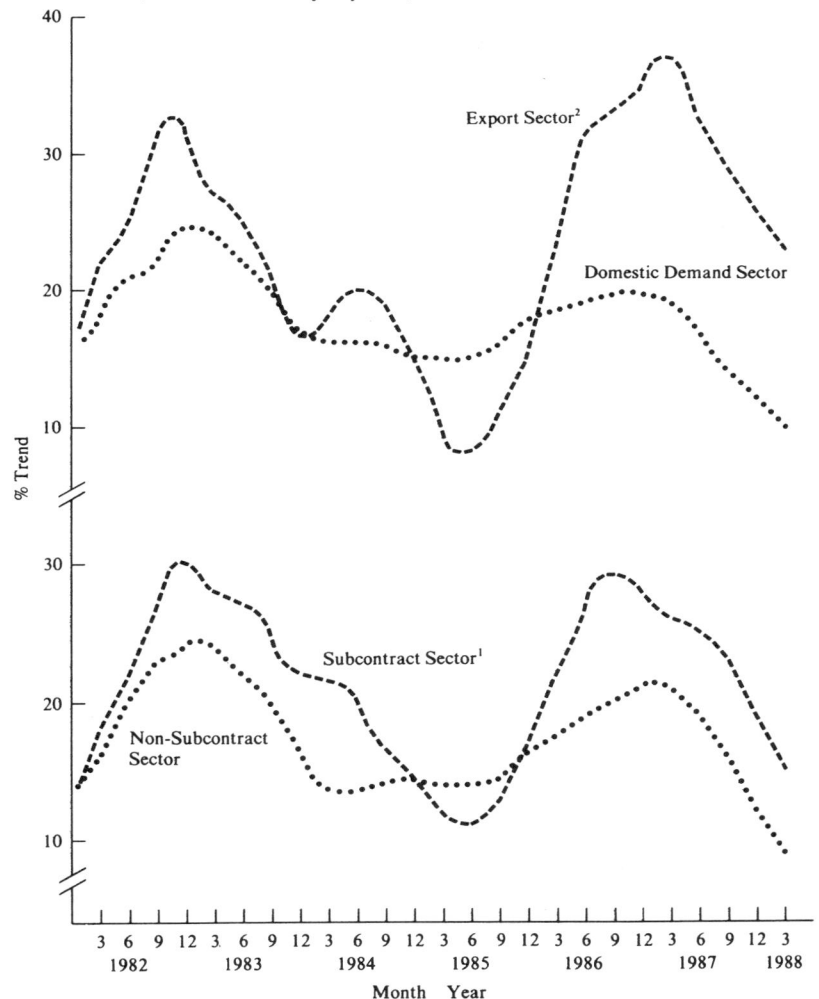

Notes: 1. Subcontracting firms are defined as those whose weight of subcontracting is more than 70%.

2. Export firms are defined as those whose weight of exporting business is more than 30%.

Source: Small Business Finance Corporation, *Monthly Business Survey on Small and Medium Firms*, various issues.

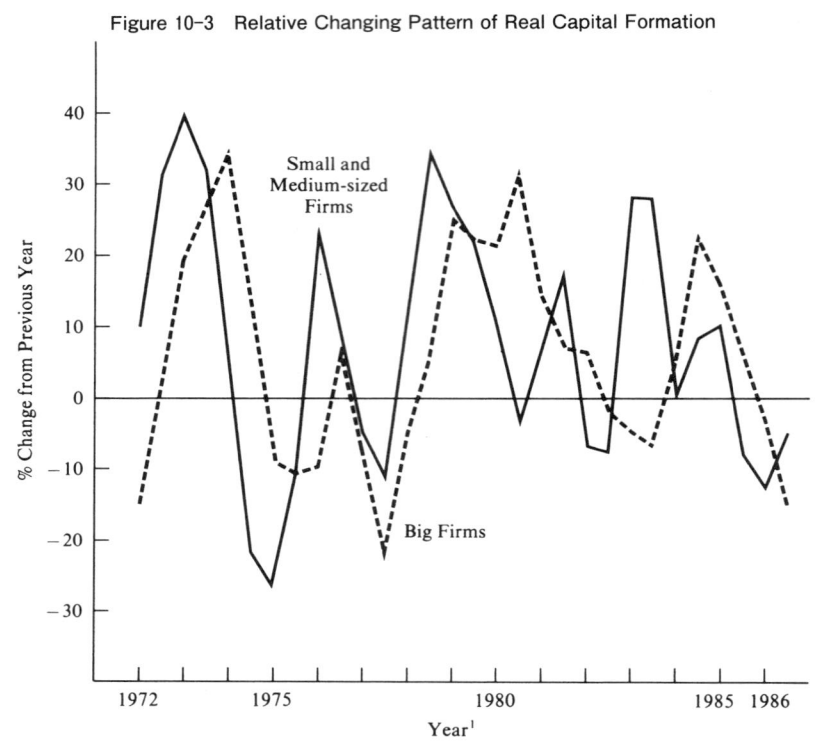

Figure 10-3 Relative Changing Pattern of Real Capital Formation

Notes: 1. Original time series dates are semiannual.
Source: Small Business Finance Corporation, *Investment Survey on Small and Medium Firms of Manufacturing Industries, various issues.* Bank of Japan, *Business Survey on Short-Term Economic Flucturations*, various issues.

whereas large companies'fixed capital formation lags behind macroeconomic business fluctuations, that of S-M firms tends to coincide with the fluctuations. Moreover, the share of S-M firms' fixed capital formation has been steadily expanding since the start of the 1970s, reaching 23 per cent in 1986 from 14 per cent in 1970. [7]

The fact that nearly all of Japan's S-M firms are involved in subcontracting production means that the investment strategy of S-M firms is governed by the prospects for production or investment plans of their parent companies. This causality is clearly shown in the distribution of S-M firms' fixed capital formation by either purpose or industry. The most common purpose is capacity expansion; the second is cost reduction or business rationalization. Because the latter also expands company capacity, about half of the fixed capital formation of S-M firms is for capacity expansion. This tendency corresponds to the distribution of investment by industry. Fixed capital formation in machinery industries has been increasing at a remarkable pace since the 1970s. With an index base of 100 in 1975, the value of such fixed capital formation in the first half of fiscal year 1985 (starting in April 1985) peaked at nearly 350 (in nominal terms). [8] The growth rate indices in other industries approached 200, much smaller than in the machinery industries. Thus, the aggressive expansion of the fixed capital formation of S-M firms before the start of the appreciation of the yen in 1985 was realized for capacity expansion by subcontracting firms in export-related industries.

As will be mentioned below, such dependence of S-M firms on parent firms may also appear in foreign production. If Japan's S-M firms in the automobile parts industry invest in the United States, their parent auto firms in the United States will tend to buy parts from their own subcontractors rather than from U.S. suppliers. This practice may be considered unfair and will be discussed in section III as one impact of S-M firms' FDI in the United States.

The drastic change in S-M firms' behavior after 1985 demonstrates their flexibility. The annual growth rate for fixed capital formation in the machinery industries, such as general machinery, electrical machinery, transportation equipment, and precision machinery, has declined sharply since 1985. Furthermore, the share of investment for capacity expansion has fallen in the same period. On the other hand, investment in new business has been increased. Anticipating slower growth in export or subcontracting businesses in Japan's export-related industries, S-M firms have adjusted their fixed capital formation behavior to this structural, macroeconomic change.

The flexibility of S-M firms in the face of structural changes since 1985 has been an attempt to anticipate change in the strategy of parent companies. S-M subcontracting firms must always adjust their investment to avoid an inferior position when bargaining for subcontracting. This behavior is confirmed by the wide variance in the profits of these firms. Because the business diversification of S-M firms is generally much lower than for large companies, S-M firms have always had relatively volatile profit pictures. They must therefore adjust their investment policies to changing profit conditions and must also anticipate profit changes due to the investment policies of parent companies. This behavior, induced by anticipated change in future subcontracting business, has been realized in the structural change of S-M firms' fixed capital formation since 1985.

The flexible investment behavior of S-M firms is further motivated by their dependence on bank loans for investment funds. Nearly 70 per cent of the total funds raised by S-M firms is from bank loans, compared to less than 20 per cent for large companies. [9] S-M firms are characterized by market imperfections not only in terms of restricted fund channels, but also by their relatively higher capital costs. [10] Therefore, S-M firms are obliged to adjust their investments to such profit expectations. According to surveys by the Small Business Finance Corporation, a clear relation between the diffusion index of profitability and investment behavior can be seen. [11]

3   Overseas Investment

The discussion here centers on the applicability of flexible overseas investment by S-M firms as induced by the FDI of their parent companies. Routine channels of communication with parent firms provide S-M subcontractors with information on investment plans, giving them concrete data on even small changes in subcontracting orders. With this advantage, S-M firms obtain information about their parent companies' overseas investment plans at an early stage, enabling them to invest overseas and further expand their business opportunities. However, they rarely invest abroad before their parent companies, even when they know the exact foreign investment plans of their parent companies.

What are the basic differences between domestic investment and foreign investment for S-M firms? There is little "information asymmetry" between large parent companies and S-M subcontracting firms in domestic business. Even if such asymmetry or "information inferiority" existed, subcontracting firms could make up for it by cooperative activities through business associations. [12] Subcontractors have developed stable operations in part through the use of various information channels, including such associations, whenever subcontracting production has declined unexpectedly. In the end, they can, for example, diversify their business through the network of cooperative associations.

However, these S-M subcontracting firms do not possess information networks outside Japan. While even large companies have imperfect overseas information sources, they do have the management ability and resources to cope with these stumbling blocks. In short, large companies have capital and skilled labor to make up for their overseas information deficiencies as well as efficient management techniques to link worldwide locations for production and sales purposes. Because of such management potential in these areas, large companies have been able to establish production facilities in overseas countries in the few years since 1985. In the future, their rush into foreign countries will substantially change Japan's industrial structure at the macro level and their own management organization at the micro level. They will have to reallocate their management resources around the globe to manufacture their products most efficiently. Formerly, such international strategies could be executed by only a few major multinational corporations based in the United States, the United Kingdom, or Switzerland. However, large Japanese companies now promote the same types of strategies. Moreover, the management policies of large Japanese companies will necessarily change that of their subcontracting firms.

It is important to note that although S-M firms have many options, the extent of these options depends on the abilities of management. Generally, the larger the scale of the company, the greater the potential. However, in Japan, the advantageous position of large firms in terms of either management potential or organizational allowance has been based on the flexibility of their subcontracting firms. Although these S-M firms have many opportunities for diversification, the above analyses demonstrate that some have sufficient management capabilities to adapt their businesses to foreign countries. Such firms will invest overseas following the lead of their parent companies. Their investment behavior is discussed in the next section, using both macro- and micro-survey data.

It should be mentioned that many S-M firms are still without foreign investment. FDI is perceived to be more risky than domestic investment, i.e., the two are not perfect substitutes for S-M firms. This may also be the case for large companies, but because of management's inability to cope with risky foreign investment, some S-M firms may be forced out of current business contracts in the future. Some firms may expand into new business areas, such as the domestic-demand-oriented sectors. For example, many firms hold parcels of land in large cities such as Tokyo or Osaka and may easily diversify into land-intensive businesses through the active use of their holdings. Therefore, from the perspective of the adjustment patterns of S-M firms to the appreciation of the yen, it can be concluded that the Japanese industrial structure and trade practices will change considerably in the future.

3 From the Start to the Expansion of Foreign Direct Investment

The flexible or rational nature of S-M firms' FDI, which has been accelerating since 1973, [13] will be reviewed in this section. S-M firms' macro behavior and specific industries and trends in FDI are discussed and consideration is given to management problems resulting from foreign investment. Attention will be focused on the FDI of Japan's S-M subcontractors in the U.S. Asian countries have the greatest number of cases of FDI by S-M Japanese firms while North American countries rank second; however, the rate of exit from the latter is much lower. In terms of individual countries, the United States has the most cases of Japanese FDI and the exit rate is low. Therefore, the United States is considered to be one of the most important countries for investment by Japan's S-M firms.

1   Overview of the FDI of S-M firms

The FDI of S-M firms has been changing since 1970. Figure 10-4, in which investment trends are measured by the number of cases of new acquisition of capital, shows that their foreign investment began more than ten years agoIn the early 1970s some of the firms established production bases in Asian new industrializing economies (NIEs). In a number of cases, the share of S-M firms was nearly 30 to 40 per cent of the total Japanese FDI. Most of this FDI was to maintain steady levels of production, which had been declining due to the rising cost of labor in Japan. [14] Firms could obtain stable overall production by expanding production in foreign countries and thus they invested in Asia where labor was cheap and communications easy.

Similar characteristics exist in the 1980s for these industries and countries. Although total Japanese investment in the U.S. has recently increased, nearly 60 per cent of S-M firms' FDI is in Asia, with a concentration in China since 1985. Their FDI is strongly concentrated in the machinery industries and miscellaneous industries. In the latter, products are exported from the host countries to either Japan or other developed countries. In the machinery industries, Japan's S-M firms in foreign countries undertake subcontracting work for their parent companies in these countries.

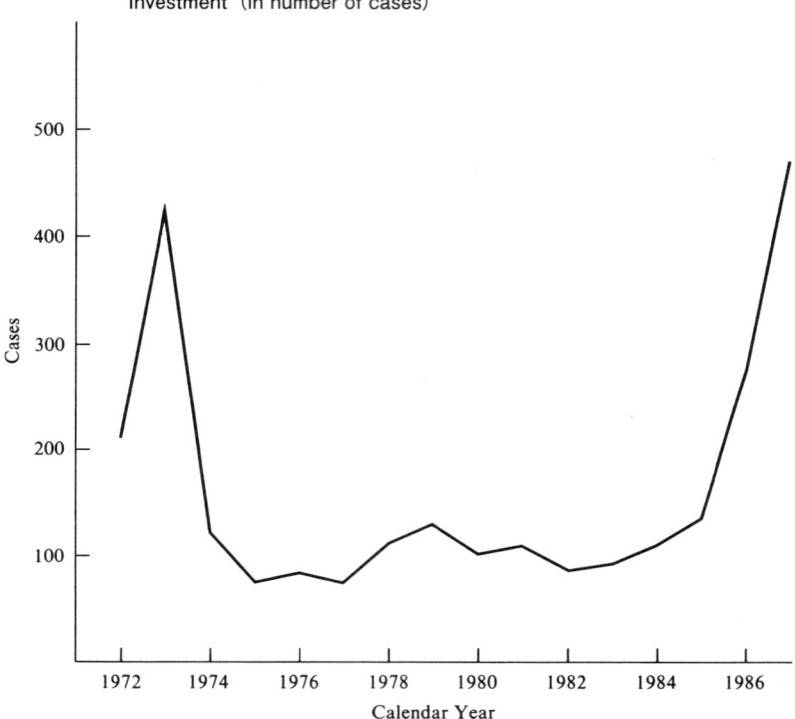

Figure 10-4 Expansion Process of Small and Medium-Sized Firms' Foreign Direct Investment (in number of cases)

Notes: Figures show the number of cases of direct investment in manufacturing industries of foreign countries. Figures after 1984 count cases of investment over 10 milion yen; those before count cases of more than 3 milion yen.

Source: Small Enterprise Agency, *White Paper on Small and Medium Firms*, various issues.

Growing FDI in the machinery industries has contributed most to the rapid expansion of Japan's S-M subcontracting firms since 1985. Firms in the machinery industries have invested in either Asian NIEs, ASEAN countries, or the United States. However, based on February 1986 data it was clear that the FDI of S-M firms had been diffused only slightly: only 5.2 per cent of the firms had made such moves into foreign countries. [15]

While on the one hand foreign investment has recently been expanding, on the other hand there has been a steady increase in business failures or exit from foreign countries. [16] A survey by the Small Business Finance Corporation, released in July 1985, showed that of the 6,957 S-M firms responding, 101 firms had exited foreign production and 256 firms maintained foreign production bases, an exit rate that year of 28 per cent of 357 firms. This illustrates the riskier nature of foreign production vis-a-vis domestic production and demonstrates the necessity of management capabilities to absorb such risks in order to succeed overseas. As shown below, the rate of exit and the amount of risk differ from country to country and the United States is considered less risky for Japan's S-M firms.

The rapid appreciation of the yen since 1985 has strengthened the relative value of Japanese firms' monetary power and has raised the ability of S-M firms to manage risk. Even if these firms do not possess sufficient management expertise or worldwide marketing networks, their strengthened monetary power has helped them expand their overseas business and cope with risks in countries throughout the world.

2 Expanded Overseas Investment

Table 10-1 shows the increasing interest of S-M firms in FDI from July 1985 to September 1987. Mainly due to the appreciation of the yen, such "interest" has been increasing in almost all industries. The data in Table 10-1 show that the shares of firms with foreign investment or a desire to invest in foreign countries increased 5.2 to 7.3 per cent for all industries between 1985 and 1987. This table also shows that the recent expansion of the foreign investment of S-M firms has been concentrated in the heavy and chemical processing industries. In 1985, 7.4 per cent of these firms had or planned foreign investment, a greater share than any other industry; this increased to 12.0 per cent in 1987, which is "indexed" as 162 as compared to 146 of the total of manufacturing industries.

However, even in the heavy and chemical processing industries, 60 per cent of the firms have no interest in FDI. Although the number of S-M firms

Table 10-1 Changinf Foreign Direct Investment of Small and Medium-Sized Firms, in per cent

By Industry	Firms with Foreign Investment or Plans	Firms without Plans but with Interest	Firms without Interest
1 Manufacturing Industries Total	5.7/8.3[1]	20.6/22.3	72.1/68.3
2 Light and Raw Material	3.2/4.3	16.4/19.2	78.7/75.6
3 Light and Processing	5.1/6.9	19.7/21.2	74.8/71.4
4 Heavy and Chemical Raw Material	6.2/7.6	21.4/24.4	70.4/65.6
5 Heavy and Chemical Processing	7.4/12.0	24.2/25.1	66.5/61.8
6 Wholesale Industries	3.4/3.8	15.2/19.3	80.5/76.2
7 Total	5.2/7.3	19.5/21.7	73.8/69.9

By Region	Firms with Foreign Investment	Firms with Investment Plans	Firms with Interest
North America	33.2/30.5	21.7/18.4	18.7/14.2
Asian NIEs	40.6/45.6	23.2/38.8	32.8/46.0
ASEAN except for Philippines	10.5/9.7	11.6/22.1	9.8/19.8
China	2.2/2.8	27.1/9.7	26.8/14.5
Others	13.5/11.4	16.4/11.0	11.9/5.5

Note: 1. The figure on the left shows survey results in 1987; at the right are 1985 results. There were 5,650 responses in 1987, 8,004 in 1985.

Source: Small Business Finance Corporation, *Chūshō kigyō no kokusaiteki jigyō katsudō ni tsuite* (Survey on international business activities of small and medium-sized firms), 1985 and 1987.

with FDI is increasing, these firms are still a minority. Because of the risks in foreign production, almost all firms with foreign production bases have more than 100 employees, comprising 44.6 per cent of the total sample with FDI. [17] However, although they are relatively large S-M firms, the extent of their individual commitment to foreign business can be estimated at about only 30 million yen by the amount of investment in their foreign affiliated firms.

The distribution of foreign investment among countries may be governed by degree of risk in those countries. The largest portion of Japanese FDI is in Asian NIEs, up from 40.6 per cent in 1985 to 45.6 per cent in 1987. The second largest share is in North America, mainly the United States, which decreased slightly in the same two-year period. A similar distribution pattern appears for countries targeted for future investment by S-M firms as of 1987: the share of Asian NIEs was 38.8 per cent and that of ASEAN countries 22.1 per cent.

The low rate of exit from the United States (14.8 per cent) demonstrates that it is less risky than other countries (the average is 24.9 per cent). Generally, it may be presumed that investment is less risky in developed than in developing countries; however, the exit rate for European countries was 27.3 per cent; for Asian NIEs, 27.4 per cent; and for ASEAN countries, 29.8 per cent.

As shown in Figure 10-5, the exit rate has declined in almost all industries and, in fact, many firms that had exited from foreign countries by 1985 had reinvested abroad by 1987. In other words, it can be concluded that S-M firms have made strategic efforts in FDI since the appreciation of the yen in 1985.

A 1985 survey, presented in Table 10-2, shows the objectives of S-M firms in their FDI and the types of investment that have been increasing. The principal objectives for investment are to expand or maintain market share in foreign countries, take advantage of cheap labor, and strengthen their ability to collect information on foreign markets. However, the distribution of objectives differs greatly by country and region. Taking advantage of cheap labor is an objective for 46.2 per cent of Japanese firms investing in foreign countries (mainly ASEAN nations) but for only 6.5 per cent of firms investing in developed countries such as North America and Europe. S-M firms investing in developing countries are more likely to export their products to Japan or other countries than those in developed nations.

Another reason for the varying objectives for FDI is the high priority given to information-related businesses in developed countries. Although there is little difference in the purposes of investing in North America and Europe, there is a large difference in the exit rate. Therefore, different objec-

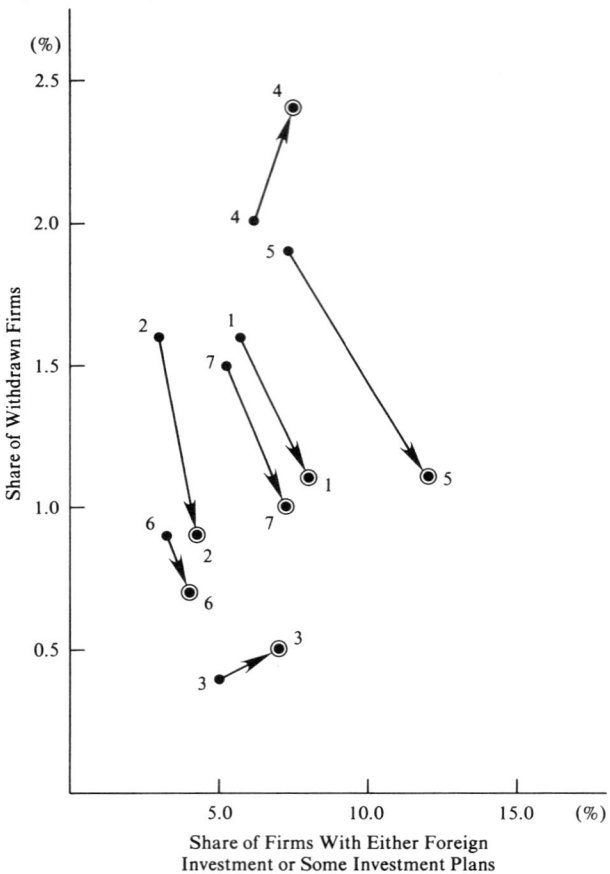

Figure 10-5 Expansion and Withdrawal: Change from 1985 to 1987

Notes: Arrows show the change from 1985 to 1987. Figures near
arrows show the industry classifications shown in Table 10-1.
Source: See Table 10-1.

tives for FDI do not explain different exit rates. Information-related busi-
nesses require only a small investment and are considered less risky, but
this may also be true for investment in Europe, where the exit rate is much
higher. It is clear that firms exit from foreign countries in anticipation of
worsening conditions. S-M firms can obtain exact information in advance in

Table 10-2　Distribution of Objectives and Ownership Pattern by Regions, in per cent

Aims	Developed Countries		Developing Countries	Total
	U.S.	Europe		
Aims				
Expand or maintain markets in				
foreign countries	85.7	85.7	55.3	66.5
Export to Japan	13.6	4.8	28.6	22.1
Export to other countries	5.7	14.3	27.5	20.9
Buy cheap raw material goods	8.6	0.0	16.8	11.7
Take advantage of cheap labor	5.7	14.3	46.2	30.9
Efficient application of firms' own				
technologies	20.0	19.0	29.4	21.8
Information-related businesses	55.0	42.9	14.5	29.8
Maintain orders from either				
trading companies or parent				
firms in foreign countries	17.1	4.8	12.6	13.5
Diversification of exchange rate				
risk	2.1	0.0	2.7	2.6
Take advantage of FDI incentives				
offered by host countries	4.3	9.5	9.2	6.9
Avoid trade friction	5.0	0.0	1.1	2.3
Ownership				
Full ownership	55.2	33.3	22.6	34.0
Joint ventures by Japanese firms	19.5	0.0	7.7	9.8
Joint ventures by local partners	20.7	50.0	53.4	42.4
Joint ventures both by Japanese				
firms and local partners	6.0	16.7	13.0	11.0

Note: Multiple answers
Source: See Table 10-1.

order to maximize the efficiency of their investment in the United States.

A new trend has appeared with the expanding FDI of automobile parts firms in the United States. The most important goal of Japanese subcontracting firms overseas in this industry is to take orders from their parent companies or from trading companies that have shifted some of their production overseas. There is little variation by region for this objective: 14.9 per cent of firms cite it as a factor in developed countries and 12.6 per cent for developing countries. There is, however, one striking difference: this objective ranks fourth in responses concerning developed countries, but only eighth for developing countries.

There are other regional differences in the objectives of S-M firms' FDI. While firms investing in developed countries tend to specify their aims, those investing in developing countries tend to diversify. For example, the top three objectives for developed countries total 73.1 per cent but only 53.7 per cent for developing countries. Of course, this difference may be influenced by investment regulations in the host countries. However, given the low rate of exit from developed countries, firms have estimated the profitability of projects in these countries more accurately and have carried out their projects following more careful feasibility studies. In other words, although S-M firms could more easily invest in either NIEs or ASEAN countries because of their geographical proximity to Japan and other reasons, there is a tendency to neglect risk management and to exit from these countries more frequently.

Like the purposes for investing overseas, the pattern of capital acquisition by affiliated foreign companies differs from region to region, as shown in Table 10-2. Full ownership averaged just 34 per cent for all regions in 1985. In North American countries, the figure was 55.2 per cent, while for developing countries it was 22.6 per cent. Similarly, the share of joint investments by Japanese firms was 15.5 per cent in North America and 7.7 per cent in developing countries. The lower degree of ownership by Japanese firms was clearly due to investment restrictions in some host countries, but these regulations also helped Japanese firms reduce their business risks in developing countries. Typical ownership in these countries was equal joint investment with a partner, reaching 53.4 per cent in 1985 compared to 20.7 per cent in North American countries in the same year. But, despite these efforts in risk management, S-M firms have failed more in their FDI in developing countries than in developed.

3　New Management Problems in Overseas Investment

The Ministry of International Trade and Industry has noted a rapid shift toward FDI among the S-M firms in Japan's machinery industries. Their share of total FDI increased from 32.8 per cent in 1985 to 41.8 per cent in 1987. [18] This shift also occurred among slightly larger firms. It is significant that these firms in the automobile parts industry invested in the United States only after Japanese automobile makers began investing there. According to a survey of the Japan Automobile Parts Manufacturers' Association, the number of affiliated firms newly established in foreign countries in fiscal year 1985 was 61, adding to the 201 in existence at the end of the previous year. [19] A total of 34 of the newly established affiliated firms were in the United States.

Under the influence of these somewhat large companies and automobile makers, some S-M firms have gradually shifted their policies toward FDI. Subcontracting firms must follow their parent firms and invest in the United States in order to survive in market competition and to obtain orders in that market. Minimum requirements for local content further motivate parts makers to invest in the United States. [20]

Policy problems resulting from the investment rush in the U.S. machinery industry will be discussed in the next section, but here more detailed consideration is given to the management problems of the FDI of S-M firms. Two examples of investment in the U.S. automobile parts industries depict ways they have reduced risk.

The first example is for subcontracting firms of the Mitsubishi Motors Corp., Ltd. (hereafter MMC). Since 1985 MMC has been developing an investment plan involving 600 million dollars and 2,900 employees with a goal of joint production of 210,000 cars annually in cooperation with its partner, the Chrysler Corporation. When production begins in 1989, there must be a cut in the production volume at MMC's subcontracting firms in Mizushima. Sixteen of these subcontracting firms have organized the Cooperative Association of Machinery and Metal Processing Firms in the Mizushima Industrial Park. [21] Member firms produce many types of automobile parts including brake pedals, lights, connectors, fuel tanks, mufflers, and door frames under subcontracts to MMC. The total paid-in-capital of the 16 firms amounted to 750 million yen at the end of July 1985 and the total number of employees was 5,019. These figures show that the firms belong to the top class of Japanese S-M firms.

Faced with MMC's decision to invest in the United States, these firms, which are larger than average S-M firms, jointly established a U.S. sheet metal processing company, Eagle Wings Industries, Inc. (EWI), to diversify their business risks. This effort was made possible by their joint business operations through the cooperative association in Mizushima. The same 16 MMC subcontractors have conducted their transportation business in Japan through a joint firm called Japan-EWI. Their investment in the United States can thus be considered a U.S. extension of their joint business. EWI planned to start sheet metal processing in autumn 1988 and to make initial-year sales of 10 billion yen, mainly to Diamond Star Motors. EWI will employ 250 workers in the United States in 1990, fewer than the average of 314 employees for the 16 member firms in Japan.

EWI has appointed executives of the Cooperative Association to manage its U.S. business. The joint business efforts of the association have helped EWI to manage its foreign business in the United States. Through the use of information and marketing activities, the main business of the association, the 16 subcontracting firms have formed their foreign investment strategy, including location of the production base, ways to manage the new firm, means to communicate with their parent firm, MMC, and ways to diversify business risks in the United States in an efficient manner.

It should be noted that these joint actions of member firms were implemented to enable MMC to communicate efficiently with them and reduce transaction costs. It is not difficult for MMC to persuade member firms to invest in the United States but, in turn, subcontracting firms can extract sufficient information about investment in the United States from MMC to reduce business risks due to foreign investment.

The second example is the case of the subcontracting firms of the Mazda Motor Corporation (hereafter Mazda) in Hiroshima, which began U.S. production in 1987. Although all subcontractors had to adjust their business to Mazda's overseas production, only 10 primary firms decided to invest in the United States in September 1987. Other Mazda subcontracting firms plan to invest in the United States at a later date. Their main products are heavy or bulky parts of automobiles, such as seats, glass, or sheetmetal parts. Because it is costly to export such products from Hiroshima to the United States, it is said that Mazda persuaded the subcontractors to invest there as quickly as possible. Therefore, Mazda North America Inc., Mazda's affiliated marketing company in the United States, invested in an American joint venture of three subcontracting firms involved in metal processing to promote American production. These parts makers will supply their products to the Mazda Motor Manufacturing U.S.A. Corporation (hereafter MMUC) and also to other automobile companies in the United States.

Another case from MMUC is the Molten Corporation, which mainly produces industrial rubber and sporting goods. [22] Molten has announced its decision to establish a joint venture, Molten-BRC Inc., in the United States under equal ownership with the BRC Rubber Group, a supplier of rubber automobile parts to Ford and General Motors. The initial paid-in-capital of Molten-BRC Inc. amounts to $500,000 and Molten plans to consign production of its rubber products to the BRC Rubber Group's factory at Churubusco, about 240 kilometers from the Flat Rock, Michigan factory of MMUC. Molten will take over the management and marketing, including production technology management, quality control, and accounting management. Molten-BRC Inc. will initially employ only 5 managers from Japan and its initial fixed capital is nearly 2 million dollars for a new metal pattern.

Molten's partner, BRC Rubber Group, is ranked as one of the top three American parts suppliers by Ford and GM. It is for this reason that Ford and Mazda introduced the BRC Rubber Group to Molten as a potential partner. They gave Molten a list of more than 10 candidate companies in 1986 when MMUC started to employ U.S. workers as its factory neared completion. These simultaneous domestic and foreign actions show MMUC's deep commitment to parts supply programs that parallel its own factory construction programs in order to execute its overseas production plans. In February 1987, Molten selected the BRC Rubber Group as its partner; the next month, MMUC completed the machinery installation at its Flat Rock factory.

Although these two examples differ in their overall investment patterns, they share two important points for the discussion about subcontracting firms' management problems resulting from their growing FDI. First, parent firms' commitments to foreign projects may take the shape of either persuading subcontracting firms or supplying information to them. Furthermore, large companies may invest in the joint foreign ventures of their subcontracting firms, as Mazda did through its affiliated company. However, even if large companies commit them-selves to helping subcontracting firms, they do not intend to guarantee stable business to subcontractors. This may be due either to the notion that the foreign production scale of large companies is too small compared with that in Japan or that their future production expansion cannot be clearly foreseen.

The second point shared by the two cases above is that because of the weak commitment of large firms, S-M firms have a tendency to reduce or diversify their business risks in overseas production. Communication with or investment support from parent firms may contribute to this aim, but it will not result in a guarantee. This may explain the growing importance of joint actions of Japanese S-M firms and the establishment of joint ventures with overseas partners.

4 Impact on the U.S. Economy and Policy Discussion

This section will consider the impact on the U.S. economy of the growing FDI of Japan's S-M firms and then investigate FDI-related problems in both Japan's policies for S-M firms and the United States' policies for incoming FDI.

1 Impact on the U.S. Economy

U.S.-Japan relations have been in transition since 1985. Japan has been shifting its economy from an export-oriented to a domestic-oriented structure and Japanese firms have been adjusting to the highly appreciated yen exchange rate. Based on reports in the Nihon keizai shimbun since 1985, Table 10-3 summarizes large firms' changing strategies to overcome new economic conditions due to the appreciated yen[23] and reviews their break-even yen exchange rate for U.S. exports and their FDI plans. Japan's S-M firms have adjusted to the big firms' strategy of expanding their FDI with a slight lag of about a year. In this adjustment process, S-M firms improved their expertise, risk management, and information networks in FDI. Some firms have recently begun to plan their FDI without help from their parent firms. Of course, they may be supported by their main banks which have been expanding their own activities in international financial markets to supply current information to their customers. Given these activities and the flexibility of S-M subcontracting firms in their operations both in Japan and abroad, Japan's large exporting firms can more efficiently use their production processes, developed in Japan, in foreign countries.

What, then, are the effects of such Japanese FDI in the United States? Investment by large and S-M firms presents both economic effects and political problems; the emphasis here will be on microeconomic effects.

Japan's S-M firms in the United States not only support their parent

Table 10-3　Big Firms' Changing Policies to the Appreciated Yen

Date of Press Release	Monthly Average of Yen/Dollar Rate	Name of Firm	Strategy
(A) Exchange rate policies			
Oct. 22, 1985	214.73	Mitsubishi Heavy Industries, Ltd.	Break-even rate of 220 yen per dolar fixed since March 1983 was changed to 210.
Jan. 14, 1986	200.07	Bridgestone Tire Co., Ltd.	Production and export strategies to make a profit at 200 yen.
Feb. 3, 1986	184.64	Toyo Communication Equipment Co., Ltd.	As above, 190 to 200 yen
May 26, 1986	166.83	Victor Company of Japan, Ltd.	As above, 160 yen
June 18, 1986	167.95	Toyota Motor Co., Ltd.	As above, 140 to 150 yen
June 25, 1986	167.95	Hitachi, Ltd.	Break even rate of 160 to 170.
July 2, 1986	158.60	Kyushu Matsushita Electric Co., Ltd.	Break even rate of 170.
July 17, 1986	158.60	Canon, Inc.	Production and export strategy to make a profit at 150 yen.
Aug. 15, 1986	154.00	Citizen Watch Co., Ltd.	As above, 150 yen.
Sept. 8, 1986	154.72	Settsu Paper Board Mfg. Co., Ltd.	Rationalization strategies to make a profit at 100 yen.
Dec. 5, 1986	162.20	IBM Japan, Ltd.	Target rate of 160 yen.
Dec. 18, 1986	162.20	Honda Motor Co., Ltd.	Target rate of 120 yen in 1989, following 140 yen in 1987 business year and 130 yen in 1988 business year.
Jan. 16, 1987	154.48	Toshiba Corp.	Target rate of 150 yen.
Feb. 5, 1987	153.48	Isuzu Motors, Ltd.	Target rate of 150 yen.
Mar. 25, 1987	151.54	Fanuc Ltd.	If yen remains at 150, there will be expansion of either sales or profit in current business year ended Mar. 1988 (B.Y.), yen will appreciate to 140, product policies must be changed.
Mar. 25, 1987	151.54	Nissan Motor Co., Ltd.	Target rate at 150.
May 15, 1987	140.54	Fanuc Ltd.	Current profit in B.Y. ended Mar. 1988 will increase 15% over the previous year even with 130 to 140.
June 26, 1987	144.48	Fuji Electric Co., Ltd.	Target rate of 140 yen.

Table 10-3 cont.

Date of Press Release	Monthly Average of Yen/Dollar Rate	Name of Firm	Strategy
July 9, 1987	150.71	Canon, Inc.	Target rate of 140 yen.
Oct. 22, 1987	143.54	Mazda Motor Corp.	Target rate of 120 yen a few years hence.
Nov. 30, 1987	135.25	IBM Japan, Ltd.	Target rate of 130 yen.
Dec. 12, 1987	128.35	Mitsubishi Heavy Industries, Ltd.	Shift of forklift production into U.S. within three years.
Dec. 24, 1987	128.35	Toyota Motor Co., Ltd.	Target rate of 120 yen.
Dec. 25, 1987	128.35	Fanuc Ltd.	Target rate of 125 yen.
Dec. 29, 1987	128.35	Hitachi, Ltd.	Five-year plan of target rates: 130 yen in 1988 business year, 125 in 1989, and 120 after 1990.

Date of Press Release	Name of Firm	Share of Foreign Production	
		Current Level	Target
(B) FDI policies			
May 30, 1986	Citizen Watch Co., Ltd. (watches)	40% in 1985 B.Y.	50% in 1986 B.Y.
Sept. 17, 1986	Casio Computer Company, Ltd. (computers)	0%	10% in Jan. 1987
May 21, 1987	Sony Corporation[1]	20%	35% at Mar. 1988
June 13, 1987	Nakamichi Corporation	0%	more than 50% at second quarter of 1989.
July 3, 1987	Brother Industries, Ltd.	5% in 1985 B.Y.	11% in 1987 B.Y. and 20% in 1990 to 1991.
July 9, 1987	Aiwa Co., Ltd.	35%	50% in 1988
July 10, 1987	Clarion Company, Ltd.	10%	20% in 1988
July 16, 1987	Nippon Electric Industrial Co., Ltd.[1]	30%	50% in 1991 to 1992.
Oct. 3, 1987	Matsushita Electric Industrial Co., Ltd.[1]	13%	25% in 1989 to 1990.
Oct. 24, 1987	Clarion Company, Ltd.	15%	30% in 1988.
Oct. 30, 1987	Sharp Corporation[1]	20%	23% in third quarter of 1988.
Nov. 19, 1987	Sony Corporation[1]	23% in the second quarter of 1988.	25% in fourth quarter of 1988.

Table 10-3   cont.

Date of Press Release	Name of Firm	Share of Foreign Production	
		Current Level	Target
Nov. 21, 1987	Aiwa Co., Ltd.	41% in middle of 1987 B.Y.	50% after ten months.
Nov. 24, 1987	Alps Electric Co., Ltd.[1]	15%	30% in 1990 B.Y.
Nov. 30, 1987	Yuasa Battery Co., Ltd.	30%	50% in 1990
Dec. 2, 1987	Citizen Watch Co., Ltd. (watches)	50% in the middle of 1987 B.Y.	60% in the B.Y. ended March 1988.
Dec. 14, 1987	Victor Company of Japan, Ltd.	25%	35% in 1990
Dec. 22, 1987	Ushio, Inc.	1%	10% in 1991 B.Y.
Jan. 8, 1987	Sharp Corporation[1]	20% in 1980 B.Y.	25% in 1988 B.Y.
Jan. 10, 1987	Canon, Inc.	12 to 13% expected in 1987 B.Y.	20% in 1988, 30% in 1990, and 60% in 2000 B.Y.

Note: 1. Consolidated activities base.

Source: *Nippon Keizai shimbun* (Japan economic newspaper), various issues.

firms' production with their flexible abilities but also generate the spill-over effect of raising the production efficiency of U.S. firms. When Japan's S-M firms establish joint ventures with U.S. partners, the efficient production system or know-how is easily transferred. On the other hand, when Japan's S-M firms are full owners of their foreign firms, any direct competition between the Japanese and U.S. firms will improve the efficiency of U.S. firms with any desire to supply parts to large Japanese firms in the United States. Even if Japan's S-M firms were not subcontractors, as in the auto parts industry, but independent with their own markets and technologies, their appearance in the U.S. would increase competition. As long as the competitive mechanism works, the entry of either type of firm will make resource allocation in the United States more efficient.

In short, the growing FDI of Japan's S-M firms, which has external effects through their private activities, develops new possibilities for growth in the U.S. economy. It must be emphasized that the flexibility of Japan's firms will diffuse to U.S. S-M firms and the flexible behavior of U.S. firms will make resource allocation dynamically efficient. This may give large U.S. firms the ability to manage their businesses in the future with a longer time span than before.

However, this is premised on the competitive mechanism, which would increase losers. Large Japanese firms in the United States would buy their parts from U.S. S-M firms only if they could offer cheaper prices with their efficient production. If there is little cost difference between U.S. and Japanese S-M firms, large firms — either U.S. or Japanese — will trade with the S-M firms with the smallest transaction or adjustment costs. Japan's S-M firms offer not only price competitiveness but also quality competitiveness and just-in-time delivery, sustained by more flexible adjustability to changing conditions than U.S. S-M firms. This is proved by the rush of Japan's S-M firms to enter U.S. markets.

Increasing competition will also necessarily worsen income distribution in the short run. This political effect will work to regulate the entry of Japan's S-M subcontractors into the U.S. market in order to give business opportunities to U.S. S-M firms which would gain production orders from large Japanese firms in the United States. In the end, the rate of local content will be set at a high level.

While such protective actions may work in the short run, in the long run they will distort resource allocation in the U.S. economy in two ways. First, large firms will be unable to operate optimal production processes. The price increase due to this inefficiency would decrease demand in mature markets such as automobile markets and employment in auto industries would fall. Employment in parts industries would soon be decreased, and profits would also decline. If demand did not fall, the general price level would rise. This could appreciate the yen exchange rate at a nearly equal pace and bring unstable international money markets. As long as U.S. firms maintain an inefficient production process, resources are wasted there.

The second distortion in resource allocation is caused by the fact that protective policies not only cause wasteful use of resources but also damage the development of production technology in the U.S. economy, thus creating lower returns on investment for Japanese firms in the United States. This will cause inflation in the United States, which will further depreciate the dollar and create greater instabilities in the world economy.

Although the U.S. economy would suffer long-term losses from policies that seek short-term gains by regulating foreign firms, there may be pressure for political action because the losses created by the free entry of foreign firms tends to be concentrated in depressed industries or regions. In the short run, the bad effects of protective policies on the macro economy are not taken into consideration by policymakers in local governments. Those advocating a free entry policy tend to be a minority even in the United States. Therefore, some may insist that the practice of large Japanese firms of buying parts mainly from Japanese S-M firms in the United States, which make offers almost identical to those of local firms, is an unfair restrictive trade practice. From an economic stand-point, it is obvious that this group ignores differences that exist in transaction costs or costs in adjustment for quality. It is rational for large Japanese firms to trade with S-M firms that have the flexibility to absorb shocks, such as the rapidly appreciated yen exchange rate since September 1985. They do not trade with Japanese S-M firms because they are Japanese; rather, they select subcontractors based on long-term economic calculations.

2　Policy Discussion

It is often claimed that Japan's policies promote S-M firms' FDI in order to depress their competitors in foreign countries. [24] This may be true in the short-run but such policies would have to make a profit in the long-run as discussed above, and short-run losses could be adjusted by U.S. policy as will be shown below. It must be noted that production in the U.S. economy could be improved by Japan's subsidies to S-M firms. Nevertheless, criticism grows in the United States, perhaps due to the fact that short-run losses tend to be concentrated in either restricted industries or regions.

The United States will thus have to adopt policies to assist the depressed areas in the short-run without any long-run bad effects on its economy. Such policies are possible because of the opportunities for taxation when large Japanese firms rush to invest in the United States. These firms have changed their strategies. Large Japanese firms have noticed that their effort to rationalize domestic production would necessarily bring long-term losses. They will invest in foreign countries whether or not there are investment incentives in the host countries. The burden of effective taxation would not impede large firms' foreign expansion. Because of the size of the U.S. market, investment incentives in other countries will not suppress U.S. investment by large Japanese firms.

Excess taxation could be implemented by various instruments. The object of such policies is to raise funds from large firms to assist depressed industries or regions. However, they must be implemented in a way that will diffuse the efficient Japanese production system into U.S. industries. If such money were used merely as an income transfer to the depressed, the investment of foreign firms would be affected even if these policies were implemented temporarily. Furthermore, the excess burden on large Japanese firms may violate the principle of equal national treatment if the policies do not aim to raise the production efficiency of U.S. industries. In other words, if U.S. policies work to increase U.S. efficiency and promote competition between U.S. firms and Japanese subcontractors, they could be accepted by large Japanese firms with only the small cost of effective taxation. In the end, such policies would produce a negligible burden and would not adversely affect the investment behavior of large Japanese firms.

These firms have supported the FDI of their subcontracting S-M firms, which generates costs in supplying subcontractors with information or financial assistance just as effective taxation would. Their intention to promote subcontractors' FDI and to make their foreign production efficient will also benefit their U.S. partners and diffuse into other U.S. S-M firms.

Private corporate action would bring better results than U.S. government policies, because policies would be implemented for longer than planned. Private support by large companies would not be implemented over a long period. As shown in the change in terms of trade for subcontractors since September 1985, the trade relationship between large firms and S-M firms is implicit or competitive. Trade relations in a tense atmosphere induce subcontractors to rationalize their production management and to increase their flexibility. The U.S. economy would gain such a production system by the entry of Japan's large and S-M firms with profit motives.

Local U.S. governments supply considerable subsidies to promote the entry of large Japanese firms but, on the other hand, regulate their production plans by local contents policies. Although this may be due to intense competition among regions in the United States, it will bring inefficient results. The costs of this policy will be borne by local firms and citizens. Because of this burden of policy costs, almost all local S-M firms and their workers would strongly oppose the entry of Japanese S-M firms that would depress their activities. But local governments that lose a first round of the competition to attract Japanese S-M firms will offer further incentives to other S-M Japanese firms to invest in their regions. Regional competition will make U.S. subsidies to Japanese firms continue for a long time. Although regional competition may have good effects like market competition, in the long run the competition to supply subsidies will cause a loss. It is unnecessary to supply policy assistance to Japanese firms that can be expected to expand without any such assistance. It becomes clear that U.S. policies must be corrected to reduce the competition to offer incentives.

On the other hand, it seems irrational for the U.S. government to criticize Japan's policies for S-M firms that will subsidize U.S. firms by their entry into the U.S. market. Although these Japanese policies increased the flexibility of S-M firms to strengthen their export competitiveness through subcontracting, large firms have changed their strategies. Shifting their business from exporting to local production by FDI, Japan's policies for SM firms now work as subsidies in each local economy. [25] These policies are an important instrument to promote the restructuring of Japan's economy. In other words, they support the liberalization and expansion of Japan's market for foreign suppliers. Therefore, Japan's policies for S-M firms in local regions have considerable benefits to the U.S. economy through international trade between the two countries.

5 Conclusions

Japan's S-M firms began investing in foreign countries, mainly Asian countries, at the start of the 1970s and have been more aggressively investing in Asian countries and the United States since 1985. In discussing the mechanism to promote this FDI and its impact on the U.S. economy, the importance of S-M firms' flexible behavior is clear. They absorbed economic impacts due to the appreciation of yen through the worsening of their terms of trade with parent firms. Furthermore, they shifted their businesses to the domestic demand sector or to foreign production. Because of their lack of foreign information and the ability to manage foreign risks caused by FDI, they have been supported by their parent firms. But their flexibility, induced by competition among S-M firms, works to increase their management abilities.

If any protection is given to Japanese S-M firms in the United States, their FDI will not improve the production efficiency of the U.S. economy to a significant extent. Policies that insist on the unfairness in the subcontracting relations between large and S-M Japanese firms distort resource allocation in the United States. Short-run damage to any industry due to FDI could, if necessary, be assisted by funds raised from the large firms investing in the

United States. However, the market mechanism may ease short-run losses. This is shown in the assistance for FDI given to subcontractors by large Japanese firms. Because large firms can expand their efficient production system in the United States with the entry of their S-M firms, they have an incentive to support them for a short time. In the end, the diffusion of the efficient production system induced by their cooperative actions will have an important external effect on the U.S. economy. The subsidies supplied to S-M firms by the Japanese government expand the production frontier of the U.S. economy.

● Notes

1) Dore (1986).

2) Based on field research in the automobile and electric machinery industries, Asanuma constructs the concept of multi-dimensional relation-specific skill accumulated by each supplier through learning and technological investments. Asanuma. (1988)

3) According to Small Enterprise Agency (1983), the rate of diffusion of subcontracting firms in total S-M firms steadily increased from 53.3 per cent in 1966 to 65.5 per cent in 1981 in all industries. Notably, the diffusion rates for subcontracting firms in the machinery industry are nearly 90 per cent. Rates in 1981 for the general, electric, and transportation machinery industries were 84.1, 85.3, and 87.7 per cent, respectively.

4) Subcontracting firms are defined here as those with a proportion of subcontracting production to total production greater than 70 per cent at the time of survey. Price indices as of September 1985 equal the base of 100 and monthly changes are added to the indexes of previous months.

5) Changes in the shares of firms with deficits shown in Figure 10-2 are defined as the trend component of seasonally adjusted time series of original shares.

6) S-M firms in the export sector are defined as those whose export business is greater than 30 per cent of their total business activity through either direct or indirect export channels; S-M firms in the domestic demand sector are defined as those with no export business.

7) Annual Report on National Accounts of the Economic Planning Agency; Investment Survey of the Small Business Finance Corporation; and Annual Report on Corporation Business of the Ministry of Finance. Horiuchi-Iwasa (1988).

8) See Investment Survey on Small and Medium Firms of the Small Business Finance Corporation.

9) The weight of loans, almost all of which are bank loans, amounts to nearly 70 per cent for the last ten years. The weight of internal finance is about one-third of total investment. See Investment Survey on Small and Medium Firms and Investment Survey of the Long-Term Credit Bank of Japan.

10) In fund-raising problems, widening differences can be seen in the rates of net worth among large companies and remaining small firms. That of large companies has been rising since the mid-1970s, when that of S-M firms was nearly the same. This may mean that S-M firms' fund-raising power has declined relative to big firms. For theoretical models, Calomiris-Hubbard (1988); Titman-Wessels (1988). For empirical analyses of Japanese loan markets emphasizing the determination mechanisms of loan rates of interest, Horiuchi (1988a).

11) The diffusion index is defined as the number of firms answering that their business profitability has increased from the previous quarter minus the number of firms answering that their profits have been decreasing.

12) The associations can take some cooperative actions without violating the Antimonopoly Law. These do not, however, extend to either production or sales cooperation activities.

13) This behavior appears not only in the foreign investment of large Japanese firms or major financial institutions, but also in Japan's exporting and may endanger the stability of foreign economies or give rise to an over-presence of Japanese firms or goods. However, a similar rush of FDI occurred in U.S. history. Charles Kindleberger called this investment the supply-side investment of rapidly growing countries. Kindleberger (1986).

14) This Japanese type of investment, as compared to U.S. foreign investment in sectors with strong competitiveness, is analyzed in Kojima (1978).

15) Small Enterprise Agency (1986).

16) According to a survey on S-M Firms' FDI in 1986 made by the Small Enterprise Agency, 10.4 per cent of large firms and 21.4 per cent of S-M firms judged their foreign investment as failures.

17) According to a 1985 survey, the distribution of firms with respect to total number of employees, investment in foreign countries, and involvement in wholesale industries is as follows:

No. of Employees	% of Firms in Category	% of Firms With FDI	% of Firms with FDI in Wholesaling
1–50	23.0	1.7	1.7
51–100	36.0	4.2	4.2
101–200	27.4	7.6	4.4
200+	13.6	12.5	12.5

18) Small Enterprise Agency (1987).

19) See the General Survey on Foreign Businesses of Automobile Parts Industries for fiscal year 1985.

20) According to current research on FDI published in December 1987 by the Small Enterprise Agency, local content in the products of Japanese-affiliated firms in foreign countries is 35.3 per cent in Asia and 57.6 per cent in developed countries. In five years, the figures are expected to reach 59.2 and 71.8, respectively. The strategies for production differ among large firms. Most have strategic policies to buy parts from Japanese S-M firms in the United States, but some may have policies to buy from local firms. Japan's top automobile manufacturer, the Toyota Motor Co., Ltd., is an example of the latter and it is said that Toyota persuaded its subcontractors not to invest in the United States. Toyota can implement such a policy because of its stature in the industry and can buy parts from any firm without difficulty.

21) As mentioned above, some cooperative actions do not violate the Anti-Monopoly Law. Policy authorities consider the cooperative activites of cooperative associations to be much more important.

22) Annual sales in recent years have reached 1.4 billion yen, about half in the industrial rubber department and half in the sports rubber department. After making its decision to invest in the United States, Molten decided to begin sporting goods production in Mexico. This decision was made without assistance.

23) For the exchange rate and export price policies of large Japanese firms, Shibayama et al. (1988).

24) The Small Enterprise Agency has insisted on the necessity of policies to assist the FDI of S-M firms. However, in fiscal year 1986, monetary assistance for FDI amounted to only 1.3 billion yen, smaller than total monetary assistance to S-M firms. Because this figure does not include the monetary equivalents of preferential taxes or finance, it underestimates total assistance. Furthermore,

other policy channels with money are working to promote the expansion of S-M firms' FDI. If this indirect policy continues to work in the future, the expansion of S-M firms' FDI may raise serious resulting problems in Japan. The policy may also result in aid to developing countries and to the stability of the world economy, as discussed below. On these impacts of Japan's FDI on the U.S. and world economy, Horiuchi (1988b).

25) For discussion of Japanese industrial policies, Sekiguchi-Horiuchi (1988). On the policy problems in rural areas and the behavior of local financial institutions, Horiuchi-Nii (1988). Although policy authorities have made step-by-step efforts through policy channels, it may be most efficient for local firms, financial institutions, and citizens to share the burden of restructuring local economies. This may be an inevitable trend in the growing interregional competition in Japan and the world. We will need a new rule to supply incentives to local firms and citizens.

【References】

Asanuma, Banri, "Manufacturer-Supplier Relationships in Japan and the Concept of Relation-Specific Skill," *Journal of Japanese and International Economics*, February 1988.

Calomiris, Charles W. and Hubbard, R. Glenn, "Firm Heterogeneity, Internal Finance, and Credit Rationing," *National Bureau of Economic Research*, Working Paper Series, No. 2497, January 1988.

Dore, Ronald P., *Flexible Rigidities: Industrial Policy and Structural Adjustment in the Japanese Economy*, Stanford: Stanford University Press, 1986.

Horiuchi, Toshihiro, *Mein bank kyōsō to kashidashi shijō: kinyūkikan no keiei senryaku*, Tokyo: Tōyō Keizai Shimpōsha, 1988a.

——, *Sekai keizai o dō kaeru ka: Nihon no kokusai kinyū senryaku*, Tokyo: TBS Britanica, 1988b.

Horiuchi, Toshihiro and Iwasa, Hirotsugu, "Chūshō-kigyō setsubitōshi no sho-mondai," *Research Review of Small Business Finance Corporation*, Vol.30, No.2, 1988, pp.3–22.

Horiuchi, Toshihiro and Nii, Yoshinori, "Kigyō-jōkamachi ni okeru minkan kinyūkikan no kashidashi kōdō," *Ibid.*, 1988, pp. 42–53.

Kindleberger, Charles Poor, *The World in Depression 1929-1939*, Berkeley: University of California Press, 1986.

Kojima, Kiyoshi, *Direct Foreign Investment: A Japanese Model of Multinational Business Operation*, London: Croom Helm, 1978.

Long-Term Credit Bank of Japan, Investment Survey on Small and Medium Firms and Investment Survey.

Ministry of Finance, Annual Report on Corporation Business, Ministry of Finance.

Sekiguchi, Sueo and Horiuchi, Toshihiro, "Trade and Adjustment Assistance," in Ryutaro Komiya, Kotaro Suzumara, and Masahiro Okuno, eds., *Industrial Policy of Japan*, San Diego: Academic Press, 1988, pp.369–93.

Shibayama, Kiyohiko, Kiji, Michiko, Horiuchi, Toshihiro, and Kiyono ,Kazuhiro, "Market Structure and Japanese Export Prices: An Industrial-Organization Approach to Export Prices," MITI International Conference Paper , June 1988.

Small Business Finance Corporation, *Chusho kigyo no kokusaiteki jigyo katsudo ni tsuite* (Survey on international business activities of small and medium-sized firms), 1985 and 1987.

————, Investment Survey on Small and Medium Firms.

Small Enterprise Agency, The Research Report on Current Industrial Fundamentals, Tokyo: Small Enterprise Agency, 1983.

————, *Survey on the Current State of Technological Activities in Manufacturing Industries*, Small Enterprise Agency, February 1986.

————, The White Paper on Small and Medium Firms 1987, Small Enterprise Agency, 1987.

Titman, Sheridan and Wessels, Robert, "The Determinants of Capital Structure Choice," *The Journal of Finance*, Vol. XLII, No. 1, March 1988, pp. 1–19.

The General Survey on Foreign Businesses of Automobile Parts Industries for fiscal year 1985.

11 Structure and Information Sharing Function of Business Associations[1]

1 Introduction

Among Japanese firms, there are business associations in every industry, even among competitive high-tech industries, such as the optoelectronic industry, the object of analysis in this article. Almost all associations are organized to conduct market surveys to gather information relative to production, sales, and investment, the latter including investment in research and development. The aim of this paper is to make an economic analysis of business associations in Japan by focusing specifically on the optoelectronic industry association as a prototype, for the association of optoelectronic firms exemplifies some of the typical functions and institutional problems of its counterparts in other industries.

Similar in type if not scope to industrial trade associations of other developed countries, Japanese associations are regulated by the Anti-Monopoly Act of Japan, because of possible inhibiting effects on competition due to their cooperative activities[2]. However, as shown later in this paper the Japanese Optoelectronic Industry Association has contributed to the growth of that industry in Japan. While the potential negative effects of these associations are generally acknowledged, the positive effects are often overlooked. Moreover, the economic literature on such associations is scanty.

Before starting this analysis, a brief explanation of the framework of the cartel in Japan is desirable. To this end, several studies are helpful: Sekiguchi (1985) for the recession cartel, Horiuchi (1985) for the recommended cartel, and Horiuchi (1986) for the rationalization cartel.

Relative to work done on these cartels, as stated above, the activity of business associations has been neither fully analyzed — according to any economic framework-norrarely questioned by the Anti-Monopoly Act[3]. This is mainly due to the limited nature of activities, i.e., they are not engaged in joint regulation of production, sales, or fixed capital investment. However, the number of business associations is much larger than that of the formal cartels, such as recession cartels, and the associations can have continuing effects on their respective industries through organizations which have much longer duration than that of cartels. The longer duration and wider diffusion of the associations can work to promote the exchange of information, not only between member-firms but also with government agencies such as the Ministry of International Trade and Industry (MITI).

Despite the interesting characteristics and functions of business associations, there is a paucity of economic analysis available by which to grasp a better understanding of how they work[4]. However, they are coming to be known in foreign countries as one of the principal vehicles of rapid economic growth in Japan. In particular, some European countries have begun investigating the activity of the Optoelectronic Industry and Technology Development Association (OITDA) with the aim in mind of possibly transplanting this kind of organization to their countries. Such an eventuality serves as a motivation to accomplish an economic analysis of the role of associations in Japan.

The paper is divided into four sections. In Section 2, the industrial organization of the optoelectronic industry is outlined. Section 3 analyses both the institutional framework of the OITDA and its cooperative activity. Section 4 discusses its economic rationality and some policy implications. As is customary, the final section 5 serves as a conclusion.

2 Industrial Organization

The optoelectronic industry is divided into three major sectors having a cumulative annual production valued at 1691 billion yen in fiscal year 1987 which ended in March 1988. The optoelectronic parts sector had a production of some 460 billion yen, or 27.2 percent of the total production. The optoelectronic equipment sector produced parts valued at almost 1092 billion yen or 64.5 percent of the total, while the optoelectronic system sector's production was valued at 140 billion yen, or 8.3 percent. Since fiscal year 1981, as a whole, the growth of this industry was 12.7 times during a seven-year period. Even more remarkable, the growth in the optoelectronic equipment sector for the same period was 31.6 times[5].

The high growth of the optoelectronic industry (like the semiconductor industry), has caused substantial changes in the Japanese industrial structure, particularly in export. Without question, the optoelectronic equipment sector has become one of Japan's major export industries, having produced several major products, such as optical disk equipment valued at some 696 billion yen, or a 54 percent export ratio for fiscal year 1987. Optical input-output equipment amounted to some 201 billion yen of production, i.e., a 56 percent export ratio for the same year[6].

Turning to a more detailed discussion of the industrial organization of the optoelectronic industry, it is useful to approach such a study from three vantage points: entry behavior, investment in research and development, and size distribution of firms. Because of its high growth, many firms from related industries have entered the optoelectronic industry. The electronics and precision machinery industries are the major source of new entries. Other firms typically attracted from related industries are electric wire, chemical, and general machinery industries. The distribution of such firms entering the industry is reflected in the membership of the OITDA.

Table 11-1 shows entry behavior. The changing entry behavior exhibited in Table 11-1 is probably somewhat conservative in number because many entering firms are not covered by this survey. Although the rate of response to the prepared questionnaire was at most one-third, two interesting points are discernible. First, firms producing products in the optical disk equipment or optical input-output equipment sectors, such as video disk players, digital disk players, rewritable optical disk equipment, optical memories, and optical printers, have shown considerable variances in entry or exit behavior. Based on this survey, the optical input-output industry production is expected to grow 220 percent in nominal terms during the period 1987 to 1993. The production share of this industry in the optoelectomic equipment sector is expected to increase to 83.6 percent in fiscal year 1993 from 83.0 percent in fiscal year 1988. Except in the case of the optical printer market, this industry has indeed seen increased market entry. In the optical printer market there has been a marked decline of entering firms from fiscal years 1986 to 1987, which might be the consequence of increased competition in the industry[7].

Secondly, the optical sensor market has the largest number of entering firms (51 in fiscal year 1987), while the optical connector market has 45 entering firms. Both of these are highly segmented which requires specific technologies to meet their respective needs. On the other hand, the markets for light emitting devices and optical telecommunication equipment require more advanced technologies than those of the above two products, yet each has had 39 and 35 entering firms respectively[8].

Other than optical sensors these products are indispensable components for advanced optical telecommunication systems which will come into increasingly frequent use, hence they are likely to draw more firms into these two optoelectronic markets. This means a symbiosis of two groups of firms in the optoelectronic markets-one of which needs more specific or applied technologies, and the other more general, basic technologies.

Table 11-1 Diversification by optoelectronic product and research and development investment among firms

Products	Diversification			R&D investment in 1987FY		
	1985FY	1986FY	1987FY	I	II	Total
Light emitting and receiving devices	46	34	39	17	3	54
High powered lasers	15	20	20	6	4	19
Solar cells	14	17	14	5	2	16
Optical fibers	30	25	31	14	9	28
Optical connectors	40	35	45	18	17	44
Optical passive circuit devices	24	14	25	5	6	26
Optical telecommunication equipments	41	32	35	10	9	31
Optical measuring instruments	39	45	40	17	9	38
Installation equipments	8	12	8	10	1	13
Optical sensors	45	50	51	10	14	46
Video disk players	5	9	13	6	1	16
Digital disk players	14	16	21	7	2	24
Rewritable optical disk equipments	12	12	20	5	3	25
Other optical memories	9	19	23	4	3	28
Optical printers	18	22	16	2	3	18
Optical readers	17	17	11	4	6	17
Medical laser equipments	8	13	6	7	3	10
Laser processing equipments	21	26	18	6	3	17
Optical telecommunication systems	30	29	19	9	5	29
Total	470	474	483	62	103	499

Source: OITDA, *Survey on the Optoelectronic Industry*, 1988 and 1989.
Note: R&D investment size is grouped into three categories I, II, and others — according to money invested: Group I firms are those of less than 10 million yen and Group II firms are those of more than 10 and less than 50 million yen. Total includes other firms.

This entry pattern of firms is shown according to size in Table 11-2. Interestingly enough, in terms of size, the extremes command the market. The smaller the size-by either paid-in capital or employment, the greater the number of entering firms. On the other hand, the larger the size, the greater the number of firms as well.

The above difference in technological requirements makes it easier for

Table 11-2 Percentage distribution of firms with optoelectronic departments by employment or by paid-in capital, fiscal year 1987

	Range definition						Percentage share	
	No. of employees			Paid-in capital (Million yen)			Employ-ment	Paid-in capital
I	less	than	100	les	than	100	22.2	31.1
II	100	to	300	100	to	500	12.4	9.3
III	300	to	500	500	to	1000	5.2	4.6
IV	500	to	1000	1000	to	3000	9.8	7.9
V	1000	to	2000	3000	to	5000	11.1	7.9
VI	more	than	2000	more	than	5000	39.2	31.1
Total Number of firms							151.0	151.0

Source: OITDA, *Survey on the Optoelectronic Industry*, 1988 and 1989.
Note: Firms are grouped into these six categories by their total employment size or paid-in capital, not by their optoelectronic department size.

smaller firms (such as the venture type) to enter into their differentiated markets with limited capital investment and human resources. On the other hand, such products as semiconductor lasers or optical fibers require more capital and human intensivity because of greater technological product requirements. However, in Japan, large-sized firms are entering these products markets as well as other markets, such as optical sensors or connectors. Their entry behavior in the latter markets is similar to that of the small-sized firms; not unlike venture firms, they have a policy to invest in certain markets by depending on only small capital and/or human resources[9].

The optoelectronic industry is characterized by market niches which accomodate both big-and small-sized firms. The business opportunity for small-er-sized firms is attributable to their accessibility to market and technological information. With such access they are able to assimilate them in a way so as to make their own optical products. It is of considerable importance to add that this market condition has been facilitated by the cooperative activity of the OITDA by its role as both an information collector and diffusion organ.

Table 11-3 depicts the above distribution characteristics from the perspective of the firms' commitment to strengthening their optoelectronic products departments. There are three categories of optoelectronic departments: (a) optical communication, (b) optical equipment, and (c) optical energy. As illustrated in the table, each department has five divisions: basic research and development, production planning, production, sales, and plant installation divisions. The figures in Table 11-3 show employment size by division within each department. As an example, there are 75 firms which have basic research and development divisions in their optical telecommunication department; of those 34 firms have an employment force of fewer than four in this division.

Assuming every firm enters into only one of the three product-market categories shown in Table 11-3, the representative firm categorized in Group I is estimated to employ ten people. The number share of Group I firms of the respondents to the questionnaire is equal to 39.5 percent. The estimated employment size of Groups II and III is 30 and 70 respectively. Using these estimated sizes of Groups II and III as well as I, the average size of the employee force as a whole reaches 28[10].

The estimated work force of optoelectronic departments is comparatively smaller. Firms with a total employment less than 100 constitute 22.2 percent of the total respondents in Table 11-2. Firms with more than 100 but less than 300 comprise 12.4 percent. Their total share is not quite half of that of the firms categorized in I, II and III in Table 11-3.

This comparison implies that many big-sized firms with employment of more than 300 are included among the Groups I, II, and III categories with an estimated employment size of 28 in optoelectronic departments. One may infer from this that even large-sized firms are entering into the optoelectronic industry employing a minimum of resources[11]. Finally, Table 11-1 indicates that research and development investment is one of the dynamic factors determining this industry's organization. The number of firms by

Table11-3 Size of employment of optoelectronic firms according to three sub-departments, five divisions each

Deparments and Divisions	I	II	III	Total
Optical communication Dept.				
R&D Div.	34	13	9	75
Production planning Div.	29	16	14	78
Production Div.	20	8	13	72
Sales Div.	38	15	4	70
Plant installment Div.	17	5	6	36
Optical equipments Dept.				
R&D Div.	30	16	16	87
Production planning Div.	20	17	18	89
Production Div.	18	6	11	78
Sales Div.	32	20	11	83
Plant installment Div.	19	6	2	29
Optical energy Dept.				
R&D Div.	16	12	2	37
Production planning Div.	16	8	4	36
Production Div.	14	4	6	32
Sales Div.	22	6	4	36
Plant installment Div.	13	1	2	18
Total	338	153	122	856

Source: OITDA, *Survey on the Optoelectronic Industry*, 1988 and 1989.
Notes: 1. Firms are categorized into four groups-I, II, III and others, depending on employment size in each division.
  2. Group I firms are those with less than 4 employees, Group II firms are those with more than 5 and less than 9 employees, and Group III are those with more than 10 and less than 19 employees. Total includes other firms.

distribution is shown by the amount of research and development investment in each optical product market. Because many of the firms responding to the questionnaire made multiple entries, out of a field of 20 markets there were 499 responses.

The co-existence of two types of firms — large-sized with general technologies and smaller-sized with differentiated technologies — can also be seen in the distribution of firms by the amount devoted to research and development investment. Of those respondents, 53.1 percent invested less than 10 million yen in research and development. The number of respondents investing more than 2 billion yen is only 18. These firms are competing in product markets involving optical devices and/or optical disks.

However, an interesting organizational characteristic of this industry to note is that more than half of the firms in a market such as that for optical disks invest less than 10 million yen in research and development. Thus, it is again evident that this high-tech industry is made up of small-sized firms, as well as large-sized firms, which may not have sufficient resources for their own research and development and/or informaion collection. The section immediately following addresses one Japanese style way to solve this management resource problem.

3   The Organization of the OITDA and Its Activity

The optoelectronic industry's business association, "Optoelectronic Industry and Technology Development Association", OITDA, was founded in July 1980 by the top 11 firms of the electronic machinery and electric wire industries. A principal aim was to enhance the collection and exchange of information relating to optical markets and share technologies thereby promoting the growth of the industry[12]. The membership has been open to all firms, including small-sized firms and/or foreign firms located in Japan.

Open membership notwithstanding, eleven core firms have leverage to control the activity of the OITDA, such as the supply of operating funds and human resources to the association. The membership is divided into two groups — one provides monetary and management support and the other pays only nominal membership fees as comparatively passive supporters of the association[13]. The total number of members was 264 in June 1989, with a total funding of 700 million yen. The annual budget for the association's activity amounted to 3.5 billion yen in fiscal year 1989.

The distribution of member-firms by industry is shown in Table 11-4. There are 92 member-firms from the electronic machinery industry, or 35

Table11-4 Distribution by industry and core members in the OITDA by member-firms

Industry	No. of the member firms	No. of the founders	No. of the executives	Membership in the industrial organization committee
Construction	10	0	0	0
Textiles & Pulp	6	0	0	0
Chemicals	34	0	0	0
Glass & Ceramics	10	1	1	1
Steel & Non-Ferrous	9	0	0	0
Electric Wire & Cable	14	3	3	4
General machinery	13	0	0	0
Engineering	3	0	0	0
Electric machinery	92[1]	7	8[2]	11
Precision machinery	25	0	0	1
Commercial & Advertisement	12	0	0	1
Other manufacturing	7	0	0	0
Electric Power	6	0	0	0
Banks	16	0	0	0
Others	7	0	1[3]	3
Total	264	11	13 (18[4])	18 (30[5])

Source: Same as for Table 11-1, and the OITDA, *OITDA Activity Report for Fiscal Year Ended March 31*, 1989, vol.2, 1989.

Notes: 1) They are grouped into five categories. The first (50) is of listed firms on the first or second posts of the Tokyo Stock Exchange or of listed firms in the Over The Counter Markets, which include a few foreign firms in Japan. The second (12) is of their related firms with a capital relationship. The third (10) is of other foreign firms in Japan. The fourth (4) if of other large-sized Japanese firms. The fifth (16) is of small and medium-sized firms.
2) NEC (Nippon Electric Co. Ltd.) has two posts in the executive committe.
3) This is from NTT (Nippon Telegram and Telephone).
4) This total includes three posts held by three business associations having a special relationship with the OITDA and other two posts for full-time executives.
5) This total includes other committee members from various entities; three from universities, four from private research institutions, one from large banks, two from the government, and two from journalists.

percent of total membership. This gorup includes seven of the eleven founders of the OITDA. This exclusive group has considerable influence on the management of the OITDA, since more than 60 percent of the OITDA's directors are held by the executives of those firms, a shown in Table 11-4.

A careful perusal of the member-firms composition reveals that there are many small-sized firms and a number of foreign firms. As an example, 92 firms from the electronic machinery industry can be broken down into several groups, i.e., 50 firms listed on the first or second posts of the Tokyo Stock Exchange and Over-the-Counter Markets (including two foreign affiliated firms), their 12 capital related firms, 4 large-sized Japanese firms, 10 foreign firms in Japan, and 16 small-sized Japanese firms. Almost all of the latter small-sized firm belong to the supporting member group who pay only 360,000 yen as an annual membership fee. What benefit do they expect from their membership? And what benefit do the leading member firms receive and what cost do they pay for it? The costs and benefits of each party can be analyzed by taking a close look at their cooperative activities in the OITDA. These activities can be split into three groups[14].

The first grouping is an information-related activity of collecting, analyzing, and supplying information pertaining to the industrial organization. A statistical survey of the industry's production, sales, fixed capital investment, and/or research and development investment is reported annually to the members. The survey is based on the respondent-firms' answers to various questions; those responses also include a five year industry forecast. The responding firms are drawn not only from the associations membership but also from among non-members.

Survey information is valuable because it provides strategic business information by which firms can determine their competitive position within the industry. For example, it is beneficial for small-sized firms in the opto-electronic industry to study the business policies of the larger firms, because large-sized firms possess more information by which to forecast future developments of the industry. We may assume, then, that the small-sized member firms can benefit as "free-riders". However, in general, member-firms can derive more detail of the collected information, and the large-sized member firms, in particular, can more or less control the activity of the association by virtue of their control over director memberships. Through the OITDA large-sized member firms can monitor the business policies of each rival member firm.

These problems caused by free-riders or oligopolistic interactions are mitigated by information exchange between committee members. These committees are organized by research leaders of the core member firms, journalists, university professors, and researchers or officers of private or government research institutions - depending upon each committee's purpose. These committee members from outside organizations are expected to have neutral opinions and to play a mitigating or a mediating role in the committees. This committee approach is applicable to every activity of the OITDA[15].

Table 11-4 illustrates the committee member composition of the industrial organization survey. Members from either universities, the MITI, private research institutions, or journalists account for 12 out of 30 members. Every committee member has access to more detailed information about any responding firms' business conditions. It is the responsibility of the OITDA managers to protect the firm-specific micro data in order to prevent its leakage to other members. However, it must be noted that these managers are usually chosen from among the core members of the OITDA, i.e., its founders. Therefore, this data protection system may not be as secure as presumed. It is fair to conclude that this information, once collected, may be wholly or in part considered to be within the public domain.

The second of these three groupings is the technical information survey for member firms. This information is also collected and analyzed through several committees who have their own distinct aims and responsibilities.

Their findings are disclosed to the membership in the same manner as the industrial organization information. The organization of each technological committee is very similar to that of the industrial organization committee. Indeed, it also has two member groups, drawn from the founder firms and from the government and/or non-profit institutions, such as universities.

Several committees have a key role in the gathering of technical data. Table 11-5 shows the distribution by activity of the OITDA's committees held during fiscal year 1988 and their organizational characteristics. The technical information gathering is divided into three divisions: a) the information division for optoelectronic technology in general, b) the standardization division for optoelectronic products and systems, and c) the international division for technological cooperation. In 1988, 40 committees were organized, including two committees for industrial organization information and 24 committees for the three technology information divisions listed above. There were 860 committee members serving 168 committees of the OITDA. Roughly speaking, more than 144,000 members were involved in the cooperative activities of the OITDA.

Table 11-5 shows that more than 70 percent of the committee chairmanships were held by the members, either from universities or the MITI's research institutions. Most of the chairmen were specialists and senior engineers from their respective institutions. Member firms had a minority share of about 10 percent. However, it should be noted that these core member firms temporarily transferred their business personnel to the OITDA as its managers. Moreover, almost everyone of the 82 committee secretary positions were assumed by those managers.

Its is the policy of the core member firms not to control the committees directly by occupying the various chairs but instead to control them indirectly through their "loanable managers" who provide essential secretary, and management services to the association. These secretaries and managers promote the exchange of information or adjustment of interests between

Table 11-5　Committee organization and activiy, fiscal year 1987

Department and Division	No. of organized committees	No. of committee members	No. of Chairmen from[1]				No. of managing staff	No. of held committees
			U	G	R	F		
Industrial Organization	2	30	2	0	0	0	5	10
Technology Information								
General survey	2	40	1	1	0	0	5	10
Standardization	21	361	6	10	2	3	34	100
International cooperation	1	7	1	0	0	0	2	3
Technology feasibility research	11	113	6	3	2	0	25	42
Education and public activities in general	3	309	2	2	0	2	11	3
Total	40[2]	860	18	16	4	5	82	168

Source: OITDA, *Opto News-OITDA Activity Report of Fiscal 1988*, vol.49, 1989.

Notes: 1)　Chairmen are from universities (U), the government or its research institutions (G), private research institutions (R), or some member firms (F).

2)　This total is less than the total of chairmen because the education and public department has three small groups.

members from various subgroups. The following is an illustration of three activities sponsored by these technical committees.

Two special committees are organized for the technology information survey: the Optoelectronic Trend Research Committee (OTRC) and the OEIC Trend Research Committee (OEIC-TRC)[16]. The OTRC and the Optoelectronic Industry Trend Research Committee have been organized since the birth of the OITDA for monitoring the industrial organization of the optoelectronic industry. The OTRC aims to monitor the technological development in the optoelectronic industry and to identify possible areas of future development. This committee has sent a field research group to developed countries almost every year in order to monitor foreign trends beginning one year after the founding of the OITDA. Special reports prepared by the research groups are customarily provided to the members.

In fiscal year 1988, the OTRC picked up three new areas of responsibility and one research topic with the objective of identifying future prospects. The new areas included optical communications technology, optical information processing, and optical energy utilization and conversion. The general research topic was new devices and new processes, with a special focus on quantum well semiconductor lasers.

All four projects were intended to survey the general trends of various technological developments, domestically and abroad. The committee has sent its members to 14 research institutions, universities, and firms located in the United-States, United Kingdom, and France. This research is included in the activity of the Optoelectronic Industry Trend Research Committee[17] but not in the international division. Therefore, the figures in Table 11-5 slightly underestimate international activities as a whole.

The committee responsible for standardization is the largest among all the committees both in terms of the number of sub-committees and/or committee members. This division has an organizational structure that is similar to others started since fiscal year 1988; however, the character of the chairmanships is different from other committees as shown in Table 11-5. This difference is mainly due to the divergence of core-firms' strategy from that of entering firms in the rapidly changing high technology industries such as the optoelectronic industry.

Standardization depends not only on the technological development, but also on the entering firms' strategies[18]. For example, leading firms in the high technology industries need to standardize in order to maintain their competitiveness and to remain competitive to newcomers with more advanced technologies. Since the establishment of the OITDA, the standardization effort has been considered a prime focus of the cooperative activity - an activity equal in importance to technological or industrial organization information collection.

This standardization effort is expected to have secondary effects on product manufacturers because member firms can collectively encourage them to accept the cooperatively determined standards which in turn can promote the resolution of inter-firm conflicts. The allocation of committee chairs among a broad group of firms, including core member firms, implies that conflict resolution requires the active involvement of industry firms.

With strong support among the major firms this standardization program will have a strong impact on world markets because of the growing globalization of Japanese firms in high technology industries. Increasingly, Japanese firms can expect to lead negotiations with foreign firms because of the sound work already laid through the OITDA efforts. The OITDA's monitoring of foreign trends in standardization — through committees such as the International Standardization Trend Research Committee-further strengthens the international position of Japanese industry.

Promotion of international cooperation has also been managed by special committees of the OITDA. The OITDA has invited foreign researchers to Japan and organized technological conferences in developing countries since fiscal year 1986[19]. But the primary efforts of the OITDA in the international arena since 1982 have been directed to the collection of technological information. As a result, this policy means that Japan has been a net importer of advanced technological information in the optoelectronic industry from other mature, industrialized countries. The information has been imported by and for the OITDA with the aim of distributing the information to member firms at minimal expense to individual companies[20].

In concluding this section, it is appropriate to outline the public efforts of fostering technological research. Table 11-5 shows the importance attached to research by the OITDA, both in terms of number of committees and committee members. However, the emphasis has rarely been placed on R&D itselfbut instead it has been focused almost on the studying of the feasibility of new optoelectronic technologies. This is also true of studies done by the OITDA abroad, mainly developing countries, NIES, and Latin American countries.

Only a few committees were organized for public efforts as shown in Table 11-5. Nevertheless, the OITDA has organized three group conferences involving some 300 participants. The Optical Disk Group Conference, the largest of the three, was held seven times during fiscal year 1988. The OITDA has promoted other public activities such as public symposiums and seminars to promote the diffusion of tech-nology.

As for the related activities, the OITDA has also organized international exhibitions. The theme of the International Optoelectronics Exhibition of 1988 was "Optoelectronics, Leaping into the Future". This exhibition was the largest to date, with 183 companies participating. Included were 58 foreign companies from 12 foreign countries[21]. Eight of the companies from the U.K. were directly supported by the British Embassy in Japan. Clearly, the activities are spreading into the international sphere and are beginning to attract international attention.

4 Discussion and Policy Implications

First let us address the rationality of the OITDA's function. Although with some restrictions and limitations, the association provides its members and non-members with information about the optoelectronic industry, as efficiently as possible. Collection and use of industry information is the most important function. Technological information is surveyed and studied not only for members but also for the public as well. However, the public information should be supplied by government institutions rather than private institutions like the OITDA. This has caused institutional problems within the OITDA.

And what is the relationship between government institutions and the OITDA? This relationship becomes evident when viewing the level of information exchange among the business community, academic circles, and various government institutions. The MITI or the Ministry of Posts and Tele-communications concerned with this industry does not conduct surveys to obtain the industrial and technological information, because such data is privately collected through the OITDA. The existence of the OITDA saves the government much expense, although the MITI usually supports the association by supplying the human resources to the association's committee activities[22].

The OITDA's various committees provide business and academic circles with channels of communication to regularly exchange technical information not only to promote basic research and development but also to boost the competitive edge of the optoelectronic industry. These committees can also facilitate the exchange of information between academic circles and government institutions, since both are members of the OITDA's committees.

Furthermore, there are certain institutional factors within the OITDA which contribute to the efficient gathering and distribution of information. The OITDA's management-teams consisted of 26 individuals during the fiscal year 1988; almost all were temporarily transferred to the association by core member firms. The core firms can control the OITDA either through these transferred persons or through the committee structures. Although the few core members have their own self-interests to control the association, they are expected to supply a broad range of public information.

The effect of a mixture of both the private and public roles in the association is revealed more clearly in the procedure used to enhance standardization. The OITDA's committees have supplied core member firms with a platform for them to implement their strategic policies in the arena of standardization. The expectation of their increased bargaining power in international negotiation concerning standardization serves as an incentive to them to support the associa-tion's public activities. This incentive mechanism is especially evident in the OITDA's attempts to obtain government subsidies[23]. Institutionally speaking, due to the make-up of the membership, these and similar matters are handled in the committees, whose members are mainly drawn from the MITI and/or the universities.

Moreover, it is important to comment upon the contribution made by the OITDA to the growth of the optoelectronic industry in Japan. The association has increased the growth potential of the industry by efficiently diffusing the technological information to every firm in the industry. The most important contribution of the association has been its disclosure of industry growth statistics, not only to its member firms but to other firms as well. This information has attracted many firms of all sizes to enter the optoelectronic industry. Indeed, the OITDA raison d'être is the development of the optoelectronic industry for its members.

The growth of the optoelectronic industry led by core member firms has encouraged every firm in Japan to expand its optoelectronic business under the guidance of the OITDA. The market share of all Japanese firms in international markets will be increased by taking advantage of this efficient source of information. Unfortunately, this is likely to cause some international conflict between Japanese firms, as insiders of the association, and foreign firms, as outsiders, because there are few comparable institutions overseas[24].

This conflict between "insiders" and "outsiders" may result in political disputes, especially assuming that the OITDA's level of activity is expected to progressively grow and result in continued dominance by a few core firms. For example, the expansion of the group effort into marketing activities in developing countries may be considered a threat to the rival firms from other developed countries, even though marketing activity-feasibility studies as an example-may be welcomed by the developing countries.

However, this conflict can be moderated by opening the membership to every firm in order to permit greater access to all collected information, including marketing information. Because many firms are now investing in the Japanese electronic machinery industry, the changing constituency of the management may be a means to ameliorating these tensions. However, these firms can rarely become committee members, and are not exposed to certain inside information which presently is shared only by committee members. The core member firms seem ready to remedy this problem by opening up the membership of the committee, reducing conflict at the expense of less efficiency[25].

5 Conclusions

Japanese optoelectronic firms have organized their business association with the purpose of collecting and distributing industrial and technical information to its membership. The activities of the association have been promoted by various committees wherein information exchange takes place between firms, academic circles, and government. These committees are managed by businessmen transferred temporarily to the association by certain core member firms who, though they rarely hold chairmanships, nevertheless have managed to monitor the entire association through those individuals transferred.

The fruit of the association's work has been shared with the membership, including small-sized firms and new-entry firms at a minimal membership fee. This service is also supplied to foreign member firms located in Japan; therefore, the benefits and knowledge gained by the association have been diffused internationally to a limited extent. But bcause the membership of the committees has been rarely opened to foreign firms and small-sized firms, their active involvement in the association has been circumscribed in comparison to the role played by core firms.

This striking difference among members has been institutionalized by core members especially the founders of the association. Because of this structural flaw, conflicts are likely to arise — in particular if the association led by its few core members continues to efficaciously operate as an information gathering and analyzing agency. In such a case, frequent conflicts between the member groups might make it difficult for the core members to control the association without some kind of action to avoid such an eventuality.

The discussion regarding the efficiency of the association, its institutional conflicts, and management problems can be applied to all active business associations in Japan. The more impact an association's actions have on the growth of each industry, the more internal problems will be encountered by the association. Furthermore, the more advanced the industry involved, the greater the number of international and political factors which will complicate relationships among its members. Therefore, the business association in the optoelectrionic industry is an excellent example from which to draw conclusions which might very well be applicable to other industries.

● Notes

1) Reproduced from Rivista Internazionale di Scienze Economiche e Commerciali, Volume 37, 1990, n° 12.
2) Clause 1, Article 8 of the Anti-Monopoly Act of Japan requires all business associations to notify the Japan Fair Trade Commission of their establishment.
3) The FTC has disclosed its new cartel policy (*Nikkei Newspaper*, August 19, 1990). Some formal cartels, such as recession cartels, which heretofore have avoided the provisions of the Anti-Monopoly Act, will not be allowed by the FTC. However, this new policy does not cover business associations.
4) Dore (1986) has done some interesting research on the business association of the textile industries. Also Komiya (1988) provides a general discussion of this topic. However, the Technology Research Association (TRA) has done more exhausive research; for example, see Wakasugi-Goto (1985). A principal aim of the TRA is joint research and development, but it should be mentioned that the association has much fewer members than the typical business association.
5) The coverage of the business survey has been expanded to include new products since fiscal year 1987. The old survey base has grown 24.3 times during the same period.
6) These statistics have been collected by the OITDA's optoelectronic business survey of its member firms as well as non-member firms in Japan. The collect-

ed data has been checked against other data sources such as the MITI or related business associations. However, corrections are not disclosed. This questionnaire covers not only the production and export data of more than 150 items plus a five-year forecasting of each product, but also R&D investment, fixed capital investment, and human resource allocation for each product. It is interesting to note that these products as a whole have more than 50 percent export rate and this export rate — according to projections — is not to decline for the next five years. Yet, the import level and import structure are not expected to change considerably from the result of fiscal year 1988. This expectation means that the optoelectronic industry will not reach the development stage of horizontal international trade during the next five-year period, although Japanese firms have started local production of such products as optical printers and optical disk equipment in Europe. They are in a trans-national stage, as defined by Ethier-Horn (1990).

7)　The market for optical printers is one of the most competitive. *The Materials Revolution* edited by Forester (1988) also discusses the optoelectronic industry.

8)　See the OITDA Report (1988-89), pp.57-66 and 27-34, respectively. This type of firm distribution can also be identified in the robot industry. See Horiuchi (1989).

9)　Their venture-like entry is assisted by their monetary, market, research and development, and overall business power. They also have efficient resource allocation mechanisms which contribute to their strength. See Prahalad-Hamel (1990) which focuses on the case of Nippon Electric Co., Ltd. (NEC).

10)　This result assumes a median number of employees in each group.

11)　This conclusion is based on the assumption that each firm will enter only one market, as categorized in Table 11-3, although it is possible for firms to enter into three markets. However, the average firm has five divisions, at most, because there are 856 divisions in Table 11-3 -nearly five times the number of responding firms.

12)　NEC was the leader of the foundation. It had played a similar leading role in the TRA for the development of large scale integrated circuits.

13)　The membership is open to all firms; however, participation in the organization is subject to certain de facto restrictions such as limited access to committee membership. As shown later, members are not usually given detailed discussions of the OITDA's committees which are controlled by core member firms. However, other information collected by the OITDA is made available. Non-member firms can gain access to select summary information published by the OITDA; in effect, some collected information is not disclosed to non-members. The latter information is viewed as "club goods" as opposed to "public goods" in the former case.

14) These three services should be supplied by government like the MITI, as public goods. The associations can be viewed as counterparts of MITI's *genkyoku* - the bureaus, divisions, and sections within the various ministries and agencies responsible for particular industries. According to Komiya (1988), many business associations consisted of nothing more than friendly gatherings for exchanging information with others in the industry. The majority of the associations probably had relatively little influence on either outsiders (the government and politicians) or insiders (individual, especially dissident, firms) (p. 18). In other words, their economic impact is negligible. Economic analysis is needed, however, in the case of business associations which are more actually involved in substantial economic decision-making. The OITDA is more typical of the latter kind of organization.

15) This approach is a transplant of the MITI using various councils. However, there is a considerable difference between the MITI's and the OITDA's use of these councils. The committee or councils members of the MITI are expected to support or enforce any report prepared by the MITI. On the other hand, OITDA committees actually prepare the reports.

16) OEIC stands for "optoelectronic integrated circuits". Two areas were explored in fiscal year 1988: a study of the current situation in computer technology for the OEIC's role and the tasks required for the development of the OEIC, as well as a study on the current situation in the OEIC overseas R&D.

17) The OITDA's report (1988) surveyed the foreign optoelectronic industries.

18) This is a discussion from the private firms' point of view. As defined by Hirshleifer (1971) in the value of information, it also encompasses the social point of view.

19) These public activities were supported by the JETRO (Japan External Trade Association) or the MITI.

20) Needless to say, core member firms also gather their own information. This fact may explain Komiya's (1988) conclusions about business associations. However, the use of both sources would seem most beneficial. If core firms can control their association, they may want to depend more on the association for some information gathering because costs could be spread over many fields.

21) Others are from the United States, Australia, Canada, South Korea, France, and West Germany.

22) Some of the OITDA's reports such as a *Survey on the Optoelectronic Industry* are disclosed to all firms because of the financial support given by the Japan Keirin Association through its Machine Industry Promotion Fund, under

the monitoring of MITI.

23) TRAs are often founded in order to benefit firms through joint research subsidies which normally are difficult for private firms to obtain on their own.

24) The importance of the joint ventures is often emphasized in advanced material production: however, emphasis ought also to be given to information collection. The diffused information will induce more firms of all sizes to enter into the advanced industries. The growth of these industries depends not only on large-sized firms but also on small-sized firms. See Section 2 and 3 of this paper and Horiuchi (1989).

25) As for related works, see Olson (1965), Arrow (1974), Williamson (1975), and Prahalad-Hamel (1990). Olson's book is a classic in the field of collective action. The limits of organization discussed by Arrow may be applied to associations which are controlled by large-sized core firms. However, as analyzed by Prahalad-Hamel using a few large-sized firms - including some Japanese firms (of which one is NEC, a core member of the OITDA) - some large-sized firms are solving this organizational problem by relying heavily on their core competence and small ventures. This solution is seen as an extension of Williamson's view of small business units.

【References】

Arrow, Kenneth J., *The Limits of Organization*, NewYork: W. W. Norton, 1974.

Dore, Ronald P., *Flexible Rigidities: Industrial Policy and Structural Adjustment in the Japanese Economy*, Stanford: Stanford University Press, 1986.

Ethier, Wilfried J. & Horn Henrik, *Managerial Control of International Firms and Patterns of Direct Investment*, Journal of International Economics, February 1990, 28, 25-46.

Forester, Tom (ed.), *The Materials Revolution-Superconductors, New Materials and the Japanese Challenge*, Oxford: Basil Blackwell, 1988.

Hirshleifer, Jack, *The Private and Social Value of Information and the Reward to Investment Activity*, American Economic Review, September 1971, 61, 561-76.

Horiuchi, Toshihiro, *Gosen-Sangyo ni okeru Setsubi-Shori to Kyodo-Koi (The Capacity Reduction in the Synthetic Fiber Industry and the Cooperative Behavior)*, Nihon Keizai Kenkyu, No.14, March 1985, 22-46.

Horiuchi, Toshihiro, *Gorika-Karuteru no Riron to gosei-Senryo-Sangyo no Jissai (Theory of the Rationalization Cartel and the Case Study of the Dyestuff Industry)*, Nihon Keizai Kenkyu, No.15, March 1986, 27-44.

Horiuchi, Toshihiro, *Development Process of Robot Industries in Japan*, Rivista Internazionale di Scienze Economiche e Commerciali, December 1989, 36, 1089-1108.

Komiya, Ryutaro, *Introduction*, in R. Komiya, M. Okuno, and K. Suzumura (eds.) *Industrial Policy in Japan*, Tokyo: Academic Press, 1988, 1–22.

OITDA (Optoelectronic Industry and Technology Development Association) (ed.), *Survey on the Optoelectronic Industry : Fiscal 1987 and 1988*, Tokyo: OITDA, 1988 and 1989.

Olson, Mancur, *The Logic of Collective Action : Public Goods and the Theory of Groups*, Cambridge, Mass.: Harvard University Press, 1965.

Prahalad, C. Krishnarao & Hamel, Gary, *The Core Competence of the Corporation*, Harvard Business Review, May-June 1990, 79–93.

Sekiguchi, Sueo, *Fukyo-Karuteru no Keizai-Bunseki (The Economic Analysis on the Recession Cartel)*, The Institute of Social and Economic Research, Osaka University, Discussion Paper, No.12, 1985.

Wakasugi, Ryuhei & Goto, Akira, *Kyodo-Kenkyu-Kaihatsu to Gijyutsu-Kakushin (Cooperative Research and Development and the Technology Innovation)* in Y. Okamoto and R. Wakasugi (eds.) *Gijyutsu-Kakushin to Kigyo-Koda* (Technological Innovation and the Behaviour of Firms), Tokyo: Tokyo University Press, 1985, 193–225.

Williamson, Oliver E., *Markets and Hierarchies : Analysis and Antitrust Implications — A Study in the Economics of Internal Organization*, New York: Free Press, 1975.

12 An Overview of Japanese Venture Firms and the Analysis of Information Activities

1 Introduction

In 1990s Japanese economy has been struggling with the financial instability and it is now going into the worst recession since the end of second world war. Japan will have to increase more unemployed people rapidly in the near future unless it will have more new venture firms (hereafter VFs).

Nevertheless VFs or small and medium-sized firms have been influenced much more heavily than large corporations by their limited fund raising capability, aggravated seriously by the ongoing economic recession and financial market instability. VFs policy has become one of the most important and urgent policy issues which Japan has to solve soon in order to get the normal growth path and to stabilize its economy, thereby to contribute to the world economic stability. We can expect that VFs can accelerate the transformation of Japanese economy from the regulated to the more liberalized and flexible one. This policy issue, however, is not only important in Japan but also in Europe or the world as a whole. The paper discussing Japanese VFs thus can give an interesting case.

The paper aims to make an overview of Japanese VFs from the structural, world-wide, and general point. Therefore the approach adopted in the paper is the economic analysis and is focusing on the policy discussion and the management principle of VFs. Theoretically speaking, VFs can be defined as the firms that have the comparative advantage in their idea or information resource endowment such as to generate new innovative business plan, new management team organization, new technology development, new market concept, and so on. However, under the distorted market situation of resources such as capital or management professionals and of products in Japan, VFs have not been able to display their ability as fully as possible. This market situation has been causing considerable inefficient resource allocation and has become one of the structural reasons of the recession and the low economic growth expectation.

Japanese policy authority has recently seemed to discuss why we could not have so more VFs or why we could not yet have pioneering firms such as Microsoft and so on. It has started to pay an attention to VFs, however, the policy designing still assumes the dual economy composed of large corporations who need less policy assistance and small and medium-size firms who need much more. The paper discusses that we need to build more general policy framework upon the basis of theoretical economic calculation to realize the innovative economy in the future. Nevertheless, the policy discussion should consider the continuity element of hitherto Japanese industrial policy approach. The synthesis may lead to the third approach for having more VFs in Japanese economy.

The paper has six sections including this Introduction. Section 2 and 3 are theoretical parts. Section 2 discusses the economic definition of VFs. It analyzes the importance of the competitive mechanism for the new economy driven by VFs. Section 3 discusses the principle of VFs policy designing. It basis should be the economic definition of VFs. Without enough consideration of this economic rationality, any policy cannot succeed. It is not how many policy instruments Japan should introduce for VFs but whether the total system reflects the economic mechanism.

Section 4 and 5 discuss some aspects of the reality of VFs in Japan. Section 4 is an overview of Japanese VFs activities. Their information activities are the main issue because VFs are defined to have comparatively more information resources than other firms. Also it will make a discussion of the reality of Japanese policy. Section 5 then will turn to the private initiative of VFs in order to solve their market imperfections. This is the most effective way to realize their competitiveness. Finally, Section 6 concludes the paper.

2 Economic Definition of VFs

The section approaches the theoretical definition of VFs through three points of view. Each point will have its policy implication discussed later in Section 3. This section, finally, makes a brief historical discussion about VFs defined by businessmen or business management scholars in Japan in the late 1970s.

1 Comparative advantage in business idea

Economy has lots of agents who have different resource endowments. Each agent can become better off by the voluntary exchange of resources among various economic agents. The economy can be depicted by this voluntary exchange pattern of resources among agents. In this exchange economy a VF or an entrepreneur can be defined as an agent who has more business idea or business information stock rather than other resources such as capital compared with other agents. The agent is going to challenge to any uncertain business.

In our modern economy, it should be large corporations who have huge business chances or ideas and information stock. However, these large corporations have also more capital or human resources. Indeed, as assumed by Penrose (1959), the firm can be analyzed as an organization who can control or hold as much as capital resources, human resources, market resources, technology capability resources, or business ideas and so on. The large corporations' holding of business ideas or information will also be surely greater than that of VFs. However, what we are paying attention is not the absolute stock but the relative stock.

This comparative resource endowment relationship among newly entered VBs and other firms is a critical point. The disadvantage condition itself that VBs do not have enough capital resources, human resource, or sales resources does not imply the necessity of policy assistance as long as they can exchange their ideas for other business resources. The different initial condition among any economic agents in terms of the relative resource endowments does not necessary become a reason of policy issue.

If the condition might become a reason for policy intervention, it should be a case where VBs will not be able to make the rational exchange of their ideas or information with other agents for necessary business resources. This case will occur in our real economy mainly because their trading participants cannot understand or believe in the idea or information. VFs may have to pay considerable transaction costs to let their ideas be informed to market participants, however, sometimes they may result not to be able to exchange at all. Under these real situations, we have to introduce any policy intervention, however, the condition that they do not have enough money for example does not presume the policy necessity by itself.

2   Uncertainty approach assuming uncertainty

Second, VFs or entrepreneurs are defined by K. F. Knight (1921) from a different point. According to his book, Risk, Uncertainty, and profit, he did not assume the perfect market because of uncertainty. The market imperfection is due to the impossibility of rational expectation on the future. Knight sought the reason of this impossibility in the uncertainty and he separated it from the risk on which a mathematical expectation can be properly applicable. He assumed that it is impossible to form such a mathematical expectation in the case of uncertainty. This is the start of his discussion about the role of entrepreneurs.

Entrepreneurs are pivotal players to mitigate this imperfection by challenging to uncertainty. This challenge can give workers their jobs with certain wages and thus the economy can grow. It can give capital suppliers certain rental. Entrepreneurs, on the other hand, have to accept uncertain rewards but they can expect high return by challenging to uncertainty by organizing various resources. In other words, entrepreneurs have special abilities or animal spirits in making an organization although they themselves may not have enough capital, special management. capabilities, or special technologies, or even information in some cases. They are innovators from the point of making their new organization suitable to solve uncertainty.

Therefore, without such challenging entrepreneurs in the society, we cannot expect any growth or progress. Workers or capitalists cannot find their opportunities to earn money.

We will show an example of these entrepreneurs discussed by Knight in the Japanese growth history since the end of world war. Soichiro Honda was the founder of HONDA Motor [1]. He was a young engineer of motor bike when he started his business at Hamamatsu, locating between Tokyo and Nagoya. Today HONDA Motor has become one of the most profitable auto manufacturers in the world and diversified its business in the world as a whole. However, when he started his business, its size was very tiny, compared with for example Toyota in those days. After about only 10 years, HONDA had become the biggest motor bike manufacturer in the world.

Having had this splendid growth record, Honda was seen to have very limited abilities of management strategy planning. However, he was such a true challenging entrepreneur that he chose Fujisawa as his partner who could complement his limited ability of strategic management planning. Fujisawa joined HONDA and he was seen to plan every management plan in the place of Honda. Honda had succeeded in organizing the best management team for the success of HONDA and thus he was the best example of entrepreneurs in Japan defined by Knight. Now HONDA Motor employs more than 100 thousands workers in the world as a whole.

3   Dynamic competition

Steady birth of VFs needs another type of VFs in the society. This is because any society cannot have many innovators like Honda in Japan. In the case of motor bike market, following Honda's success, many VFs have entered the market. They are not innovators but follower type VFs. Our society needs such follower type VFs to get more job opportunities. We can find this type of VFs in the discussion of Adam Smith.

Needless to say, Adam Smith is an academic pioneer of modern economics and he analyzed the mechanics of competition in order to achieve the economic efficiency. In his mechanics, we can find an interesting element relating to VFs. In Smith's discussion, the economy is not in any steady state but in dynamically changing situation. Firms have to play an important role to bring the mechanism of competition and the economic efficiency. His invisible hand can be introduced by this role of dynamically changing firms.

They do not need to invent new technologies, new ideas, new markets by themselves. They just need to pay a keen attention to their rivals or innovators or rivals to survive in their market. In other words, they can exist as followers. They are so necessary that they are majority compared with true innovators. If they do not exist, the economy may have to accept the monopoly distortion caused by any innovators who by definition are very few. Therefore, these followers are indispensable agents in the society in order that the economy can enjoy the fruit of the innovations brought by true entrepreneurs [2].

The other striking difference between true entrepreneurs and followers can be seen in the comparative resource endowments. The former have the comparative advantage in ideas or information stock and the latter in capital. By this comparative advantage of capital they can catch up the innovators. However, they are also VFs because they are challenging by changing their organization flexibly. These VFs have to adjust flexibly to new profit chances by paying careful attention. They are promoting the penetration of innovation in the economy as a whole [3].

4　Policy oriented definition in the early 1970s in Japan

Here, we will look into an interesting discussion of the policy oriented definition of VFs in Japan. Historically speaking, during the early 1970S of the high economic growth period in Japan, VFs were discussed by policy authorities and some management scholars that they are small and young firms and would promote venture business (VB).

The term VB had been used to refer to innovative and knowledge-intensive business [4]. According to the definition focusing upon the policy implication, VFs are often short on capital or researchers and so on although they have growth potential based upon product development capability. Also, their business risk normally becomes high at the starting stage. Therefore, their business potential cannot be fully or rationally evaluated by ordinal market participants. This is because under real market conditions — where the market cannot predict perfect expectation — they cannot usually have enough channels by which to reveal their business plan or information to their market participants. On the other hand, these participants themselves may not usually have sufficient information or ability to understand the information supplied or to manage their investment risk [5]. We will label this type VFs as POVFs, i.e. policy oriented VFs.

POVFs are seen to be a loose complex of three elements of VFs in the above. First, they are seen as firms who have innovative and knowledge-intensive resources and who do not have enough other resources. This implies the presumption in the discussion of the comparative consideration. Second, they have to face "risk" but the discussion did not distinct it from uncertainty defined by Knight. Therefore, the discussion did not cover the scarce ability to organize business. Third, the discussion paid too much attention upon innovative and knowledge-intensive firms and paid less attention upon followers as the majority.

Japan has kept the regulated policy stance and resulted to limit the entry of new VFs since 1970s. This fact simply proves that the policy stance or the system was not suitable for VFs. Unfortunately, this will become a good lesson showing that policy motivation itself does not lead to any success without rational economic analysis.

3   Theretical Discussion of the Desired Policy for VFs

Section 3 discusses how the policy should be designed consistently to the economic definition of the previous section. First, we discuss the economic point and then we make an overview from the cultural point. private initiative is still important for VFs' growth but this will be discussed later in Section 5.

1   Economic elements of the desirable policy framework

If the purpose of VFs policy is to grow the economy by VFs, the policy has to cover all of these three theoretical requirements. If anyone of the requirement will not be introduced, the policy framework will not work perfectly, i.e. it will not cause many VFs in the society. Therefore, the complementarily condition among policy measures is tremendously critical matter. The policy system has to promote the information exchange, the organization opportunities by entrepreneurs, and the entre of follower VFs.

Viewing this condition from the point of the economy as a whole, the policy system for VFs has to accompany with the market regulation with rational incentives in the total system of the economy. Neither of various VFs policy measures can have any loopholes, introduced either intentionally or unintentionally in the total system, because they would weaken these three requirements. Nevertheless, we can show some examples of policy misdesign in Japan. Following are the worst three examples.

First is the case of capital market, i.e. the Over the Trade Counter (OTC) market for small and medium-sized firms. Capital market is the most important to exchange information. OTC market was reorganized in 1990s in order to have more listed firms. It aimed to offer smaller firms more opportunities to become public by decreasing the application costs and by relaxing the balance sheet conditions. OTC market was expected to work as a capital market for VFs and had a desirable first step.

However, this improvement was introduced without the capital market liberalization. Almost all security companies were not pushed to compete with each other in order to produce the segmented market information of each VF. In other words, VFs could not have enough information production by research oriented security companies and they could not reduce the information asymmetry in the OTC market.

The market prices of listed firms cannot be expected to reflect enough information. Investors therefore could not trust market prices as well as these dealers. The market liquidity was limited and then investors had to face the liquidity risks. This situation has caused a big reason of limited merits for VFs to become public in OTC market.

Although Japanese OTC market was intended to introduce the capital market of National Association of Securities Dealers Automated Quotations (NASDAQ) in Japan but it could not get a similar success to the USA. The reason is simply that Japan did not satisfy the complementarily condition.

We will review very briefly the NASDAQ market in USA. It has grown since the introduction of security market liberalization. Each small security company was persuaded to make differentiated researches of each VFs. This differentiated process was a normal market mechanism for them to survive in the market. This mechanism is the most important force to achieve the success of the capital market policy for VFs.

It is these VFs that need trustful market information of security companies, i.e. of analysts with specialist ability. By the information activities of security companies in each segmented market, promoted by market competition, the capital market can mitigate the information asymmetry among investors and VFs.

Therefore the complementarily condition of policy, i.e. that it satisfies three elements all together is crucial for the birth and growth of VFs in the society. By this complementarily condition, each policy measure can mitigate the information asymmetry among market participants in each market such as capital market, labor market, technology market, product market and so on.

Second, we will discuss this point by looking into the incentive design to entrepreneurs. It should to be made carefully and rationally to consider that there can be two types of incentives. First is the pecuniary incentive reflecting their economic contribution. The second one is the non-pecuniary incentive. Entrepreneur who can get enough monetary rewards from their business can be eligible to any social appreciation in the society.

Nevertheless in Japan, the society cannot easily accept wealthy people as respective success people. This is mainly due to the regulated market history in Japan that most of financially rich people were believed to be protected by the regulation policy.

However, Japanese people are going to appreciate success entrepreneurs in high technology markets. Namely, the liberalized market condition such as in the high tech markets will make people respect for real success entrepreneurs.

The rational and careful incentive in liberalized society will become an important signal to cause many follower VFs. It becomes a necessary condition for the growth by continuingly entering VFs. Therefore, the combination of the incentive designing and market deregulation is another important example of the complementarily condition for the dynamic economy by VFs.

Third, the complementarily principle has also to be satisfied in the incentive design for other agents as well as entrepreneurs. Entrepreneurs need several resources supplied from many agents in order to organize their business. These agents holding necessary resources should be able to expect enough incentives to join their business. Their expectation should be made under the competitive condition, i.e. the mutual and rational exchange of their specialist resources with entrepreneurs. This should be made on the equal partnership. To do this equal partnership exchange as efficiently as possible, the policy has to introduce the suitable system. Nevertheless, even the taxation system such as the stock option does not give much incentives to part the VFs projects.

2 Cultural aspects of VFs policy

On the 0ther hand, there may be an opinion emphasizing upon the cultural background about few VFs in Japan. Namely, even if the system would have introduced the theoretically desired economic points, Japan might not have many VFs because of various cultural factors such as the conservative preference of Japanese people.

However, we can show that such cultural factors are also influenced by the economic mechanism. In other words, if we would introduce the theoretically desired economic requirements in the policy designing, many cultural background may adjust to the new economic circumstance for VFs as shown in the following important example.

Among various cultural factors regarding VFs, the most relevant is the education policy. Education policy can effect the venture mind of students. Most of graduated students in Japan are still recently going to find their jobs in large corporations or government institutions. Among large corporation sectors, the most popular is the banking sector even in 1990s in Japan for students or their parents. They are seeking as economically stable and socially high status jobs as possible by joining banks, which will still be expected to be protected by regulation and thus be insulated from the competition force.

However, on the other hand, this behavior of students also reflects that they cannot expect enough benefit from joining small firms or VFs under the current Japanese system. In other words, the opportunity cost to abandon to join VFs is expected to be too limited assuming the current incentive system. On the other hand, that to abandon to join large corporations is expected to be too large not only in terms of pecuniary but also non-pecuniary. Therefore, students do not go to small firms or VFs but go to large corporations. These small or VFs cannot employ talented students as much as possible. Therefore, VFs cannot organize the best management team. This is purely economic mechanism.

Education should be the most important environment to influence the growth path of the Japanese economy. However, as discussed in the above, the influence mechanism is not political but economic. Students are not originally dependent or conservative. They can adjust to the regulation conditions or the incentive system in Japan. Their dependence upon large corporations just shows that they have enough ability to make a rational economic calculation. If they can find enough incentives in VFs such as more liberalized stock option with favored taxation, they will choose them as their job chances. The economic criterions, therefore, can apply to the educateion policy design.

The universities are not free from the competitive influence. In the future Japanese universities are going to compete more with each other. However, most of universities will not have strong intension to support VFs growth but to survive in the advanced education markets. This selfish stance of universities nevertheless, they will become a powerful engine for Japan to have more VFs just as security companies in U.S.A. to adjust to the liberalization [6].

In conclusion, the complementarily condition in the competitive market is the most important for that the society will get enough VFs and job opportunities. Japanese system is now slowly changing to this desired direction.

4 Reality of Japanese VFs

First, it overview the potential of new firms in Japan and then it summarizes several stylized facts about new firms in Japan. Third, we will overview the reality of policy framework.

1   Potential of new firms

From the theoretical point of innovative power of VFs, they are categorized into two classes, innovative and follower VFs. The former necessitate higher and more innovative ability and are very fewer than the latter in any society. Furthermore, in our real society there are a lot of various interim types among both types. The wide distribution of VFs from the former innovative VFs to the latter follower reflects the distribution of people with various backgrounds. Each entrepreneur starting business has own motivation as well as background such as parent influence, education carrier, or business carrier. These initial conditions imply wide varieties of entrepreneurs at their start-up.

Indeed, Japan has a big pool of various entrepreneurs. According to some surveys, more than 15 % of businessmen working for firms, mainly for large corporations, do have strong intension to start their own business[7]. Their background varies very much in terms of business carrier, technology ability, management ability and so on. Some of them are very innovative and others are just followers such as starting retail business.

This potential amount of various start-ups in Japan will increase in the near future because of increased unemployed people due to the restructuring of large corporations. Indeed, Japanese large corporations are estimated to have about 10 % of over employed people than the normal level because of life-time long employment system. They are often called people sitting close to the window, i.e. close to the outside labor market. Some of them may have strong motivations to start own business and some will be pushed to be unemployed without any clear motivations. This contrast situation will widen the diversification of VFs in Japan.

White Paper on Small Business Corporations edited by the Agency of Small Business Corporation, one branch of MITI (Ministry of International Trade and Industry), divides start-ups firms into four categories; 1. Purely independent start-ups, 2. Spined-off driven start-ups, 3. Start-ups in the same market supported by the previous relationships, and 4. Start-ups by corporate division policy. Among these four types, most of the third and the fourth are follower type. The first category includes wider varieties by carrier of business starters. The Paper analyzes that most of the first type have entered the retail or service businesses by investing a small amount of capital. Their business carriers are very limited such as only part-time jobs or sometime no business experience at all. However, there may be some cases in the first type that have high potential to become innovative VFs in the future and the authority seems to consider this type as hopeful VFs.

Also, the policy authority expects that the second category will lead innovative businesses. This is because they have accumulated more advanced business carrier, technology backgrounds, or marketing knowhow while they had been working for large corporations and so on. Some start-ups in the above first type and the second type are seemed as the real targets of VFs policy in Japan.

2　Stylized facts on new firms birth in Japan

First, the birth rate of new firms has been decreasing continuingly since the late 1980s in Japan. Second, they have raised most of funds by borrowing from private banks as well as government institution banks such as peoples Finance Corporation or Credit Guarantee Association. Third, venture capital funds have channelled money to firms not in the start-up stage but in the later stage. The amount of fund supply through venture capitals is estimated to be less than 1/5 of the total of venture capital funds in USA. Fourth, due to limited varieties of informal network, nationally or in each local area, Japan has not yet had enough angel investors. Generally, the amount of each angel investment is considerably smaller than that of venture capitals but the total is expected to be much greater than that of venture capitals. Fifth, the number of firms listed in the OTC market is quite fewer than that of the NASDAQ market. Sixth, the cost to become public in the OTC market is estimated to be nearly the same to that of the NASDAQ but other requirements such as profitability or stability of business have conditioned the applicants firms. In effect, most of listed firms have longer business history than 20 years. Seventh, high technology oriented firms are minority in the OTC market. Eighth, these negative facts nevertheless, the OTC market is targeted as the strategic market for VFs.

Almost all of these eight facts are concerning the fund raising of VFs. Fund raising centers the most important issue for VFs. In USA, the NASDAQ market has supplied funds to VFs and on the other hand in Japan the OTC market has not. The reason is already analyzed in the previous section.

Fund raising market condition is also important for investors such as venture capitals or angels. The NASDAQ market can supply these investors the opportunity to sell their equity holdings whenever they want. As discussed in section 3, the NASDAQ market has higher liquidity. The most crucial matter for investors is whether they can collect their investment whenever they want. They have no strong intension to make new industry or firms grow but to earn high return by investments. If they have to envisage longer time to collect their investments due to the lack of market infrastructure, their investment risk will become greater and they will decrease their investment. This effect then will hamper fund raising of VFs. Japanese situation is a typical case of this negative chain reaction between investors and

VFs because of regulated OTC market. In this real situation, private banks could get a higher share of funds for VFs[8].

Comparing venture capitals investment between Japan and USA, it is apparent that USA venture capitals are more active than Japanese venture capitals. They have invented several investment ideas to diversify the risks such as by arranging partnership. This is because venture capitals need investment money from institutional investors. Also, venture capitalists could get enough incentives because they are the key agents deciding the venture capital investment. VFs could become public within a few years after the business start in USA and investors could collect their investment. On the other hand, the Japanese situation seems to be a mirror image of this USA situation. The incentives to venture capitalists in Japan are more or less similar to those of notorious salarymen. The OTC market has low liquidity and has few specialist security dealers in the regulated competition. In effect, VFs could not enjoy this infrastructure even if it has high potential for them.

3   VFs policy measures overview

The reality of the Japanese policy framework in 1990s is an insufficient complex mixture of too many measures. These policy measures were introduced in the mid 1990s such as to expand fund raising market, to supply incubator facility, to organize technology centres or to supply technology subsidy, or to supply business training services and market information -as detailed by Horiuchi (1998). Every Ministry has focused upon VFs because they were seen as one of important sectors where the government money would be allocated.

Japanese policy has the following three typical facts. First, the policy menu covers wide choice of instruments and the number of applications is great. According to the 1994 Handbook of New Business Assistance Policy edited by MITI, the number of policy measure amounted about to 500 in total, including local government measures. It has paid a considerable amount of money for policy designing and executing. However, Japan did not have many VFs. The policy should be seemed to be inefficient or miss-designed.

Second, most of central government measures are targeted to small firms such as by length of business history, intensity of research and development expenditure, field of business, and so on. In addition, most of local government assistance policy qualified the applicants by business location or duration of business within the region. Totally speaking, most of the policy measures for VFs in Japan are regulated not by the originality or business potential but by the relevance to the local economy or the experience of the applicants[9].

Third, as already mentioned from the point of fund raising destination for business start-ups, most of government assistance are concentrated upon lending from such as Peoples Finance Corporation, Small Business Finance Corporation, or Credit Guarantee Association. The direct finance channel from government fund is very limited, less than 1 % of total fund assistance. This low dependence on direct finance is a reflection of Japanese finance system depending heavily upon indirect finance, i.e. the banking system. On the other hand, U.S.A. has higher dependence upon direct finance as well as research and development subsidy oriented measures.

To achieve the policy aim of more VFs growth in Japan, it is first of all necessary to realize the efficiency of policy by throwing away these negatives. Capital market liberalization is the most effective measure for this purpose because it can raise the direct finance, and any VFs can access to the market as long as they are seen to have enough business potential by many investors. It is not the role of policy authority where the money should be allocated.

This market solution can save transaction costs of intermediation of capital. Therefore, the OTC market liberalization is considerably urgent. Nevertheless, the OTC market is still in troubled condition and thus some VFs are going to search their independent solutions not in Japan but in overseas markets.

5 Joint Business of Venture Firms

The section turns to the private initiative of VFs in order to mitigate the market imperfection by organizing joint businesses (JBs) among themselves. First, it discusses the rationality of JBs with an emphasis upon the information exchange. Second, it analyzes the reason why Japanese VFs prefer overseas JBs rather than local JBs in Japan. Third, the discussion covers more advanced joint activities and the desirable organization of JBs.

1 Economic rationale of partnership JBs

JB is a cooperative business among members who are willing to share the information in order to extract the growth potential of each member as extensively as they can. Theoretically specking, for example, it aims to tackle on the lack of business resources, such as capital funds, production capacity, R&D capacity, or sales channels and so on. Also, it may seek to reduce business risk.

In reality, we can find three major patterns of JBs from the point of the exchange of information with an emphasis upon overseas JBS; 1. Exchange of production information in Japan for overseas marketing information, i.e. export of Japanese products, 2. Exchange of marketing information in Japan for overseas product information, i.e. import of overseas products, and 3. Exchange of R&D information or capability among both, i.e. international cooperative R&D[10].

JBs are usually organized by a limited number of members having specialist knowledge, specific purposes, and trusts. A paramount importance is how each partner will find its counterparts with whom it can organize a JB relationship. The membership of JB organization is the most important matter for any JB to achieve the efficient cooperation. The serious information asymmetry problem can be minimized by controlling membership. Members can expect to control organization instabilities in the long-run. However, the membership can cover not only local firms in Japan but also overseas firms, and of all sized.

VFs search members from informal sources like friends, trusted business colleagues, or other various personnel networks, as well as by depending upon specialist agents. These sources are expected to have pools of VFs who can understand more precisely about the business risk and potential concerning the JB than other members such as banks or institutional investors. This is because of their long-term and informal relationship among them and of having specialist common knowledge.

After the initial search stage, VFs have to manage the information exchange among members for successful JB. Limited membership can help to understand the management adjustments whenever necessary. Each member is going to contribute to find realistic solutions in order to extract cooperative benefit from the JB in the long-run.

Therefore, the success of JB depends entirely upon the membership. The most crucial point for the successful JBs is whether VFs have trustful personnel network or they can access to specialists agents with reputation.

2   Why VFs prefer overseas JBs?

Within Japan, most of VFs used to have JBs with large corporations. Their JBs are similar to subcontracting business. The reality is that they have JBs with just one division of a large corporation in order to get R&D money, for example. On the other hand, from the view point of the large corporation, it is not the top decision but the division decision to start the JB with the VF.

Top managers of large corporations do not usually monitor the JB nor have any direct relationship with it. Therefore, for example, if any middle manager of the counterpart would be transferred to other division, their JB may have to face the risk of sudden termination, or the risk of unfavorable renegotiation[11]. If large corporations will expect few benefits from the JB, the JB will be stopped suddenly partly because the JB does not usually have formal contract. On the other hand, if large corporations will expect business expansion, they may seek to pursue the project within the organizations by themselves.

If VFs would reject to accept such unfavorable business practises of large corporations in Japan, they may have to have some implicit penalties in the long-run. For example, they may lose an important source of large corporations for R&D, subcontracting business, market information, or technology assistance. Therefore, VFs used to follow the prevailing business practises in Japan against VFs.

Having this business background, some VFs are going to prefer overseas JB if they have enough management resources or some outside supporters. Recent global business circumstance has been promoting this trend. For example, the market integration in Europe will increase JBs in Europe among various firms such as VFs.

However, the important motivation to prefer overseas JBs is to circumvent implicit regulations controlled by large corporations. VFs may encounter fewer business regulations and can expect more partners who can evaluate accurately their business plans or business potentials. For example, they may be able to have any partnership relationships with major overseas universities but they may not have these relationships in Japan.

In reality, every large firm or research institution believes in the hierarchy maintained by brand status in Japan. Therefore, it is not profitable for VFs to approach them because they do not have any national brand and they are seen to belong to the lower business hierarchy[12].

3   Desirability of JBs as the third way to the VFs economy

JB organization is an example of intra-firm organization of the industrial organization theory. Desirable JB combines two mechanism for efficient resource allocation, i.e. the market mechanism and the organization mechanism. Namely, JBs among VFs should be considered as the third way to the economic growth by various VFs. It has neither completely competitive force nor rigid organizational binding force.

To make the efficient combination of both, first of all, JB will be started among several VFs by the private initiatives of small number of entrepreneurs. Each member decides to join JB organization independently like when it decides to enter any market or not. After having membership, they will not be controlled completely by any contracts like in any formal organization.

First, of the apparent presumption is that each member entrepreneur would never throw away any independence mind as a boss controlling own VF. Indeed, compared with top managers of large corporations, entrepreneurs of VFs are those people who prefer less monitoring by banks, shareholders, or policy authorities. Any desirable joint venture organization has to accept their strong demand for this independent boss behaviour.

Nevertheless, each member is eager for trusted business friends and they are going to organize an intra-firm organization of JB. This behavior reflects the ambivalent attitude of entrepreneurs.

Second, therefore, regardless of their boss behaviour, they can cooperate with each other in this intra-firm organization and can accept any implicitly assigned role. The desirable JB organization needs leadership in the organization to assign such roles. Needless to say, the leader cannot control any other members strongly nor will intend to control deeply. The leader needs to be respected as a trustful intermediator among members. The leader behaves to adjust various interest conflicts of members and to direct the cooperation in the long-run.

Third is related to this leadership. Members have to control free rider behavior. This free rider problem is the most critical point for the desirable organization in any joint activities. Simply speaking, the most powerful action to reduce the free rider behavior is to limit the membership within friendly and trustful relations. Indeed, requiring minimum technology ability for membership may function to solve this management problem. This is because each member can expect others' effort easily. Also, their relative weakness or lack of management resources, compared to large competitors investing in their niche markets, can become a strong binding force for VFs to reduce free rider actions.

Finally, any desirable joint framework has to change dynamically and flexibly. Theoretically speaking, this condition is so important and complex that we cannot deal it here as fully as possible. However, any joint framework supported by mutual trustful relationships may satisfy this dynamic flexible condition in the long-run. This is because of less negotiation required to solve any unexpected problems or organizational instabilities and so on.

This flexible condition for desirable joint organization could be satisfied in Japan although VFs prefer overseas JBs. Indeed, Japanese industrial organization presumes long-run trustful relationships among firms. However, VFs seek JBs not in Japan but overseas. This is mainly because relationships in Japan are controlled by large corporations and VFs cannot seek mutual trustful relationship nor flexibility with them. On the other hand, VFs have more options and flexibility with overseas partners.

Applying this desirable JBs idea, VFs are going to build an infrastructure for more advanced JBs such as International Business Collaboration Council (IBCC), among Japanese and overseas VFs. This is private, non-profit, and international infrastructure or network, organized upon the principle of mutual trust. The aim is not to earn profit but to support foreign VFs planning to invest in Japan from the U.S.A., Canada, Germany, and the U.K. and so on. Membership is limited to VFs having a similar level of technology in several advanced high-tech markets. IBCC arranges business support service, like branch service supplied by member firms, covering various elements such as marketing research, export and import dealing, or marketing in general, until their local business base is established.

Recently, this overseas approach is also sought by venture capital. GR Associates is an example of venture capital intermediator in the high tech markets. GR Associates performs the role of business matching as a venture capital intermediator between Japan and U.S.A.

The private initiative through JBs in order to solve market imperfections has the high potential in our real world, not only for VFs but also for investors.

6 Concluding Remarks

The paper discussed the economic mechanism to make the Japanese economy grow by many new VFs. VFs can be analyzed from three theoretical characteristics; having comparative resource advantage of information or business idea stock, having innovative ability to organize new business to face uncertainty, and having follower abilities to lead the growth of the economy as a whole.

The policy has to cover all of these three theoretical requirements. If anyone of the requirement will not be introduced, the policy framework will not work perfectly, i.e. it will not cause many VFs in the society. Therefore, the complementarily condition among policy measures is tremendously critical matter. This means that neither measure of VFs policy can have any loopholes, introduced either intentionally or unintentionally, which would have to weaken the competitive mechanism or to reduce the incentive to entrepreneurs even if it can itself have the potential to improve market imperfections.

The liberalization or competitive policy should have the priority. The policy is so general that it can diffuse the concept of the independent business mind in Japan. The policy can supply business chances for followers

VFs.

Japanese policy framework has not yet achieved this complementarity condition and it lacks the systemic design although it has as much as measures. Japan may still need international pressure for this true liberalization.

Increasing overseas JB of VFs can be viewed as a sign to need the pressure. JB organization is an example of intra-firm organization. JBs among VFs will be the third way to the economic growth because JB organization does not depend entirely upon the market mechanism nor organization mechanism. It has neither completely competitive force nor rigid organizational binding force.

JB among overseas and Japanese members can promote the international trade through the intra-firm trade among partners as well as trade with the rest of the world. Technology information and some cultural information can be shared more deeply among firms of different countries. This interdependent situation can contribute to the growth of world economy and can mitigate economic frictions. Of importance for this contribution is the grass root mechanism or the informal network.

Under such liberalized and interdependent market conditions, the effects of VFs' niche markets on the Japanese business organization will become larger and larger. The leverage of VFs will become larger, based on their network among interdependent firms in the world as a whole and supported by trustful partners relationships, specialist technology and knowhow stock, and flexible management capability. Overseas JBs will become the important sector of the international market integration.

Finally, the discussion of the paper implies the survival strategy of large corporations in Japan who have been struggling with the declining competitiveness. They have to behave like VFs and have to introduce the competitive mechanism in the organization. The old divisions are expected to behave like venture capitalists and the new division like true entrepreneurs. The incentive distribution in the organization has to change considerably.

In the society supported by the VFs mind, there will be no discrimination among large corporations and VFs from the view point of organization design.

● Notes

1) See Horiuchi (1998) for more detail of this discussion.

2) See page 755 of the Glasgow edition of Adam Smith (1976). *To buy in one market, in order to sell, with profit, in another, when there are many competitors in both,; to watch over, not only the occasional variations in the demand, but the much greater and more frequent variations in the competition, or in the supply which that demand is likely to get from other people, and to suit with dexterity and judgement both the quantity and quality of each assortment of goods to all these circumstances, is a species of warfare of which the operations are continually changing, and which can scarce ever be conducted successfully, without such an unremitting exertion of vigilance and attention, as cannot long be expected from the directors of a joint stock company.* The discussion is an example of traders but can be applied to any firms. Assuming manufacturers, this discussion relates to the patent. The Smith discussion relates to the case where the protection by patent cannot be applied efficiently.

3) Therefore, according to this definition, large corporations who can display flexibility can be categorized in this type of VFs. Indeed, HONDA Motor is still one of large VFs in Japan. Also, SONY may be included in this category. See Horiuchi (1998) for HONDA case.

4) See Venture Enterprise Center (VEC) report of 1993. It was in 1970 when the term VB was coined in Japan by Nakamura and Kiyonari. Also, see Shimizu (1986) for the growth factor analysis of VFs in Japan.

5) Large corporations have enough business resources and may not be seen as VFs by the first definition. However, by the third definition, they can be seen as VFs if they can behave flexibly. Therefore, according to the third discussion, large corporations are seen to have X-inefficiency in their organization. This should be an economic definition of large corporations. Theoretically speaking, the size itself does not have any rational meaning except for the scale economy in the competitive economy.

6) Japanese universities are one of typical examples which have kept the seniority wage system. Therefore, more talented people are biased to earn money outside and to allocate as less time as possible for organization jobs or routine education assignments. The quality of education has to be decreased much. Also, students tend to appreciate their teachers who work outside rather than

teachers working more inside. This is an example of negative chain equilibrium such as prisoners' dilemma. Now in Japan, some universities have started business school divisions and other related offices. The next step necessary for the success is to introduce the consistent incentive system for academic staffs.

7) See Horiuchi (1977, 1998). The overview of this section is from the two sources.

8) In the late 1990s when banks have been suffering with non-performing loans, this borrowing channel is going to be cut by banks.

9) Furthermore, to succeed in the measures for applicants they need to file a lot of application form. In effect, it is said that the number of pages of the application documents will determine the success. This means that those people who have the ability to edit the business plan but do not have the true entrepreneurship are often able to get the assistance.

10) An in-depth survey in 1991, conducted jointly by the Venture Enterprises Center and the Machinery promotion Association and some researchers including the author, aimed to examine various aspects of overseas JB management of 19 Japanese VFs: namely i) resource exchange pattern, ii) management, iii) business impacts, and iv) partner information search. These firms have promoted their overseas JB for various purposes, such as production, marketing, R&D, or specific information activities and so on. See Horiuchi [1992] for the detail result of the survey. There are four firms who have JB relationships with German firms, three with the U.S.A. firms, and three with other European firms, such as in Belgium, U.K., or Ireland. Also, there are just as many as firms that have promoted JB with Asian firms in Korea, Taiwan, Singapore, and elsewhere. From the point of view of overseas partners, this diffusion of overseas JB means that they could expand Japanese business by depending upon Japanese VFs. As emphasized by Dodgson [1990], JB in advanced technology industries has become one of the important business strategies for any VFs in the world.

11) See some cases in Horiuchi [1992] for this effect. In JB in Japan, most partner searches cannot become independent from the business relationship with large corporations. This goes in tandem with a set of management issues such as no contract, less bargaining power, and time comsuming follow-up negotiation.

12) Meanwhile, this lower hierarchy may reflect the limited information disclosure by VFs.

【References】

Agency of Small Business Corporation (ed.), *White Paper on Small Business Cor-*

porations, Tokyo: Tsusho Chosa Kai, 1994.

Association for Machinery Promotion and Venture Enterprise Center (eds.), *Kenkyu-kaihatugata-kigyo ni okeru Kaigai tou to no Gyomu-teikei ni kansuru Chosakenkyu-houkokosho* (Research Report on Overseas Joint Business of R&D Intensive Enterprises), Tokyo: Association for Machinery Promotion, 1992.

Barry, C.B., Muscarella, C.J. Peavy III, J.W., and Vetsupens, M.R., "The Role of Venture Capital in the Creation of Public Companies," *Journal of Financial Economics*, Vol.27, 1990.

Cable, D.M., and Shane, S., A Prisoner's Dilemma Approach to Entrepreneur-venture Capitalist Relationship, *Academy of Management Review*, Vol.22, 1997.

Dodgson, M., "Technology Strategy in Small and Medium-Sized Firms," in Zoltan, J. Acs, Audretsch, D. B. (eds.) *The Economics of Small Firms*, Dordrecht: Kluwer Academic Publishers, 1990.

Douglas F. P., E. R. Hobbing, M. V. Porter, and J. H. Gutman (eds.), *The NASDAQ Handbook: The Stock Market for the Next 100 Years. Rev. Ed.*, Chicago: Probus Publishing Company, 1992.

Geringer J. M., Habert, L., "Measurement Performance of International Joint Ventures," *Journal of International Business Studies*, Vol. 22, Second quarter, 1992.

Hall, R. D., *The International Joint Venture*, London: Praeger Publishers, 1984.

Harrigan, K. R., *Managing for Joint Venture Success*, London: Lexington Books, 1986.

Hart, O., "Incomplete Contracts and the Theory of the Firm," *Journal of Law, Economics, and Organization*, Vol.4, 1988.

Horiuchi, T., "The Flexibility of Japan's Small and Medium-Sized Firms and their Foreign Direct Investment" in Yamamura, K. (ed.) *Japanese Investment in the United States: Should We be Concerned?*, Seattle: Society for Japanese Studies, 1989.

――――, "Structure and Information Sharing Function of the Japanese Optoelectronic Industrial Association", *Rivista Internazionale di Sienze Economiche e Commerciali*, Vol.37, 1990.

――――, "Japanese public Policy for Cooperative Supply of Credit Guarantee to Small Firms -Its Evolution since the post War and Banks' Commitment," *Working Paper of European University Institute*, RSC No.94/3, 1993.

――――, "The Effect of Firm Status on Banking Relationships and Loan Syndication," in Aoki, M. and Patrick, H. (eds.) *The Japanese Main Bank System*, Oxford: Oxford University Press, 1994.

――――, "Japanese Business Practise, Overseas Joint Business of Venture Firms, a Case Study, and an International Collaboration Council," in Metzger-Court S. and W. Pascha (eds.) *Japan's Socio-Economic Evolution -Continuity and*

Change, Folkstone: Japan Library: Curzon Press, 1996.

―――, *"Bencha Kigyou Keizai Ron (Economics of Venture Firms),"* Tokyo: Bunshindo, 1997.

―――, *"Honda Bencha Seikou no Housoku-Nippon teki Kokusai-Keiei (Philosophy of HONDA success -International Japanese Management),"* Tokyo: Yoyo Keizai, 1998.

Knight, F., *Risk, Uncertainty, and Profit*, Boston: The University of Chicago Press, 1921.

Imai, K., Kaneko, I., *Nettowaku Soshikiron, (Network Organization Theory)*, Tokyo: Iwanamishoten, 1988.

MITI (ed.), *1994 Handbook of New Business Assistance policy*, Tokyo: Tusho Chosa Kai, 1994.

Nakajima, S., *Kigyo-teikei no Keiyaku-jirei* (Contract Examples for Joint Business)," Tokyo: Shoji-homu-Kenkyukai, 1990.

Simizu, R., *Chuken-chusho-kigyo Seichoron* (Growth of Small and Medium Sized Firms), Tokyo: Chikurashobo, 1986.

Smith. A., *An Inquiry into the Nature and Causes of the Work of Nations*, in Campbell. R.H. and A.S. Skinner (eds.) *The Glasgow edition of the Worksand Correpondance Adam Smith*, Oxford University Press: Oxford, 1976.

Venture Enterprise Center (ed.) *Promotion of Venture Businesses and the Venture Capital Industry*, Tokyo: Venture Enterprise Center, 1993.

Williamson, O. E., *Markets and Hierarchies -Analysis and Antitrust Implications -A Study in the Economics of Internal Organization*, New York: Free Press, 1975.

13 Parts Purchasing of Japanese Firms in Foreign Countries

1 Introduction

The paper deals with direct foreign investment of Japanese firms who have long-term parts' trade relationships with local firms. What relationship do these relationships have to the technological level of local firms? Do Japanese firms have any effects on them through "keiretsu", i.e. the relationships with their subcontracting firms in Japan, or through local business practices? The aim of the paper is to make an empirical investigation on their incentives in parts trade with local firms, with emphasis on the question of technological level.

Host countries are generally ambivalent toward direct foreign investment which will expand their local economy as a whole, because foreign firms may have few relationships with local firms and bring few business opportunities to them. In particular, some large-sized Japanese firms such as automakers, for example, as discussed by Horiuchi (1989), are accompanied by their subcontracting firms investing in U.S. They have been influenced, implicitly or explicitly, through subcontracting relationships with them in Japan. [1]

However, from an overall point of view, Japanese firms emphasize long-term relationships with local firms. Through technology assistance to local firms they can judge the level of local technology and transfer appropriate technology and knowhow to host countries.

The paper is organized in five sections. Section 2 provides an overview of parts purchasing trade in foreign countries and discusses some determinants of long-term relationships other than local technological conditions. Section 3 looks into their consideration on local technological level. Section 4 analyzes the relationship between this technological assessment and the parts trade with local firms. Section 5 summarizes how technological assistance to local firms is used to strengthen the relationship. Policy implications of this paper is discussed in Section 6 from the point of view of technology transfer.

2 An Overview on the Local Parts Trade

A survey by a public research institution in Osaka has collected data on local parts' purchasing of Japanese firms in foreign countries. A questionnaire was sent to Japanese firms in fourteen foreign countries, including Asian NIEs, ASEAN, North America, and Europe. The responses were reached 536. [2]

Table 13-1 shows a summary of parts' trade relationships with local firms by Japanese firms. Figures in the first row indicate the degree of tendency for Japanese firmstomake a long-term relationships with local firms. Their tendency is defined as the percentage share of firms responding to (iii) among five responses to the following question : What is your trade policy concerning relationships with local suppliers?

   i)   This firm has no long-term relationship with local firms.

   ii)   This firm reorganizes relationship every few years.

   iii) This firm has long-term relationships.

   iv) This firm varies its supply source on a case by case base.

   v)   This firm has no concrete policy with respect to local firms.

The number of respondents to the third choice totaled 313, for a share 72.0 percent. Firms responding to the fourth choice, which have a tendency to make spot relationships with local firms, had a 19.1 percent share. The group responding explicitly to have no long-term relationships had only a 1.1 percent share. These two groups of firms are minorities in every country studied. Hence, we can conclude that almost all Japanese firms have long-term parts' purchasing relationships with local firms.

There are several possible determinants of long-term relationships other than local technological conditions. The first focuses on a natural consequence of large-sized firms investing where risk-sharing opportunities exist. They are less risk averse than are small-sized local firms. Second, their strong bargaining power enforced by their subcontracting relationships characteristics in Japan can also work effectively in foreign countries. Third, there may exist some restrictive local policies, for example, local contents regulation, which make Japanese firms shift to local parts' trade. These factors have limited effect on long-term relationships as shown below.

Such local content regulation which has often been questionable as a major determinant, implies inefficient foreign production. However, this does explain the data in Table 1. The data shows there is no meaningful difference in Japanese firms parts trade relationships as between various host countries including developed countries, NIEs, and developing countries. However, these countries have their own inward investment policies and local content regulation to influence firms investing in different ways. Hence, this factor makes few effect on Japanese firms trade policy with local firms.

We can also disregard any effects due to the larger size of some Japanese firms. Their size is determined by the volume of their parts purchasing. The survey asked firms the number of parts makers in local markets with which they have parts purchasing relationships, implicitly or explicitly, or in the short-term or long-term.

The average number of parts purchasing customers amounted to 28 per Japanese firm in all countries. [3] There were larger-sized firms with more than 100 parts purchasing relationships; however, the share of these firms

Table 13-1　Japanese Firms' Relationship with Parts' Firms in Investing Countries by Country

Country	Percentage share of firms with long-term relationships with local firms in total (in parenthesis) Japanese firms[1]	Distribution of local firms with parts' relationships with Japanese firms		Percentage share of Japanese firms not requesting their parts' firms in Japan to invest in the country
		Maximum range [2]	Percentage share of Japanese firms included in the range	
Korea	81.1　(57)	10 to 30	33.3	69.8
Taiwan	73.2　(88)	10 to 30[3]	25.7	71.8
Singapore	77.0　(76)	less than 5	40.3	61.4
Hong Kong	57.1　(15)	less than 5	35.7	84.6
Thailand	64.9　(53)	5 to 10	28.9	63.2
Malaysia	83.8　(44)	less than 5	33.3	69.4
Indonasia	87.5　(35)	5 to 10	36.4	56.3
Phillipine	85.7　(9)	50 to 100	42.9	14.3
U.S.A.	55.9　(94)	less than 5	38.8	74.6
Canada	62.5　(10)	less than 5	50.0	57.1
Mexico	76.9　(18)	10 to 30	38.5	84.6
West Germany	57.1　(15)	10 to 30	38.5	64.3
France	50.0　(9)	less than 5[4]	25.0	62.5
U.K.	75.0　(13)	less than 5	33.3	33.3
Total	72.0　(536)	5 to 10	31.0 [5]	66.6

(Source) Osaka Prefectural Institute for Advanced Industry Development, and Osaka Chamber of Commerce and Industry, Survey on Japanese Companies Operating in Overseas Countries: Regarding Their Management, Parts Purchasing, and Others, March 1989.

(Notes) 1. This total includes firms not responding to the question.

2. The distribution has seven ranges in total. The highest is more than 300, and the lowest is less than 5.

3. Taiwan has another maximum with the same share in the range of less than 5.

4. Likewise, France has another maximum is of 100 to 300.

5. Next share is in the range from 5 to 10 with 24.8 percent and the third is from 10 to 30 with 22.2 percent share.

among total respondents was only 5.2 percent. On the other hand, there were many more smaller-sized firms with less than five parts purchasing relationships, and these smaller firms together hold a share of 31.0 percent. The size distribution varies considerably among countries; but the share of long-term relationship does not. This comparison contradicts the size hypothesis for the determinant of long-term relationships. [4]

The second bargaining power hypothesis can also be tested by use of Table 1. Figures in the third column show the share of Japanese firms among each countries' total Japanese firms which have not requested their subcontracting firms to invest in foreign countries. They have shares greater than 50 to 70 percent in every country, with few exceptions.

We assume that the stronger bargaining power these parent firms have on them, the higher the share. Of course, these subcontracting parts' firms have been investing abroad in the expectation of obtaining parts' business to substitute for that lost in Japan. Their investment in foreign countries without specific requests from parent firms implies that their parent firms have much stronger leverage on them due to this expectation than on other Japanese firms in foreign countrues responding to such requests.

According to the bargaining power hypothesis, the increased number of these parent firms abroad will ultimatedly influence their local firms to make long-term relationships. However, we can make few correlations between the share of this type of firm and the share of long-term relationships as shown in Table 13-1.

3   Technological Considerations

Parts' purchasing of Japanese firms is analyzed here from the point of view of the dependence of these firms on local markets and their consideration of local technological levels. The following figures in Table 13-2 indicate the distribution of Japanese firms by their percentage dependence on local suppliers in their total parts' purchases. [5]

This distribution shows little variation between countries. Each country has Japanese firms with both higher and lower dependence on local parts' markets for their parts' purchasing. This pattern of dependence by Japanese

Table 13-2 Distribution of Japanese Firms by Their Percentage Dependence on Local Suppliers in Their Total Parts' Purchases[1]

Percentage dependence on suppliers	No.of firms	Percentage
Less than 20%	117	22.6
20 to 40%	104	20.1
40 to 60%	104	20.1
60 to 80%	111	21.4
More than 80%	76	14.7
Total	512	100

(Source) Same as for Table 13-1.
(Notes) 1. Local suppliers includes Japanese suppliers investing in local makets.

firms on local markets is a common to all countries in which they operate.

Two remarks should be noted here with respect to their market dependence figures. First, they represent average dependence of several parts purchasing transactions. Second, these figures include the percentage dependence on Japanese suppliers investing in each market. The dependence on these Japanese suppliers is estimated to be at most less than 30 % of total parts' purchasing, though there are a few exceptional firms with higher dependence on Japanese parts' firms. For example, there are some Japanese firms in Asian NIEs or ASEAN countries with more than 80 percent dependence on Japanese parts' suppliers. However, their percentage share among total respondents in each country is only a few percent. These countries have many Japanese firms which do not depend at all on Japanese local parts' suppliers, the share of such firms among total respondents being 41.5 percent. The world percentage figure for this type of Japanese firm amounts to 38 percent. Hence, we conclude that Japanese firms depend more on local suppliers than on Japanese supplier firms with a local presence there.

Turning to the effects of the mixture of different parts' purchasing on this dependence, upper figures in Table 13-3 show the degree of percentage dependence on local firms for each part or processing categories by country

Table 13-3 Japanese Firms' Percentage Dependence on Local Parts' Firms (upper) and Their Technology Consideration (lower) by Country Group and by Parts or Processing[1]

	Press processing	Molds	Plastics processing	Plating	Casting & forging	Cutting	Sheet metal processing	Assembly
Asian NIEs	45.9 / 24.6	39.5 / 12.2	52.7 / 28.1	63.7 / 28.7	52.9 / 20.8	50.4 / 27.8	62.4 / 25.0	24.6 / 39.0
ASEAN	34.0 / 19.8	27.9 / 6.3	52.1 / 23.7	52.2 / 25.3	43.4 / 12.2	24.5 / 19.8	42.9 / 27.6	15.0 / 34.4
North America	37.1 / 25.3	27.1 / 26.0	48.5 / 46.1	56.3 / 34.0	42.3 / 36.0	21.3 / 24.6	44.4 / 26.5	11.1 / 26.0
Europe	52.9 / 53.6	39.4 / 41.5	66.7 / 54.6	50.0 / 37.4	40.9 / 40.0	40.0 / 37.0	58.3 / 22.2	34.4 / 37.9
Total	41.7 / 25.8	33.7 / 17.0	53.0 / 33.0	58.4 / 29.3	46.8 / 23.1	36.1 / 25.7	52.6 / 25.8	19.9 / 35.3

(Source) Same as for Table 13-1.

(Notes) 1. Lower figures show the percentage share of a group of the following Japanese firms among total responding Japanese firms. They presume that their local firms have at least the same level of production technology to their parts makers in Japan.

group. There are eight categories in each country region — Asian NIEs, ASEAN, North America, and Europe. [6] This dependence pattern is different from the average figures, discussed above in that there are considerable differences among country groups and part categories. They are not seen only in the comparison by country. Lower percentage figures in the table relate to their affect on technology levels of local firms as a whole. These figures indicate the percentage share of a group of the following type of Japanese firm among total responding Japanese firms. They reflect that their local suppliers have at least the same level of production technology as their parts' makers in Japan. [7]

The technology level of local firms varies not only among country groups but also among part and processing. There is a positive correlation between the differences by country and part and processing as a whole and Japanese firms' dependence on local suppliers for their parts. Table 13-3 illustrates this relationship in a rough analysis using average data from each country group. The next section provides a more concrete analysis of the panel data assuming a representative firm's parts' purchasing by country and by part and processing. [8]

4 Test of Technology Hypothesis

The hypothesis is formulated based upon the following three variables;

y_{ij} = the percentage share of Japanese firms depending on local suppliers for their j parts' purchasing in all Japanese respondent firms in i country,

x_{ij}^a = the percentage share of Japanese firms who consider that local suppliers have at least the same level of technology in j part production as that of their parts' firms in Japan among total respondent firms in i-th country,

x_{ij}^b = the percentage share of Japanese firms who consider that local firms have a much lower level of technology in j part production than that of parts' firms in Japan among total respondent firms in i-th country,

where i = 1, $\cdots$, 14 and j = 1, 2, $\cdots$ 8. Country grouping is the same as that of Table 13-1 and part and processing classifications are the same as those of Table 13-3.

Using these three variables, we assume the following relationships;

$$y_{ij} = a_0 + a_x \, x_{ij}^a, \quad (1)$$
$$y_{ij} = b_0 + b_x \, x_{ij}^b, \quad (2)$$

where a_x and b_x have the following sign conditions of the technology hypothesis regarding parts' purchasing from local firms ;

386

$a_x > 0$ and $b_x < 0$.   (3)

The equations (1) and (2) are modified to (4) and (5) for an empirical analysis for reasons explained later;

$$y_{ij} = a_0 + a_x \, x_{ij}^a + \sum_{j=1}^{7} a_j \, p_j, \qquad (4)$$

$$y_{ij} = b_0 + b_x \, x_{ij}^b + \sum_{j=1}^{7} b_j \, p_j, \qquad (5)$$

where P_j (j = 1, 2, $\cdots$, 7) are dummy variables used in order to take into consideration the specific effects of j part trade in each country. p_j equals one for j part trade and p_j equals zero for other parts' trade in each country.

The modification seeks to capture the effects on parts' purchasing of parts' transportation and transaction costs. These costs depend mainly on parts size, trade volume, and customers' location. For example, the bulkier the parts, the more expensive the cost. Firms depend more on local firms for these parts, even though they may not have efficient technology to make such bulky parts. Pressed, casted, or forged metal part products are some typical examples.

By contrast, metal or plastics molds involve lower transportation costs. Firms can place orders with any suppliers even from remote locations, such as Japan, if they have sufficient technology and long-term relationships with them. The volume of their demand for such molds is very low in relation to the volume of their final products, hence the effect of its transportation cost on average costs is extremely small. Japanese firms investing in foreign countries, who want to reduce quality uncertainty in molds as much as possible, generally depend more on their parts' firms in Japan. Their long-term relationships with these suppliers in Japan reduces uncertainty regarding product quality.

The following are estimated results, which we will apply to our discussion of the different effects on the local parts' relationship as they vary by part and processing:

$$y = 15.71 + 0.1931 \ x^a + 21.96 \ p_1 + 15.10 \ p_2 + 30.21 \ p_3$$
$$\quad (3.25) \quad (2.61) \qquad (3.75) \qquad (2.56) \qquad (5.17)$$
$$+ 38.52 \ p_4 + 22.63 \ p_5 + 12.67 \ p_6 + 32.02 \ p_7$$
$$\quad (6.56) \qquad (3.85) \qquad (2.15) \qquad (5.42) \qquad (R^2 = 0.349), \qquad (6)$$

$$y = 26.39 - 0.2157 \ x^b + 21.\ 65 \ p_1 + 16.80 \ p_2 + 30.36 \ p_3$$
$$\quad (5.87) \quad (2.37) \qquad (3.68) \qquad (2.76) \qquad (5.17)$$
$$+ 38.54 \ p_4 + 20.87 \ p_5 + 11.87 \ p_6 + 29.34 \ p_7$$
$$\quad (6.52) \qquad (3.56) \qquad (2.02) \qquad (5.00) \qquad (\overline{R}^2 = 0.342). \qquad (7)$$

Figures in parentheses are t-values. Both equations satisfy the sign condi-tions of the technology consideration hypothesis. The estimated coefficients $\hat{a}_x$ and $\hat{b}_x$ are positive and negative, respectively, with a significance level of 5 percent.

The above mentioned different effects by part and processing can also be significantly captured by coefficients $\hat{a}_j$ and $\hat{b}_j$, $j = 1, 2, \cdots, 7$. Their effects on constant coefficients are ranked in Table 13-4. The rankings of these two equations are consistent with the data regarding world average dependence on local firms of Table 13-3.

The estimated result shown by equations (6) and (7) and Table 4 proves that Japanese firms vary their reliance on parts' purchasing from lo-cal firms according to technology level, in addition to their consideration of physical or transaction characteristics, such as bulkiness, volume of trade, etc of the parts and processings in question.

5　Technology Assistance

Japanese firms offer several types of assistance to local parts firms with whom they develop long-term relationships. They are shown in Table 13-5. It is evident that they focus on technological assistance. In Table 13-5, the

Table 13-4 Rankings of Local Dependence by Part or Processing

Parts or processings	Constant coefficients		Average dependence
	Eq (6)	Eq (7)	
Press processing	5	4	5
Molds	6	6	7
Plastics processing	3	2	2
Plating	1	1	1
Casting and forging	4	5	4
Cutting	7	7	6
Sheet metal processing	2	3	3
Assembly	8	8	8

(Source) Same as for Table 13-1.

top five measures are picked from among ten total measures shown by country. [9] Technological assistance itself is supplied by 74.4 percent of the firms in total. Next is raw material supply, but this also can have a considerable influence on production technology of local firms, as can lease of plant or equipment in the third column. The fourth and fifth are direct measures to raise the technological level of local suppliers. All countries show a similar pattern of technological assistance.

These parallel measures, the purpose of which is to raise the technological level of local suppliers, make it possible for Japanese firms to monitor the technological level of local firms and to assess it for their parts trade. [10]

On the other hand, there is a strong demand for technology assistance by local firms because of its scarcity. We assume that this demand exceeds

Table 13-5   Japanese Firms Assistance to Local Parts Firms by Channel Type and by Country

Country	Transfer of technological know-how	Supply of raw material	Lease of plant or equipment	Local training service	Transfer of management know-how	Total number of measures (per firm)	
Korea	89.6	62.5	47.9	16.7	14.6	128	(2.7)
Taiwan	88.7	52.1	26.8	16.9	14.1	147	(2.1)
Singapore	75.4	57.4	35.7	11.5	9.8	124	(2.0)
Hong Kong	85.7	78.6	50.0	7.1	0	33	(2.4)
Thailand	65.8	42.1	26.3	28.9	2.6	69	(1.8)
Malaysia	78.4	59.5	37.8	18.9	10.8	82	(2.2)
Indonasia	81.8	63.6	36.4	21.2	9.1	75	(2.3)
Phillipine	71.4	85.7	42.9	14.3	0	15	(2.1)
U.S.A.	47.8	28.4	34.3	9.0	3.0	85	(1.3)
Canada	71.4	42.9	57.1	14.3	0	14	(2.0)
Mexico	61.5	61.5	30.8	0	7.7	23	(3.0)
W.Germany	69.2	46.2	38.5	0	0	23	(3.0)
France	75.0	50.0	25.0	12.5	0	16	(2.0)
U.K.	75.0	41.7	25.0	41.7	8.3	26	(2.2)
World total	74.4	52.0	35.4	15.6	8.2	859	(2.0)

(Source) Same as for Table 13-1.

the supply of Japanese firms. The situation shown by Table 13-4 is, therefore, supply-determined by Japanese firms investing locally and monitoring demand conditions. [11] They therefore must ration their total assistance measures among local firms. The result of such rationing varies with local market conditions and technological background. Indeed, there is a considerable difference in levels of technological assistance between countries shown by Table 13-5. The figures in the last column of Table 13-5 are typical of these differences.

The figures in Table 13-5 are total numbers of assistance measures supplied by Japanese firms to a representative local suppliers. Differences in the supply behavior of Japanese firms, which encounter widely variant stages of technological sophistication in countries in which they invest, are reflected in the figures. Japanese firms are forced to overcome a technological gap between the actual levels of production technology of local firms and the required levels for their parts or processing.

We assume that their supply of technological assistance depends on the difference between such actual and required levels of technology. Let T_{ij} and $\overline{T}_{ij}$ denote both actual and required technology levels of local firms in i-th country for j-th part production. The supply of technological assistance of a Japanese firm to a local supplier in i-th country for j-th product is assumed to be as follows;

$$S_{ij} = F(\overline{T}_{ij}\text{-}T_{ij}; A_{ij}, Z_{ij}), \qquad (8)$$

where A_{ij} and Z_{ij} are state variables. A_{ij} is a firm-specific variable which captures its learning ability for new technology in j-th part production. This ability is monitored correctly by Japanese firms through their parts' purchasing relationships. On the other hand, Z_{ij} is a country-specific variable such as an overall industrial infrastracture which influences the firm's production conditions.

Assuming the effects of both state variables, function F satisfies the condition $\partial F / \partial \left(\overline{T}_{ij} - T_{ij} \right) < 0$. [12] In short, the greater the difference between the required level and the actual level, the more difficult for the local suppliers to follow the assistance and the more expensive or time-consuming the supply of assistance measures are to Japanese firms. Hence, we anticipate that the supply of assistance will decrease.

According to this assumption of the supply function, there is a positive relationship between the supply of technological assistance and the actual level of local technology. The latter is proved to have a positive relationship to Japanese firms' dependence on local suppliers. They have long-term relationships with these suppliers. Hence, we can show a positive relationship between the supply of technological assistance and the share of Japanese firms with long-term parts' purchasing relationships with local suppliers among total Japanese firms investing there.

Figure 13-1 illustrates the relationship between both variables. However, fourteen countries are scatterred in the T-S plane, which seems independently with each other compared to the theorelically expected result. This is mainly due to the accompanied effects of A_{ij} and Z_{ij} in equation (8). These state vareables vary among countries and also vary among industries of parts and processing. However, such detailed data which identify relationships between technological assistance and long-term purchasing dependence are not disclosed. The illustration of Figure 13-1 is biased, the degree of which varies considerably depending on the sample size of each country.

The following will solve these biased effects. There are fourteen countries in the plane, seven of which with an underline have more than thirty or fourty respondents firms. The remaining seven, which are almost all western countries are based upon for fewer samples than the other countries. Taking this statistical difference into consideration, and looking at only the relationship of less biased seven countries which are supported by more samples in Figure 13-1, we can identify a positive relationship between both variables. This is the theoretically expected result of equation (8). We also use in the

Figure 13-1　Relationship between Total Number of Assistance Channels (x) and Percentage Share of Firms with Long-Term Relationships with Local Firms (y)

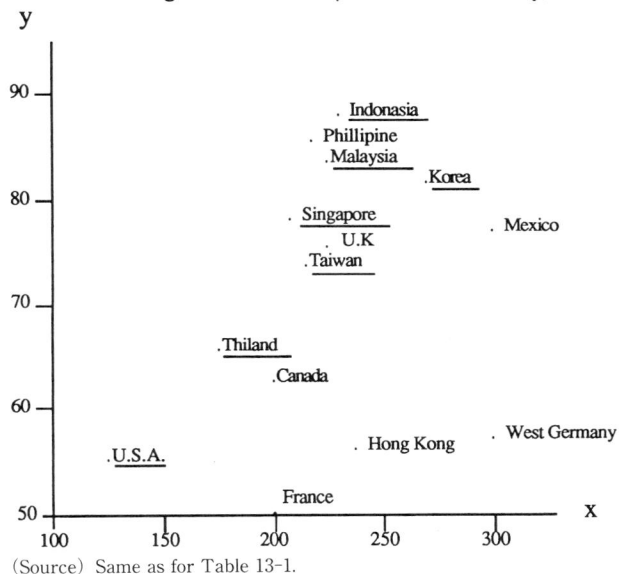

(Source) Same as for Table 13-1.

test an empirically proved relationship between Japanese firms' consideration of technological level of local suppliers and their dependence on them for local parts or processing trade. [13)]

6　Concluding Remarks

The analysis of this paper implies a positive effect of Japanese firms investing in foreign countries on the level of local production technology. Japanese firms have increased their investment since the mid-1980's and have maintained their long-term pars' purchasing trade relationships with local firms. These relationships are usually strengthened by Japanese firms' providing technological assistance to local suppliers.

The extent to which they can control local parts' trade depends upon the technological level of local suppliers. The higher the technological level, the more they can depend on local suppliers for their parts or processings. Uncertainty can be ameliorated through development and continuation of their long-term relationships and technological assistance of various types.

The result has policy implications relating to two important policies — Japanese policy for technology transfer and host countries' inward foreign direct investment policy. As for development of general production technology, which requires a minimum level of knowhow and experience through on-the-job training in production processes, the analysis implies an efficient transfer mechanism through foreign direct investment by Japanese firms. Hence, there appears to be little room for devising a specific policy framework. As for more advanced technology, such as that of R&D, this paper implies the operation of the same mechanism insofar as foreign firms expand their investment there.

Any regulation by host countries, through laws dealing with local contents, plant location, sales area, etc, therefore, will have negative effects on the development of production technology as a whole, which is the scarcest resource for economic growth.

● Notes

1) For a related discussion, see Krause (1989) and Wassmann and Yamamura (1989). Krause's point is more general than the latter. According to Wassmann and Yamamura, keiretsu makes it necessary for U.S. firms wishing to compete with keiretsu firms to demonstrate superior competitiveness in meeting the price, quality and delivery terms required by Japanese automakers. This paper aims to investigate Japanese firms' approach to local firms which may be effected by keiretsu.

2) The name of the institution is shown in the reference list. The questionnaire was sent to 1,056 Japanese machinary parts' manufacturing companies in Autum 1988. The number of respondents varies with each question.

3) The estimate depends on the distribution of local firms in Table 13-1 which assumes an average number in each distribution range, except for the highest range which is seen to have 300 firms.

4) This data comparison may not contradict the size hypothesis. Indeed, we may have possibilities of a statistical relationship between both variables even though they have no correlation in Table 13-1. However, their analysis needs to include more complex assumptions because of the negligible correlation shown.

5) See the original research (1989) by the Institute of Osaka prefecture. Other sources are mainly in-house production or imports from Japan.

6) This degree of dependence is defined as the share of Japanese firms responding to the first choice of the following question among all Japanese firms in each country: What is the distribution of parts' sourcing? Choose only one answer among i) local supplies, ii) in-house production, iii) import from Japan, and iv) others.

7) This question has five alternative responses; i) higher than Japan, ii) same as Japan, iii) a little bit lower than Japan, iv) lower than Japan, and v) unable to judge.

8) Panel data of every firm are not disclosed, therefore, we assume a representative firm with average responses.

9) Other measures are of loan supply, equity capital investment, providing officers, training in Japan, and others. Some firms of 18.9 percentage share have no assistance measure at all.

10) This mechanism has been elaborated by Japanese firms and is seen to be one of major factors for their competitiveness in world markets. See for example the White Paper on Japanese Economy by Economic Planning Agency (1990).

11) Technology is the most scarce factor for economic growth of developing countries, as surveyed by Stern (1989). They need more inward foreign direct investment with growing effects on technology transfer. This topic has become an important current issue in foreign direct investment as analyzed by Findlay (1978). Judging from these situations, we can assume excess demand for technology in local economies. In particular, Japanese technology with emphasis on relationships is differentiated and is demanded more by these economies.

12) Wang (1990) is a theoretical analysis relating to the topics about the effects of technological differences on the degree of technology transfer. In the model, the velocity of technology transfer is exogenously determined. The greater the relative backwardness of a country, the faster the rate at which it can catch up. On the other hand, from the suppliers' point of view, we assume increasing costs due to the differences, i.e., backwardness.

13) Small sample effects may also be seen in the regression analysis in Section 3, where a set of the panel data of country and parts or processing is used.

Some countries have at most 10 to 20 firms, however, they have many parts purchasing relationships. The accumulated number of responding firms to the question of parts source amounts 2,617 and that of respondents to technology consideration 2,499. Both figures are about five times of total respondents. Therefore, we assume few effects of small sample in the regression analysis in Section III.

【References】

Economic Planning Agency (ed.), *White Paper on Japanese Economy.* (Printing Office of Ministry of Finance : Tokyo, 1990.

Findlay, R., "Relative Backwardness, Direct Foreign Investment and Transfer of Technology, *Quarterly Journal of Economics*, vol.92, Feb.1978, pp.1-16.

Horiuchi, T., "The Flexibility of Japan's Small and Medium-Sized Firms and Their Foreign Direct Investment", in Yamamura, K. (ed.), *Japanese Investment in the United States : Should We Be Concerned?,* Society for Japanese Studies : Seattle, 1989, pp.151-181.

Krause, L.B., "Japanese Investment in the United States", in *ibid*, pp.111-117.

Osaka Prefectural Institute for Advanced Industry Development, and Osaka Chamber of Commerce and Industry, *Survey on Japanese Companies Operating in Overseas Countries: Regarding their Management, Parts Purchasing, and Others,* March 1989.

Stern, N., "The Economics of Development : A Survey," *The Economic Journal,* vol.99, Sept.1989, pp.597-685.

Wang, Jian-ye, "Growth, Technology Transfer, and the Long-run Theory of International Capital Movements," *Journal of International Economics,* vol.29, Nov.1990, pp.255-271.

Wassmann, U., and K. Yamamura, "Do Japanese Firms Behave Differently?: The Effects of Keiretsu in the United States", *ibid*, pp.119-149.

14 A Management Model of Japanese Mainbank Relationships

1 Introduction

The aim of this paper is to conduct a theoretical analysis of Japanese banks' management structure. This structure is characterized by a close relationship between firms and banks serving as their "mainbanks." A simple model assuming banks with a profit maximizing motive indicates an optimal lending portfolio combining lending to firms in the context of mainbank relationship and lending to firms outside mainbank relationship.

One rational of bank lending to firms is the opportunity such lending provides to efficiently monitor and report the information of their client firms' financial credibility, business risk, and growth potential, etc. to the market as discussed by Diamond (1984) and Sheard (1989). However, every Japanese bank has lending relationships with different firms as both a mainbank and subordinate "non-mainbank." they do not specialize solely in information production as mainbanks, but diversify their lending, serving clients as mainbanks or subordinate banks. For example, more than 20,000 firms have credit relationship with one of the largest banks, and only 30 to 40 percent of companies maintain mainbank relationship.

One should not assume that the existence of a mainbank relationship is a condition sine qua non of a theoretical model. The real question is to derive the optimal size of mainbank commitment to its firms taken as a whole and its management structure in theoretical model. Focusing on the management structure of banks, the proposed model is based on assumption that it is the prerogative of bank management to maintain both types of relationships with their customers [1].

This paper is organized in five sections. In Section 2, Japanese bank management structure is outlined. Section 3 discusses theoretical bank model. Section 4 analyzes the optimal portfolio and management structure of banks. In Section 5 theoretical model is tested by considering certain lending practices.

2 Mainbank and Management Structure

It is a customary practice of Japanese banks to maintain long-term customer relationships with their client firms. In particular, large-sized banks have cross-shareholding relationships with some large-sized firms in order to strengthen this relationship. The customer relationship may reduce intermediation costs by mitigating information asymmetry between banks and firms, and can make it possible for firms to invest in the long-run horizon. This is known as "rational function" or impact of Japanese bank behavior on real economies in the framework of information economies raised by Mayer (1988) and Thadden (1990).

In Japan, this long-term relationship between banks and firms is called the mainbank relationship. Every firm can usually identify its mainbank among their commercial banks [2]. On the other hand, every bank with a lending relationship with firms can likewise identify, implicitly or explicitly, the firms' mainbank.

Not every bank does have a mainbank relationship with all of its customers. The share of customers with mainbank relationship among all customers of bank in Japan varies between 20 to 40 percent [3]. This shows that a bank's corporate lending can be divided into two types: mainbank lending and non-mainbank lending.

These two types of lending have impact on the management structure of banks as well as on cost structure. Banks adjust their management structure to make it more suitable to monitoring of firms and information collection. On the other hand, the infonnation cost or monitoring cost are saved if banks focus their efforts on non-mainbank division. Even if both types of lending have a similar direct cost structure for lending itself, they usually have a different strucyure of indirect cost for information collection or monitoring of firms for lending [4].

Banks with technologically comparative advantage in monitoring or credit assessment can get more mainbank customers than other banks with comparative disadvantage. Banks with a comparative disadvantage in firm-specific or micro information activity wilI be likely to expand their nonmainbank lending which is more similar to open market investment than mainbank lending.

The mainbank relationship is a rational consequence of banks' management resource allocation. Banks choose their optimal lending portfolio by both mainbank and non-mainbank lending. This lending portfolio can be compared to manufacturing firms' management decision to produce at home countries and/or overseas as analyzed by Ethier and Horn (1990).

3 Model of the Bank

A bank is defined as financial intermediary between agents of excess demand for funds and excess supply of funds. Banks can collect excess money only through bank deposit and lend it to firms with excess demand for funds as a commercial loan.

The intermediation function of a bank can be compared with the production process of a firm. The model of the bank can also be compared with the model of an international manufacturing firm described by Ethier and Horn (1990). According to this model, the firm employs two factors of pro-

duction to manufacture an output in one or two countries. It seeks an opti-
mal production allocation between both countries, given the resource endow-
ment and factor prices in each country.

There are two components to the process of producing and selling a
product; first, the productive effort necessary to produce and sell products;
second the 'headquarter services', or 'management services'. Labor is in-
volved as a factor in both components. The other factor, called "glop" by
Ethier and Horn, is an essential input for headquarter services. According to
their definition:

> *"Glop" represents intangibles such as entrepreneurship, managerial*
> *ability, R&D-inputs which are an essential part of a firm's hierarchi-*
> *cal apparatus and which are often said to characterize international*
> *firms.*

Glop is assumed to be indivisible, so headquarter activities occur in the
country where glop is located with the help of labor input. The required
amount of glop is assumed to be independent of the scale of operation
stretching over both countries.

The above model is also used, after modifications, in this paper. We as-
sume that the headquarter services or bank management services need in-
puts of glop. The required amount of glop is assumed to be independent of
the scale of operation, which does not extend into international markets as
Ethir and Horn's, but covers both kinds of corporate finance, i.e. mainbank
and non-mainbank loan. We define units such that the bank hires one unit of
glop at a price r.

The required amount of input of worker is assumed to be h (L_N) in the
case of non-mainbank loan only. The (continuously differentiable) function h
has the following properties: h $(O) = O$; h$' (L_N) > O$ and h$'' (L_N) > O$ for
$L_N \geq O$, where we assume an increasing marginal cost of management.

When the bank supplies mainbank loans as well as non-mainbank loans, it must overcome management obstacle in its information gathering and analysis activities because it needs to collect more information than in a case of a non-mainbank loan. The bank hires more labor and allocates it to the headquarters dcpartment, which has a magnified effect as defined by Ethier and Horn in the international operations of a firm. This effect is captured by the (continuously differentiable) function Z (L_M). where it fulfills the following conditions: z'' (O) $= O$; z' (L_M) $> 1z''$ (L_M) $> O$ for $L_M \geq O$ [5]. Thus, the management labor required for a bank with main and non-mam bank loan operations equals h $(z$ (L_M) $+$ $L_N)$. The total flexible cost for the bank is ωL_M $+ \omega \Theta L_N$ $+ \omega h$ $(z$ (L_M) $+$ $L_M)$.

The fixed cost of the firm has two components. One is the glop cost of r for its management headquarter services. The other is the cost of managing bank deposits. This cost is assumed to be R in total and is independent of the size of the bank loan. The bank is willing to accept as many bank deposits as possible [6].

These assumptions are enough to derive the profit of the bank, however, we will define another parameter of the effective wage in non-mainbank ω_N such that ω_N is equal to $\omega \Theta$. The wage rate ω in the mainbank loan department is represented by ω_M for the comparison. Assuming the same wage rate in the headquarter services as ω_M, the net profit of the bank can be shown as follows:

$$\pi (L_M, L_N, \omega_M, \omega_N, r, R,)$$
$$= L_M + (1 - \varepsilon) L_N - (\omega_M L_M + \omega_N L_N)$$
$$- \omega_M \cdot h (z(L_M) + L_N) - (r + R).$$

This equation has a form similar to Ethier and Horn's, however, the function z plays a very different role in this equation. In theirs the function z aims captures the additional effects on cost due to its international expansion, which can be compared with the non-mainbank loan. In our model the function z assumes an additional management cost in the headquarters due to its main bank loan activities.

4 Bank's Optimal Organization

Assuming the wage rate and parameters ε and Θ are given, the first order conditions for a bank with both types of bank loans to maximize its profit π are:

$$1 - \omega_M - \omega_M \cdot h'(Z(L_M) + L_N) \cdot z'(L_M) \leq 0,$$
$$1 - \varepsilon - \omega_N - \omega_M \cdot h'(Z(L_M) + L_N) \cdot z'(L_M) \leq 0.$$

The second order conditions are:

$$\pi_{L_M L_M} = -\omega_M h'' z'^2 - \omega_M h' z'' < 0;$$
$$\pi_{L_N L_N} = -\omega_M h'' < 0;$$
$$\pi_{L_M L_M} \pi_{L_N L_N} - \pi^2_{L_M} {}_{LN} = \omega^2_M h' h'' z'' > 0.$$

These optimal conditions determine the allocation of funds into both types of bank's labor as well as the bank's labor resource allocation into the loans and management sector of the bank as a whole.

Following the graphical analysis by Ethier and Horn, we will illustrate the possible solutions for a representative bank in Figure 14-1 divided into four regions: I to IV in ω_M and ω_N plane. This figure is made under an assumption of the return difference parameter ε between both bank loans. The four schedules labelled AX, BX, CX, and DX in Figure 14-1 have a common intersection X, and define four regions. These four schedules are derived from the following:

$$AX; \pi_{L_M} \ (\ 0, 0\ ) = 0 ,$$
$$BX; \pi_{L_N} \ (\ 0, 0\ ) = 0 ,$$
$$CX; \pi_{L_M} \ (\ L_M, 0\ ) = 0 ,$$
$$\pi_{L_N} \ (\ L_M, 0\ ) = 0 ,$$
$$DX; \pi_{L_N} \ (\ 0, L_N\ ) = 0 ,$$
$$\pi_{L_N} \ (\ 0, L_N\ ) = 0 .$$

AX shows combinations of wages at which a bank with no bank loans is indifferent to commencing a mainbank loan relationship. To the left of this schedule, where the effective wage rate ω_M is lower, the bank has a mainbank loan relationship with profit. To the right of this schedule the bank does not make any mainbank loans.

The BX schedule shows situations where a bank which does not handle loans is indifferent as to whether to commence non-mainbank loan operations or not. Below the line, it pays to make L_N positive because of the lower effective wage rates in non-mainbank loan.

Above BX and to the right of AX, the bank handles no bank loans at all. It can invest all of its funds collected through bank deposits in open money markets, which are assumed to have the same rate of return as bank deposits. This 'open investment' behavior does not require labor (directly or indirectly) hence the margin of investment is assumed to be zero [7].

Between lines CX and DX, a bank offers both mainbank and non-mainbank loans. The CX line shows bank without non-mainbank loans but with the optimal level of mainbank loans which is indifferent to offering a non-mainbank loan. Below the line there is an incentive to supply non-mainbank loans.

The DX schedule is the analog of CX, but the functions of bank loans are reversed. It depicts wage combinations which make bank with an optimal specialization in nonmainbank loans indifferent to the prospect of commencing mainbank loans. To the left of DX, it can optimize the handling of

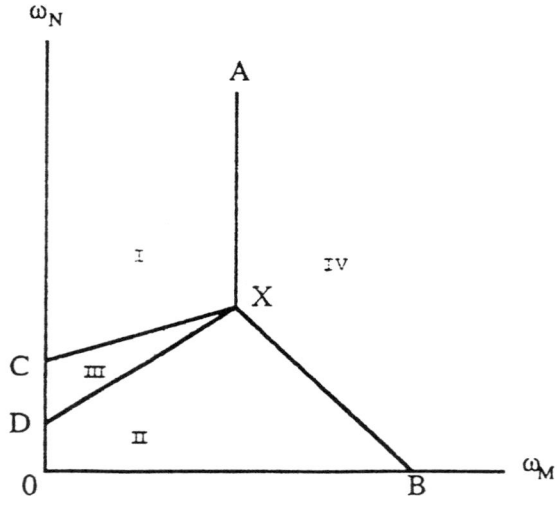

Figure 14-1 Bank's Organisation Structure and Bank Loan Portfolio

(Notes) I: Mainbank lending (MB)
II: Non-Mainbank lending (NB)
III: Diversification into both types lending (DB)
IV: No Lending

both mainbank and non-mainbank loans.

The effective wages at the intersection are defined as follows:

$$\omega_M^X = \frac{1}{1 + h'(0)z'(0)} ,$$

$$\omega_N^X = \frac{1 - \varepsilon + h'(0)\{(1 - \varepsilon)z'(0) - 1\}}{1 + h'(0)z'(0)} .$$

The effective wage ωXM in the case of mainbank loan handling is definitely positive based upon the functions h and z, regardless of the slze of the return difference ε between mainbank and non-mainbank loans. This parameter is already assumed to be a positive constant less than one. Here, we assume further that the wage rate ω_N^X is always positive as well, hence ε satisfies the following condition:

$$0 < \varepsilon < \frac{z'(0) - 1}{z'(0)}.$$

The relative wage rate between $\omega \, ^X_M$ and $\omega \, ^X_N$ become either greater than one or less than one, given the assumption of the model.

The two schedules in Figure 1 defining Region III with an optimal bank loan portfolio of both types of loans are shown by

$$\text{CX: } \omega_N = \frac{1}{z'(L_M)} \omega_M + \frac{(1-\varepsilon)z'(L_M) - 1}{z(L_M)}.$$

$$\text{DX: } \omega_N = \frac{1}{z'(0)} \omega_M + \frac{(1-\varepsilon)z'(0) - 1}{z(0)}.$$

Both have positive intercepts in the ω_M and ω_N as shown in Figure 14-1. Region III illustrates the behavior of Japanese banks lending to their corporate customers, which will be discussed in the next section relative to customer distribution.

Assuming a bank's optimal point is in III, let us examine how the bank's optimal loan decisions, in other words, their employment decisions, are influenccd by the two sets of effective wages. Using the frrst-order conditions, it is easy to show the downward effects of the effective wage increases in the case of both mainbank and non-mainbank sectors:

$$\frac{dL_M}{d\omega_M} = \frac{-1}{\omega_M \, h'z''} < 0.$$

$$\frac{dL_N}{d\omega_N} = \frac{-(h''z'^2 + h'z'')}{\omega_M \, h''h'z''} < 0.$$

The effects of the other wage are shown by:

$$\frac{\mathrm{d}L_M}{\mathrm{d}\omega_N} = \frac{z'}{\omega_M\, h'z''} > 0,$$

$$\frac{\mathrm{d}L_N}{\mathrm{d}w_M} = \frac{h''z' - h'^2 z''}{\omega_M\, h'h'z''} \gtreqless 0.$$

The volume of mainbank loans increases given an increase of wage ω_N, while that of non-mainbank loans may decrease or increase. This ambiguous effect on non-mainbank loans is due to the increasing management cost of wage ω_M. The higher the wage, the lower the amount of mainbank loans; and conversely the more the amount of non-mainbank loans in the first round. However, the increase in ω_M must raise management costs in the non-mainbank loan sector. This cost effect will decrease non mainbank loan activity in the second round. Also in the third round, the direct effect will be to inflate the management costs. Ultimately, the amount of non-mainbank loans may decrease, depending upon indirect effects of headquarters' management requirements.

Total bank loans L of L_M and L_N occur as the sum of the above results:

$$\frac{\mathrm{d}L}{\mathrm{d}\omega_M} = \frac{-h'^2 z'' + h''(z'-1)}{\omega_M\, h'h'z''} \gtreqless 0,$$

$$\frac{\mathrm{d}L}{\mathrm{d}\omega_N} = \frac{h''z'(1-z') - h'z''}{\omega_M\, h'h'z''} < 0.$$

The effect of the increase in ω_M is indefinite due to increased management costs. The greater the cost effect, the more likely bank loans will fall down, notwithstanding the increased relative profit advantage in non-mainbank loans caused by wage increases.

On the other hand, an increase in the effective wage in processing of non-mainbank loans reduces total bank loans even though it may increase mainbank loans. Both changes affect headquarter management cost in different ways. The net effects are positive because of the magnified effects of z'

> 1. The increase in mainbank loans is diminished by this management cost effect.

Returning to the definition of ω_N, there are two different sources of increase. First, increase of the wage rate ∞ and second, the deterioration of its process efficiency relative to mainbank loans, i.e., decrease of the parameter Θ. The lower efficiency is expected to affect the volume of bank loans as a whole.

The impact of the wage rate is shown by:

$$\frac{dL}{d\omega} = \frac{1}{\omega h'' h' z''} \{h''(z'-1)(1-\frac{z'}{\Theta}) - h'z''(h' + \frac{1}{\Theta})\}.$$

The effect on bank loans is either direct through higher ω_M or ω_N. The influence on L of ω_M is indefinite, while that of ω_N is negative. Hence the net effect is indefinite. However, it is assumed to be negative if $\Theta < 1$, where Θ is the labor efficiency of loan processing in non-mainbank sector relative to that in the mainbank sector. If non-mainbank loans need less documentation than mainbank loans, Θ can be expected to be less than one and the net effect becomes negative.

5 Empirical Facts

Though loan composition (mainbank and non-mainbank) of commercial banking in Japan is not available, we can make an accurate estimate by looking into bank customer distribution as reported by a weekly journal, *Diamond*, which is published with the help of a credit research agency responsible for surveying firms' creditworthiness in Japan [8]. Diamond's survey is based on annual reports of 110,823 firms with an annual capital turnover greater than 1 billion yen. These firms generally have loan relationships with many banks, the names of which are shown in their reports. The identity of the mainbank is also published in these reports. The total number of their loan relationships was 347,320 at the end of March 1987. This is larger than the number of firms because of their multi-bank relationships.

All banks in Japan can be ranked by a number of customers. The top 100 banks are listed according to mainbank or non-mainbank relationship. Table 14-1 shows two top banks in each bank category as established by law and the ratio of mainbank relationship firms among total loan customers of each bank.

It also shows five classifications according to: City Bank, Long Term Credit Bank, Regional Bank, Second Regional Bank, and Trust and Banking Corporation.

The effective wage rates vary among banks mainly because of differences in location, volume of cross-shareholdings, or other historical factors, some of which have been influenced by Japanese banking law. The more branches they have in the proximity of their customers, the more efficiency they can expect in their loan and management activities [9]. Cross-shareholding relationships with customers are expected to lower management costs associated with loans. These effects are captured by functions h and z. The average volume of each bank's customers can have similar effects on loan efficiency.

The analysis of the data in Table 14-1 allows to draw several conclusions. First, customer volume and composition vary greatly among the bank classifications, mainly due to the effects of banking regulation, in particular branch regulation. Banks such as long term credit banks or trust and banking corporations have much fewer customers and lower proportion of mainbank relationships among their customers than do city banks, although their lending volumes are almost equal. This is mainly due to the differences in branch network in Japan. The former ones have less than one-fifth to one-tenth of as many branches as the latter. These banks are comparatively disadvantaged in lending markets, even though they attract larger-sized clients than city banks on average.

Second, regional banks or "second" regional banks have a higher main-

Table 14-1 Size and Structure of Some Large Japanese Banks

Banks	Total No. of borrowing firms	Ranking by this total number	Share of borrowing firms with mainbank relationship in total (%)
City Bank			
Dai-Ichi Kangyo Bank	24,479	1	31.2
Mitsubishi Bank	20,922	2	32.7
Long Term Credit Bank			
Industrial Bank of Japan	3,035	17	19.7
Long Term Credit Bank of Japan	2,060	28	7.8
Regional Bank			
Yokohama Bank	3,707	15	28.4
Shizuoka Bank	3,037	16	44.6
Second Regional Bank			
Nagoya Bank	2,011	29	20.0
Hyogo Bank	1,454	46	19.4
Trust and Banking Corporation (TBC)			
Mitsubishi TBC	2,288	22	7.7
Mitsui TBC	2,228	24	9.3

(Source) Shukan Diamond (ed.), "Tokubetsu Chosa: Kono Ginko no za Ayaushi" (Special Report: Some Banks Declining Shukan Diamond, vol.76 (March 5, 1988).

bank share among their customers than long term credit banks or trust and banking corporations. They have more branches concentrated on specific business areas both in Japan and overseas. Some of these smaller regional banks have higher mainbank shares than city banks however, second regional banks do not have a higher share because of their more dispersed branch network and/ or because their smaller size.

Third, the model described in this paper parallels the empirical analysis. For example, Dai-Ichi Kangyo Bank has more customers, but lower mainbank share than Mitsubishi Bank. Therefore Mitsubishi Bank can expect relatively higher loan efficiency in its headquarter services, enhanced by its heavier cross-shareholding relationships. Also, the difference in customer volume is not so large as that in their lending rate and volume. Hence, it is apparent that Mitsubishi Bank benefits from a management structure supported by its intimate relationships with firms mainly through cross-shareholdings.

This model can also be applied to the long term credit banks. Industrial Bank of Japan has a larger lending volume and stronger cross-shareholding connections than Long Term Credit Bank of Japan. The difference between these banks' shares of mainbank loans may be a result of differences in their financial management structure. In comparison, trust and banking corporations do not differ significantly except for in volume of customers.

Turning to other banks in Table 14-1, the difference in mainbank loan shares between Yokohama Bank and Shizuoka Bank can be explained to a large extent by location. Both banks rely heavily on their local customer base in their respective headquarters' prefectures, however, loan markets are more competitive in Kanagawa prefecture, where Yokohama Bank is located, than in Shizuoka prefecture where Shizuoka Bank is located [10]. In contrast, both regional banks are located in similar regions and are comparable in size and market area. Hence, some similarities are evident in their lending behavior [11].

6 Conclusion

In this paper bank loans have been analysed in the context of the relationship between business companies and their banks. The first type of relationship described as mainbank assumes a close control and monitoring of companies by banks. The second type, nonmainbank loan relationship, assumes only a loose control of companie' operations. Banks in Japan develop either type of relationship only after a careful examination of their management costs and processing costs with potential clients.

The theoretical model developed in this paper considered three types of bank lending activities: (1) Mainbank lending; (2) Non-mainbank lending; and (3) Optimal portfolio combining both types of lending. The model casts some light on the loan distribution in Japanese banks. In particular, the model helps to explain the effects of branch network or cross-shareholdings on bank loan competitiveness from the point of view of variable cost efficiencies between banks.

The model has been based on a number of assumptions and did not include such variables as information asymmetry between firms and banks and game behavior between banks seeking to optimize information activities. In spite of these limitations it provides sufficient argument to support the proposition of an existence of optimal lending portfolio.

● Notes

1) As far as firms are concerned, they also seek to diversify their dependence on banks, as analyzed by Horiuchi (1981).

2) This is revealed by a questionnaire organized by the Small Business Finance Corporation, which is a public financial institution set up in order to lend long-term money to small and medium-sized firms. See Horiuchi (1988) for an analyses of the questionnaire.

3) See a survey by the weekly journal, *Diamond* and Table 14-1 for an example.

4) This assumption of two types of lending can also be applied to other financial businesses.

5) Ethier and Horn defines the case of $z'' > 0$ as an increasing interface effect and assumes the condition, although the actual situation varies from case to case. But, as they discussed, the condition $z'' < 0$ will restrict us to boundary solutions, which are not suitable for application to general bank organization. We assume, therefore, $z'' > 0$, not because it is expositionally more convenient to examine an increasing interface effect, but because it is empirically more realistic to examine the case.

6) This assumption is mainly due to that banks' ability to invest money in open markets. Generally speaking, banks cannot control the amount of bank deposits in a short-run setting, hence it can be seen as a fixed cost for banks in the

short -run. This cost includes interest costs of bank deposits.

7) This is a characteristic of an open market. As far as total lending of a representative bank is concerned, it is assumed to be at most equal to the amount of bank deposits.

8) The name of the agency is Teikoku Data Bank, the found ttion of which is to collect and circulate firms' business data.

9) This efficiency is short-term. In the long-run, every bank will face increasing costs due to investment in branches and cross shareholdings.

10) See Horiuchi (1989).

11) There are some differences in loan rate of interest which have a direct relationship to the degree of market concentration as analyzed by Horiuchi (1989).

【References】

Diamond, D. W., "Financial Intermediation and Delegated Monitoring, *Review of Economic Studies*, vol. 51, July 1984, pp.393-414.

Ethier, W. J. and H. Horn, "Managerial Control of International Firms and Patterns of Direct Investment," *Journal of International Economics*, vol.28, February 1990, pp.25-45.

Horiuchi, T., "Cross-Section Empirical Analysis on the Japanese Firms' Terms of Loan by a Bargaining Approach," *Monograph*, December 1989.

"Bank Market Concentration and the Loan Rate of Interest. A Regional Approach to the Japanese Loan Market Behavior, Paper Presented at the British Association for Japanese Studies, March 1989.

Mayers, S. C., "New Issues in Corporate Finance," *European Economic Review*, vol. 32, June 1988, pp.1167-1186.

Sheard, P., "The Main Bank System and Corporate Monitoring and Control in Japan," *Journal of Economic Behavior and Organization*, vol.11, May 1989, pp.399-422.

Von Thadden, E. L., "Bank Finance and Long Term Investment," *WWZ-Discussion Papers of University of Basel*, No.9010, July 1990.

15 Main-Bank Competition and the Loan Market

In this paper, we will examine the strategic responses of small and medium-sized (S-M) financial institutions to financial deregulation. [1] In doing so, we will focus on the loan market and, as much as possible, on individual financial institutions rather than concentrating on their average behavior.

In the first section, we will identify the impact on S-M financial institutions of the rising competition in the loan market. Their strategic responses to such changes in competition and intensified impact can be broken down into two groups. While this is not limited to S-M financial institutions and is common among all financial institutions, the success or failure of these strategies has an especially serious effect on them as there is a strong constraint in their effort to diversify into such areas as securities operations and international operations.

In the second section of this paper, we will discuss the type of strategy that is directly pertinent to the granting of loans. We will examine, in relation to the granting of loans, the customer relationships, the decisions regarding the location of the branches and territories, and the overseas expansion of business. The third section will center around the development of the operating strategies, including joint ventures and mergers. At the present time, joint ventures and mergers are conducted only in a limited degree. However, the earnings mix of S-M financial institutions is already being distorted, and hidden earnings are being released. It would not be surprising if in the near future a serious reorganization takes place. We will present our conclusions in the fourth section.

At the present time, because the scenario of deregulation is still unclear, perhaps the operating strategies of the financial institutions have to be fluid. In fact, management planning of the S-M financial institutions is said to be done only for a few years at a time. But, regardless of the process described by the scenario, the ultimate target of deregulation is clear, and the barrier should be removed drastically. [2] Major financial institutions are already anticipating such an event and are steadily taking appropriate steps. [3] In contrast, one has to say that the responses of the S-M institutions have been tardy. But, in reality, it is S-M institutions that need to be sensitive to the financial reorganization. Unless they have clear-cut multiphased strategies, they will certainly be overwhelmed by the tide of deregulation and reorganization. [4] We examine the operating strategies of S-M financial institutions from the standpoint of this awareness of the issues. By utilizing the results of a survey of financial institutions, this paper will explore the direction of financial reorganization. [5]

1 The Microeconomic Aspect of Competition

1 Changes in the ranking

Figure 1 presents ranking changes among sōgo [mutual] banks. [sōgo banks are mutual loan and savings banks, catering to small enterprises. They are all being converted to commercial banks in 1989 and 1990.] Ranking was based on total assets in 1975, 1980, and 1985 (end of the year), respectively. Ranking changes were grouped into thirteen steps as shown in the graph, and the number of banks that fall in each step is indicated. The change due to the merger of Nishi-Nippon Sōgo Bank and Takachiho Sōgo Bank into Nishi-Nippon Bank is treated as the creation of a regional bank. [Commercial banks are classified into "city banks" (toshi ginko) and "regional banks" (chiho ginko).] Connsequently, the ranking at the end of 1985 is for sixty-eight sōgo banks and sixty-four regional banks, while the ranking at the end of 1975 and 1980 is for seventy sōgo banks and sixty-three regional banks, respectively. This gives rise to a statistical problem. Nishi-Nippon Sōgo Bank was the top bank among sōgo banks in terms of assets. Thus, after the merger, even if rankings remained unchanged among all other banks except the merged ones, there would have been extensive changes in ranking under the method of calculation used here, as seen typically in the [I] group in Figure 15-1, to which banks that climbed in ranking by one or two steps are classified. However, if things worked as we have said, almost all sōgo banks would be included in this group. In reality, only a third fall in this group. In other words, this result is considered to show that the rank orders among sōgo banks have changed greatly since 1980.

Such changes are even more apparent among other groups, as shown on the graph in Figure 15-1. As symbolized by the fact that there were as many as three banks climbing in rank by eleven steps or more (the group [VI] banks), there are many banks that rose drastically in ranking. At the same time, the majority of the remaining banks fell in ranking, albeit slightly. In other words, a few banks that are based on advantageous operating territories or excel in unique operating activities belong to the [III] or [VI] groups on this graph. They are, for example, Chiba Sōgo Bank, Dai-ichi Sōgo Bank, Toho Sōgo Bank, Shiga Sōgo Bank, Tochigi Sōgo Bank, Kure Sōgo Bank, Ibaraki Sōgo Bank, Kumamoto Sōgo Bank, and Howa Sōgo Bank. It may be noted, however, that some of these banks are possibly faced with decline in the risk-bearing capacity because their type of customers is overly restricted.

In contrast to the comparison between 1980 and 1985, a comparison between 1975 and 1980 indicates only very slight changes in the ranking. As Figure 15-1 shows, most observations are concentrated around the center on the graph.

Thus, depending on time, changes in ranking among sōgo banks are ob-

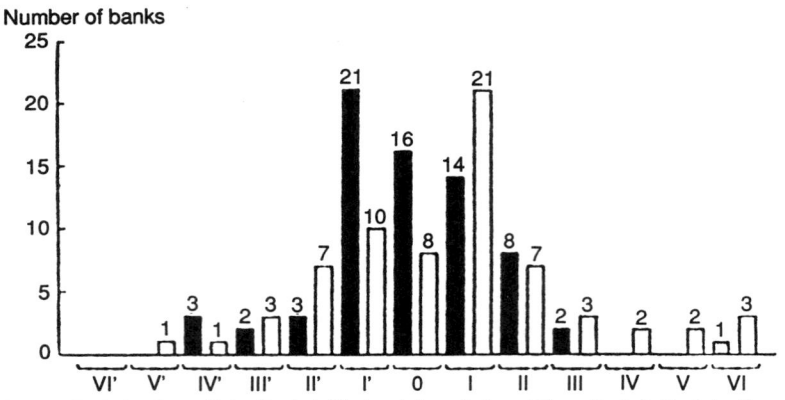

Figure 15-1　Changes in the Ranking of Sogo Banks in Terms of Total Assets (1975, 1980, 1985, end of year)

Source: Zenkoku Sogo Ginko Kyokai (National Association of Sogo Banks), *Zenkoku Sogo GInko Zaimu Shokyo Bunseki* (Financial Analysis of National Sogo Banks).

Notes: The shaded areas indicate changes from 1975 to 1980. The white areas indicate changes from 1980 to 1985. 2. The rankings in 1985 are for 68 banks, including the Nishi Nippon Sogo Bank and the Takashiho Sogo Bank, before their merger. 3. Changes in ranking are classified into thirteen groups, [VI]′ to [VI]. Of these [0] indicates no change, [I], etc. a ranking increase by 1 or 2. [I]′, etc. indicates that the ranking fell by 1 or 2. Similarly, [II] indicates a change by 3 or 4, [III] indicates a change by 5 or 6, [IV] indicates a change by 7 or 8, [V] indicates a change by 9 or 10, and [VI] indicates a change by more than 11. [　]′ indicates a negative change.

served to have been characteristically different. We can surmise that rankings fluctuated much more as the market competition intensified in sources and uses of funds with the large progress made in deregulation and internationalization of finance. This fact has little to do with how we classified the merged banks, as explained above.

However, we do need to note that, among the sixty-eight sōgo banks, while the top twenty banks are stable in ranking as asset size differs considerably among them, the size differential is relatively small among those between the twentieth and fiftieth in ranking so that even a small change in assets can lead to a large change in ranking. But, of the ten banks that rose dramatically in ranking in the early 1980s, four banks (from Chiba Sōgo Bank to Shiga Sōgo Bank) were within the top twenty banks in 1985 ranking. In other words, it is reasonable to say that rank changes occurred among almost all of the sixty-eight sōgo banks, including the top banks with large asset sizes.

Ranking changes among regional banks can be illustrated exactly in the same manner. Here, we will only compare the results with those obtained for sōgo banks in Figure 15-1. A distinct difference between the two is that the extent of ranking changes among regional banks is considerably smaller than those among sōgo banks. In these two types of banking business, the number of banks are quite similar — sixty-four and sixty-eight. In addition, the asset size distribution of banks within each type of operation is similar. Therefore, even a slight difference in the rate of asset growth, if it continues for a few years, would result in large changes in ranking among regional banks also. However, ranking changes have been limited among regional banks, presumably because regional banks operate on a much more stable foundation than do sōgo banks.

However, in terms of the number of customer firms, it is seen that some regional banks have seen their shares within their prefectures decline considerably since the early 1980s until today. For example, in Chiba Prefecture, the share of Chiba Bank, which is the highest ranking regional bank in this prefecture, fell drastically between 1983 and 1986. [6] Although it is possible that the share of customer firms has declined as a reflection of the banks' planned activities, it seems plausible that an increase in the number of customers is beneficial to the banks. Accordingly, the fact that there are localities where the share is declining greatly seems to indicate that regional banks are also involved in the competition among financial institutions, even though the stability in ranking may at first glance show no turbulence among regional banks.

2　The interest rate competition brought about by the lowering of barriers

Changes in ranking as well as the intensified competition are being brought about by the lowering of barriers that have existed covertly in the loan market. In the past, banks have been specialized by size in such a way that large banks supplied funds to large businesses and S-M financial institutions supplied funds mainly to S-M businesses. Furthermore, this specialization by size corresponded roughly with the specialization by geographical areas between metropolitan regions and local regions. However, as large firms began to procure funds in the bond and equity markets, especially in the overseas markets in which there are few regulations on the procurement of funds, large banks have expanded their loan granting activities to cater to S-M firms and to the peripheries of core cities. Thus, the lowering of barriers in the loan market has come to exert a real impact.

The active entry of large banks into the loan market of S-M firms has stimulated the interest rate competition in the market. When city banks enter with low interest rates into the market for regional banks' clients, regional banks are compelled to counter with the interest rate competition in order to maintain their shares. Nevertheless, a large gap between city banks and regional banks in terms of cost competitiveness and quality of services offered results inevitably in a decline of regional banks' shares in their market. Thus, city banks and regional banks compete more in serving loan customers, thereby reducing loan-rate differentials between the two groups of banks.

The relationship similar to that between city banks and regional banks is being formed between regional banks and sōgo banks. Under the competitive mechanism, regional banks are beginning to make loans to customers who have been served by sōgo banks. With the competition rising between them, loan rates of interest tend to converge. Around metropolitan regions, regional banks and sōgo banks compete more for the same customers, thereby reducing differentials in loan rates toward zero.

The 1985 annual reports of banks show that the 6.6 to 7.4 percent range of loan yields contain most of sōgo banks and about half of regional banks. The loan yield varies depending on financial institutions, and it also often varies by the mix of customers. In 1985, for many sōgo banks and regional banks, the composition of customers had become quite similar.

3   Competitive relationships

When city banks entered the loan market of S-M firms, it was regional banks that were directly impacted by the competitive pressure. And, when regional banks reacted by expanding their clients, sōgo banks, in turn, were subjected to a strong competitive pressure. Needless to say, the competitive relationships are not as simple as this. It may have been sōgo banks first that the entry of city banks threatened. Nonetheless, more often than not, it is regional banks that are subjected to the strongest competitive pressure from the entry of city banks, and it is sōgo banks as barriers are lowered.

The competitive relationships can be verified from the survey that was used to construct Figure 15-3, which appears later in this paper. The chain relationships of the competitive pressure as mentioned above, resembling a domino effect, are clearly evident. This survey, taken in 1985, collected data on the types of banking business from which each financial institution receives competitive pressure in the loan market. Regional banks and sōgo banks were asked to identify and rank the present competitors and the expected competitors in a few years to come.

At present, the competitive pressure on regional banks comes mostly from city banks. Of the forty-two regional banks that provided usable responses, twenty-nine named city banks as their foremost competitors. Only eight named other regional banks as competitors, and only four indicated that they were subjected to competition from sōgo banks which were considered to be in a lower echelon.

Of the first to the fifth competitors that were identified individually, those that were ranked the second or below had a greater dispersion as compared to the top competitors. Although the competitors may vary depending on the location, many banks reported that the competitive pressure came from the banks in the same or lower echelons. In a few cases, respondents identified new competitors in such ongoing financial innovations as life insurance companies, securities firms, consumer finance institutions, credit card companies, leasing companies, and factoring companies.

In any case, as far as regional banks are concerned, the threat of competition from banks in the lower echelons is not particularly serious. One can conclude that, at present, the competitive relationships can be classified into two types. One is the intense competitive pressure from banks in the upper echelons, and the second is the potential competitive pressure from other nonbank financial institutions.

This finding relates to the contrast between the present and the future competition. Competition from nonbank financial institutions is low at this stage, at which time the progress of deregulation is unclear. But many banks expect an intensive competitive pressure from them in the future.

Let us review responses from sōgo banks. Banks in the upper echelon now include regional banks in this case. In this interpretation, the pattern of responses is seen to be almost identical.

However, there are some differences. First, we should note that sōgo banks are not subject very much to the competitive pressure from long-term credit banks and trust banks. This is expected to continue. This is because, despite the relaxation of regulations and the elimination of barriers, the specialization of the wholesale-oriented major financial institutions, including long-term credit banks and the retail-oriented S-M financial institutions such as sōgo banks, is expected to persist.

Second, sōgo banks feel competition from banking businesses in the lower echelons such as credit associations and credit unions. This suggests that sōgo banks consider it difficult to encroach upon the customer market of those institutions in response to the encroachment into their own market of banks in the upper echelons.

Though both credit associations and credit unions are also retailers of loans, there is a formidable barrier against their customers entering into the market. Retail banks are specialized in terms of customer relationships, the nature of operations, and so forth, and they have already established a suitable staff mix and branch density. As a result, sōgo banks are not afforded a route by which to escape the competitive pressure from the above and are confronted with a deterioration of their operations under the condition of financial innovation and intensified competition. They are individually responding, e.g., by turning themselves into ordinary commercial banks, but, as of now, their share is falling in the loan market serving S-M firms.

2 The Loan Strategies of Financial Institutions

1 Business relationships

Financial deregulation changes the nature of the competition among loan-granting institutions. The price formation in the loan service is expected to change also. In fact, according to the results of the survey cited in the preceding section, more than 90 percent of all financial institutions anticipate a decline in the borrower deposit ratio. However, there are some variations among banks: the lower the echelon they are in, the lower this decline is. [7]

When it is only the loan market that turns competitive, what is conventionally called the effective rate of interest would tend to equalize generally. However, when the deposit market is also liberalized, the inducement to financial institutions to attempt to raise the ratio of borrowers' deposits is weakened. For the borrowing firms also, when the so-called asymmetry of information is not serious and there is no need for concern about the availability of funds, it is no longer necessary to keep deposits at the lending banks in order to make the borrowing process a smooth one. As financial deregulation continues, price competition in the loan service especially provided to large firms is expected to shift from the competition in effective interest rates to competition in nominal interest rates. [8]

In other words, it appears that financial institutions regard it as inevitable that their customer relationship change from the long-term, continuous mode of transactions to the short-term, "spot" mode, where the demand and supply in the market are adjusted through the nominal rate of interest. [9]

However, according to responses to a separate question in the survey, only 13.5 percent of all financial institutions anticipate an increase in the relative importance of "spot" transactions. In other words, as much as 86.5 percent of all financial institutions expect that long-term business relationships would continue unchanged. Thus, the share of "spot" transactions is expected to rise only slightly. The strategies of financial institutions have much to do with this development. For the financial institutions would emphasize the merits of long-term business dealings and do their best to suppress the "spot" transactions for the very reason that financial deregulation cannot be avoided. This becomes clearer as large businesses shift to direct financing and the share of S-M firms grows in the loan market. S-M financial institutions cannot neglect taking appropriate actions.

Before we examine these actions, let us see how financial institutions now look at "main banks." Though the "main banks," supposedly a unique business practice in Japan, have not been given a clear-cut definition, they can be regarded as roughly matching in conception those banks that engage in the abovementioned long-term and continuous business with established customers. From the survey cited above, 81.6 percent of all financial institutions that responded indicated that they did not expect the "main bank" system to change because of financial deregulation — almost the same percentage as those that believe in the persistence of long-term transactions. The loan strategy of financial institutions is none other than to increase the number of client corporations with which to establish such long-term and continuous business relationships, and to become the "main bank" to many grow-ing firms. Moreover, it is to prevent the declining tendency of the borrower deposit ratio, which is generally anticipated.

2   The branch and territory strategies

The heart of the territory strategy and the branch strategy is to facili-tate banking transactions of S-M firms and individual persons in the locale and to ensure closer ties with the local area than financial institutions located outside the prefecture have. As this is not enough to prevent the desertion of local firms, there is a need for diversification and improvement in quality of banking services. What is important is to strengthen the business ties by achieving excellence in service competition and product differentiation. Such efforts will reduce the banking transaction costs of local firms, improve their information-gathering capability, and ultimately intensify the mutual depen-dence between regional financial institutions and the regional economy. At the same time, their market will be separated from the major financial insti-tutions, which will retain comparative advantage in the wholesale business on a nationwide scale, and this will make the banking operations of the local firms stable under the condition of financial deregulation.

However, it is possible in some instances, as a closer tie develops with the regional economy, that financial institutions will face operating difficulties when the regional economy stagnates. In this sense, we must note that the local area emphasis can be a double-edged sword. [10]

In any case, the future branch strategy of S-M financial institutions in local areas is to concentrate on increasing the number of branches in the main current operating territories. The survey described above asked a mul-tiple-choice question with three alternative answers — namely, "to increase the number of branches within the current principal operating territory," "to increase the number of branches in other prefectures (or outside of the cur-rent principal territory), 'and' to increase both." The first of these three alternative answers was chosen by 78.6 percent (thirty-three respondents) of regional banks, 92.2 percent (thirty-nine respondents) of sōgo banks, and 91.9 percent (thirty-four respondents) of credit associations. The branch strategy of concentrating on the local area by S-M financial institutions can be attested to by their actual performance. A comparison of regional banks' proportion of branches located outside of their own prefecture, excluding Nishi-Nippon Bank, between March 1980 and March 1986 shows that the number of banks with less than 10 percent increased from thirteen to nineteen. [11]

However, we must note here that the regional concentration of branches does not necessarily imply an aggressive financing of local industries. While a close tie is established with the local economy, results of the survey indicate that, for example, the granting of loans is done selectively based on economic rationale. While none of the banks that responded replied "they would gradually reduce the financing," 4 banks indicated "they would keep an arm's length," 36 replied "they would intensify the selective financing," and 101 banks (71.6 percent) indicated "they would actively finance." This behavior is inevitable to avoid the aforementioned double-edged sword. [12]

3 Overseas operations strategy

The overseas operations strategy is closely related to the joint venture strategy, which we will discuss in the next section. For example, one can consider that S-M financial institutions engage in joint ventures in order to enter the overseas operations. Also, there are joint ventures and overseas operations that intend to expand into the securities business, where more earnings can be expected from shifting funds from indirect financing to direct financing. Leaving the joint venture issue to the next section because of its great impact on operations, we will discuss here the overseas expansion issue, as one important measure of stabilizing and continuing the banking business with local firms — in most cases, successful S-M firms. We will consider the joint venture issue here only to the extent that it is related to the overseas expansion issue.

S-M financial institutions were slow in seriously considering entering into the international operation. This was partly due to their lack of funds and information, but was primarily the result of their customers not needing such service. However, with the rise of the Japanese economy nomy in the international sphere, it was inevitable that both Japanese and foreign firms would expand into each others' markets. Although it may seem somewhat paradoxical, local financial institutions have to develop strategic internationalization in order to strengthen their tie with the regional economy.

In this sense, it is also necessary for these local financial institutions to join with large financial institutions that possess information collection capability. Should they fail in such joint operations and internationalization, regional financial institutions may at times "hollow" themselves out and end up being on the road to franchising.

A situation resembling this is occurring between the central Tokyo area and its peripheral areas, that is, credit associations in which the base of operation has been the central Tokyo area are said to be facing a serious operational difficulty because their cliennts, who are S-M firms, are moving to the suburbs — a fact which has been prompted by a recent drastic rise in land pnces.

In any case, S-M financial institutions are paying greater attention to international operations. Their main objectives are to diversify their business and to retain and increase the number of their client firms. sōgo banks seem to consider the client relationship especially important. This is reflected in the composition of their international operations. As a rule, S-M financial institutions mainly are engaged in foreign exchange transactions of residents of Japan and in business transactions with Japanese corporations overseas. Although city banks are mainly engaged in business transactions overseas with nonresidents, these transactions comprise no more than 10 percent of operations of regional banks and sōgo banks. [13]

Such strategy of S-M financial institutions in their international opera-
tions is reflected in changes in the volume of foreign exchange transactions
over time. Partly because their initial base was small compared with city
banks, the rate of growth of their foreign exchange transaction volume is
high. According to the Ministry of Finance's Bureau of International Finance,
the share of regional banks in foreign exchange transactions rose from 6.0
percent in 1979 to 16.2 percent in 1984. [14] In the case of sōgo banks, the
share grew from 1.1 to 3.1 percent. During the five-year period, the volume
for regional banks grew as much as 16.6 times as compared with 6.2 times
for Japan as a whole and 5.0 times for city banks.

3 Management Strategies

1 Utilization of internal capital

Figure 15-2 shows, for regional banks and sōgo banks, how the rate of
earnings in the main business corresponded to the composition of their earn-
ings in 1985. This figure is intended to examine what kinds of actions banks
are taking in order to generate earnings as an immediate counter measure
to the decline in the earnings rate from their main business anticipated un-
der the financial deregulation.

The horizontal axis indicates, as the earnings rate, the ratio of current
earnings, net of profits and losses of securities business, to total assets at the
fiscal year-end, approximately the ratio of earnings from what may be con-
sidered as the traditional business of banks. Profits and losses of securities
business are capital gains and dealing fees, which are different in nature
from banks' brokerage profits. Some large banks regard these earnings as a
reward for their aggressive diversification, which will eventually be regard-
ed as a principal part of earnings from the main business. In particular, this
is already happening among wholesale-oriented investment banks. But, in
many S-M banks, they are regarded passively only as earnings that have

Figure 15-2 Relationship between the Earnings Structure and the Earnings Ratio among Regional Banks and Sogo Banks (as of March 1986)

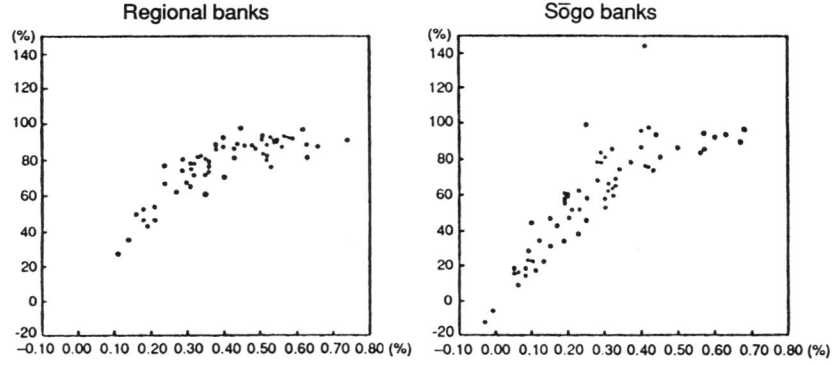

Source: Zenkoku Ginko Kyokai Rengokai (The Federation of Bankers' Associations of Japan), *Showa 60-nendo Kessan Zenkoku Ginko Zaimu Shohyo Bunseki* (Financial Analysis of Banks, 1985).

Notes: 1. The vertical axis (current earnings net of profits and losses related to negotiable securities) / (current earnings) indicates the earnings structure.

2. The horizontal axis (current earnings net of profit and losses related to negotiable securities) / (total assets) indicates the earnings ratio.

been generated in order to supplement declining earnings from their main business functions. Figure 15-2 illustrates this clearly.

The vertical axis shows the proportion of earnings, net of profits and losses from securities business, in total current earnings. When this ratio is small, most of current earnings are secured by securities business other than banks' main business. Of course, as stated earlier, there are two reasons for a small ratio. One is that this type of earnings mix results from banks' aggressive diversification. But it would be generally difficult for S-M financial institutions, which are inferior to large financial institutions in terms of the ability to collect funds and information, to attain large earnings from such securities business.

Rather, the small ratio indicates that these banks had to realize a large amount of latent profit in order to counter the decline in earnings from their main business. As Figure 15-2 typically shows, the lower the rate of earnings from the main business, the greater the degree of earnings generation. This earnings generation is unnecessary when earnings from the main business are sufficiently secure. In Figure 15-2, the earnings generation almost disappears when the rate of earnings exceeds 0.4 percent for regional banks and 0.3 percent for sōgo banks, and the earnings are composed almost 100 percent of earnings from the main business.

Hidden earnings thus released by S-M financial institutions immediately counter their deteriorating business. Hidden assets are considered, from their function, a part of banks' own capital. Today, these hidden assets are plentiful even in small financial institutions and, as Figure 15-2 shows, they seem to sufficiently offset stagnating earnings from the main business activities. However, we note that nearly half of S-M financial institutions are compelled to resort to this type of earnings generation. Thus, we consider that the competition in granting loans under financial deregulation is certainly progressing.

Can we consider such a lifesaving measure as an appropriate one? If the trust placed on the banks in the local region is firm, the use of hidden earnings for such a purpose is not rational. But, if the trust placed on the banks depends greatly on the earnings level of the banks and, for example, a drastic decline in earnings invites the transaction decline of client firms, this kind of use of hidden earnings, a measure taken in order to avoid a more serious future stagnation of earnings, would be a rational operating strategy for the banks from a long-term standpoint. [15]

2   Joint venture strategies

The joint venture activities among financial institutions are becoming more and more frequent. Moreover, the choice of partners in joint activities and the nature of joint ventures are going beyond the conventional framework of the geographical proximity, old-boy network, and the intertwined capital relationship. The new president of the National Federation of Credit

Associations stated at the first press conference after taking office: "As credit associations are all over the country, we want to overcome the difficulty brought about by the financial deregulation, internationalization, and mechanization taking advantage of our close tie with the local area and, in order to achieve that goal, it might be necessary for some credit associations to merge and to go into joint activities with regional banks and labor credit associations" (Nihon keizai shinbun, March 25, 1987).

Mergers and joint activities with foreign financial institutions are already taking place. Tokyo Sōgo Bank, the top sōgo bank in Japan, has gone into a joint operation with Citibank, which is the largest bank in the United States (Asahi shinbun, April 4, 1987). The main point of their joint activities is for the two banks to cooperate in the area of small-scale finance, which is oriented to serving private individuals.

When financial liberalization was developing in the United States, Citibank was the first among the major banks to go into the retail banking area with consumer loans and home loans. Citibank has built up a worldwide network of funds and information while expanding its operations by buying out other banks in the United States as well as regional banks in France and Italy.

However, they have only six branches in Tokyo and very few in Japan where the business opportunities are abundant. The gap in competitiveness against major domestic banks is great. It is said that the present objective of Citibank is to eliminate the overwhelming competitive gap in Tokyo.

Its partner, Tokyo Sōgo Bank, is a unique bank that has strategically expanded its small-scale finance department. [16] While it is at the top among sōgo banks in the fund volume, its information collection capacity and technological capability are inferior to the major Japanese banks and no doubtlto Citibank. Its information management system and know-how in small-scale retail finance must be inferior to either the major Japanese banks or Citibank. Though Mitsui Bank has been a large stockholder of Tokyo Sōgo

Bank, this joint activity with Citibank has developed because of their complementary relationship in the branch network and technological know-how.

Such joint ventures or mergers between banks with different businesses or joint ventures with foreign financial institutions are expected to continue to take place in the future. Tne advancement of mechanization and computerization is expected to enhance the scale and the scope of the economy. S-M financial institutions that are limited in their ability to diversify would be forced to move in the direction of joint venture or merger.

Based on a survey of financial institutions, Figure 3 shows those financial institutions that are preferred as partners in joint ventures. The figure shows only the responses from regional banks and sōgo banks, but the same tendency applies to the entire sample (141 institutions: 3 long-term credit banks, 11 city banks, 6 trust banks, 42 regional banks, 42 sōgo banks, and 37 credit associations). The question asked respondents to identify the top 5, in order of preference, of the desirable joint venture partners from 17 different types of banking business activities. Among the overall findings, it is interesting that only a small proportion of respondents did not identify the three most preferred prospective partners and that large, medium, and small-sized banks are all keenly interested in joint ventures. When the first to the third rankings of the preferred prospective partner in joint activities are added up, the frequencies of being identified as a preferred partner are the following: 109 securities companies, 80 credit card companies, 66 city banks, 57 leasing companies and factoring companies, 54 nonlife insurance companies, and 46 life insurance companies. In comparison to these institutions, credit associations, regional banks, and foreign financial institutions received low rankings and seemed to be regarded as marginal potential partners in joint activities. However, in general, joint ventures frequently take place in a dramatic fashion; therefore, the fact that these institutions are marginal does not mean that there is no possibility of their being partners in joint ventures. Rather, aside from the identified rankings in preference, we should note that there are as many as sixteen financial institutions in Japan that identify foreign financial institutions as being their preferred potential partners. [17]

In Figure 15-3, we can examine the preferred list of partners by regional banks and sōgo banks. As in the case of the whole sample, the prospective partners are identified with the objective of operational diversification and strengthening sales and information collection. But there are some notable responses. There are many cases in which regional banks and sōgo banks seek as joint venture partners other banks in the same type of banking business. The strategy of the S-M banks seems to be, perhaps because of personal affiliations and capital funding relationships, to identify, on the one hand, city banks as preferred partners and, on the other hand, nonbank financial institutions, such as securities companies and life insurance companies, for the purpose of enhancing themselves in terms of financial merchandise provided, technical know-how, and the new field of operations. [18] And, as a means of promoting these joint venture negotiations to their advantage, joint ventures are contemplated between S-M financial institutions with foreign financial institutions, as in the case of Tokyo Sōgo Bank and others.

4 An Overview of the Reorganization

The anticipated elimination of barriers in the financial sector will make services supplied by financial institutions complex, comprehensive, and homogeneous. In order to remain competitive, banks must do their utmost in realizing the product and service differentiation, on the one hand, and in maintaining a close and continuous relationship with their clients. However, the operational regulations and the territorial regulations, which have been maintained for a long time, would not work to enable all financial institutions to implement such strategy effectively.

When private financial institutions are classified according to their size, and not by their type of banking business, it is apparent that large financial

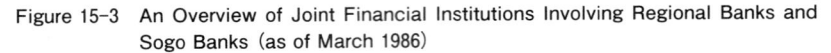

Figure 15-3　An Overview of Joint Financial Institutions Involving Regional Banks and Sogo Banks (as of March 1986)

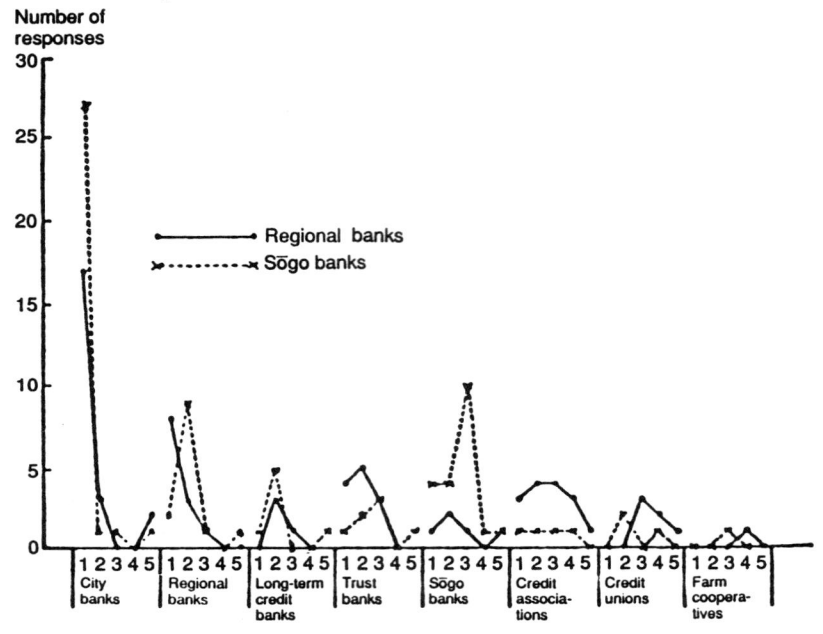

Number of responses

Regional banks
Sōgo banks

City banks | Regional banks | Long-term credit banks | Trust banks | Sōgo banks | Credit associations | Credit unions | Farm cooperatives

Source: Japan Economic Research Center, *Kin-yu no Kozo to Sashiki wa do Kawaruka* (How Will the Structure and Organization of Finance Change?), May 1986.

Notes: Result of the survey between June 21 and July 22, 1985. Composition of the surveyed financial institutions and their responses are as follows: long-term credit banks (3 contacted, 3 respondes), city banks (13 contacted, 11 responded), trust banks (7 contacted, 6 responded), regional banks (64 contacted, 42 responded), sogo banks (69 contacted, 42 responded), credit associations (69 contacted, 37 responded). Total contacted = 225; total responses = 141; response rate = 62.7 percent. 2. The graph

institutions are strong in their move to become more complex and comprehensive but their client relationships tend to be on a short-term basis. S-M financial institutions are not strong in these respects, but they are in an operating environment where it is relatively easy to maintain an intimate relationship with small businesses, as well as individual clients. Thus, these two groups of financial institutions are often in a complementary relation-

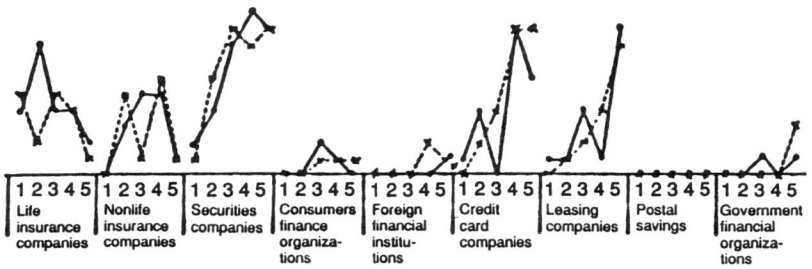

1 2 3 4 5	1 2 3 4 5	1 2 3 4 5	1 2 3 4 5	1 2 3 4 5	1 2 3 4 5	1 2 3 4 5	1 2 3 4 5	1 2 3 4 5
Life insurance companies	Nonlife insurance companies	Securities companies	Consumers finance organiza- tions	Foreign financial institu- tions	Credit card companies	Leasing companies	Postal savings	Government financial organiza- tions

shows, for regional banks (solid line) and sogo banks (Broken line), responses to the following question ranked from 1 to 5 on the graph: "In the future, with which banking business types would you wish to strengthen your operational joint relationship? Please cite five: (1) city banks; (2) regional banks; (3) long-term credit banks; (4) trust banks; (5) sogo banks; (6) credit association; (7) credit unions; (8) farm cooperatives; (9) life insurance companies; (10) nonlife insurance companies; (11) securities companies; (12) consumer finance organizations; (13) foreign financial insutitutions; (14) credit card companies (mail order and distribution); (15) leasing companies; (16) postal savings; (17) govermment financial institutions.

ship.

For this reason, there is a strong possibility that the financial reorganization will continue as long as the branch network and clients of S-M financial institutions are attractive to major financial institutions. The merger between Heiwa Sōgo Bank and Sumitomo Bank and the joint venture between Tokyo Sōgo Bank and Citibank are recent examples of this trend. As shown clearly in these two cases, S-M financial institutions located in the Tokyo Metropolitan Region are able to respond easily to reorganization regardless of whether or not they have a well-defined strategy.

In contrast, the probability is high that S-M financial institutions in local regions will be left out of the financial reorganizations engineered by big financial institutions. Some of them will be driven into an operating difficulty under the market mechanism. S-M financial institutions in local regions will have to probe mergers with each other in order to seek the scale merits. In such a case, it will be inevitable that their unprofitable branches with low efficiency will be eliminated.

At this point, in response to the financial reorganization taking place under the market mechanism, the need for governmental policy intervention emerges. In other words, the search for efficiency will force an increase in the financial transaction cost on residents and businesses of certain local regions. Furthermore, joint ventures and mergers among S-M financial institutions in local regions will inevitably raise the concentration ratio of financial institutions. In these areas, the financial deregulation would have little merit and, in some cases, would have a negative effect. Nevertheless, in principle, both qualitative and quantitative policy intervention in such development are possible, as discussed in chapters 7 and 8 in my book.

Even taking into consideration such policy costs, the financial deregulation and financial reorganization are considered to increase economic welfare. We can reach this conclusion when we examine changes in the market performance since 1980, even restricting ourselves to looking only at the price formation aspect such as the narrowing of the interest rate differentials and the decline of the profit margin for banks. And individual financial institutions must already be envisioning an aggressive reorganization. Large banks are thought to be formulating domestic strategies in relation to their international reorganization strategies. S-M institutions need to coordinate with such moves, but in some cases may choose the path of probing joint venture with major foreign banks. In any case, such active behavior on the part of large and small financial institutions are bound to make possible the effective utilization of Japanese funds in a worldwide perspective. Needless to say, these activities are based strictly on these financial institutions' private calculations and are not the results of a sacrificial role forced on them. And, in order to stabilize such private activities and move toward stressing long-term profitability, it is necessary, though paradoxical, to establish the business base under the "main bank" competition in a deregulated society. The operating base for financial institutions consists by and large of loan transactions, especially the "main bank" transactions, as we have analyzed. The financial reorganization will henceforth be the competition for the winning, assessment, and exchange of this base of business activities.

● Notes

1) In what follows, the object of analysis is microeconomic, but we are indirectly touching upon the macroeconomic issue of credit market instability which arises through the following process. The financial deregulation is more developed in the international financial market where securities are a more important vehicle of finance. Thus, a shift from syndicated loans to international bonds is clearly observed. However, securities still remain underdeveloped at home. Rather, bank loans are getting more important to S-M businesses. The characteristic of this market is a long-term customer relationship which is maintained between banks and their client firms. Further, the information that is obtained from this long-term continuous business relationship has been one of the operating resources for the banks. This operating resource is the banks' operating base and is reflected generally in the market evaluation of the banks — i.e., their stock prices. But, while the value of such information is assessed correctly as long as the banks continue to operate as going concerns, it is undervalued when they are in crisis. This is because the market for the information that has been accumulated through a specific business relationship is limited. If such a tendency is unavoidable, the incentive would weaken for the banks to maintain long-term business relationships. Investment in information would be discouraged. While the fund allocation would achieve short-term efficiency, long-term losses would emerge in a macroeconomic sense. In comparison, if the stock of information, accumulated in the banks, and their other oper-

ating resources with limited marketability, are assessed properly at the time of a management crisis, the investment barriers are eliminated and the stock of information can be utilized effectively. And, it is the fellow bankers, in the same type of banking business, who are able to carry out such proper assessment. In other words, when other banks absorb or merge, according to their private calculations, with the banks in management crisis, a long-term optimization of information production is realized. If we can anticipate this type of financial reorganization, it would not necessarily be difficult to achieve stability in the financial system and maintain credit order. In recent years, there have been numerous debates regarding the stability of the financial system, and the prevailing view is oriented toward policy intervention. Here, we will not directly touch upon this type of macroeconomic or policy issue. It is because we believe that a serious instability would not occur, as in the United States, as long as the privately sponsored financial reorganizaton is made secure. The government authorities should promote the private sector reorganization as long as it does not infringe upon its competitive policy without letting other personal, organizational, political and domestic motives influence the process.

2) The Corrigan Report, which reviewed the financial liberalization and deregulation in the United States, would be a useful reference for Japan.

3) The competitiveness of the major Japanese financial institutions is now world class. Diversification and internationalization are progressing together. For more on the background and impact as well as the relationship to the world economy, see Horiuchi (1988). Even these major financial institutions find it necessary to reevaluate their strategy when they implement their diversification strategies and internationalization strategies. As Penrose (1959) pointed out, the more major the institution the greater the organizational capacity and resources to carry through diversification and reorganization.

4) However, for S-M financial institutions that have the Tokyo Metropolitan Region as their operating base, such a concern may not be necessary.

5) See the note in Figure 15-3 for the survey population, responses, and the period of the survey.

6) Changes in market shares were calculated from "Kin-yu Kikan Share Zenkoku Chosa" (A nationwide survey of financial institution shares), Shukan Diamond, ed., Shukan Diamond, 74 (Jan. 11, 1986), and "Tokushu: Tsuyoi Ginko, Yowai Ginko" (Special feature: strong banks and weak banks), *Shukan Diamond*, ed., Shukan Diamond, 75 (Feb. 21, 1987). These shares are defined as the number of shares of client firms of individual banks relative to the gross sum of the numbers of clients of all banks that transact with these firms above a certain size within each prefecture.

7) There are no city banks and regional banks that expect the borrowers' deposit ratio to be constant. A few sōgo banks (3) and credit associations (4) have a different view, however.

8) Borrowers' deposits serve several functions. One is the loan supply and demand adjustment mechanism. Also, for the banks it functions as a signal of identifying the credit worthiness of a firm. The market competition is expected to act to reduce each of these funcions. But this is a facade covering the awareness of transactions with large firms. As we will discuss later, on the one hand, the banks indicate that the borrower deposit ratio is declining, and, on the other hand, they regard the "main bank" function as unchanging. In envisioning transactions with S-M firms, the borrower deposit business is considered an indispensable part of the "main bank" business. Regarding personal loans, to which many banks are now paying attention, we note that personal deposits would be functionally a type of borrower deposits. As long as the market imperfection and the information asymmetry remain, the borrower deposits, especially those involved in small-scale personal and small business transactions, would not decline greatly.

9) However, the cost of transaction would be reduced for both the firms and the banks through a continuous business. The market model of Williamson [1975] would be most applicable to loan transactions. Nevertheless, one of the reasons that financial institutions respond in this manner is that they are envisioning business with large corporations. But, as seen in the example of impact loans, the situation of spot deals becoming predominant would not happen in the case of S-M firms. Rather, just because of this, banks have an incentive to invest in information, thus a source of competitiveness results under the condition of liberalization.

10) In general, in order to reduce the risk, investment must be diversified.

11) Calculated from *Nihon Kin-yu Meikan* (Japan financial record), Nihon Kin-yu Tsushinsha, ed. The number and proportion of branches located outside of the prefecture changed during the same period from 1,118 branches and 19.9 percent, respectively, to 1,268 branches and 18.2 ppecent.

12) In recent years, there has been a boom in venture business and venture capital. It is not easy for banks to finance venture firms. What many S-M finanancial institutions in local regions do in this case is to create a fund with the specific purpose of serving as an independent organization and then supplying the funds individually from it in the form of credit rationing. There is a tendency to supply funds through such a channel to finance local industries and to revitalize the local economy.

13) As the type of transactions that are considered important in the future of

international operations, the respondents were asked to pick one out of the following four items: "foreign exchange transactions with domestic residents," "business with overseas bases of Japanese corporations," "business among banks," and "overseas business with nonresidents."

14) This was computed from transactions in the domestic market. Transactions of regional banks include those of a few special-purpose banks.

15) In this sense, the importance of "prudential regulation" is enhanced.

16) The most convenient and appropriate way to see the market assessment of Tokyo Sōgo Bank is to see its stock price.

17) As a rule, major financial institutions in Japan are large stockholders of S-M financial institutions, and they also maintain a personal relationship. While it is true that such a relationship works to the advantage of S-M financial institutions, one would think that the feeling is ambivalent. For this reason, as a means of strengthening the competitiveness against the major financial institutions, it is possible that a joint venture such as that which occurred here with foreign financial institutions would be seriously considered.

18) While such a design of joint venture is anticipated, the influence of life insurance companies is expected to grow continuously in the future. Their strength is that they are organized as mutual insurance companies. Comparing the three types of financial businessbanks, securities companies, and life insurance companies — as a legacy of the past territorial regulations, each has distinct characteristics, as well as its own strengths and weaknesses. The strengths are directly tied to their competitiveness. And, for the banks, it is suppported by their funding capability and base of corporate clients; for the securities companies, it is supported by the earnings base that is protected by the cartel; and, for the life insurance companies, it is supported by the efficient capability to absorb small-scale funds. They become a powerful weapon when these institutions try to enter the market of other types of financial business. The life insurance companies have one additional strength, which is the organizational characteristic of being mutual companies. As a rule, when a major financial institution embarks on a creation of an affiliated group of companies, the crucial point of the strategy in the financial reorganization, which occurs involving even major overseas financial institutions, is to place as many financial institutions as possible under its control precluding any control from other financial institutions. In this sense, the position and control of the major life insurance companies as institutional investors is becoming more and more formidable. See Horiuchi (1986).

【References】

Corrigan, E. G., *Financial Market Structure: A Longer View*, Federal Reserve Bank of New York, January 1987.

Horiuchi, T., "Kin-yu Soshiki no Henka" (Changes in the financial system), Japan Center for Economic Research, ed., *Kin-yu no Kōzō to Soshiki wa dō Kawaruka* (How will the structure and organization of finance change?), May 1986.

———, *Sekai Keizai o dō Kaeruka: Nihon no Kokasai Kin-yu Senryaku* (How will the world economy change: Japan's international financial strategy). Tokyo: TBS Britannica, 1988.

———, *Main Bank Kyōsō to Kashidashi Shijō, Kin'yū Kikan no Keiei Senryaku* (Main-Bank Competition and the Loan Market, Operating Strategies of Financial Institutions). Tokyo: Toyo Keizai Shimposha, 1988, chapters 7 and 8.

Penrose, E. T., *The Theory of the Growth of the Firm*. Oxford: Basil Blackwell, 1959.

Williamson, O., *Markets and Hierarchies: Analysis and Antitrust Implications*. New York: The Free Press, 1975.

16 Japanese Public Policy for Cooperative Supply of Credit Guarantee to Small Firms

1 Introduction

In this paper I investigate the mechanism of credit guarantee supply to small and medium-sized (hereafter small or in some cases smaller) firms in Japan, provided cooperatively by several players from both the public and private sectors. The system was initiated by local governments before World War II, and continued by the central government. I examine the evolutionary development of this cooperation and its organization in the post-war period.

Recently involvement of the governments is not only through supplying funds to either of specialist institutions dealing with credit guarantee supply — the Small Business Credit Insurance Corporation (SBCIC) and Credit Guarantee Associations (CGAs) — but also through monitoring them. SBCIC, founded by the central government, plays role of a central bank. It has a principal-agent relationship with CGAs. In 1990 there are 52 CGAs in Japan and each was founded by local governments along with the investment from private banks. [1]

This cooperative credit guarantee supply involves private banks (small and large), firms demanding credit guarantee and CGAs supplying it. It is the banks that have more business information and thus can more accurately evaluate the business risk of small firms than CGAs. In this paper, I analyze the mechanism of the division of labor among banks, CGAs, SBCIC and governments.

This analysis has an important international implication for restructuring of former Communist bloc economies. As Kornai (1993) has pointed out, these countries have great expectations about Japan's specialized knowledge. He indicated two weak points - one the banking sector and the other the small firms sector. [2] The credit guarantee supply know-how developed in the post-war period is seen an important and rational solution to improve Kornai's two weak points. [3]

From theoretical work on the role of collateral in loan arrangements under conditions of asymmetric information, (see for example by Campbell-Kracaw (1980), Diamond (1984), or more specifically, Chan-Kanatas (1985)) government intervention for credit guarantee is necessary for small firms who do not have enough collateral assets to borrow money from banks. [4] This intervention has been improved and become more sophisticated in the post-war period, to organize an efficient monitoring system. The experience of an evolutionary improvement process is a key factor for possible transplantation of the system. The paper, first, makes a positive investigation into the process and then normatively evaluates the system from the economic point of view.

The paper is composed of five sections. Section 2 provides an overview of the history of the evolution of the system. Section 3 discusses the activity of the cooperative credit supply using various facts. It is to be emphasized that about 40 percent of small firms in 1990 use the credit guarantee. Section 4 contains the policy evaluation of the system. Section 5 summarizes the paper.

2 History and Organization

In this section I review the historical development of the cooperative mechanism and policy for credit guarantee supply to S-M firms since just before World War II. Breaks in this development come at the end of war, the late 1950s, late 1960, and around the first oil crisis.

1 History

(1) Pre war period

Many associations of banks and firms incurred huge lending losses due to the increased bankruptcy of their lending small client firms in 1930s. The city governments of Osaka and Nagoya initiated giving rescue funds to banks or associations. It was in 1932 that it became possible for such governments to get financial support from the central government for such rescues, but under strict conditions. In 1937 the central government expanded this support system to include the losses of local governments caused by their guarantee of a supply of credit to small firms. With the introduction of this measure, the division of labor between the central government, local governments, and banks in the guaranteed supply of credit began to dawn.

Another start was made in this period for a specialist credit guarantee organization. It was a copy of German credit guarantee system planned by Tokyo Prefecture Government in 1935 — according to the volume of 30 Years of Small Business Credit Insurance Corporation (Hereafter 30 Years) published by SBCIC. In 1935 the task force group organized by the Tokyo City Government recommended that the government establish a specialist association for credit guarantee. The Tokyo Credit Guarantee Association was founded by both Tokyo City Government and Tokyo Prefectural Government in 1937. The Kyoto and Osaka City Governments followed and established their own associations in 1939 and 1942 respectively.

The motivation to establish these associations was to mitigate loan market asymmetry, which requires that borrowers supply collateral to obtain financing. Small firms with fewer assets for the supply of collateral cannot gain access to loan markets without policy intervention. The rational motivation of these associations notwithstanding, they did not succeed in achieving the desired function because there was no strong commitment of the central government (such as those introduced later on after the war). [5]

(2) Post war cradle period before 1958

During this period the Japanese credit guarantee system built its core structure, composed of two elements. Initially, however, just after the war, the government of occupied Japan needed to negotiate with the Occupation authorities, who requested that the system be abolished. This was due to its origin as a copy of an institution from fascist German. Nevertheless, following the strong desire of the government, particularly declared at a 1948 cabinet meeting, the system was approved to continue by the Occupation authorities, and then two core elements were founded.

First, various local governments established each credit association in each area with considerable capital investment from private banks. [6] The number of total credit associations in Japan increased from 4 at the end of 1947 to 48 at the end of 1949. In these days Business Association Law regulated the activity of CGAs, and thus the monopolistic guarantee supply through the association was frequently questioned by Fair Trade Commission (FTC). To have an independent law control and to have free hand from FTC control for their activity, a new rule was introduced in 1953 — the Credit Guarantee Law. This was the real start of the specialist credit guarantee association in Japan.

Second, at the time of the preparation of the Credit Guarantee Law, the Ministry of Finance (MOF) and the Ministry of International Trade and Industries (MITI) each had a plan to found a specialist government financial institution for credit insurance. In 1950 the Occupation authorities allowed the government to introduce a special account for insurance under the control of Small Business Agency — a division of MITI. Following this permission, the government enacted the Special Account Law for Small Business Credit Insurance in December 1950. Through this account the government could supply insurance service only to banks having lending relationships with small firms. However, in 1951, the government could supply insurance service directly to CGAs. This was truly the beginning of the direct relationship between the specialist credit guarantee organization and the specialist credit insurance organization in Japan.

Since then several measures were incorporated in the insurance system such as reduction of insurance fees, preferential treatment of smaller firms, expansion into more banks, or direct lending through the account to CGAs. However, these measures caused duplications between the CGAs' support and the SBCIC's support, because the latter could have access to small firms through its insurance relationships with banks. Also, the introduction of government lending to CGAs necessitated an adjustment for fund allocation among various CGAs. Further the introduction of several advantageous measures resulted in increased losses for the account and required a reorganization for efficient management. Under the circumstance, an insurance organization independent from the government was needed to bring incentives for more efficient management.

Much quicker action was required because of the tightened monetary policy that would have negative effects on small firms' borrowing availability. Following the recommendation of the Financial System Research Committeeto the MOF, a new special independent insurance institution -the Small Business Credit Insurance Corporation (SBCIC), to be monitored jointly by the MOF and MITI-was founded by the government in 1958.

According to the Article 1 of the Small Business Credit Insurance Corporation Act, the purpose of the SBCIC is to ameliorate business loan supply of banks to small firms by insuring the credit guarantee of CGAs and by lending funds to CGAs. On July 11, 1958, its official start of the SBCIC, the total amount of paid - in capital amounted to 10.7 billion yen, all of which came from the central government. At the end of this fiscal year — March 1959 — its total amount of insuring reached 569 billion yen.

(3) **Organization sophistication period in high growth era in the 1960s**

During this period the credit guarantee system became more sophisticated, for example by the introduction of new insurance channels or the continuing capital investment by the government. In this period the system became the most important element for the framework of policy toward small firms. [7]

Among several improvements of SBCIC measures, the most important started in 1965 and allowed the SBCIC to cover bank loan contracts without any collateral deposited at banks. Using this channel, firms could borrow money from banks without depositing any collateral. However, they were required to have a personal guarantor. A more preferential measure without either requirement was introduced for much smaller firms in 1965. At its start-up stage, it targeted loans of less than 300 thousand yen, but several qualifications were required. For example, the lending firm must have less than 5 normal employees (2 employees in service industries), the industry coverage is limited, and applicants must have more than three continuous years business experience in the same industry and in the same location.

It was originally intended that both measures would end at the end of fiscal year 1967. However, the Task Force of the Finance Committee recommended in 1966 that the Small Enterprises Policy Council to make them permanent. [8] At the same time a preferential lending from the SBCIC was introduced, to strengthen the fund base of CGAs. Also the investment of private banks to CGAs was approved for tax exemption treatment.

Organizational problems appeared suddenly after the tightened monetary policy in the late 1960s. In the mid - 1960s, just before the occurrence of the problem, the money market was relaxed to bring business reflation and a recovery of bank lending to small firms. [9] CGAs could respond quickly to this policy requirement by increasing their credit guarantee supply, strengthened by several measures introduced in the previous period. Tightened monetary policy, a few years later, caused banks to suddenly suppress their lending to small firms. [10] The result was many bankruptcies of small firms. Banks requested CGAs to execute their guarantee payment and thus the SBCIC had to increase its insurance payment. Short-term business fluctuations and discretionary macro monetary policy caused an urgent need to reorganize the system.

First, CGAs and the SBCIC were asked by the government to exchange business information more frequently and efficiently. The SBCIC, as the central bank of the system, founded a research division and expanded its monitoring division. Further, an agreement was taken among the SBCIC, CGAs, and their monitoring government agents at the MOF and MITI. Though the agreement did not aim at any explicit reorganization but rather for some implicit management improvement, — and therefore was referred to as Voluntary Improvement Measures (VIM) — it could reinforce the influence of SBCIC on the system.

In VIM, the SBCIC emphasized that CGAs and the SBCIC have to cooperate under a trustful principal-agent relationship. Though such a trustful relationship, the SBCIC can reserve the potential power to request CGAs to inform it of credit guarantee plans and can order modifications depending on credit guarantee performance. VIM requires CGAs to increase monitoring of small firms credit risks. However, including other measures, every measure is implicit except for the control of the SBCIC through its lending to CGAs.

(4) **International consideration period since 1970**

Adjustment in the previous period made the management of the SBCIC more flexible to adapt to each year's business policy, particularly to international policy needs in more recent period. In 1971 a preferential insurance was started for pollution protection investment of small firms. In 1980 the SBCIC introduced another preferential insurance for small firms investing in new technology augmented plant and equipment. [11] Also the coverage of small firms was expanded following the new definition of small firms by the Small Business Fundamental Act in 1973 — including firms of up to 100 million yen paid-in capital, compared to the previous upper limit of 50 million yen.

In 1971 a preferential measure was introduced for firms who might suffer from increased import competition due to preferential tariff treatments to exporting countries. Another typical example is the preferential insurance for the adjustment assistance to small firms in declining industries, which followed the purpose of the Act for Temporary Measures for Specified Depressed Regions enacted in 1973 targeted. [12]

As typically shown in the above example, the credit guarantee system could flexibly follow current general economic policies in each period since the 1970s, even an international policy. [13] However, this policy situation has caused the SBCIC and CGAs to pay more attention to short-term than long-term credit guarantee supply since 1970s. Indeed, in the late 1980s when the yen exchange rate has appreciated, various temporary measures were introduced, as in late 1960s, and caused a sharp increase of credit guarantee supply.

2 Discussion on the relationship among multiple players

The following is a brief discussion of the organizational framework from the point of the principal - agent theory.

⑴ Chain of multiple principal-agent relationships

As shown in Figure 16-1, there are six players in this cooperative organization — i) central government authorities of MOF and MITI, ii) SBCIC, iii) local governments, iv) CGAs, v) banks, and vi) small firms. Among them the positioning of local governments has some different elements from others. Other players are involved in the chain of multiple principal-agent relationships. First, MOF plus MITI and SBCIC are in a principal-agent relationship; the former are the principals of SBCIC. Then SBCIC and CGAs are also in a principal-agent relationship. CGAs and lending banks are in a principal-agent relationship for credit guarantee contracts. Further, needless to say, banks are the principal of firms in lending contracts. In this chain relationship the SBCIC performs the role of the central bank under the monitoring

Figure 16-1 Chain of principal-agent relationships for cooperative credit guarantee supply

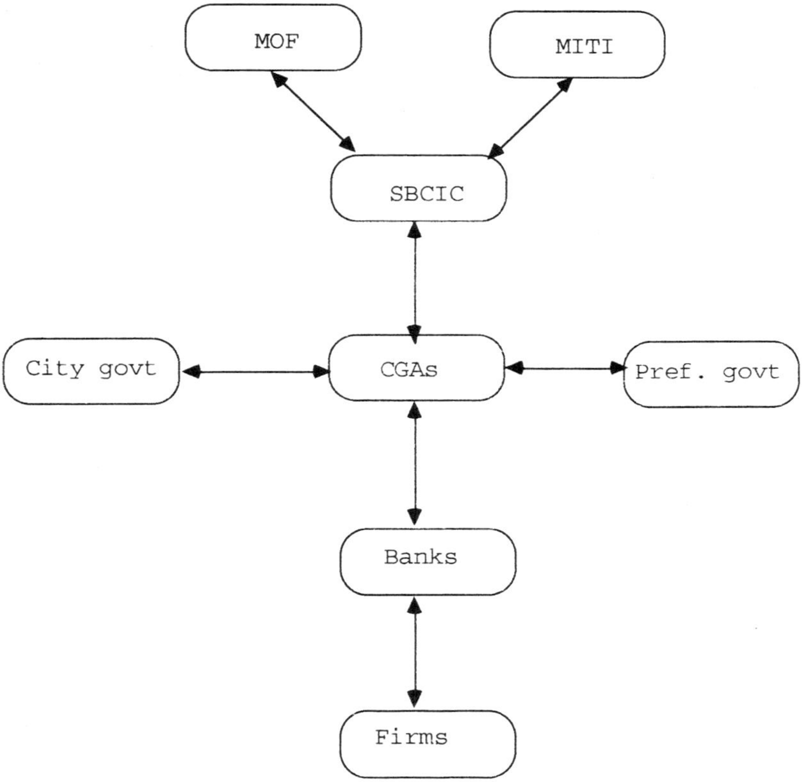

of two government authorities and thus has a monopoly power, to some extent, in the credit guarantee system. [14]

(2) **Unique position of local governments**

Compared to the SBCIC, the power of each local government in the system is less monopolistic and the relative position is more complicated. It is true of course that each local government, as the major investor, can control the management of its CGA through its capital and lending investments in CGA. In other words, it shares the principal role of CGA with SBCIC. However, its position fluctuates, as at some time for CGA and against SBCIC or at another time against CGA and for SBCIC because it has to be monitored by the central government, of which SBCIC is the sole direct agent for credit guarantee activity.

Thus each local government locates among the central government, SBCIC, and the CGA to display complicated behavior. Nevertheless its purpose is to bring a more stable and prosperous local economy through the support of small firms in its area. Following this basic stance of the local government, each CGA — though sandwiched among their local governments, SBCIC, banks, and firms — has a long-term and trustful relationship with its local government.

(3) Relationship viewed from working fund

Table 16-1 looks into the relationship among the central government, local governments, SBCIC, CGAs, and banks from the point of the long-run development of working fund in the system. The total amount of paid-in capital of the SBCIC increased from 15 billion yen at the end of the 1960 fiscal year to 617 billion yen at the end of fiscal year 1990. All of them are composed of investment from the central government. By using this capital SBCIC increased its lending investment in CGAs from 26 billion yen to 411 billion yen from 1965 to 90. All of them are allocated among CGAs to achieve its desired regional distribution. [15] On the other hand, besides this allocated money, each CGA borrows money from its local government-increased from 14 billion yen to 620 billion yen during the period from 60 to 90. Therefore, needless to say, as far as each CGA's fund investors' distribution is concerned, the major sponsor has not been the SBCIC but its local government because the lending investment of the local government is always larger than the lending investment of SBCIC, and also because the local government has capital investment.

Capital fund investment from its local government and banks is shown in this Table. The government investment has been considerably larger than

Table 16-1 Fund raising of Credit Guarantee Associations (CGAs)
and Small Business Credit Insurance Corporation (SBCIC)

Fiscal year	1960	1965	1970	1975	1980	1985	1990
SBCIC (bil. yen, %)							
1. Paid-in capital							
	15	34	69	157	278	395	617
2. Central government investment flow							
	2	7	12	23	58	43	26
CGAs (bil. yen, %)							
1. Total net-worth							
	n.a.	19	44	114	244	428	707
2. Paid-in fund in #1							
	n.a.	11	22	48	97	138	184
3. Local governments paid-in fund in #1							
	n.a.	10	17	35	63	91	121
4. Privete banks paid-in fund in #1							
	n.a.	1	5	14	32	45	59
5. Total borrowing							
	n.a.	44	107	263	448	638	1931
6. Local government in # 5							
	n.a.	14	43	140	225	321	620
7. SBCIC in # 5							
	n.a.	26	64	123	223	317	411

Source: SBCIC and Federation of All Credit Guarantee Associations (eds.), *Activity Survey*, various issues.

the banks' investment. From 1965 to 1990 the sum of both investments increased from 11 billion yen to 180 billion yen.

Also CGAs have their own saving reserves amounting to 7 and 523 billion yen at '65 and '90 respectively.

Each CGA sets the limit of the total credit guarantee supply, which usually reaches to about 50 times of the total capital fund totalling 707 billion yen at 1990. [16] This special importance of the capital fund notwithstanding, the total amount of the working fund — capital plus borrowing reaching to

1,737 billion yen at 1990 -is as important as the former because a CGA can earn net flow income by investing borrowing money from the SBCIC as shown later on in the paper.

(4) **Moral hazard**

The cooperative purpose of all players is to supply efficiently credit guarantee to small firms in order to achieve the stability of Japanese economy, its long-run growth efficiency, and income distribution equalization. Generally speaking, there is no conflict of interest among them regarding this cooperative purpose. [17]

However, each player including the government authority may have its own organizational purpose which would cause moral hazard problems in the credit guarantee system. For example, banks seek to expand their lending to as many as small firms as possible, regardless of their inefficient projects, because the banks do not need to take into consideration any possibility of bankruptcy under the guaranteed contract by CGA. Also each CGA may have its organization utility in expanding its credit guarantee and may cause inefficient insurance payment by the SBCIC. [18] Then, the SBCIC also may seek a similar organization object by expecting continuing government investment. Of course, end users of the credit guaranteed firms can behave opportunistically, too.

The cooperative supply mechanism as a whole has some built-in mechanisms — implicitly or explicitly-to mitigate moral hazard behavior in order to achieve system efficiency. The VIM agreement is a typical implicit example brought by this built-in mechanism. According to the VIM agreement, each CGA's credit guarantee plan can be checked by the SBCIC and it has to accept any modification requested by SBCIC.

(5) **Other mechanisms coping with moral hazard**

As far as explicit instruments are concerned, the SBCIC can control the allocation of its lending investment among CGAs by differentiating the lending conditions. This possibility can work as a powerful threat to force an efficient effort of CGA because they have to depend on the lending investment of SBCIC. On the other hand, a CGA can control its credit guarantee allocation differentially among banks by observing each bank's monitoring attitude or capability for small firms loan arrangement. This allocation control can depress the moral hazard of banks, particularly because banks could not expand their lending to small firms without the guarantee system. Also it is important that small firms are not usually able to access directly to CGAs. In this situation small firms tend to have long-term relationships with banks, reducing the information asymmetry among the firm and the bank and working to decrease the moral hazard of firms. [19]

Finally, central government monitoring can be maintained by the notorious Japanese administrative guidance. MOF and MITI can efficiently monitor the SBCIC because there is less information asymmetry among them and SBCIC. Either MOF or MITI usually sends its retired officer to SBCIC as the top executive. Also it is easier to collect information about the business conditions of numerous small firms in all over Japan from only SBCIC rather than from many agents like CGAs or banks. [20]

3 Performance of Activity

In this section I trace the development of the credit guarantee activity since 1960, just three years after the establishment of the SBCIC, in a long-term perspective.

1 Long-run trend

(1) CGAs' growth

Long-run rapid growth of the credit guarantee activity is observable in Table 16-2. The growth rate during the 30 years from 1960 to 1990 is 7.7 % in terms of the number of guaranteed contracts, and 18.4 % in terms of outstanding guarantees.

Table 16-2 Growth and composition of credit guarntee by CGAs and SBCIC

Fiscal year	1960	1965	1970	1975	1980	1085	1990
Overview of outstanding growth							
1. Number of contracts (1,000)							
	275	574	965	1,617	1,976	2,118	2,541
2. Outstanding (bil. yen)							
	124	493	1,315	4,435	7,129	9,266	19,478
Diffusion rate in the total (%)							
1. User firms							
	n.a.	n.a.	n.a.	n.a.	n.a.	n.a.	23.8
2. Guaranteed contracts							
	n.a.	14.8	n.a.	31.7	33.9	33.6	39.3
3. Guaranteed amout							
	n.a.	3.9	4.4	5.8	5.8	4.7	6.3
CGAs flow/stock ratio (%)							
1. Number of contracts							
	143	122	86.2	63.3	53.0	47.3	45.7
2. Amount							
	143	131	104	81.0	73.0	67.0	62.7
CGAs payment							
1. Number of contracts (1,000)							
	10	14	25	28	52	52	16
2. Amount (bil. yen)							
	3	10	25	66	184	220	88
CGAs stock of claim							
1. Number of contracts (1,000)							
	n.a.	n.a.	n.a.	162	302	442	443
2. Number of firms (1,000)							
	n.a.	n.a.	n.a.	n.a.	213	296	303
3. Amount (bil. yen)							
	n.a.	n.a.	n.a.	180	635	1,180	1,220

SBCIC insurance acceptance						
1. Number (1,000)						
377	703	818	1,018	1,043	993	1,019
2. Amount (bil. yen)						
142	594	1,274	3,505	5,118	6,068	10,045
SBCIC major insurance (%)						
1. Normal: Number						
30.0	29.9	32.3	32.5	29.5	37.0	35.8
2. Normal: Amount						
55.6	63.5	58.0	60.1	55.4	63.3	70.0
3. No collateral: Number						
n.a.	23.8	65.3	64.2	66.8	59.0	61.1
4. No collateral: Amount (%)						
n.a.	14.3	41.1	38.5	43.2	35.8	29.0

Source: *Ibid*.

In the course of this history of high growth, the system has been expanding the coverage of firms. The share of firms using the credit at the end of fiscal year 1990 reached 23.8 %. The number of contracts increased 39.3% at the same time. The relatively higher rate of diffusion of the number of loan contracts means that the credit guarantee is supplied more to smaller firms rather than to medium-sized firms. This is a reasonable consequence because the smaller a firm is, the less it demands for loan. This size effect appears also in the degree of diffusion viewed from the outstanding of guaranteed loan. At the end of fiscal year 1960 the rate of diffusion was only 2.5 % of the total outstanding of small firms loan. However, even viewed from this measure, it increased from this low level to 6.3 % at the end of fiscal year 1990.

(2) Long-term guarantee and risk taking

Before the 1980s, most credit guarantee contracts ended within one year. For example, in 1965 the annual flow amount of credit guarantee reached 646 billion yen and the stock amount at the end of 1965, 493 billion yen, was less than the annual flow. This comparison also appears in the number of contracts. The number of contracts guaranteed during the year reached 701 thousand, however, the number of stock, 573 thousand, was less than the flow. This trend of short-term credit guarantee supply had continued before 1980, and shifted gradually to longer and longer supply. Recently about half of credit guarantee contracts have continued for more than at least one year.

This evolutionary growth of credit guarantee supply has been accompanied with small payment of CGAs. In each year the rate of payment of CGAs to total credit guarantee outstanding at the end of the year is only 1 or 2 % of the total stock, though it fluctuates as discussed later on using an example since the 1970s. [21] Against this payment CGAs can cover almost all of their payment through the insurance contract with SBCIC. After CGAs pay to banks as guarantors, CGAs can keep the claim to client small firms as long as CGAs would not write off. The amount of CGAs' claim reached 180 billion yen at the end of 1975. On the other hand, during this one year CGAs paid 66 billion yen to banks. The amount of claim has increased steadily from this level to 1,220 billion yen at the end of 1990. This amount is so large that it reaches about 6.3% of the total stock.

(3) SBCIC insurance growth and composition

The SBCIC's insurance acceptance has grown as shown in lower part of Table 16-2. Though the number of acceptances has increased little (from 377 thousand contracts in 1960 to 1,019 contracts in 1990), the amount of insurance acceptance has increased as much as that of CGAs — from 142 billion yen in 1960 to 10,045 billion yen in 1990. Even after inflation adjusted by the consumer price index the growth rate during this 30 years period reaches to 9.2 %.

The insured amount of no collateral credit guarantee has been about one third of total insured amount. Its share in total number of insurance contracts has been about two times of the amount share. Thus, the average size of insurance amount per contract of no collateral guarantee contract has been about a half of that of other contracts. [22] It has continued as the majority measure for client smaller firms since its introduction. Compared to this majority of credit guarantee without collateral, another special measure without collateral or personnel guarantors has been limited to a few per cent in total number of contracts.

⑷ **Guarantee fee and insurance conditions**

Though both CGAs and SBCIC have achieved high growth and have shown several important structural changes, the management performance of CGAs and SBCIC has fluctuated during the period of thirty years, as shown in terms of revenue and expenditure trend in Table 16-3.

Needless to say, the credit guarantee fee is CGAs' major revenue source in client firms. The annual fee is normally 1 % of total guaranteed borrowing, with 0.1 to 0.6 percentage point reduction for loans of smaller amount of borrowings, depending on policy of each CGA. [23] The insurance fee cost for CGA is considerably lower than the guarantee fee rate of 1 %, applied equally to all CGAs by the SBCIC. In 1990 the annual insurance cost was 0.57 % of guaranteed loans outstanding, therefore, CGAs can pass through most of credit risk to the SBCIC through insurance contracts. However, this risk transfer is limited so that the insurance covers up to 70 % of total guaranteed amount and less than 12 million yen per contract. [24] Nevertheless, subsidy from local governments can compensate most of the amount — 50 to 100 % depending on the policy of each local government — that cannot be covered by SBCIC insurance. Thus, CGAs do not usually incur business losses due to credit guarantee supply. Therefore, CGAs could have accumulated the saving fund reaching to 523 billion yen at the end of fiscal 1990.

⑸ **CGAs revenue and expenditure**

Table 16-3 shows the long-run trend of the performance of CGAs and SBCIC from the point of revenue, expenditure, and number of total employees. The major revenue sources of CGAs are the credit guarantee fee and investment income. Major expenditures are three — management, insurance,

Table 16-3　Loss and income of CGAs and SBCIC

Fiscal year	1960	1965	1970	1975	1980	1985	1990
CGAs (100 million yen, persons)							
1. Guarantee income	n.a.	71	155	457	813	1,019	1,756
2. Return of investment	n.a.	35	111	342	532	711	1,026
3. Insurance fee payment	n.a.	24	61	175	268	362	693
4. Management expense	n.a.	30	56	205	359	500	683
5. Net profit	n.a.	9	47	100	294	308	898
6. Total working asset	n.a.	799	2,186	8,096	11,099	17,036	27,167
7. Total employment	n.a.	2,987	3,714	4,780	5,205	5,503	5,818
SBCIC (100 million yen, persons)							
1. Insurance fee income	5	25	58	173	269	358	778
2. Payback of insurance payment	6	20	82	150	553	880	1,071
3. Insurance payment	15	57	158	409	1,224	1,478	570
4. Management expense	1	4	9	19	28	31	47
5. Net profit	2	–	-11	–	-363	-111	561
6. Government investment	18	70	115	230	580	430	335
7. Total asset	154	354	709	1,799	2,953	4,179	10,238
8. Total employment	191	381	408	404	396	423	418

Note. Figures of SBCIC before 1985 do not include its special account for machinery industry insurance. At 1985 its total asset amounts 156 million yen, about 3.7% of the above total asset.

Source: *Ibid.*

and borrowing. During the 1990 business year, CGAs' total revenue reached 280 billion yen, of which 175.6 billion yen from credit guarantee fee revenue and 102.6 from investment income. On the other hand, the total cost was 169 billion yen, of which 68.3 billion yen for management, 32 billion yen for borrowing interest, and 69.3 billion yen for insurance. Thus, the net revenue was to 111 billion yen.

In 1990 CGAs made 1,162 thousand contracts, totalling 12,204 billion yen, with staffs of 5,818 employees including executives (211 persons). The average number of credit guarantee contracts per person during the year was about 200. This efficient supply was made possible by two factors: one the banks' monitoring client firms and the other that most of clients are repeaters (81.8% in terms of number of contracts in 1990).

(6) Management of CGAs

Although CGAs can assign the major role of screening firms and evaluating their credit risks to banks, it is the CGA management's decision whether or not it can give a firm credit guarantee. To do this each CGA has own ceiling limit and has a special committee composed of managing executives and credit guarantee specialists, with a few to 20 committee members. Each CGA has several regular monthly meetings for the decision over the ceiling of credit guarantee. On the other hand, for credit guarantee below the ceiling amount, each CGA permits executives or managers to decide the supply by themselves. [25] This simple decision process is made possible by information from banks under long-term mutual relationships.

(7) SBCIC revenue and expenditure

In 1990 the SBCIC had annual revenue of 77.8 billion yen of insurance fee and 12.4 billon yen of lending investment income from CGAs. The SBCIC paid insurance of 57.0 billion yen to CGAs and recovered 107.1 billion yen. It made 56.1 billion yen profit during the year. Nevertheless, it introduced an investment of 33.5 billion yen from the central government. This considerable and steady investment of the government has been maintained since the establishment of the SBCIC. Using this stable investment, SBCIC has been able to write off any losses and to perform the role of the lender of last resort as the central bank.

The number of total employees has been maintained at around 400. This is less than one tenth that of CGAs. This small number assumes that it usually follows the insurance application of CGAs without case-by-case screening. Indeed, the SBCIC usually makes an insurance agreement contract with each CGA about the planned amount of credit guarantee supply every six months and follows the application. Therefore, even the size of SBCIC's biggest section in the organization, the screening section, can be made quite small.

2　Current situation

At the end of fiscal year 1990, 1,162 thousand loan contracts are guaranteed by the system, which amounts to 12,204 billion yen in total. Table 16-4 shows the detail of this distribution by size of borrowing amount, by type of arranging banks, by purpose of borrowing, by maturity period, and by industry. Also during this one year the amount totalling 57.0 billion yen is paid by SBCIC to CGAs through the insurance contract. The distribution of this payment is also shown in Table 16-4 by type of failure factor, by type of arranging banks, and by size of firms.

⑴　**City banks**

Most credit guarantees are supplied for working capital through city banks to small firms in service industries. This working capital majority notwithstanding, the credit guaranteed amount is relatively large and the maturity is long. The share of numbers of loan contracts with more than 10 million yen is about a quarter of the total number of guaranteed contracts, and the average maturity is longer than a few years. The supply of this relatively long term and large amount of credit guarantee can be made possible, first because most current users are repeaters as shown previously in the paper, and second because each CGA has long-term relationships with banks.

Though the target of credit guarantee is of course the category of small firms, small banks — for example, such as regional banks or second tier regional banks — have only about a half share of total amount of credit guarantee. City banks have 46.2 % share of total guaranteed lending. This is simply because CGAs can depend on city banks more than small banks due to less risks and higher creditworthiness of client firms with relationships with city banks. [26] Additional data is shown in Table 16-4.

(2) Fluctuations of insurance payment

Insurance payment is concentrated to smaller firms of less than 5 employees in declining industries. Compared to the majority of city banks in arrangement numbers as shown above, city banks' presence in insurance payment is significantly smaller than the above majority share. On the other hand, most insurance payment is caused by contracts arranged by regional banks or credit associations. In particular, although credit associations have 13.6 % in total amount of credit guarantee in 1990, they cause about 22 % of total insurance payment during the year.

This insurance payment is followed by the request of CGAs who have to pay to lending banks on behalf of bankrupt firms. The payment amount of CGAs fluctuates with business fluctuations, as shown in Figure 16-2. The trend of bankruptcies leads CGAs' payment. Bankruptcies appear at the same time as discount rate changes by the Bank of Japan. Mutual relationships among the discount rate, guarantee payment, and the bankruptcies exist even in the period of financial liberalization since late 80s.

Financial liberalization can expand the accessibility of firms to new private credit guarantee market supplied by non-bank private financial institutions. Thus, the necessity of the public supply could be reduced in the period. However, public supply through CGAs and SBCIC has increased in the period, to an extent similar to the previous period. Then, the system in-

Table 16-4 Detail activity of CGAs and SBCIC in 1990 (Unit = %)

CBAs' credit guarantee acceptance composition (%)

1. Number by size of borrowing

1. Less than 1 mil. yen	2.8	4. Less than 5 mil. yen	28.7
2. Less than 2 mil. yen	12.0	5. Less than 10 mil. yen	17.9
3. Less than 3 mil. yen	14.5	6. More than 10 mil. yen	24.1

2. Amount by type of contract processing banks

1. City banks	46.2	4. Credit associations	13.6
2. Regional banks	25.7	5. Credit Unions	1.6
3. Mutual banks	11.3		

3. Amount by type of borrowing purpose

1. Investment money	15.9	2. Working capital money	84.1

4. Amount by maturity

1. Less than 1 year	27.7	4. Less than 4 years	1.5
2. Less than 2 year	34.1	5. Less than 5 years	14.6
3. Less than 3 years	6.0	6. More than 5 years	16.1

5. Amount by industry

1. Agri. & Fishing	0.1	14. Machinery industry	3.4
2. Mining	0.2	15. Electric machinery	2.1
3. Manufacturing total	28.5	16. Vehicle	1.0
4. Food industry	2.6	16. Metal	5.2
5. Textile industry	3.5	18. Other manuf.	3.1
6. Wood & pulp ind.	1.1	19. Construction	19.6
7. Furniture etc ind.	0.8	20. Service ind. total	51.5
8. Paper	0.7	21. Whole sales	17.8
9. Printing	2.3	22. Retail	13.1
10. Chemistry	0.6	23. Restaurants	2.9
11. Rubber & plastic	1.0	24. Trans. & warehouse	2.6
12. Leather	0.4	25. Other service	15.1
13. Ceramics	0.9		

SBCIC' insurance payment composition (%)

1. Amount by type of cause

1. Declining market	36.0	5. Excessive investment	6.6
2. excessive competition	13.6	6. Financial distress	7.9

3. Bankruptcy of clients	9.4	7. Loose management	14.5
4. Sales money collection delay or problem	4.7	8. Disasters or accidents	7.2

2. Amount by type or processing bank of loan contract

1. City banks	21.5	4. Credit associations	22.3
2. Regional banks	33.9	5. Credit Unions	4.7
3. Mutual banks	15.4		

3. Amount by employment size of firms

1. Less than 2	29.2	4. 21 to less than 50	11.0
2. 3 to less than 5	22.6	5. More than 51	4.6
3. 6 to less than 20	32.6		

Source: *Ibid*

Figure 16-2　Percentage change to previous year of CGAs payment and bankruptcies, and the discount rate in Japan since 1970s

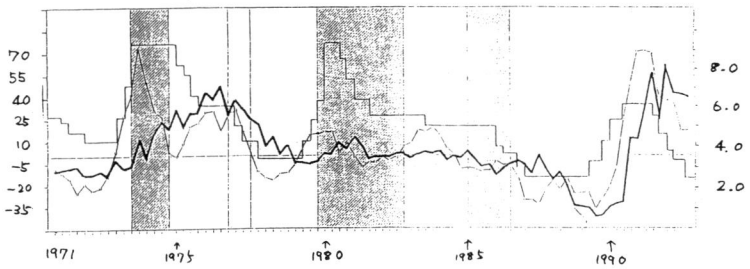

Notes: CGAs guarantee payment (Left)
　　　Number of bankruptcies (Left)
　　　Discount rate (Right)
　　　Shaded area shows the period of economic recession.

curred considerable insurance payment, i.e., increased loss. This is due to the active supply of guarantee through CGAs, requested by urgent policy to make the Japanese economy adapt to the hike of yen exchange rate since 1985. This is an example of the effect of short-term bias emphasizing the current policy issue.

4 Policy Evaluation

This section discusses the policy evaluation of Japanese credit guarantee system from two points - organization efficiency and economic efficiency.

1 Organization efficiency

(1) Public and private relationship

The organization has two facets — public and private. The following analysis focuses mainly on the public element of the organization. Needless to say, the organizational efficiency has to be affected by the relationship among both sectors and also by the organizational efficiency of the private sector. [27] The Japanese system for credit guarantee supply to small firms assumes a close relationship among public and private sectors, such as typically shown for example, the investment of private banks to CGAs or their involvement in monitoring of firms.

Also it presumes a long-term relationship between banks and small firms, and the management efficiency of banks searching for firms with efficient projects and for analyzing their credibility. [28] Because of banks' management efficiency and their relationship with firms and also their commitment to CGAs, the credit guarantee system can be maintained by only about 6,000 staffs in total in the public sector — SBCIC and all CGAS.

(2) Dynamic efficiency

Although the public sector achieves this labor efficiency, it had to face to management problems some times since the start of the 1950s. Indeed, if we take a snapshot of the public facet of the system at any time of its evolutionary development, we would find several inefficiencies or management reorganization necessities of the organization. This can be easily examined by the fact that there have aroused several important reorganizations in the 1950s and 1960s.

However, from a dynamic point of view, it has always displayed flexible management to achieve efficient organization and has adjusted to policy requirements. After the continuous reorganization period from the cradle period of late '50 to the VIM agreement in 1968, the system could reach the stage to be able to quickly respond to general economic policy issues in each period, such as the industrial adjustment due to the international trade liberalization or the appreciation of yen. Because of this flexibility and the central government's strong commitment, which can be enforced politically assuming the efficient and flexible management of the SBCIC, the system could cover the majority of small firms in Japan in 1980'.

(3) **Incentive structure efficiency**

In the system, the SBCIC performs the leadership role as the central bank to control and reorganize the system following the monitoring of the central government — implicit and explicit. For Other agents like CGAs, local governments, and banks, the system has had such a dynamically flexible incentive structure that they could follow the control or guidance of SBCIC — again implicit and explicit.

Most moral hazard problems are solved by a combination of both explicit and implicit incentives or punishments, which assumes that agents have long-term relationships among themselves. Although it will need further research to identify the contribution of each factor, I conclude that the explicit commitment assumes the implicit guideline as an indispensable monitoring channel.

We need both channels for efficient organization. Therefore we cannot neglect the explicit measure such as the control of lending conditions to each CGA by SBCIC even though. the Japanese system depends strongly on implicit guidelines. The system has been reorganized to reach an optimum mixture of implicit and explicit controls or incentives. Through this evolutionary development, the imperfection of the market for loans to small firms has been mitigated and thus the investment of the central government could have been approved politically even in the period of the government budget deficit.

(4) **Administrative guidance**

Looking into the detail of the mechanism of the dynamically efficient organization of the system, first the system provides an opportunity to enhance information exchange among players and thus reduces information asymmetry. [29] This smooth information exchange is revealed by the high labor efficiency maintained by the small number of employees - only about 6,000 in total for making more than 2 million contracts per year.

However, this organization efficiency in terms of contacts per employee presumes both the commitment of banks and the powerful monitoring of central government. We have already reviewed the commitment of banks. The main concern of the central government is to assign a reasonable budget to the credit guarantee through its investment control over the SBCIC. Generally speaking, the budget for small firms policy tends to increase relatively more because of their political power. [30] The SBCIC can become a buffer for the government to adjust to pressures from politicians. However, this situation will cause organizational inefficiency of the SBCIC because it faces reduced possibilities of punishment. The government seeks to mitigate this possibility mainly through administrative guidance and through its control of the budget allocation to SBCIC. This type of influence on the government agent like SBCIC is so common that we can conclude that credit guarantee system is an example of the Japanese management practice. [31]

Therefore, from the international view point, we may ask reasonably a difficulty in its transplantation to other countries, unless they have few experiences of administrative guidance which assumes a mutual and trustful relationship among the government and private sectors. This prerequisite of the efficient mechanism of the administrative guidance may be a bottle neck for the purpose of its transplantation into other foreign countries.

2 Economic efficiency

(1) Overview

As far as the contribution of the system to the Japanese economy is concerned, two facts are enough for the general overview. First, the Japanese economy depends on small firms, particularly in terms of employment. Most small firms in local areas — for example in food, construction, or retail industries, all of which are major industries depending on credit guarantee supply — can supply employment opportunities for local people and can stabilize the local economy. Second, the economy presumes the division of labor between small firms and large corporations via the subcontracting relationship. Most small firms in the electric and machinery industries — another major user of the credit guarantee — are subcontractors of large firms and can contribute to the growth of the economy through export growth. It is those firms of both categories that need credit guarantee services because they have fewer assets and low creditworthiness than large corporations.

Speaking a little bit formally, the mitigation of the information asymmetry among banks and small firms — the purpose of the credit guarantee system — is concluded to have improved three economic goals: i) the stability of the Japanese economy, ii) its long-run growth efficiency, and iii) the equalizaton of income distribution. Absorption of employees, particularly in local areas, can contribute to the stabilization of the economy. Of course, this can work to mitigate the inequality of income distribution among city areas and local areas. Also it can function to mitigate the inequality among large corporations and small firms. All is well known. Going beyond this, the final point is its indirect contribution on the diffusion of technology, not only production technology but management technology. The presence of small firms supported by the credit guarantee could enhance the diffusion because about a quarter of all small firms in Japan introduce the credit guarantee. From the point of the long-run growth of the Japanese economy, this is seen as the most important factor.

Nevertheless, we can ask some negative effects of the credit guarantee supply to small firms who have inefficient projects and cause inefficient insurance payments. This possibility can happen more if CGAs are forced to supply credit guarantee to firms in the short-term horizon. Indeed, we have already shown some recent results since the 1980. [32]

(2) **Technical discussion**

Our final discussion is about the financial mechanism performed by the credit guarantee system. The division of labor for the credit guarantee supply can be compared with the division of labor for the syndication loan arrangement for large corporations. For small firms the syndication loan is not efficient mainly because of the small size of borrowing amount. However, even for them, it is reasonable to diversify fund raising sources. [33] In the credit guarantee supply system, the manager role is played by a bank. The bank evaluates the risk of the project of its client firm, arranges the loan contract, and supplies its money. CGA can become a follower to supply risk taking service to the bank because the information produced by the bank is trustworthy in the long-run relationship between the CGA and the bank. Of course, this active risk taking is made possible by CGAs' dependence on the SBCIC.

Without the commitment of the CGA, the bank could have reduced its lending under the reasonable assumption of increased risk with the amount of lending. Following this reasoning, under the circumstance without a public credit guarantee mechanism, credit creation by the banking system could have been reduced. As a possible consequence, more money would have been allocated to large corporations through capital markets. Therefore, it seems probable that the public credit guarantee system for small firms has contributed significantly to the growth of the market for loans to small firms.

5 Summary

Credit guarantees supplied to small firms through two specialist public organizations has expanded their availability of funds. Access to the bank loan market is made possible for smaller firms with few collateral assets. This mechanism can be compared to syndication loans for large corporations. Because of the expanded credit supply to small firms, the Japanese economy has been able to accommodate many small firms and to display flexible adjustment to economic shocks.

In this mechanism, one of the most important characteristics is cooperation among various players including private banks, governments, and specialist government organizations. These players are incorporated in a chain structure of principal-agent relationships and of efficient incentives. These incentives are either implicit or explicit. The central government monitors the cooperative supply and affects it through the administrative guidance.

Another characteristic is the long-term relationship between firms and banks. Under this private sector business practice, Credit Guarantee Associations and the Small Business Credit Insurance Corporation can maintain considerably higher efficiency in terms of guarantee supply per employee.

● Notes

1) 47 CGAs are organized by prefectures; each of remaining 5 is founded by a large city such as Yokohama or Osaka.

2) See the comment by Janos Kornai (1993), at the symposium *The World Economy in the 21st Century and Japan : Beyond the Economic Crisis*, held by the Japan Economic Research Center (cosponsored by Nihon Keizai Shinbun, Inc.) and published in JCER REPORT Vol. 5 No. 6, 7 June, July 1993.

3) Because the credit guarantee supply mechanism has become an important topic, recently SBCIC and CGAs' Federation have organized several assistance programs for Asian countries to transfer the system for their countries' small firms development. As far as the situation of the related researches is con-

cerned, we have not sufficient detail analysis about the small firms like that of large corporations. However, in this field the situation is changing, demanded more in the period of financial liberalization since 1980s. For example, we have several discussions on small firms' bank relationship such as Horiuchi (1993) or an overview by Patrick-Rohlen (1987).

4) This argument is so general that the existence of collateral means the imperfection of the loan market. Then a possible question is how firms having insufficient collateral assets can enter the market or if they have to disappear.

5) See Teranishi (1993) for a discussion of the war time financial system.

6) Investment of private banks has not been major and thus any measure was sought to absorb more investment as discussed later on in the paper.

7) Comparatively speaking, the measure is not direct but indirect because it can be applied to every firm belonging to small firms category. However, as shown later in the paper, the measure had some direct elements, such as limiting applicants by industry or by region.

8) See *30 Years* for the membership of the task force committee.

9) Lending to small firms used to expand more quickly than that to large corporations in the relaxed money market.

10) This behavior of banks is related with the current issue in 1990s recession period when banks, particularly large banks who had been expanding their lending to small firms, have been changing this stance because of the greater expected risk to them after deflation of asset market prices.

11) MITI defined the type of new technology in detail.

12) For the declining industrial policy see Sekiguchi-Horiuchi (1988). The adjustment assistance was the most urgent policy issue since 1970s. The Japanese framework was approved to bring most efficient success among developed countries.

13) The international trade liberalization usually has to cause the reallocation of resources and thus temporarily the unemployment of resources from declining sectors. Thus the employment absorption is a critical policy issue. Small firms are major target to absorb these unemployed people.

14) MOF and MITI used to take a competitive position for political power. Here we will neglect this issue of the different emphasis among two government departments. However, it is not MOF but MITI that tends to take more care for firms.

15) The total amount of the central government's budget for small firms reached 195 billion yen in fiscal 1991. In this total its investment to SBCIC reached 33.9 billion yen.

16) This multiplication factor varies from the lowest of 35.0 % to the highest of

60.0 % among various CGAs. In 1990, there are 19 CGAs applying 60.0 % and the average of 52 CGAs is 51.6 %. This multiplication factor was changed frequently, for example, five times since the first oil crisis. It is an interesting question for further research to analyze this process and the difference among CGAs.

17) From the point of private banks' view, the equalization of income distribution among various regions or many sized firms may not be accepted unanimously. Also, this regional factor may cause conflicts of interest among various local governments. This situation is similar to the conflicts of interest among member countries of EC. In the credit guarantee system, we assume that the central government can solve this conflicts.

18) Because CGA guarantee officers are people living in the same area of client small firms and tend to follow their requests.

19) The main bank relationship can thus appear for small firms, although the content of the relationship may differ among large corporations and small firms. See Horiuchi (1993).

20) See Horiuchi (1990) for a discussion of the business associations in Japan with an emphasis on the information sharing and collection.

21) This is an interesting question to be analyzed empirically, in particular as regards CGAs' policy to determine when payments are agreed.

22) Some of them have no collateral but are not approved as no collateral insurance mainly because the borrowing size is larger than the limit.

23) There are also some reductions of a similar rate for special guarantees of temporal measures.

24) The coverage limit for no collateral loan becomes 1.5 million yen and 80%.

25) The limit varies from top executive to middle credit managers and also by each CGA.

26) This has been accelerated by the financial liberalization in 1980s. The credit guarantee service of CGAs has worked as the leverage of city banks' entry into small firms loan market in the period. See Horiuchi (1993).

27) The relationship between the government and private enterprise sectors is discussed from the point of industrial policy. See Komiya (1988) and various papers in the edited volume.

28) This relationship is so-called main bank relationship in Japan. See Horiuchi (1993).

29) This may induce employees to work harder because of more information exchange.

30) See Yokokura (1988). The agriculture sector is an exception. Government subsidy for agriculture has usually expanded more than for small firms.

31) This also has caused some costs in Japan, however, although it is an interesting question it is more difficult to estimate the costs. This situation is so popular in Japan as criticized as workaholic salary man. Most of large corporations depend heavily on meeting for the management, from top to bottom.

32) As far as the more general evaluation of small firms is concerned, it used to change since the post war. From 1950s to 60s the presence of many small firms was seen to imply the inefficiency of the Japanese economy and the major small firms policy to expand the size. However, in the 1980s and later on, the situation has changed completely. The presence of huge number of small firms can be seen to enhance the adjustability of Japanese economy.

33) See Horiuchi (1993) for further discussion about the fund raising source diversification.

【References】

Campbell, T. S. and M. Krackaw, "Information production, Market Signalling, and the Theory of Financial Intermediation," *Journal of Finance*, vol.54, 1980.

Chan, Y. S., and G. Kanatas, "Asymmetric Valuations and the role of Collateral in Loan Agreements," *Journal of Money, Credit, and Banking*, vol.16, Feb. 1985.

Diamond, D. W., "Financial Intermediation and Delegated Monitoring," *Review of Economic Studies*, vol.51, 1984, pp.393-414.

Horiuchi, T., "Structure and Information Sharing Function of the Japanese Optoelectronic Industrial Association, " *International Review of Economics and Business*, vol.37, 1990, pp.1083-1103.

——, "An Empirical Overview of the Japanese main Bank Relationship in Relation to Firm Size - Based on the Results of a Survey Performed," *Rivista Internationale di Sceience Economiche e Commerciali*, vol.40, 1993, pp.997-1018.

——, "The Effect of Firm Status on Banking Relationships and Loan Syndication," revised and restructured version of "The Corporate Loan Syndication Process: The Respective Role of the Main Bank and the Corporate Clients," presented for the World Bank Main Bank Conference at Stanford University on April 1992, to be published as a chapter of conference book edited by M. Aoki and H. Patrick from Oxford University Press, 1993.

Japan Center for Economic Research (ed.), *"The World Economy in the 21st Century and Japan - Beyond the Economic Crisis,"* held by Japan Economic Research Center cosponsored by Nihon Keizai Shinbun, Inc. JCER REPORT Vol. 5, No. 6-7 June, July 1993.

Komiya, et. al. (ed.), *Industrial Policy of Japan*, New York: Academic Press, 1988.

Patrick, H. T., and T. P. Rohlen, "Small-Scale Family Enterprises," in *The Political Economy of Japan*, edited by Yamamura. K., and Y. Yasuba, Stanford: Stanford

University Press, 1987.

Sekiguchi, S., and T. Horiuchi, "Trade and Adjustment Assistance," Komiya, R. et. al. (eds.), *Industrial Policy of Japan*, New York: Academic Press, 1988.

SBCIC (ed.), *30 Years of Small Business Credit Insurance Corporation*, SBCIC, 1989.

Teranishi, J., "Financial Sector Reform after the War," in Teranishi, J., and Y. Kosai (eds.), Japanese Experience of Economic Reform, London: Macmillan, 1993.

Yokokura, T., "Small and Medium Enterprises," Komiya, R. et. al. (eds.), *Industrial Policy of Japan*, New York: Academic Press, 1988.

初 出 一 覧

1　**合繊産業における設備処理と共同行為**
　「合繊産業における設備処理と共同行為」『日本経済研究』No.14，1985 年 3 月。

2　**合繊長繊維織物不況**
　「合繊長繊維織物不況」『中小企業金融公庫月報』1985 年 4 月。

3　**合理カルテルの理論と合成染料産業の実際**
　「合理カルテルの理論と合成染料産業の実際」『日本経済研究』No.15，1986 年 3 月。

4　**エレクトロニクス産業の飛躍をもたらした政府支援の共同研究**
　「エレクトロニクス産業の飛躍をもたらした政府支援の共同研究」『週刊東洋経済』臨時増刊，1981 年 10 月。

5　**日本における民間部門の研究開発戦略と市場参入の相互関係**
　「日本における民間部門の研究開発戦略と市場参入の相互関係」『早稲田政治経濟學雜誌』No.360，2005 年 7 月。

6　**パン産業の最近の構造についての一考察**
　「パン産業の最近の構造についての一考察」『早稲田政治経濟學雜誌』No.372，2008 年 7 月。

7　**東京郊外の北鎌倉におけるコンビニの動きから社会的な問題を考える**
　「東京郊外の北鎌倉におけるコンビニの動きから社会的な問題を考える」『教養諸学研究』第 140 号，2016 年 3 月。

8　**土地制度の根本的改革による日本経済の活性化と生活大国化**
　「土地制度の根本的改革による日本経済の活性化と生活大国化への再出発」『早稲田政治経濟學雜誌』No.357，2004 年 11 月。

9　**「コー円卓会議・企業行動の指針」にみる共生と日本的経営**
　「「コー円卓会議・企業行動の指針」にみる "共生" と日本的経営への期待と逡巡」京都産業大学世界問題研究所紀要第 14 巻，1996 年 3 月。

10　**The Flexibility of Japan's Small and Medium-Sized Firms and Their Foreign Direct Investment**
　"The Flexibility of Japan's Small and Medium-Sized Firms and Their Foreign Direct Investment," *Japanese Invstment in the United States.*

11　**Structure and Information Sharing Function of Business Associations**

"Structure and Information Sharing Function of the Japanese Optoelectronic Industrial Association," *Scienze Economiche e Commerciali*, 1990.12.

12　**An Overview of Japanese Venture Firms and the Analysis of Information Activities**

"An Overview of Japanese Venture Firms with an Emphasis upon the Economic Analysis of Policy and Information Activities," 早稲田大学現代政治経済研究所　*Working Paper Series*, No.9804.

13　**Parts Purchasing of Japanese Firms in Foreign Countries**

"Parts Purchasing of Japanese Firms in Foreign Countries," *Kyoto Institute of Economic Research Discussion Paper Series*, No.313, 1991.1

14　**A Management Model of Japanese Mainbank Relationships**

"Management Structure of Japanese Banks and Optimal Relationship with Firms as 'Mainbanks'," *Japanese Managemnet Challenges and Applictions for Business Executives*, 1993.

15　**Main-Bank Competition and the Loan Market**

"Main-Bank Competition and the Loan Market," *Japanese Economic Studies*, winter 1989–90.

16　**Japanese Public Policy for Cooperative Supply of Credit Guarantee to Smalls Firms**

"Japanese Public Policy for Cooperative Supply of Credit Guarantee to Smalls Firms," *EUI Working Paper RSC*, No.94/3, 1994.3.

著者紹介

堀 内 俊 洋（ほりうち　としひろ）

1967 年大阪府立三国ヶ丘高校卒業，京都大学工学部電気系学科を経て同大学大学院に進学。76 年京都市所在の経営コンサルタント会社に就職。同社に勤務する傍ら，78 年から大阪大学大学院修士課程公共経済学専攻コースで主に国際マクロ経済学と国際金融論の理論的な研究に取り組む。80 年春日本経済研究センター研究員，90 年大学に転出（京都大学助教授，京都産業大学教授），96 年早稲田大学政治経済学部教授，現在に至る。88 年以降，ロンドン大学 LSE，イタリアのシエナ大学，フィレンツエのヨーロッパ大学院，フランス政府の研究機関 CNRS などで在外研究・教育に取り組み，国内では大阪大学，名古屋大学の客員教授も兼務。
主要著作：『メインバンク競争と貸出市場——金融機関の経営戦略』（東洋経済新報社，1988 年），『世界経済をどう変えるか——日本の国際金融戦略』（TBS ブリタニカ，1988 年），『ベンチャー企業経済論』（文眞堂，1997 年），『ベンチャー本田の成功法則——本田技研工業の日本的国際経営』（東洋経済新報社，1997 年），『産業組織論』（ミネルヴァ書房，2000 年），『国際マクロ経済学』（文眞堂，1984 年，共訳），『日本の産業政策』（東京大学出版会，1984 年，共著），など多数。

産業組織研究
―日本経済再生の指針―

2019 年 1 月 15 日　　　初版第 1 刷発行

著　者 ················· 堀 内　俊 洋
発行者 ················· 須 賀　晃 一
発行所 ················· 株式会社 早稲田大学出版部
　　　　　　　　　　169-0051 東京都新宿区西早稲田 1-9-12
　　　　　　　　　　電話 03-3203-1551　　http://www.waseda-up.co.jp/
装　　丁 ··············· 笠 井　亞 子
印刷・製本 ············· 株式会社 平文社